Deutsche Hauptstelle
gegen die Suchtgefahren (Hrsg.)

Sucht und Familie

Schriftenreihe
zum Problem der Suchtgefahren

Band 35

Deutsche Hauptstelle
gegen die Suchtgefahren (Hrsg.)

Sucht und Familie

Schriftenreihe
zum Problem der Suchtgefahren

Band 35

Redaktion: Ingrid Arenz-Greiving

Lambertus

Die Deutsche Bibliothek — CIP-Einheitsaufnahme

Sucht und Familie / Deutsche Hauptstelle gegen die Sucht-
gefahren (Hrsg.) — Freiburg im Breisgau: Lambertus 1993
(Schriftenreihe zum Problem der Suchtgefahren: Bd. 35)
ISBN 3-7841-0683-8
NE: Arenz-Greiving, Ingrid [Red.]; Deutsche Hauptstelle
gegen die Suchtgefahren
< Hamm, Westfalen >; GT

© 1993, Lambertus-Verlag, Freiburg im Breisgau
Umschlaggestaltung: Christa Berger, Solingen
Umschlagfoto: Uwe Stratmann, Wuppertal
Herstellung: Druckerei F. X. Stückle, Ettenheim
ISSN 0487-7594
ISBN 3-7841-0683-8

Inhalt

Vorwort

Lange Zeit stand sowohl in Beratung und Therapie als auch in der Forschung im Bereich von Suchtproblemen allein der Suchtkranke im Mittelpunkt. Die Rollen und Probleme der Partner oder Partnerinnen, der Kinder, der Eltern und Geschwister, der Kolleginnen und Kollegen wurden ebensowenig thematisiert wie sexueller Mißbrauch, Gewalt und (Beziehungs-)Abhängigkeiten.

Unter dem Einfluß von Suchtmitteln verändern sich Abhängige nicht nur körperlich, sondern auch in ihrem Denken, Fühlen und Verhalten – sie werden zu anderen Persönlichkeiten! Von diesen psychischen und physischen Auswirkungen der Sucht ist dann nicht mehr nur der/die Suchtkranke selbst betroffen, sondern auch sein/ihr soziales Umfeld. So sind es häufig die Angehörigen, die als erste hilfesuchend eine Beratungsstelle oder Selbsthilfegruppe aufsuchen.

Heute wissen wir, daß die Entwicklung einer Suchterkrankung ein Prozeß ist, der die Struktur von Familien und ihre Beziehungen untereinander in Bewegung bringt, die Rollen aller Familienmitglieder verändert. So ist etwa allen Beteiligten klar, daß „niemand merken darf, was bei uns zuhause los ist". Alle Familienmitglieder sind bemüht, das Geheimnis zu wahren, da die Suchterkrankung immer noch extrem stigmatisiert wird. Gleichzeitig fällt der trinkende oder andere Suchtmittel konsumierende Familienangehörige mehr und mehr aus, so daß seine/ihre Aufgaben und Verantwortung vom Rest der Familie mitübernommen werden müssen.

Menschen, die mit einer suchtkranken Person zusammenleben, werden dabei oft selbst in ihrer Persönlichkeitsentwicklung beeinträchtigt, gekränkt und in vielen Fällen auch krank. Andererseits unterstützen sie das süchtige Verhalten auffallend häufig (und lange) und tragen so (unbewußt) zu dessen Weiterentwicklung und Aufrechterhaltung bei. In den USA haben die betroffenen Angehörigen selbst den Begriff der „Co-Abhängigkeit" geprägt und Arbeitsansätze entwickelt, mit denen ihre eigenen Probleme berücksichtigt und bearbeitet werden können.

Seit Ende der 70er und verstärkt seit Anfang der 80er Jahre hat man auch in Deutschland angefangen, Partner und Partnerinnen der Suchtkranken in die Beratung und Therapie einzubeziehen. Ging es dabei zunächst darum, den Angehörigen zu vermitteln, wie sie mit den Suchtkranken im Anschluß an eine Therapie umgehen sollten, so stellte man mehr und mehr fest, daß die Angehörigen durch die

Suchterkrankung des Partners, Elternteils oder Kindes so belastet sind, daß sie ebenfalls eigene, spezifische Hilfe brauchen.

Im Oktober 1976 befaßte sich die Fachkonferenz der Deutschen Hauptstelle gegen die Suchtgefahren (DHS) erstmals mit dem Thema „Familie und Suchterkrankung". Joachim Gerchow sagte damals in seinem Schlußwort: „Eine wichtige Konsequenz scheint mir aber darin zu bestehen, daß die Familie als therapeutische Einheit zu sehen ist. Auf diesem relativ wenig durchforschten Gebiet wird noch sehr viel zu leisten sein. Es ist ein weites Feld, auf dem öffentliche Institutionen mit ihren Hilfeangeboten und Familien zusammenarbeiten müssen."

Was ist seither geschehen? Sind diese damals geäußerten Forderungen an die zukünftige Arbeit der Suchtkrankenhilfe (und darüber hinaus) in der praktischen Arbeit verwirklicht worden?

Im Jahr 1992 griff die DHS das Thema „Sucht und Familie" wieder in ihrer Fachkonferenz auf. Es sollte geprüft werden, wie weit sich die damaligen Erkenntnisse in der konkreten Arbeit mit den Suchtkranken und ihren Familien niedergeschlagen haben. Darüber hinaus wollte die DHS mit dieser Fachkonferenz dazu beitragen, den Blickwinkel vom Betroffenen zu seinem sozialen (Familien-)Umfeld zu erweitern, denn Hilfeangebote benötigt die ganze Familie! Sie sollte von allen Berufsgruppen und Sozialen Diensten, die mit Kindern, Jugendlichen und Familien arbeiten, in enger Zusammenarbeit geleistet werden. Auch Schulen und Betriebe müssen in diese Arbeit einbezogen werden.

Die Fachkonferenz sollte die Notwendigkeit und die Möglichkeiten der Hilfen für die von einer Suchterkrankung betroffenen Familien(-mitglieder) aufzeigen. Besondere Berücksichtigung erhielten dabei erstmalig auch die Kinder von Suchtkranken, die bisher meist noch die „stillen Leidtragenden" und „zum Schweigen verurteilt" sind.

Die genannten Berufsgruppen und Anlaufstellen für betroffene Familien wurden zu dieser Fachkonferenz eingeladen. Es sollte ein fachübergreifender Austausch erfolgen – mit dem Ziel, Möglichkeiten der Kooperation und Vernetzung der Hilfesysteme aufzuzeigen und zu initiieren.

Das vorliegende Buch enthält den größten Teil der Referate, die im Rahmen dieser Fachtagung gehalten wurden. Die Referate wurden unter Themenschwerpunkten zusammengefaßt, damit Leser und Leserinnen leichter die sie interessierenden Beiträge finden können.

In den beiden ersten Abschnitten mit den Leitthemen „Sucht – Familie – Co-Abhängigkeiten" und „Familie und Gesellschaft" sind

die eher theoretischen und übergreifenden Vorträge zusammengefaßt. Anschließend folgen die mehr praxisorientierten Referate, die
für Helferinnen und Helfer Anregungen für die Arbeit enthalten.
Hierbei geben die Beiträge unter dem Kapitel „Formen therapeutischer Arbeit im stationären Bereich" einen Überblick über einige in
den stationären Einrichtungen inzwischen etablierte Therapieansätze; gleichzeitig formulieren einige Autoren/innen auch kritische
Gedanken zum „alltäglichen Handeln" in der stationären Suchtkrankenhilfe.

Der Abschnitt „Familienarbeit im ambulanten Bereich" beschreibt
das Spektrum der bisherigen Arbeit mit Angehörigen (vor allem Eltern von Drogenabhängigen) in Suchtberatungsstellen und im Bereich der Selbsthilfe- und Abstinenzverbände. Es fällt auf, daß es fast
nur Erfahrungen und Beispiele aus der ambulanten Angehörigenarbeit mit Eltern von Drogenabhängigen gibt. Hier zeigt sich deutlich,
daß die Partner und Partnerinnen, Kinder und Geschwister von
Alkohol- und Medikamentenabhängigen bis heute wesentlich „zu
kurz kommen". Es reicht nicht aus zu *sagen*, daß es für diese Menschen Hilfen geben muß, sondern diese Angebote müssen auch *be-
reitgestellt* werden. Die Belastungen der Angehörigen von Suchtkranken sind inzwischen bekannt, spezielle Hilfeangebote für die Angehörigen von Suchtkranken existieren dagegen kaum.

Es gilt, die vorhandenen Erkenntnisse verstärkt in praktisches Handeln umzusetzen. Angebote für Angehörige von suchtkranken Menschen sind immer auch *präventive* Arbeit. So werden im Kapitel
„Kinder von Suchtkranken" konkrete Beispiele ambulanter Arbeit
mit Kindern von Suchtkranken dargestellt und ausgewertet. Es ist zu
hoffen, daß diese Beiträge Mitarbeiterinnen und Mitarbeitern in der
Suchtkrankenhilfe zu Ideen verhelfen und *Mut* machen, sich dieser
Kinder mit gezielten Angeboten anzunehmen.

Der letzte Abschnitt des Buches beschäftigt sich mit dem Thema
„Rückfall". Nach einem Überblicksbeitrag wird die Bedeutung des
Rückfalls für die Angehörigen herausgearbeitet. Außerdem wird die
Rolle des Hausarztes in der Suchtarbeit vor allem auch bei der Vorbeugung und im Umgang mit Rückfällen beleuchtet. Bedenkt man,
daß Hausärzte weit häufiger Kontakt zu Suchtkranken und deren
Angehörigen haben als etwa Beratungsstellen, so steht die Notwendigkeit der Aus- und Fortbildung im Bereich der Suchterkrankung
für Mediziner außer Frage! In den Selbsthilfe- und Abstinenzgruppen werden Rückfälle als sehr bedrohlich erlebt. Mit einem Beitrag
zu den Hintergründen und Erfahrungen mit diesem Thema in diesem
Bereich der Suchthilfe schließt der Band.

Um die Leserinnen und Leser auch über die ersten Ergebnisse und Forderungen zu informieren, die während der Fachkonferenz „Sucht und Familie" in Hamburg erarbeitet wurden, sollen im folgenden noch die Forderungen dokumentiert werden, die auf der abschließenden Pressekonferenz vorgetragen wurden:

(1) In Deutschland gibt es mehr als 7 Millionen Angehörige von Suchtkranken (Alkohol, Medikamente, Drogen), von denen wir heute sicher wissen, daß die Suchterkrankung eines Familienmitgliedes auch sie in „Mit-Leidenschaft" zieht, und viele sogar selbst krank werden läßt. Der Einbezug der Familien in die Beratung und Behandlung von Suchtkranken muß der Weg in der Zukunft sein!

(2) Es müssen auf die jeweiligen Angehörigen (Partner, Eltern, Geschwister, Kinder) zugeschnittene spezifische Hilfeangebote entwickelt bzw. weiter ausgebaut werden!

(3) Das Thema „Suchterkrankung", ihre Auswirkungen und die Hilfemöglichkeiten muß in die Grundausbildung *aller* im sozialen Bereich Tätigen aufgenommen werden!

(4) Die Suchtkrankenhilfe muß verstärkt Aufklärung leisten, um das Thema Sucht gesprächsfähig zu machen. Damit kann auch den betroffenen Angehörigen, insbesondere den Kindern, aus ihrer Isolation geholfen werden!

(5) Hier ist die Kooperation und Vernetzung der verschiedenen sozialen Hilfeeinrichtungen von immenser Bedeutung, um die schon bestehenden Möglichkeiten, Angehörige von Suchtkranken zu erreichen, besser zu nutzen. Dazu müssen die Berührungsängste und ungesunde Konkurrenz zwischen den einzelnen Institutionen überwunden werden!

(6) Die Länder müssen sehr viel deutlicher die Planungsverantwortung im medizinisch-rehabilitativen Bereich und in der Nachsorge wahrnehmen. In diesen Planungsprozeß müssen die Kosten- und Leistungsträger einbezogen werden. Die Verantwortung für die Verteilung und Ausgestaltung der Angebote ist eine gemeinsame Aufgabe der Länder, der Leistungs- und Kostenträger und der Leistungserbringer (= Träger)!

(7) Die Absicherung der Finanzierung der stationären Suchtkrankenhilfe muß verbessert werden, insbesondere im Drogenbereich. Es müssen endlich der Nachfrage entsprechende Entgiftungsmöglichkeiten aufgebaut werden! So bedarf es z. B. an qualifizierten Entgiftungsplätzen für suchtkranke Mütter und Väter mit Kindern!

(8) Kostenzusagen der Leistungsträger müssen über die Vorleistungsverpflichtung schneller und unbürokratischer gegeben werden, so daß Therapieantritte kurzfristig möglich sind!

(9) Neue familiale Situationen (Singles, Scheidungsfamilien, Alleinerziehende) erfordern eine neue Art der Vernetzung zwischen Suchtkrankenhilfe, Selbsthilfe und anderen sozialen Diensten!

(10) Differenzierte Angebote müssen ausgebaut werden für z. B. Kinder von Suchtkranken, ältere suchtkranke Menschen und für chronisch Ab-

hängige. Insbesondere der Bereich der Nachsorgeangebote ist extrem auszuweiten!

(11) Eine bessere Kooperation mit dem medizinischen System (= Ärzte)
würde für alle Beteiligten die Erreichbarkeit der Hilfeangebote für die Ge-
fährdeten, Abhängigen, Hilfesuchenden und umgekehrt deutlich verbessern!

Abschließend bleibt zu sagen, daß die eingangs erwähnte Feststellung
von Joachim Gerchow – am Ende der DHS-Fachkonferenz im Jahre
1976 – auch heute noch aufrecht zu erhalten ist: „...Es ist ein weites
Feld, auf dem öffentliche Institutionen mit ihren Hilfeangeboten und
Familien zusammenarbeiten müssen..."

Das vorliegende Buch richtet sich an im sozialen und medizinischen
Bereich tätige haupt- und ehrenamtliche Mitarbeiterinnen und Mitarbeiter sowie andere an der Thematik Interessierte. Es hätte seinen
Zweck erfüllt, wenn es dazu beiträgt, vor allem die hinderlichen Berührungsängste und ungesunden Konkurrenzkämpfe zwischen den
einzelnen Hilfesystemen im Sinne der betroffenen Familien zu überwinden. Ein intensiviertes und effektiveres Hilfeangebot ist nicht nur
von weiteren finanziellen Zuwendungen abhängig, auch wenn es
ohne Geld sicherlich nicht gut weitergehen kann.

Sowohl die Fachkonferenz zum Thema „Sucht und Familie", durchgeführt vom 9. – 12. November 1992 in Hamburg, als auch die vorliegende Tagungsdokumentation konnten nur mit der freundlichen finanziellen Unterstützung des Bundesministeriums für Gesundheit
realisiert werden. Allen, die an der Vorbereitung, Durchführung und
inhaltlichen Gestaltung dieser Veranstaltung mitgewirkt haben, soll
hier noch einmal herzlich gedankt werden.

Hamm, im April 1993   Ingrid Arenz-Greiving

Sucht – Familie – Co-Abhängigkeiten

Familie + Sucht + Suchtkrankenhilfe = vom Symptom zum System?

Christa Appel

> „Was ich lebendig nenne? Was nenne ich lebendig.
> Das schwierigste nicht scheuen,
> das Bild von sich selbst ändern."
>
> Christa Wolf

Innerhalb der Suchtkrankenhilfe wird vielfach davon ausgegangen, daß die Einbeziehung des Beziehungsgefüges von Suchtkranken, in erster Linie der Familie, und die Anwendung familientherapeutischer Denkansätze den Blick geweitet haben. Dies wird häufig kurz und bündig als Wandel „vom Symptom zum System" bezeichnet. Die Hypothesen, von denen mein Beitrag ausgeht, möchte ich vorweg nennen:

(1) Das Symptom steht immer noch im Mittelpunkt.
(2) Die Suchtkrankenhilfe hat ihr Klientel jedoch um die Suchtfamilie erweitert.
(3) Daß systemisches Denken ein wesentlicher Ausgangspunkt der allgemeinen Praxis der Suchtkrankenhilfe geworden wäre, muß bezweifel werden. Über sich selbst als System denkt die Suchtkrankenhilfe in der Regel kaum nach.
(4) Die Symptomorientierung in der Auseinandersetzung mit dem System Familie verhindert vielfach, diese als Subsystem des Systems Gesellschaft zu sehen.
(5) Der begrenzte, symptomorientierte Blick blendet systematisch wesentliche Fragestellungen, gerade auch der Klientel, aus.
(6) Dies gilt insbesondere auch für geschlechter- und altersspezifische Fragestellungen.

Es ist das Anliegen meines Beitrags, Mut zum kritischen Infragestellen zu machen. Diese Ermutigung wendet sich an die beiden Seiten, die innerhalb des Systems Suchtkrankenhilfe aufeinandertreffen:

Frauen und Männer, die hier ihren Lebensunterhalt verdienen und Frauen, Männer und Jugendliche, die die Dienstleistungen der Suchtkrankenhilfe in Anspruch nehmen wollen oder müssen.

Dieser Text beruht inhaltlich auf dem Redemanuskript, wurde jedoch für die Veröffentlichung überarbeitet und gekürzt.

1. Die Suchtkrankenhilfe als System

Gemäß dem systemischen Denken ist die Suchtkrankenhilfe selbst als ein System anzusehen. Systeme, so die Theorie, organisieren sich selbst mit dem Ziel der Homöostase. Das bedeutet: Als System hat die Suchtkrankenhilfe die Tendenz, innerhalb ihrer Strukturen ein psychisches Gleichgewicht und eine innere Stabilität aufzubauen, mit dem Ziel, ihr System aufrechtzuerhalten. Im systemtherapeutischen Ansatz wird hierzu mit Blick auf Familiensysteme gesagt, daß dies häufig dann gelingt, wenn es innerhalb des Systems einen identifizierten Patienten oder Sündenböcke gibt. Wichtig sind auch die Kommunikationsmuster innerhalb des Systems: wer redet wie mit wem über was. Und schließlich gehört zum systemischen Herangehen, nach dem Kontext, also nach dem erweiterten Umfeld des jeweiligen Systems und nach seinen Grenzen zu fragen.

Wie wird dieses System selbst gesellschaftlich beeinflußt? Wer wann und wie als suchtkrank definiert wird, das ist ein höchst komplexer gesellschaftlicher Definitionsprozeß und keineswegs alle, die problematische Konsummuster haben, werden dabei dem Suchtkrankenhilfesystem zugeführt. Das System Suchtkrankenhilfe bekommt durch unsere Gesellschaft die identifizierten oder identifizierbaren Patienten geliefert: die Suchtkranken und mit zunehmenden Trend gleich „ganze" Suchtfamilien. Haben Beraterinnen und Berater lange Zeit Ehefrauen und andere Angehörige eher als lästige Klientel, für die sie eigentlich nicht zuständig sind, gesehen, so sind diese mittlerweile eine eigenständige Klientel geworden: die Co's.

Ich bin keine grundsätzliche Gegnerin familientherapeutischer Arbeitsverfahren oder systemisch-orientierten Denkens. Ich glaube, daß ausreichend und gut qualifizierte Fachfrauen und Fachmänner mit diesem Ansatz und seinen Methoden durchaus Gutes für Familien bewirken können, die sich aus freier Entscheidung in einen solchen therapeutisch begleiteten Lernprozeß hineinbegeben wollen.

Es kommt hier auf zweierlei an: Erstens eine qualitativ gute, anspruchsvolle Ausbildung, mit qualifizierten und erfahrenen Ausbilderinnen und Ausbildern. Zweitens auf die Freiwilligkeit auf seiten derjenigen Jugendlichen und Erwachsenen, die eine solche Therapieform in Anspruch nehmen.

Therapeutische Zusatzausbildungen werden in der Suchtkrankenhilfe seit Ende der siebziger Jahre von den Mitarbeiterinnen und Mitarbeitern gefordert. Der Aus- und Fortbildungsmarkt ist mittlerweile unübersehbar geworden. Wie entscheidet man sich hier? Braucht man die Zusatzausbildung rasch, weil man auf Stellensuche ist? Wie hoch kann oder will man sich verschulden, um diese zusätzliche Ausbildung oder eine Fortbildung über einen langen Zeitraum zu finanzieren? Wieviel fordert man selbst von den Ausbildungsanbietern? Etwa an Darlegung der theoretischen, wissenschaftlichen und praktischen Qualifikation der Ausbilderinnen und Ausbilder, sowie ihrer Berufsauffassung? Welche Anforderungen stellen diese Angebote an die Teilnehmerinnen und Teilnehmer? Wie interessiert sind Ausbildungsgruppen, an der eigenen persönlichen Weiterentwicklung und der Bearbeitung von Gruppenprozessen zu arbeiten? Wie stark wird dies als integraler Bestandteil der Ausbildung eingefordert? Diese und weitere Fragen sollten vor einer Zusatzausbildung abgeklärt werden. In den vergangenen Jahren haben Frauen außerdem verstärkt darauf bestanden, daß gewährleistet ist, daß alle Trainer zur sexuellen Abstinenz gegenüber den Teilnehmerinnen verpflichtet sind und dies kontrolliert wird.

Im folgenden möchte ich mich mit der Frage auseinandersetzen, ob sich diese Vielfalt von Zusatzausbildungen, den geforderten und den freiwilligen, auch auf die Gestaltung der Arbeitsplatzsituation auswirkt. Dies insbesondere unter dem Blickwinkel, daß systemisch orientierte Familientherapie hoch im Kurs steht und häufig als inhaltlicher Bezugspunkt in Veröffentlichungen und Tagungsbeiträgen genannt wird. Hat die inhaltliche Auseinandersetzung mit dem systemischen Ansatz innerhalb des Suchtkrankenhilfesystem zu Veränderungen geführt? Dies scheint fragwürdig.

Schreyögg (1991) stellt fest, daß sich die stationären Einrichtungen – und, so möchte ich hinzufügen, auch viele ambulante Einrichtungen – gegenwärtig in einer Krise befinden. Die Finanzierungsbedingungen durch die Kostenträger wandeln sich rapide und das heißt: es geht ums Geld. Die übliche Kostenfinanzierung ist pro Kopf-Finanzierung. Wenn man nicht nur den Symptomträger selbst, sondern möglichst viele aus seinem sozialen Beziehungsgefüge längerfristig einbindet, dann gibt es mehr pro-Kopf-Zahlungen seitens der Kassen an die Trägerinstitutionen. Kliniken können nur bei hoher Belegungs- und Auslastungszahl existieren, auch Beratungsstellen müssen in begrenztem Umfang ihre finanzielle Existenzberechtigung nachweisen. Sucht ist keineswegs nur auf Seiten der Verkäufer von potentiell abhängig-machenden Substanzen ein Geschäft, die Behandlung von Abhängigen ist es auch. Und am besten geht es denjenigen, die eine ziemlich große Zahl von Zulieferern im Netzwerk sozialer Beratungsstellen für sich einnehmen und sich von diesen zuarbeiten lassen.

Skandalös ist, daß vielfach die unbequemeren und schwierigeren Menschen besonders häufig herum- und abgeschoben werden und wie zwischen Gruppen mit akzeptablen und unerwünschten Alkoholproblemen unterschieden wird. Ich möchte ein Beispiel anführen, um deutlich zu machen, daß diese unterschiedlichen Wertigkeiten bei „Lebenserfahrungen mit Suchtproblemen" nicht nur in der Suchtkrankenhilfe, sondern bis in die feministische Sozialarbeit mit Frauen in sozialen Notlagen hineinreicht. In vielen Frauenhäusern sind Alkoholikerinnen unerwünscht und werden deshalb auch nicht aufgenommen. Jedoch findet man unter den Frauen, die Zuflucht finden, häufig Frauen, deren Männer alkoholabhängig sind. Innerhalb der Suchtkrankenhilfe wird bis heute wenig über seelischen, physischen und sexuellen Mißbrauch und die Tatsache gesprochen, daß diese vorwiegend von Männern ausgehen. Auch im Programm dieser Tagung mußte man mit sensibilisiertem Blick suchen, bis man die wenigen Beiträge ausspähte, in denen dieses Schweigen gebrochen wird.

Der Weg in die Institutionen der Suchtkrankenhilfe ist vielfach abenteuerlich und haarsträubend. Hinzukommen Tendenzen zu immer mehr Spezialisierung, häufig mit dem heimlichen Ziel, sich selbst eine pflegeleichtere Klientel zu sichern und neue Einrichtungen für die schwierigeren Fälle zu fordern. Seltsamerweise hört man mehr Reden über die schwierige Klientel, als eine offene Diskussion über die schwierigen bis autoritären Arbeitsbedingungen, die in der Suchtkrankenhilfe existieren. Es beschäftigt mich seit langem, warum Menschen sich diesen Arbeitsbedingungen bei ziemlich mäßiger Bezahlung so schweigend beugen.

Einen in gewisser Hinsicht befriedigenden bzw. einleuchtenden Erklärungsansatz habe ich in Schreyöggs Artikel jedoch gefunden: Fachkliniken (und nur über die hat sie geschrieben, aber meines Erachtens gilt das ebenfalls für viele ambulante Beratungsstellen) sind vielfach Gefangene ihrer eigenen formalen Strukturen oder ihres Systems.

Schreyögg schreibt, „daß die Teamsituation von Fachkliniken relativ häufig als ‚Kampf-Spiel-Arena' zu bezeichnen ist, in der unterschiedliche Berufs- und Interessengruppen um Geltung kämpfen." (a. a. O.: 387) Und sie konstatiert: „Von vielen Fachkliniken läßt sich aber behaupten, daß sie in ein offenes oder latentes ‚Vergreisungs‘-Stadium eingetreten sind." (a. a. O.: 388). Aber glücklicherweise beläßt sie es nicht bei dieser düsteren Analyse, sondern stellt Überlegungen an, ob Suchtkrankenkliniken als „lernfähige" Systeme aufgefaßt werden können. Die Autorin macht darauf aufmerksam, daß jedes institutionalisierte System, also auch das System Suchtkrankenhilfe, auf Dauer zu Verfestigungen neigt. Sie weist jedoch auch darauf hin, daß diese wellenförmig immer wieder neu aufgeweicht werden können. Wie sieht das für das institutionalisierte System Suchtkrankenhilfe aus?

> „Für die Suchtkrankenkliniken stellt sich diese Problematik aber noch spezifischer: fraglos gibt es immer wieder Klinikmitarbeiter, oder auch solche in leitender Position, die über eine derartige Lernfähigkeit verfügen und sie auch bei Kollegen oder unterstellten Mitarbeitern anzuregen vermögen. Wir müssen aber meistens feststellen, daß diese Art kollektiver Lernfähigkeit nur schwach entwickelt ist. Das liegt nun nicht etwa daran, daß die Mitarbeiter von Suchtkrankeneinrichtungen besonders naiv oder denkträge sind. Mangelnde Lernfähigkeit im hier unterlegten Verständnis resultiert doch im allgemeinen daraus, daß auf dem Hintergrund psychotherapeutischer Modelle aktuelle Krisen meist zu stark als personenspezifisch und emotionalisiert betrachtet werden. Das organisatorische System als ganzes kommt so kaum in den Blick. Allein schon die exzentrische Perspektivität auf das Gesamtsystem und gar seine Vernetzung zu entwickeln, ist für die meisten Mitarbeiter sozialer Einrichtungen ungewöhnlich." (a. a. O.: 390)

Mit anderen Worten: auf ihr eigenes Arbeitsplatz-System bezogen, handeln die meisten professionellen Helferinnen und Helfer genauso, wie sie das bei Familien, die mit einer Alkohol- oder andern Drogenabhängigkeit zurechtzukommen versuchen, so gut erkennen. Auftretende Störfälle oder Krisen werden durch neue Handlungsmuster kompensiert, ohne die zugrundeliegenden Normen und Standards zu hinterfragen. Meines Erachtens ist der gegenwärtige Trend zur systemischen Familientherapie und systemischen Problemdefinition ein gutes Beispiel dafür, wie das System Suchtkrankenhilfe sich selbst, die eigenen Normen und Standards nicht infragestellt, sondern die Krise der vergreisten Strukturen kompensiert, indem die Organisationsmitglieder auf neue Handlungs- bzw. Behandlungsformen festgelegt werden, ohne daß damit grundsätzlicher über die Krise der Suchtkrankenhilfe selbst mitreflektiert würde. Es gibt zwar deutlich hörbare und nachlesbare Debatten, die stark personenspezifisch und emotionalisiert geführt werden und zwar über die Suchtkranken und die Hilfe, die diese brauchen. Wir treffen hier auf die hilflosen Helfer und Helferinnen: sie wollen anderen immer besser und immer mehr helfen, weil das am ehesten von der eigenen Hilflosigkeit ablenkt.

Unter diesem Gesichtspunkt ist es nicht mehr verwunderlich, daß meistens nur davon geredet wird, daß sich „die Betroffenen" ändern, sich neue Strukturen und Verhaltensmuster zulegen müssen. Kaum hört man in den öffentlichen Debatten (sieht es in Teamsitzungen anders aus?) davon, daß die Mitarbeiterinnen und Mitarbeiter der Suchtkrankenhilfe dauerhaft, jedenfalls für die Dauer eines Arbeitsverhältnisses innerhalb der Institutionen der Suchtkrankenhilfe, Gefangene eines Systems sind, das weitgehende Verkrustungen aufweist und deshalb kaum Änderungsbereitschaft aufweist. Die fordert man kollektiv von anderen: der jeweiligen Klientel!

Hält sich die Suchtkrankenhilfe etwa am Symptom „Sucht" so fest, wie sich ihrer Meinung nach der Süchtige und seine Mitwelt am Suchtstoff bzw. dem Süchtigen festhalten? Die professionellen Helfer sind vielfach mit ihrem Latein am Ende. Doch anstatt das zu tun, was man so selbstverständlich von alkohol- und drogenabhängigen Frauen, Männern und deren Angehörigen fordert: das Scheitern der bisherigen Lösungsversuche einzugestehen, wird diese konzeptionelle Krise geleugnet. Man versucht ihr mit immer mehr Weiterbildung und spezialisierteren Angeboten, immer neuen auch noch als behandlungswürdig einzustufenden Süchten zu begegnen. So als würden „neue Süchte" automatisch bessere Lösungswege verheißen. Es wird also der Kreis derjenigen erweitert, die das dysfunktionale System nach außen hin weiter funktionsfähig erscheinen lassen sollen.

In diesem Zusammenhang ist auch daran zu erinnern, daß in den nächsten Jahren mit einem massiven Abbau der Sozialleistungen zu rechnen ist. Dann wird dieses System mehr und mehr nach unbezahlter, ehrenamtlicher Mitarbeit verlangen. Davon sind diejenigen, die ihren Lebensunterhalt in der Suchtkrankenhilfe verdienen, anders betroffen als jene, die sich Hilfe von der Suchtkrankenhilfe erwarten.

Primär geht es bei all diesen jüngeren und älteren Neuerungen und steigenden Leistungsanforderungen nicht nur um einen angemesseneren Umgang mit den Lebenskrisen derjenigen Mädchen und Frauen, Jungen und Männer, die aufgrund schwieriger Lebenslagen die Leistungen der Suchtkrankenhilfe in Anspruch nehmen, sondern darum, sich nicht zu gründlich mit den Verkrustungen innerhalb des Systems Suchtkrankenhilfe und der Delegation sozialpolitischer Aufgaben an das System Suchtkrankenhilfe auseinandersetzen zu müssen. Man delegiert psychosoziale Dienstleistungen weiter: an die (meist weiblichen) Angehörigen oder die Selbsthilfegruppen.

Es sind diese Sachverhalte, die mich so skeptisch machen, ob sich der Blick von der Fixierung auf das Symptom Sucht hin zu einer systemischen Analyse von Drogengebrauch als einem – bisweilen mißlingenden – Bewältigungshandeln geweitet hat: Zum einen, daß die strukturellen gesellschaftlichen Einwirkungen und Zwänge auf die Suchtkrankenhilfe und ihre Aufgabenstellung bislang nicht breit diskutiert und als wichtig eingeschätztes Thema begriffen werden. Zum anderen, daß sich das Suchtkrankenhilfe-System selbst systematisch aus den „systemischen" Reflexionen über Sucht und Familie ausklammert. Sich also nicht als mit-abhängig begreifen kann.

2. SUCHT UND DAS SYSTEM GESCHLECHTERSPEZIFISCHER ARBEITSTEILUNG

Die Anfänge der Hilfen für Suchtkranke hatten einen sehr viel weiteren Blick, als ihn die heutige Suchtkrankenhilfe vielfach aufweist. Die Familie und deren allgemeine sozioökonomische Lebensbedingungen waren ein zentrales Thema. Solange die Trunksucht als klassenspezifisches Problem gesehen wurde, als Problem der Arbeiterklasse, der es an einem bürgerlichen Lebensstandard und der Orientierung am bürgerlichen Familienideal fehlte, hatten die Aktivistinnen und Aktivisten der Abstinenzbewegung im 19. Jahrhundert auch die soziale und ökonomische Lage im Blick. Es ging ihnen vielfach um die Durchsetzung des bürgerlichen Familienideals, der damit verbundenen geschlechterspezifischen Arbeitsteilung sowie daraus abgeleiteter normativer Geschlechterrollen-Erwartungen (ausführlich wird dieses Kapitel „Suchtgeschichte" in Appel 1991 dargestellt).
Erst mit der fortschreitenden Medikalisierung und dem Aufkommen spezialisierter Behandlungsinstitutionen wurde das Blickfeld enger und man wechselte die Blickrichtung. Nicht mehr der Kranke (die Frauen hatte man schon länger übersehen) sondern die Krankheit geriet ins Zentrum der Aufmerksamkeit. Krankheiten als abstrakte Größen haben kein Geschlecht. Die Medizin und auch die Psychiatrie interessieren sich mehr für Krankheitsgeschichte als für Krankengeschichten. Das gehört zu den professionellen Beschränktheiten dieser Berufsgruppen. Bis weit nach dem zweiten Weltkrieg haben die Professionellen, ganz im Gegensatz zu den Abstinenzverbänden und den Selbsthilfegruppen, dann ihre Bemühungen fast ausschließlich auf den männlichen Symptomträger gerichtet. Es hielt sich sogar hartnäckig die Überzeugung, daß Alkoholismus eine „reine" Männerkrankheit sei. Alles in allem entwickelte sich ein Tunnelblick.

Dieser Tunnelblick erfuhr eine Erweiterung mit dem Vordringen familientherapeutischer Deutungsmuster. Im Sinne von Schreyögg könnte man hier sagen, daß die erweiternde Optik von lernfähigen Einzelpersonen eingebracht wurde, die neugierig über den Rand ihres eigenen Arbeitsgebiets geschaut haben. Sie wurden auf der Suche nach anderen Lösungsmustern in angrenzenden Fachgebieten fündig.

Der systemische Blick wurde als ein völlig neuer bezeichnet. Es „entstand eine gänzlich neue Sichtweise menschlicher Beziehungen, die auch heute noch Grundlage aller familientherapeutischen Richtungen ist: Die Familie wird als „System" gesehen: „... als ein organisiertes Ganzes, das aus interagierenden Teilen besteht. Das organisierte Ganze stellt dabei stets mehr dar als die Summe seiner Teile." (...) „Für die systemische Betrachtungsweise sind nicht die einzelnen Teile, sondern ihre inneren Zusammenhänge, Verknüpfungen und Vernetzungen wichtig." (Schmidtobreick 1992:14)

Man fragt sich unwillkürlich, warum wird hier Familie zu einem alters- und geschlechtslosen Abstraktum? Es klingt seltsam, über Frauen, Männer, Kinder und Jugendliche als Teile zu sprechen. Familie, das heißt für mich: Mindestens zwei Generationen, die über längere Zeit in einer Wohnung zusammenleben. Wovon die jüngere je nach Alter abhängig von Versorgungsleistungen ist, meist durch die Mutter. Die erwachsenen Männer wollen dabei in der Regel ebenfalls mitversorgt werden.

Für mich ist diese systemische Verklausulierung so etwas wie ein männlicher Blick auf Familie, den jedoch Frauen teilen können. Stellt es einen Fortschritt und eine Erweiterung des Blicks dar, wenn jetzt wahrgenommen wird, was Frauen in Familien und anderen sozialen Gruppen „so ganz nebenbei" machen? Das bißchen Haushalt, das bißchen organisieren, das bißchen trösten und zuhören und mehr für andere da zu sein als für sich selbst. Das alles gehört zum gesellschaftlichen Codex der weiblichen, aber nicht der männlichen Pflichten. Häufig werden diese zur Überforderung, und wenn die Frauen sie nicht mehr perfekt erfüllen können, erleben sie das als ihr persönliches Versagen. Von Fachleuten wird das dann als „Co-Abhängigkeit" kategorisiert. Oder, was noch unverschämter ist, den Frauen wird gesagt, diese Probleme seien die Folge davon, daß sie zuviel lieben. Ich kenne wenige Frauen, die zuviel lieben. Dafür aber sehr viele, die zu wenig geliebt werden. Und ich kenne viele Frauen, die mehr des Guten tun, als gut für sie selbst ist. Frauen, die vom weiblichen Zwang, es allen recht zu machen, durchs Leben getrieben werden (s. Bepko / Krestan 1991).

Und dabei schwirrt den Frauen der Kopf: sie wissen nicht, wo Anfang und Ende der Haus- und Familienarbeit ist, sie haben alle Hände voll zu tun und mehr noch im Kopf. Doch irgendwie werden die meisten Frauen erstaunlich gut damit fertig. Von einem eher männlichen und theoretischen Blickwinkel außerhalb der täglichen Koordinationsarbeit stellt sich die Familie dann als ein passabel organisiertes Systemganzes dar, das mehr ist als die Summe seiner Teile. Wer 90 % oder mehr der häuslichen Reproduktionsarbeit leistet, hat vielleicht weniger Zeit, das systemisch zu betrachten. Aber ich halte diese „neue" Aussage für eine alte Frauenweisheit: Familie, das ist mehr als die Summe der erledigten Teilaufgaben: das sind Gefühle, Erwartungen, Kränkungen und Freude.

Das kommt in der Alltagssprache selbst deutlich zum Ausdruck: Männer *haben* Familie und Frauen *sind* das Herz der Familie. Das ist nicht nur ein kleiner sprachlicher Unterschied, das sind zwei vollkommen verschiedene Blickwinkel und höchst unterschiedliche Lebenserfahrungen und Erwartungen an das jeweils andere Geschlecht. Die überwältigende Mehrheit von Veröffentlichungen im systemischen Sprachkleid nimmt diesen Unterschied nicht wahr. Mann und Frau kann noch so schöne Familienmobiles vorzeigen: in der Regel dreht sich alles darum, daß die Angesprochenen weiterfunktionieren wie gehabt, nur eben effektiver als bisher. Die Suchtkrankenhilfe hält dabei die Fäden in der Hand, um diese Neuorientierung der Familie ins Gleichgewicht zu bringen. Der Mann hat dann weiterhin die Chance, Familie zu haben; die Frau und etwaige Kinder, Angehörige zu sein. Dafür wird sich der Mann auch kenntlich zeigen und „seine" Angehörigen glücklichen Falls spüren lassen, daß sie geliebt werden. Warum dann mit kritischen Anmerkungen den Familienfrieden innerhalb der Suchtkrankenhilfe stören wollen?

Was in den letzten Jahren erreicht wurde, ist eine Ausdehnung der Symptomfixierung auf einen erheblich größeren Personenkreis und damit eine enorme Erweiterung der potentiellen Klientel. Historisch und aktuell betrachtet steckt die Suchtkrankenhilfe in einer Finanzierungskrise und sie braucht dringend mehr Klientel. Eine Suchtfamilie als Gruppensymptomträger, das bedeutet mehr Klienten, als zu der Zeit, in der hauptsächlich männliche Symptomträger behandelt wurden. Ich meine sogar noch weiter gehen zu können: die Suchtkrankenhilfe hat ihre begrenzten Erfolgsmöglichkeiten schon lange bemerkt: ohne viele mithelfende Familienangehörige und darüber hinaus ohne die immer weitergehende Delegation von Unterstützungsarbeit an die Abstinenzverbände und Selbsthilfegruppen, gäbe es keine so guten Erfolgsstatistiken. Um Ehefrauen und Betroffene als

Mithelfende behalten zu können, müssen beide Gruppen „neue" Rollen zugewiesen werden. Wir brauchen meines Erachtens diese neuen Rollenbeschreibungen gar nicht so dringlich. Was wir brauchen ist eine Auseinandersetzung mit dem Codex weiblicher und männlicher Pflichten und wie dieser dazu beiträgt, daß so viele Frauen und Männer in bester Absicht, um diesen Pflichten gerecht zu werden, als Lebenshilfe auf chemische Krücken zurückgreifen.

Ist es nicht an der Zeit, in Ruhe darüber nachzudenken, inwieweit die professionellen Helfer eigentlich von ihren beruflichen Möglichkeiten überzeugt sind, wenn sie Familien, weitere soziale Bezugsgruppen und darüber hinaus die Unterstützung durch Laien-Selbsthilfegruppen brauchen, damit „ihre" Behandlung erfolgreich ist? Mir fällt kein anderer Dienstleistungszweig ein, der soviele heimliche Mitarbeiter/innen kostenlos für sich arbeiten läßt. Und das auch noch als Erfolg zu verkaufen versucht.

Wir brauchen einen viel weiteren, gerade auch gesellschaftlichen Blick. Weg von der nach wie vor dominanten Fixierung auf das Symptom Sucht und hin zu den Menschen in ihren gesellschaftlich bedingten Nöten, die zu privaten Dramen werden. Für das Überleben in diesen Nöten chemische Krücken zu verwenden, ist eben nur ein Symptom und vielleicht nicht mal das schlechteste: es gibt viel zu erleben und zu entdecken in den Leben der Jugendlichen, Frauen und Männer, die sich dieser Krücken bedienen und sich auf ihnen vielleicht irgendwann nicht mehr weiterzuhelfen wissen. Die Lebensneugier und den häufig unbeugsamen Lebenswillen, den tragischerweise viele destruktiv gegen sich wenden, weil sie so oft die strukturellen Verhältnisse gegen sich haben, weil sie so oft alleine, isoliert und vereinsamt sind mit ihren Fragen, auch wenn sie in Beziehungen leben – dieser Lebensneugier und diesen Fragen müssen wir uns endlich mit größerer Beteiligung, ja gerade auch eigener innerer Beteiligung stellen. Was ist ein gelingendes oder mißlingendes Leben? Welche gesellschaftlichen Voraussetzungen müssen dazu angestrebt und realisiert werden? Dies ist eine allgemeine Frage. Aber die allgemeinen Probleme der Klientel der Suchtkrankenhilfe, sind nun mal nicht mehr, aber auch nicht weniger, wie die besonderen Ausdrucksformen der allgemeinen gesellschaftlichen Verunsicherungen beider Geschlechter.

Viele, auch die ausgedachtesten systemischen Konzepte verweigern sich sowohl diesen Sinnfragen als auch und gerade den Geschlechterfragen. Sie lassen sich gerade darauf nicht ein: wer sind wir – wie können wir als einzelne Frauen und einzelne Männer leben in einer Welt, die den traditionellen Geschlechterrollenkonzepten längst entwachsen ist – ohne daß neue schon zur Verfügung stünden. Wie können wir in einer Welt, die zunehmend durch Aggression, Haß und Gewalt gegen Fremde, Andersgläubige, Frauen und Kinder und wachsende allgemeine Intoleranz und zunehmende soziale und wirtschaftliche Notlagen geprägt wird, überhaupt ein zufriedenes, von sozialer Verantwortungsübernahme geprägtes, also nicht nur selbstzufriedenes Gleichgewicht in uns selbst immer wieder neu erringen?

Ich wünsche mir, daß die Suchtfachleute und auch die Wissenschaftlergemeinschaft in diesem Sektor etwas mehr Zivilcourage aufbringen würden. Reden wir mehr darüber, wie wenig neu die neuen Erkenntnisse sind, wie tief wir alle noch in der Fixierung auf das Symptom und längst veraltete und hinderliche Geschlechterrollenerwartungen stecken! Und wie unvollkommen unsere Bemühungen bleiben, diese zu überwinden oder umzugestalten in unseren beruflichen und privaten Lebenswelten.

3. Schlussfolgerungen

Ein wichtiges Ergebnis meines Nachdenkens über Zustand und Herausforderungen der Praxis der Suchtkrankenhilfe ist, daß sie, kollektiv betrachtet, sich scheut das Bild von sich selbst und ihrer Arbeit zu ändern, aber enorme Forderungen an ihre Klientel stellen. Diese muß ihr Bild von sich ändern, und das gleich noch in doppelter Weise: Erstens sollten „die Problemfälle bzw. Klient/innen" die Diagnose: „Alkoholiker/in" bzw. „Abhängige(r)" oder „Co" akzeptieren, die professionelle Helfer/innen ihnen stellen. Zweitens sollen diese Frauen und Männer das schwierigste nicht scheuen: das Bild „von sich selbst" zu ändern.

Während sich anscheinend viele abhängig Beschäftigte in der Suchtkrankenhilfe mit immer mehr Weiterbildung davor zu bewahren versuchen, sich mit den eigenen Systemstrukturen ihres Arbeitsplatzes so gründlich auseinanderzusetzen, daß sie mit dem gleichen Engagement ihr System ändern würden, wie sie es von Menschen fordern, die ihre Dienstleistungen und Hilfen in Anspruch nehmen. Wenn man sich die hierarchischen Strukturen der Träger und der Einrichtungen der Suchtkrankenhilfe anschaut oder in ihnen zeitweilig leben muß, dann lernt man das meiste am vorgelebten Beispiel. Ob dies nicht auch zum mäßigen Erfolg der Suchtkrankenhilfe beiträgt? Es geht weder sonderlich demokratisch zu, was Mitbestimmungs- und Einflußmöglichkeiten der Mitarbeiter/innen angeht, noch kann die Suchtkrankenhilfe von sich behaupten, sich angemessen mit den Herausforderungen auseinandergesetzt zu haben, die bedingten Fortschritte in der gesellschaftlichen Emanzipation der Frauen sowohl für das Selbstbild der Frauen, aber auch gerade das der Männer und das Mit- und Untereinander beider Geschlechter heute bedeuten.

Dies sind Verunsicherungen, die nicht mittels pharmakologischer Betäubung oder Wegsehen zu lösen sind, aber auch nicht durch Abstinenz, sondern nur durch kontinuierliche Auseinandersetzung mit dem eigenen Gewordensein als Mann oder Frau in dieser Gesellschaft. Dies hieße, mehr Gleichberechtigung und wechselseitigen Respekt für die jeweils anderen Frauen und die jeweils anderen Männer in unserer gesellschaftlichen, beruflichen und privaten Umwelt zu fordern und leben zu lernen. Tugenden, die wir nur als vorgelebte der jetzigen Jugend überzeugend weitergeben können. Kinder und Jugendliche brauchen viel mehr fragende Erwachsene als fertige Antworten. Sie brauchen Vorbilder, die scheitern können, ohne ihren Selbstrespekt und den ihrer Mitwelt dabei zu verlieren. Familie kann nur soweit „heile Welt" sein, wie diese Welt insgesamt zu bieten hat. Mehr von einzelnen Familien zu fordern, bedeutet sie als sozialen Mikrokosmos oder als System zu überfordern.

Und genau das ist es, was die Suchtkrankenhilfe tagtäglich studieren könnte: die Überforderung und Aufgaben-Überfrachtung von Frauen und Männern, Kindern und Jugendlichen, des sozialen und emotionalen Systems Klein-Familie mit Aufgaben, denen unsere Gesellschaft selbst immer weniger gerecht wird.

Literatur

Appel, Ch.: Frauen – Alkohol – Gesellschaft. Zur Relevanz und Aktualität der amerikanischen Temperenzbewegung. Freiburg 1991

Bepko, C. / Krestan, J.: Das Superfrauen Syndrom. Vom weiblichen Zwang, es allen recht zu machen. Frankfurt / Main 1991

Schreyögg, A.: Die Suchtkrankenklinik – Gefangene ihrer eigenen Struktur? In: Sucht 37. Jg., Heft 6, 12/91, S. 383 – 394

Schmidtobreick, A.: Systemische Familientherapie in der ambulanten Suchtkrankenhilfe. Eine Evaluationsstudie. Freiburg 1992

Rollenverteilung in belasteten Familien und die Entdeckung von Co-Abhängigkeit in Familien von Suchtkranken

Monika Rennert

1. Vorläufer des Begriffs der Co-Abhängigkeit

Alkoholismus und Abhängigkeit von anderen Drogen haben nicht nur Schäden für die Süchtigen selbst zur Folge: Kinder, Lebenspartner und -partnerinnen, Geschwister und Eltern werden psychisch und oft auch physisch stark belastet, gekränkt und in vielen Fällen auch krank. Diese Mit-Betroffenheit der Angehörigen durch die Sucht wurde in den vierziger Jahren in den USA von Frauen zum Ausdruck gebracht, deren Männer in den Selbsthilfegruppen der Anonymen Alkoholiker einen Weg zur Genesung gefunden hatten: Sie hatten festgestellt, daß sie selbst auch ein Genesungsprogramm brauchten, und gründeten die ersten Al-Anon-Gruppen für Angehörige von Suchtkranken. In der Schriftenreihe dieser Anonymen Gemeinschaften gibt es eine Darstellung von Kellermann (1968), die sich zu einem wahren Klassiker entwickelt hat: „Alkoholismus — ein Karussell des Leugnens". Hierin beschreibt der Autor wie in einem Theaterstück verschiedene Rollen in der Umgebung von Süchtigen, deren Zusammenspiel dazu beiträgt, die Sucht zu unterstützen. Gleichzeitig weist er darauf hin, daß die „Hilfreichen" im dramatischen Spiel ebenso auch „Leidtragende" sein können sowie „Herausfordernde", die den Süchtigen kränken und ihrerseits durch diesen gekränkt werden. Ohne daß dabei der Begriff der Co-Abhängigkeit auftaucht, ist diese Schrift Vorläufer eines Booms, der in den letzten 15 Jahren zu beobachten war.

2. Co-Abhängigkeit: Von den Beobachtungen in Familien mit Suchtkranken zu einer inflationären Verwendung des Begriffs

So wurden Ende der 70er Jahre — wieder in den USA — die ersten Materialien veröffentlicht, die typische Entwicklungen in Familien beschreiben, in denen die Abhängigkeit von einem chemischen Mittel eine Rolle spielt – die „chemical dependency" (Johnson Institute 1979 / Black 1981 / Wegscheider 1981). Die Mit-Betroffenheit der Angehörigen wird dementsprechend „co-dependency" – Co-Abhängigkeit – genannt, und co-abhängiges Verhalten hat zwei Seiten: So unterstützt es einerseits die Sucht – macht ihre Entwicklung oder Weiterentwicklung erst möglich („enabling"), andererseits leiden die Betroffenen auch selbst unter dem Verhalten des suchtkranken Menschen sowie ihren Versuchen, sich daran anzupassen, denn dabei erfahren sie Störungen und Beeinträchtigung in verschiedenen Bereichen ihres Lebens und ihrer Persönlichkeitsentwicklung.

Häufig wird unter „co-abhängig" nur ein übermäßig Verantwortung übernehmendes und überfürsorgliches Verhalten verstanden, jedoch sind in der Literatur über betroffene Familien ganz unterschiedliche Rollenentwicklungen beschrieben worden, die im folgenden noch kurz umrissen werden. In den letzten Jahren zeigte sich, daß diese Rollen nicht nur im Umfeld von Süchtigen vorkommen, sondern auch in anderen Familien. In den USA wird inzwischen der Ausdruck „children from dysfunctional families" als Sammelbegriff für die so Betroffenen verwandt. Auch in meiner Praxis konnte ich feststellen, daß sich Menschen in diesen Rollen wiedererkannten, die nicht mit einer süchtigen Person aufgewachsen waren, sondern mit einem jähzornigen, unberechenbaren Vater, einem behinderten Geschwisterkind o. ä.. Ich will ihre Familien nicht als dysfunktional bezeichnen, weil es mich zu sehr an „disqualifiziert" erinnert, sondern ich sehe sie als Familien, die das ihnen Mögliche versucht haben, um mit einer besonderen Belastung zurechtzukommen. – Die Bezeichnung „co-abhängig", die in den USA geradezu inflationär verwandt wird, macht jedoch nur Sinn, wenn der Bezug zur wechselseitigen Entwicklung von Sucht und Co-Abhängigkeit gegeben ist.

3. IN FAMILIEN MIT EINEM SUCHTKRANKEN MITGLIED VERSUCHEN SICH DIE ANGEHÖRIGEN AN DAS LEBEN MIT DER SUCHT ANZUPASSEN

An dieser Stelle beschränke ich mich auf Familien mit einem suchtkranken Mitglied: Die so betroffenen Angehörigen haben es mit einem Menschen zu tun, der sich unvorhersagbar und vor allem unverantwortlich verhält. Die Dimension des verantwortungsvollen oder unverantwortlichen Verhaltens spielt daher in den Beziehungen der Familienmitglieder eine wichtige Rolle. Der amerikanische Begriff des „enabling", der überwiegend die eine Seite der Co-Abhängigkeit zum Ausdruck bringt, wurde aus der Erkenntnis zu einem zentralen Fachbegriff in der Suchtkrankenhilfe, daß Süchtige sich weiterhin in dem Ausmaß unverantwortlich verhalten können, in dem andere in ihrer Umgebung für sie Verantwortung mitüberneh-men. Wenn Angehörige versuchen, sich an das wechselhafte Verhal-ten der konsumierenden Person sowie an dessen Konsequenzen anzu-passen, so entwickeln sie häufig komplementäre Verhaltensweisen: Komplementär zum Verhalten des Süchtigen, aber auch untereinan-der zu den jeweils verschiedenen Rollenmustern.

Die bekanntesten Beschreibungen der Rollen in Familien von Sucht-kranken stammen von Sharon Wegscheider und Claudia Black. Da beide seit einiger Zeit in deutscher Übersetzung vorliegen und in der hiesigen Fachliteratur referiert worden sind (Wegscheider 1987 / Black 1988 / Rennert 1989 / Lambrou 1991), fasse ich sie nur kurz zu-sammen und beziehe darüberhinaus mit ein, wie die Dimension von un- sowie übermäßig verantwortlichem Verhalten in diesen Rollen enthalten ist. Dabei stütze ich mich auf die Darstellung von Bepko und Krestan (1985), die die Bedeutung der „Responsibility Trap" − der „Verantwortungsfalle" − bei der Arbeit mit Familien von Sucht-kranken herausgearbeitet haben.

3.1 Die „Enabler-Rolle"

Es gibt verschiedene Möglichkeiten, eine Entwicklung süchtigen Ver-haltens zu ermöglichen − in aktiver oder passiver Weise. Erfah-rungsgemäß existiert jedoch immer eine Person, die besonders im Zu-sammenleben mit einem suchtkranken Menschen leidet und ganz spe-zifisch darauf reagiert: mit Verhaltensweisen, die den Konsum und die Entwicklung von Abhängigkeit erst recht stabilisieren oder sogar fördern. Wegscheider nennt diese Person „chief enabler" und in den von ihr beschriebenen Familien wird die „Enabler"-Rolle im allge-meinen von den Frauen der Alkoholiker übernommen. (In den von Wegscheider beschriebenen Familien sind überwiegend die Männer alkoholkrank, sie gibt jedoch an, die von ihr dargestellten Rollenent-wicklungen kämen auch vor, wenn ein anderes Mitglied süchtig sei. Dies stimmt nur bedingt mit meinen Erfahrungen in der Praxis über-ein, worauf ich später noch kurz hinweise.)

In Familien mit einem suchtkranken Kind übernimmt meistens ein Elternteil diese Rolle, häufig ist dies die Mutter. Enabler sind Per-sonen, die sich zunehmend daran gewöhnen (oder sich schon früher in ihrer Biographie daran gewöhnt haben) und es schließlich als selbstverständlich empfinden, Verantwortung für andere zu überneh-men − und zwar auch dann, wenn diese anderen selbst für sich sorgen können. In diesem Zusammenhang übernehmen sie Verantwortung für die suchtkranke Person und versuchen, deren Befindlichkeit und Trink- sowie anderes Verhalten unter ihre Kontrolle zu bekommen. Betroffene Partnerinnen bilden oft Kompetenzen in Bereichen aus, in denen früher der Mann Verantwortung hatte. Daher werden sie oft für ihre Tüchtigkeit und Leistungsfähigkeit anerkannt. Niemand sieht jedoch, daß sie sich ihre Kompetenz nicht aus freien Stükken erworben haben, sondern aus Angst: „Wenn ich dies nicht tue, dann tut es niemand, und wir alle müssen darunter leiden."

Im Verlauf ihrer Bemühungen konzentrieren sich Personen in der Enabler-Rolle immer mehr auf das süchtige Familienmitglied und kümmern sich immer weniger um die eigenen Belange. Somit verhält sich die Enabler-Person selbst zunächst wenig verantwortlich im Hinblick auf die eigene seelische und körperliche Gesundheit. Trotz ihrer Bemühungen, ihrer übermäßigen Verantwortlichkeit und Tüchtigkeit erlebt sie auch noch einen Mißerfolg nach dem anderen, denn der süchtige Mensch hat unter diesen Bedingungen keinen Grund, sein Verhalten zu ändern. Sie interpretiert dies als eigenes Versagen, bemüht sich noch mehr und bis zur Erschöpfung und kann schließlich ihre eigenen Gefühle von Wertlosigkeit, Angst und Verzweiflung, aber auch Wut und Haß auf sich selbst sowie die Umwelt nicht mehr ertragen: Im Verlauf der weiteren Verstrickung von Sucht auf der einen und Co-Abhängigkeit auf der anderen Seite entwickelt sie schließlich oft auch selbstzerstörerisches Verhalten, z. B. zwanghaftes Eßverhalten (zu viel oder zu wenig), zwanghaftes Arbeitsverhalten („workaholics"), Mißbrauch von Nikotin, Medikamenten, Alkohol und allgemein eine Vernachlässigung ihrer persönlichen Entwicklung.

Es liegt nahe, daß Frauen aufgrund der traditionellen gesellschaftlichen Rollenzuweisungen besonders in Gefahr geraten, als „enabler" zu wirken, denn zunächst tun sie ja nur das, was ohnehin von ihnen erwartet wird: Sie kümmern sich um das körperliche und emotionale Wohlergehen ihres Mannes oder Kindes. Wenn die wechselseitige Entwicklung von Sucht und Co-Abhängigkeit jedoch weiter fortgeschritten ist, wird ihr Verhalten auf einmal nicht mehr geschätzt: So wurden sie in der Literatur lange Zeit als „overprotective mothers" oder entsprechend „pathogene Partnerinnen" etikettiert (vgl. Antons 1983 / Edwards et al. 1973 / Burnautzki 1990). Bevor die Hintergründe in der Interaktion in den Beziehungen der Betroffenen aufgedeckt wurden, war es üblich, in kausal-linearer Denkweise nach einer Person zu suchen, deren Verhalten als Ursache oder doch Auslöser für die Krankheitsentwicklung bei der süchtigen Person betrachtet werden konnte – und dabei kamen gerade die Frauen schlecht weg.

Aber auch das systemorientierte Rollenmodell wird manchmal in einer Weise eingesetzt, mit der den Frauen wieder Schuld zugeschoben wird: durch die einseitige Betrachtung von Co-Abhängigkeit ausschließlich als suchtförderndem Verhalten.

Bei der Arbeit mit den betroffenen Frauen begegnen wir dem Problem, daß diese im Grunde aufgefordert werden, gegen den Strom der traditionellen weiblichen Rollenerwartung zu schwimmen – eine Aufforderung, die Angst macht, da sie an Wurzeln der Identität rührt.

Hier erhebt sich die Frage, ob Männer nicht auch die Enabler-Rolle übernehmen. In meiner Praxis sind mir zwar etliche Männer in dieser Rolle begegnet, aber die Mehrheit der Personen in dieser Rolle ist weiblich. Bei Betrachtung der traditionellen Männer-Rolle fällt auf, daß diese mehr zu Verantwortlichkeit – und auch Überverantwortlichkeit – auf der materiellen Ebene erzieht. Auf der emotionalen Ebene sind Jungen und Männer jedoch gewohnt, von anderen versorgt zu werden: von Frauen. Dies mag erklären, warum mehr Männer sich von süchtigen Frauen scheiden lassen als umgekehrt: Sie mögen durchaus auf der sachlichen Ebene zu helfen versuchen, geraten jedoch kaum in Gefahr, sich für den Zustand der Frauen verantwortlich zu fühlen. Andererseits lernen sie auch nicht, im emotionalen Bereich für sich zu sorgen, denn das gilt als typisch weiblich. Das bedeutet, daß beide traditionellen Geschlechterrollen in unserer westlichen Kultur eine Entfaltung der persönlichen Potentiale und Übernahme von Selbstverantwortung verhindern. Was in den Familien von Suchtkranken geschieht, spiegelt die gesellschaftliche Situation wieder – dies in extremer Ausprägung.

3.2 Die Rollen der Kinder nach Wegscheider

Die Kinder in Familien von Suchtkranken werden von der amerikanischen Familientherapeutin Sharon Wegscheider in folgenden Rollen gesehen: Held / Heldin („hero"), Sündenbock („scapegoat"), verlorenes Kind („lost child") und Maskottchen („mascot").

Held / Heldin: Dies ist meist das älteste Kind, das außerordentlich gut – eben zu gut – „funktioniert" und ähnliche Verhaltensweisen entwickelt wie die Person in der Enabler-Rolle. Als erwachsener Mensch leidet es oft an chronischen Schuld- und Unzulänglichkeitsgefühlen. Dieses Kind übernimmt häufig stellvertretend Funktionen von Vater oder Mutter und ist stark im Beziehungsdreieck mit den Eltern verstrickt. Häufig ist es „hilfreich" für die Person in der Enabler-Rolle bei deren Versuchen, die Suchtkrankheit des anderen Elternteils oder des betroffenen Geschwisterkindes zu bekämpfen.

Der *Sündenbock* hat die Funktion, Aufmerksamkeit von den kritischen Problemen in der Familie abzulenken – von Sucht und dem Konflikt zwischen den Eltern. Da der Held so intensiv mit dem elterlichen Subsystem verbunden ist, zieht sich ein Sündenbock daraus zurück und sein schlechtes Verhalten wird die Kehrseite zum guten des Helden. Während die Heldin es genießt, für die Eltern jemand besonderes zu sein, agiert der Sündenbock aus, um Aufmerksamkeit zu erhalten. Er ist ebenso unverantwortlich wie die Heldin überverantwortlich ist.

Das *verlorene Kind* paßt sich an eine chaotische Situation an, indem es niemandem in die Quere kommt. Dieses Kind ist ein Einzelgänger. Es hilft der Familie, indem es keine Anforderungen stellt. Es erhält dementsprechend auch kaum Aufmerksamkeit oder gar Förderung, seine Gefühle sind daher die von Wertlosigkeit und Konfusion. Sein scheinbar unabhängiges Verhalten und Selbstvertrauen maskieren eine immense Furcht, von anderen abhängig zu sein.

Das *Maskottchen* – der Kaspar – sorgt für Erleichterung und Spannungsabfuhr in Form von Spaß und Unterhaltung. Dieses Kind lernt sehr früh, seinen Platz in der Familie durch Ablenkungs- und Unterhaltungsmanöver zu sichern. Durch seine Fähigkeit, atmosphärische Spannung zu erfassen und sein Publikum zu faszinieren, kann das Maskottchen in gewisser Weise Kontrolle auf seine Umgebung ausüben – dies in einer Welt, in der sonst eher verwirrende, erschreckende, chaotische Zustände auftreten. Da es auch in späteren Jahren zu kindlichem Verhalten neigt, um seine Rolle aufrechtzuerhalten, entwickelt es jedoch nur geringe erwachsene Bewältigungsstrategien. Es ist daher oft in seiner Kommunikations- und Konfliktfähigkeit eingeschränkt und wird nicht ernst genommen. Obwohl es nicht fürsorglich erscheint, ist es im emotionalen Bereich für andere da und überverantwortlich – im funktionalen Bereich eher un(ter)verantwortlich: Hier ist es einfach „zu klein", „zu jung", eben „das Baby".

3.4 Die Rollen der Kinder nach Black

Auch Claudia Black beschreibt typische Rollen der Kinder in betroffenen Familien: Das „verantwortliche Kind", das „ausagierende Kind", das „Kind, das sich anpaßt", und das „beschwichtigende Kind". Ihre Kategorien sind breiter gefaßt, aber sie unterstreichen einige derselben emotionalen Muster und Folgen der Anpassungsstrategien von Betroffenen – sowohl für das einzelne Kind als auch für die ganze Familie.

Das „verantwortliche Kind" („the responsible one") und das „ausagierende Kind" („acting out child") korrespondieren am eindeutig-
sten in den wesentlichen Aspekten mit Wegscheiders Held/Heldin
und Sündenbock. Das verantwortliche Kind funktioniert übermäßig
gut, übernimmt oft elterliche Verantwortung – und dies schon in
frühem Alter. Es spielt perfekt mit, und sein Verhalten hat – bewußt
oder unbewußt – die Funktion, der Familie ein Gefühl von Struktur
und Ordnung zu bieten. Konsequenterweise entwickelt es organisato-
rische Geschicklichkeit, für die es auch belohnt wird. Es lernt in hohem Maße, daß es sich am besten nur auf sich selbst verläßt – die Erwachsenen in seiner Umgebung können ihm nicht die Zuverlässigkeit
bieten, die es braucht. Als Erwachsene sind Kinder mit dieser Rolle
sehr verläßlich, im emotionalen und sozialen Bereich jedoch häufig
beeinträchtigt. Sie gehen die meisten Lebenssituationen an, indem sie
versuchen, Organisation und Kontrolle zu übernehmen. Sie sind oft
ernsthaft in ihrer Fähigkeit eingeschränkt, sich zu entspannen, zu
spielen und Spaß zu haben, und können im Leben nur Pflichten und
Ernsthaftes sehen. So überverantwortlich sie auf der funktionalen
und emotionalen Ebene für andere sind, so un(ter)verantwortlich gehen sie auf der emotionalen Ebene mit sich selbst um, manchmal
auch auf der funktionalen Ebene. So kam etwa eine junge Frau, die
in ihrer Herkunftsfamilie in dieser Rolle aufgewachsen war, in die
Gruppe für Eßgestörte in der Beratungsstelle. Beruflich war sie erfolgreich und tüchtig, sie war jedoch nicht in der Lage, jemandem
eine Bitte abzuschlagen, auch wenn sie mit ihrem Arbeitspensum dadurch ins Hintertreffen geriet. Sie arbeitete dann eben länger, geriet
in Zeitdruck und Hektik – und statt ärgerlicher Gefühle bekam sie
„Freßdruck".

Das ausagierende Kind scheint zunächst noch mehr an Chaos und Belastung für die schon belastete Familie zu bringen, doch auch Black
weist darauf hin, daß es somit vom Suchtproblem in der Elterngeneration ablenkt. Abgesehen von den gefährlichen Situationen, in die es
sich immer wieder bringt, provoziert es durch sein Verhalten immer
wieder die Bestätigung seiner inneren Befürchtung, daß niemand es
lieben könne, und dementsprechend sieht sein Selbstwertgefühl aus.
Sein Verhalten ist auf der funktionalen Ebene offensichtlich un(ter)-
verantwortlich, aber auch auf der emotionalen Ebene übernimmt dieses Kind keine Verantwortung für sich, sondern „die anderen sind
schuld".

In der „Anpasser-Rolle", die von Lambrou (1991) sehr anschaulich
als „Chamäleon" bezeichnet wird, beschreibt Black das Kind, das angesichts von chronischen Krisen, Widersprüchlichkeit und Inkonse-

quenz in der Familie schlichtweg passiv alle möglichen Situationen akzeptiert und sich dabei soweit wie möglich unbeteiligt verhält. Vergleichbar dem verlorenen Kind bei Wegscheider ist dieses Kind meistens in einer mittleren Geschwisterposition und versucht, am besten nicht aufzufallen. Sein passives Akzeptieren aller Umstände und innerliches Nicht-Beteiligtsein führt schließlich zu einer Haltung extremer Un(ter)verantwortlichkeit sowohl auf der funktionalen als auch der emotionalen Ebene, ohne daß dieses so direkt auffällt wie das Verhalten eines Sündenbocks. Ein Kind in dieser Rolle hat große Schwierigkeiten, ein Gefühl seiner selbst, eine persönliche Identität zu entwickeln und ist häufig nicht in der Lage, seine emotionalen und intellektuellen Potentiale zu aktualisieren, da ihm Auseinandersetzung zu bedrohlich ist.

Als vierte Rolle beschreibt Black die des versöhnenden, beschwichtigenden, Frieden herstellenden Kindes („placater"). Dieses reagiert direkt auf die emotionale Dimension der familiären Interaktion und versucht, sich der Gefühle der anderen anzunehmen. Black beschreibt dieses Kind als dasjenige, das immer sagen wird „es tut mir leid" – als Versuch, die Situation erträglicher zu machen. Es wird oft als ein besonders sensitives Kind beschrieben, und die Eltern unterstützen sein selbstloses, mitfühlendes Verhalten. Auch dieses Kind „spielt mit", es agiert nach Blacks Darstellung nicht aus. Von daher scheint es für mich stark mit Wegscheiders Held / Heldin-Rolle zu korrespondieren, ebenso hat es wesentliche Anteile der Rolle des Maskottchens, da beide besondere Antennen für die emotionale Befindlichkeit der anderen Familienmitglieder entwicklen und direkt auf Spannungen reagieren. Für Bepko und Krestan gibt es hier eine Parallele auch zum Sündenbock, der durch sein problematisches Verhalten ebenfalls für Ablenkung von anderen Spannungen sorgt. Im Hinblick auf Verantwortung ist dieses Kind auf der emotionalen Ebene eindeutig übermäßig um andere besorgt, damit einher geht die fehlende Verantwortlichkeit für die eigene seelische und körperliche Gesundheit.

4. ROLLEN HELFEN ZU ÜBERLEBEN, KÖNNEN ABER AUCH ZWANGHAFT WERDEN, ENTWICKLUNG UND ENTFALTUNG VERHINDERN

Die beschriebenen Rollen kommen in allen Familien vor – sie sind an sich weder gut noch schlecht. Problematisch werden sie dann, wenn sie extrem ausgebildet werden und zu rigiden Verhaltensmustern erstarren: Beweglichkeit und Vielfalt, Unterschiedlichkeit und Individualität werden nicht mehr zugelassen, sondern als bedrohlich erlebt. Die Entwicklung von extrem komplementären Rollen ist ein Hinweis darauf, daß die einzelnen Mitglieder der betroffenen Familie sich nicht als unterschiedliche, individuelle und wertvolle, geschätzte Persönlichkeiten erleben, sondern eher als Funktionstragende, als Rädchen im Getriebe, denen ein Empfinden ihrer selbst nur (noch) in Reaktion möglich ist: in Reaktion auf die Anforderungen einer außerordentlichen, andauernden chronischen Streßsituation. Wer jahrelang in einer solchen Situation großgeworden ist, ist in Gefahr, als erwachsener Mensch ähnliche Umstände herzustellen und in gewohntem Rollenmuster das Vermächtnis der Sucht weiterzugeben: Dies kann anderen gegenüber in übermäßig oder un(ter)verantwortlichem Verhalten bestehen, jedoch sind alle Betroffenen in gleicher Richtung beeinträchtigt, wenn es um die Sorge für das eigene seelische und körperliche Wohlergehen geht: Mit sich selbst gehen sie am schlechtesten um.

Literatur

Antons, K.: Der therapeutische Umgang mit Partnerkonflikten in der Suchtkrankenarbeit. In: Faust, V. (Hg.): Suchtgefahren in unserer Zeit. Stuttgart 1983, 199 – 205

Bepko, C. und Krestan, J. A.: The Responsibility Trap. A Blueprint for Treating the Alcoholic Family. The Free Press, New York 1985

Black, C.: Mir kann das nicht passieren. Kinder von Alkoholikern als Kinder, Jugendliche und Erwachsene. Wildberg 1988 (Amerikanisches Original 1981)

Burnautzki, S., Linke, A. und Schulz, W.: Der Trinker und die Frau an seiner Seite. Suchtreport 1/1990, 41 – 46

Edwards, P., Harvey, C. und Whitehead, P. C.: Wives of Alcoholics. A Critical Review and Analysis. Quarterly Journal of Studies on Alcohol 15, 1954, 112 – 132

Johnson Institute: Chemical Dependency and Recovery are a Family Affair. Johnson Institute Books, Minneapolis 1979

Kellermann, J.: Alcoholism − A Merry-Go-Round Named Denial (1968) − Deutsche Ausgabe: Al-Anon Familiengruppen Interessengemeinschaft e. V. (Hg.): Alkoholismus, ein Karussell des Leugnens. Köln 1979

Lambrou, U.: Familienkrankheit Alkoholismus. Im Sog der Abhängigkeit. Hamburg 1991

Rennert, M.: Co-Abhängigkeit − Was Sucht für die Familie bedeutet. Freiburg 1989

Wegscheider, S.: Es gibt doch eine Chance. Hoffnung und Heilung für die Alkoholikerfamilie. Wildberg 1987 (Amerikanisches Original 1981)

Sucht und Helfer/in – Abhängigkeiten

Jörg Fengler

Es geht mir im folgenden darum, zu zeigen, in welchen Abhängigkeiten Helferinnen und Helfer sich befinden und bewegen, die mit süchtigen Klienten und Patienten arbeiten. Ich denke dabei nicht in erster Linie an die Suchtbereitschaften und Suchtanteile in der Persönlichkeit des Helfers. Das ist bekannt, und es wird mit gutem Grund immer wieder die Frage aufgeworfen, warum er und sie gerade mit diesen Zielgruppen arbeiten. Vielmehr will ich genauer untersuchen, in welchen weiteren Abhängigkeiten sich der Helfer befindet. Da kommen die Institution, in der er arbeitet, das Team, dem er angehört, oder auch der eigene Beruf in Frage, die sich als unterstützend oder behindernd auswirken können.

Ich will dabei der Abhängigkeit des Helfers von familiären Gegebenheiten nachgehen – familiären Gegebenheiten des Süchtigen wie auch solchen, in denen er selbst aufgewachsen ist und gegenwärtig lebt. Es geht mir also darum zu prüfen, ob das System der Suchthilfe familienartige Züge aufweist und was geschieht, wenn Klienten versuchen, es in eine solche Funktion einzuweisen. Das muß kein Fehler sein. Aber wir können, wenn dies so ist, besser beurteilen, was Süchtige in der Suchthilfe suchen, was ihnen gegeben und was ihnen verwehrt wird und was u. U. auch ihre Enttäuschung ausmacht.

Über die Helferinnen und Helfer, die in der Suchthilfe arbeiten, werden wir dabei erfahren, wie sie in ihrem eigenen Tun von der ganzen Biographie und Herkunftsfamilie des Süchtigen abhängig sind und beeinflußt werden. Ich werde die These von der Suchthilfe als Ersatzfamilie aus unterschiedlichen Blickwinkeln prüfen und am Ende einige Empfehlungen aussprechen.

Die These von der Suchthilfe als Ersatzfamilie ist nicht ohne Reiz. Ein Bild von einer ‚guten' Familie trägt gewiß jeder Mensch in sich: Entweder weil er als Kind die Kraft und Geborgenheit der Familie kennengelernt hat oder weil er sie schon früh schmerzlich vermissen mußte und sich darüber vielleicht ein ganz unrealistisch überhöhtes Bild von ihr gemacht hat.

So wird es auch süchtigen Menschen gehen: Ein Gutteil von ihnen stammt ja, soweit man dies von außen sehen kann, aus intakten Familien, ein anderer Teil aus einer sogenannten Broken-Home-Situation, oft verbunden mit frühen modellhaft wirkenden Erfahrungen von elterlichem Alkohol- und Drogenkonsum und aggressiven oder regressiven Techniken der Problemlösung.

Im Kontext der Sucht nun wird ein Teil aus beiden Gruppen erfahren, daß die Herkunftsfamilie überfordert ist, sich finanziellen und anderen Forderungen versagt oder den Kontakt abbricht. Da ist es durchaus vorstellbar, daß Süchtige das System der Suchthilfe oder einzelne ihrer Einrichtungen sowie einzelne konkrete Teams und Helferinnen und Helfer in diese Funktion, Familie zu sein, einweisen wollen, zumal angesichts der eigenen Wurzellosigkeit. Wenn dies geschieht, und wir müssen es gewiß nicht für alle Süchtigen postulieren, können es aber für einen Teil von ihnen mit Berechtigung erwarten, dann wird dies absehbar eine Reihe von Folgen für alle Beteiligten haben. Auf acht solche Haltungen und die absehbaren Folgen, die sich für Teams von Suchthelferinnen und -helfern daraus ergeben, will ich nun als erstes eingehen.

Die Anonymen Alkoholiker, der Kreuzbund, die Blaukreuzler und Guttempler und verwandte Gruppen haben übrigens den familienartigen Charakter ihrer Zusammenschlüsse und Zusammenkünfte schon früh erkannt und stets bejaht.

1. KLIENTENHALTUNGEN DEN SUCHTHELFERN GEGENÜBER

1.1 Überschätzung der Helfer-Ressourcen

Man nimmt in Theorien zum Suchtverlauf manchmal an, daß mit dem Beginn der Sucht die Persönlichkeitsreifung zum Stillstand kommt. Wer also mit 15 Jahren anfängt zu trinken und mit 25 Jahren trocken wird, der muß als 25jähriger gleichsam anfangen, sich mit den Problemen auseinanderzusetzen, die er mit 15, 16, 17 Jahren versäumt hat zu lösen. Der Fünfzehnjährige aber mag die eigenen Eltern sehr wohl noch als mächtig, verbietend und auch als wirksam helfend erlebt und erfahren haben, zumal wenn diese ihn in den ersten Zeiten der Sucht wirklich noch − oft suchtverlängernd − aus schwierigen Situationen, die sich ergaben, herausgehauen haben. So mag er dem Team, dem er nun gegenübersteht, mit einem etwas naiven, dessen wirkliche Möglichkeiten zur Hilfestellung weit überschätzenden Glauben begegnen: Sie seien gewiß befähigt, alles zum Guten zu wenden.

Vor einigen Jahren zog ich es einmal in Betracht, den dreijährigen Sohn einer heroinabhängigen Frau in Pflege in unsere Familie zu nehmen. Die Vermittlung war über den Vater der jungen Frau zustandegekommen, mit dem ich beruflich häufig zu tun hatte. An dem Abend, an dem ich die junge Frau selbst kennenlernte, war sie total vollgepumpt, konnte sich kaum auf dem Stuhl halten; ihr Kopf fiel immer wieder nach vorn und baumelte dann wie lose nach rechts und links. Aber in den wenigen klaren Minuten, die sie an dem Abend hatte, sagte sie: „Ich gebe meinen Jungen nur her, wenn er ein großes, sonniges Zimmer bekommt. An Kleidung bevorzuge ich Sachen von Benetton und poppige Blousons, darauf müßt Ihr achten, wenn Ihr was für ihn kauft. Wenn ich anrufe, erwarte ich, daß Ihr ihn mir nach München bringt!" Dann sank ihr Kopf wieder herab.

Die Pflegschaft kam am Ende nicht zustande. Aber manche Helfer könnten sich von solchen Forderungen abhängig machen.

1.2 Verwöhnungshaltung und Anspruchsdenken

Mit der Überschätzung der Helfer-Ressourcen mag eine andere Haltung einhergehen: Verwöhnungshaltung und Anspruchsdenken. Das süchtige Trinken wird von vielen Autoren, da der Konsum des Suchtstoffs mit dem Genuß des Trinkens verbunden ist, als Störung im Bereich der oralen Entwicklung betrachtet, als orale Gier. Und wirklich füttern ja viele Eltern ihre Kinder schon früh mit übermäßig viel Nahrung, mit Süßigkeiten und klebrigen Limonaden, um deren Quengeln zu beenden und das schlechte Gewissen wegen der geringen eigenen Präsenz zu beschwichtigen. So mag der süchtige Erwachsene später dem therapeutischen Team mit eben dieser Anspruchshaltung begegnen: „Wenn es mir schlecht geht und ich recht laut jammere, dann müßt Ihr doch schleunigst alles unternehmen! Alles? Nein, alles genügt nicht, sondern bitte noch ein bißchen mehr!"

Ich lernte einmal einen alkoholkranken Mann kennen, der Kontakt zur evangelischen Studenten-Gemeinde aufgenommen hatte, bei Wochenendseminaren in den Jugendhäusern für die Seminarteilnehmer kochte und bei diesen Gelegenheiten mehrere Studentinnen vergewaltigte, die sich für sein Schicksal interessierten – stets am Ende von bis in die tiefe Nacht gehenden Gesprächen. Dieser Mann schrieb mir nach seiner Verhaftung verzweifelt und bat mich dringend, ihn zu besuchen. Zwei Tage nach dem ersten Brief, und noch bevor ich irgend etwas Entsprechendes hatte unternehmen können, kam ein zweiter Brief des Inhalts:

„Lieber Jörg,
vielen Dank für Deine zahlreichen Besuche. In Zukunft kannst Du mir gestohlen bleiben!
Dein ..."

Das ist Anspruchsdenken, und Helfer können Gefahr laufen, dem zu willfahren.

1.3 Symbiose

Über Familien mit einem alkoholkranken Mitglied heißt es in Falldarstellungen oft, daß als ihr Hauptcharakteristikum auffällt: Sie haben starre, oder sie haben keine Ich-Grenzen. Jeder verfügt also über jeden, meint, seine Wünsche, Gefühle und Gedanken zu kennen, ohne mit ihm gesprochen zu haben, und ist überzeugt, er könne mit Fug und Recht für ihn sprechen.

Patienten im Suchtbereich haben oft symbiotische Wünsche an das Therapeutenteam in ihrem ,neuen Zuhause', brauchen allergrößte persönliche Aufmerksamkeit und wissen manchmal nicht, ob sie ein bestimmtes Gefühl selbst fühlen oder nur im Mitschwingen mit einem anderen Patienten etwas Ähnliches mit-erleben wie jener.

1.4 Ambivalenz

Kinder erleben ihre Eltern meist nicht nur als mächtig, gut und hilfreich, auch wenn sie sie gern in solcher Weise idealisieren, sondern auch als kontrollierend, verbietend und bestrafend oder als hilflos, ratlos, klein, ängstlich und verzagt. Die Ambivalenz hat viele Polaritäten.

So wird auch dem therapeutischen Team mit Ambivalenzen begegnet. Das kann viele Formen annehmen. Im günstigsten Fall sind es nur die ,gemischten Gefühle', mit denen der Neue dem Team begegnet: Was erwartet mich hier? Wie wird es werden? Kann ich trocken bleiben? Habe ich eine Chance? Werde ich angenommen? Diese anfängliche Beunruhigung angesichts einer neuen oder schon mehrmals erlebten Situation des Anfangs ist durchaus angemessen und ein gutes Gegenmittel gegen Imponiertechniken und Angeberei. Es gibt aber auch die Ambivalenz des Vor und Zurück, des Wollens und Nicht-Wollens, der eingegangenen Verpflichtungen und schnell wieder gebrochenen Vereinbarungen, die Helferinnen und Helfer des Teams schnell müde und mürbe werden läßt und sie abhängig macht von der Tagesstimmung und der Mitarbeitsbereitschaft der Süchtigen.

Es gibt am Ende erfolgreicher Behandlungen auch eine gesunde Ambivalenz aus der Erfahrung des Leidens. Patienten und Klienten beschreiben dann im Rückblick ihre durchaus zwiespältigen Gefühle der Therapie gegenüber. Sie hassen die Konsequenz und Härte, mit der sie behandelt werden, sie empören sich über manche organisatorischen und menschlichen Unzulänglichkeiten, die sie erfahren haben, sie schämen sich für die Konfrontation mit der eigenen Abhängigkeit und Schwäche. Aber am Ende überwiegt die Dankbarkeit dafür, daß sie zu diesem Zeitpunkt in dieser Einrichtung mit diesen Helfern zur Abstinenz gefunden haben. Ambivalenz im letzteren Sinn ist also die Einsicht in die Tatsache, daß das Heilwerden mit Schmerzen verbunden ist.

1.5 Lüge und Intrige

Manche Kinder können sich überhaupt nur durchs Leben schlängeln, indem sie immer wieder zu Notlügen und kleinen Ungenauigkeiten greifen, regelrechte Lügengebäude errichten und die anderen Familienmitglieder gegeneinander ausspielen. In Familien mit einem alkoholkranken Angehörigen, in Familien, in denen Gewalt und sexuelle Aggressivität herrschen, auch bei schlechten Schulleistungen und in materieller Not mag das die einzige Möglichkeit sein, relativ unversehrt den Tag zu überstehen. Für einen Teil dieser Kinder wird daraus aber eine Lebenstechnik, mit der sie später berufliche Unzulänglichkeiten und Unregelmäßigkeiten, Betrug und Diebstahl zu tarnen versuchen in der unreifen Überzeugung: ‚Solange ich nicht gestehe, war ich es auch nicht!'

Ein 16jähriger Schüler, den ich kennenlernte, benötigte immer viel Geld für den Aufenthalt in Spielhallen, zu denen er ungehindert Zugang hatte. Eines Tages fand seine Mutter in seinem Zimmer einen 500-DM-Schein, der weder aus Taschengeld noch aus Job oder vom Sparguthaben stammen konnte. Er sagte, der Vater habe ihm den gegeben. Aber solche Zuwendungen waren in der Familie nicht üblich und der Vater wies die Behauptung seines Sohnes auch entrüstet zurück, als seine Frau ihn darauf ansprach. Der Sohn sagte dann, er habe seine Playmobil-Puppen verkauft – aber mit solchen Waren erhandelt man auf Flohmärkten allenfalls Pfennigsbeträge, keine solchen Summen.

Die Eltern insistierten also, und nach einigem Zögern sagte der Junge, er habe den Geldschein in der Innenstadt gefunden. Das glaubten die Eltern natürlich nicht, gingen aber zum Schein darauf ein und sagten, dann müßten sie das Geld zum Fundbüro bringen. So in die Enge getrieben, erzählte der Sohn nun, eine Frau habe ihn in der Fußgängerzone angesprochen und ihn gebeten, ihr den Koffer zum Bahnhof zu tragen. Dann stockte er, wußte offenbar nicht genau, wie er die Geschichte weiterspinnen sollte, dann hellte sich sein Gesicht auf und er sagte: „Ja, und am Bahnhof hat sie mir dann den 500-Mark-Schein gegeben. Kann ich doch nichts dafür! Ist doch nett, oder?"

So werden einige Suchtabhängige auch Ihnen im therapeutischen Team mit Lüge und Intrige, kleiner Unwahrheit und großer Manipulation begegnen. Sie haben gelernt, daß man auf diese Weise mancher Strafe entgeht, und versuchen nun, sich auch der Strafe Therapie auf diese Weise zu entziehen.

1.6 Spaltung

Ein Teil der Menschen, die später süchtig werden, stammt aus Elternhäusern, in denen sie schon früh schwere Schicksale erlebt haben. Das Aufwachsen mit einem alkoholabhängigen Elternteil zwingt viele zu einem frühen Rückzug in die Unsichtbarkeit, und sie lernen dann zu signalisieren: „Ich bin gar nicht da!" Ingrid Arenz-Greiving (1990a) hat vier Rollen beschrieben, die solche Kinder übernehmen: Familienstolz − Held − Elternkind; Sündenbock; vergessenes Kind − Träumer; Spaßmacher − Clown (vgl. zur Behandlung solcher Kinder auch Arenz-Greiving 1990b).

In Ein-Eltern-Familien muß das Kind oft viel zu früh viele Aufgaben übernehmen, die ganz unkindgemäß sind: Partner, Beschützer, Liebhaber, Beichtvater und vieles andere mehr; das Kind wird parentifiziert. Wenn der verbliebene Elternteil nun eine neue Bindung eingeht, begegnet der neue Partner dem Kind oft mit Ablehnung, Gewalt und sexuellen Übergriffen (Fengler 1988). Aus solchen Erfahrungen entwickeln sich in der Seele des Kindes tiefe Spaltungen, mit deren Hilfe es versucht, in die schreckliche Welt ein wenig Ordnung und Verstehen hineinzubringen.

Eine dieser häufig vorkommenden Spaltungen lautet: Gute Mutter − böser Vater, oder auch umgekehrt. Hinfort wird das Kind also von Frauen überwiegend Gutes, von Männern überwiegend Böses erwarten und vermutlich auch bekommen. Im therapeutischen Team vermag sich jemand mit solchen Erfahrungen vielleicht nur von Therapeutinnen leiten zu lassen und wird zugleich die Therapeuten der schlimmsten Absichten zeihen. Das Team muß sich dann mit dieser Umklammerung durch Hoffnung und Mißtrauen auseinandersetzen, ohne sich auseinanderzudividieren, eben spalten zu lassen.

1.7 Realitätsflucht und Entfremdung

Andere Kinder schaffen sich eine Zweiteilung des Lebens in einen Bereich mit dem Titel „Das bin ich" und einen anderen Bereich mit dem Titel „Das bin ich nicht". Wenn das Kind also Schläge bekommt oder ihm Gewalt angetan wird, so gelingt es ihm unter Umständen, sich zu sagen: ‚Das bin gar nicht ich, das ist nur ein schlechter Film, und gleich wache ich auf, und dann ist alles wieder gut!'

Aber diese Schmerzbetäubung, dieses Sich-Ausklinken, so verständlich es ist, mag später dazu führen, daß sich der süchtige Mann und die süchtige Frau auch aus dem Therapie-Programm ausklinkt, wenn die Schmerzen des Entzugs und die Schmerzen der Selbstkonfrontation zu groß werden.

Manche Täter berichten nach Taten schwerster Gewalt von solchen Entfremdungen mit den Worten: „Es war, als laufe ein Film ab, in dem ich mitspielte und entsetzliche Dinge tat. Ich erlebte es aber wie ein Zuschauer *nur mit* und fühlte nichts dabei."

1.8 Geheime Kontrakte und offene Schuldzuweisungen

Manche Eltern stellen ihren Kindern schon früh Bedingungen, von denen sie Liebe, Anerkennung, Aufrechterhaltung der Kommunikation und die Freiheit der Kinder abhängig machen:

> „Wenn Du den Teller leer ißt, bist Du ein liebes Kind"
> „Wenn Du Lärm machst, ist die Mutti traurig"
> „Wer eine Fünf schreibt, bekommt Fernsehverbot"
> „Auf eine solche Frechheit steht Hausarrest".

Aus solchen Familienregeln lernen Kinder schnell, daß es Erfolg verspricht, dem anderen Bedingungen zu stellen und ihn für das eigene Wohlbefinden verantwortlich zu machen.

Mich selbst sprach einmal ein betrunkener Mann an und bat mich um eine Mark. Nun muß ich sagen, es fällt mir sehr schwer, eine solche Bitte abzuschlagen, und meist denke ich, daß ja außer der erkennbaren Sucht auch eine wirkliche Not besteht. Ich antwortete also wahrheitsgemäß: „Ich habe jetzt nur einen 100-Mark-Schein bei mir und muß ein paar Einkäufe erledigen. Aber wenn ich in etwa einer halben Stunde wieder hier vorbeikomme und Sie sind noch da, dann bekommen Sie eine Mark!" – und dann schaut mich dieser Mann an mit einem Blick, halb zweifelnd, halb treuherzig und halb dreist, und sagt: „Aber wenn Sie nicht kommen, dann verliere ich heute endgültig den Glauben an die Menschheit!" Er beauftragt also mich damit, dafür zu sorgen, daß er weiter an die Menschheit glauben kann. Ich habe ihm die Mark dann wirklich gebracht und ihm so den Glauben an die Menschheit bewahrt, jedenfalls solange, bis er die Aufgabe wieder einem anderen Opfer übertragen konnte; aber zugleich kam eine Mißstimmung in mir auf, daß ich ihm so auf den Leim gegangen war.

Das mag auch Helfern passieren: Daß Süchtige versuchen, ihnen Bedingungen zu stellen oder für sich selbst eine Sonderbehandlung zu beanspruchen, etwa noch mit der Drohung, daß sie sonst den Entzug abbrechen würden, und im Falle eines wirklichen Verstoßes gegen das Reglement den Helfern die Schuld dafür in die Schuhe schieben.

Süchtige Klienten und Patienten werden die Helfer, egal wie detailliert und wahrheitsgemäß sie sich als Helferteam vorstellen und darstellen, immer wieder in Eltern- und Familienrollen einzuweisen versuchen. Helferinnen und Helfer erkennen sich nicht nur als abhängig von den aktuellen Arbeitsbedingungen, sondern als abhängig von der ganzen Biographie ihrer Patienten. Mit Unterstützung durch Supervision und in einem Team, mit dem man leben kann, wird es in der Regel möglich sein, diesen Belastungen zu begegnen.

2. BURNOUT

Diese vielfältigen Belastungen durch die Zielgruppen der Süchtigen können aber bei Helferinnen und Helfern zu Phänomenen führen, die heute unter den Begriffen Burnout, Ausbrennen oder Erschöpfungssyndrom zusammengefaßt werden. Unter Burnout versteht man den „... Zustand physischer oder seelischer Erschöpfung, der als Auswirkung langanhaltender negativer Gefühle entsteht, die sich in Arbeit und Selbstbild des Menschen entwickeln" (Emener et al. 1972, Übersetzung des Autors).

Das Burnout, Ausbrennen (Aronson et al. 1983), manchmal auch Erschöpfungssyndrom genannt (Freudenberger 1980), ist in den letzten Jahren unter Helferinnen und Helfern ein geläufiger Terminus geworden. Es wird als schleichend beginnender oder abrupt einsetzender Erschöpfungszustand körperlicher, geistiger oder gefühlsmäßiger Art in Beruf, Freizeit, Freundeskreis, Partnerschaft und Familie beschrieben, oft verbunden mit Aversion, Ekel und Fluchtgedanken.

> „Das Ausbrennen ist das Resultat andauernder oder wiederholter emotionaler Belastung im Zusammenhang mit langfristigem intensivem Einsatz für andere Menschen. ... Das Ausbrennen ist die schmerzliche Erkenntnis (von Helfern), daß sie diesen Menschen nicht mehr helfen können, daß sie nichts mehr zu geben haben und sich völlig verausgabt haben..." (Aronson et al. 1985, S. 25).

3. Haltungen von Helferinnen und Helfern in der Suchtkrankenhilfe

Ich wechsle an dieser Stelle die Perspektive und unterziehe die Helferinnen und Helfer selbst einer genaueren Betrachtung und zwar verbunden mit der Frage, was das System der Suchtkrankenhilfe und was das therapeutische Team für die Helfer selbst bedeutet, die in ihm arbeiten. Gibt es auch hier Abhängigkeiten? Und wenn ja, von welcher Art sind sie dann?

Man könnte sagen: Das ist ein Arbeitsplatz, eine Erwerbsquelle, eine tägliche feste Zeit. Gewiß, das alles ist es auch, aber u. U. ist es doch mehr: Auch die Helferinnen und Helfer empfinden das Team und die Einrichtung möglicherweise als eine Art Ersatz-Familie: Hier haben sie eine dichte Atmosphäre und erfahren Solidarität; hier haben sie jenseits der Unregelmäßigkeiten, die es in Liebe und Partnerschaft bisweilen gibt, Kontinuität und sie wissen auch: Die Beschäftigung mit den Süchtigen hilft ihnen, die eigenen Suchtanteile im Zaum zu halten.

Daß das therapeutische Team Züge von Familiarität im Guten wie im Schlechten annehmen kann, ist durch viele Beobachtungen zu belegen.

Eine Praktikantin aus der DROBS sagt mir: „Komisch, mein Praktikum da ist längst zu Ende. Aber ich finde immer wieder einen Vorwand, noch mal wieder hinzugehen. Und auch das Team läßt mich nicht los, sondern macht mir kleine Angebote, bietet mir Informationen und kleine Vergünstigungen, berichtet mir, wie Klienten positiv über mich reden. Also, ob ich es will oder nicht, es gibt immer wieder einen Anlaß, noch einmal vorbeizuschauen." So können auch Mitglieder einer Familie manchmal nicht voneinander lassen.

Zwischen Kolleginnen und Kollegen, die in verschiedenen Städten in verschiedenen Einrichtungen der Suchthilfe arbeiten und sich noch nie gesehen haben, herrscht am Telefon oft eine Vertrauchlichkeit von Du und Vornamen, die sonst allenfalls unter Geschwistern oder langjährigen Freunden üblich ist: Manche Helferinnen und Helfer konstellieren den Kollegenkreis offenbar wie eine Geschwisterschar.

Ich erlebte einmal bei der Lindauer Psychotherapie-Woche am Bodensee mit, wie Walter Lechler aus Bad Herrenalb das Konzept seiner Schreitherapie vorstellte und mit einer Kollegengruppe erprobte – eine beeindruckende Demonstration. Auffallend war nur, wie diese Therapeuten sich in den freien Zeiten verhielten: immer zu zweit und zu dritt beisammen, oft umarmt oder Hand in Hand, fast so, als müßten sie sich aneinander festhalten, um diese ungeheure Dauerbelastung zu ertragen.

Das ist alles nicht schlimm. Die Helferinnen und Helfer mögen also durchaus das Team als eine Art Ersatzfamilie betrachten – ähnlich wie die Süchtigen. Ein familienartiger Charakter der Suchthilfe für die Helferinnen und Helfer, die in ihr arbeiten, ist also dann in Ordnung,

(1) wenn die Helfer die Ressourcen des Teams nicht idealisieren, sondern in ihrer Begrenztheit realistisch einschätzen,
(2) wenn sie sich darauf einstellen, Nehmen und Geben in eine gute Balance zu bringen,
(3) wenn sie sich ihre Ambivalenzen gestatten und in Verhandlungen austragen,
(4) wenn sie sich um Wahrhaftigkeit über die Zweckmäßigkeit hinaus bemühen,
(5) wenn sie Spaltungsvorgänge im eigenen Erleben dem Feedback des Teams aussetzen können und
(6) wenn sie für ihr Tun und Lassen selbst die Verantwortung übernehmen können.

4. Hilfen für die Helfer

Forderungen wie diese sind leicht zu erheben, aber schwer in die Tat umzusetzen. Nach meiner Überzeugung ist – neben der Arbeit an der eigenen Persönlichkeit, die für Helferinnen und Helfer in psychosozialen Arbeitsfeldern unerläßlich bleibt – der Königsweg für das therapeutische Team im Bereich der Suchthilfe immer noch die Supervision. Das Phänomen Supervision ist als sozialwissenschaftliches Instrument vermutlich in Ihrem Kreis hinlänglich bekannt.
Freilich wissen Helferinnen und Helfer, die noch keine Supervision haben, aber eine solche anstreben, oft nicht genau über die Wege und Notwendigkeiten Bescheid. Die meisten Psychotherapeuten sind zur Supervision befähigt, ferner auch viele Sozialarbeiter und Erwachsenenbildner. Es existiert seit zwei Jahren eine Deutsche Gesellschaft für Supervision mit fast tausend Mitgliedern (Adresse: Amselstr. 13, 4955 Hille 7), die Adressenlisten auf Anfrage versendet.
Helferinnen und Helfer, die bei ihrer Institution um Supervision nachsuchen, sollten in das Gespräch mit sechs Forderungen eintreten:

(1) Die Supervision sollte von der beschäftigenden Institution bezahlt werden.
(2) Sie sollte während der Arbeitszeit stattfinden.

(3) Sie sollte nicht am Arbeitsplatz, sondern an einem anderen Ort stattfinden.

(4) Sie sollte maximal 10 Personen umfassen.

(5) Sie sollte pro Monat in der Größenordnung eines ganzen Arbeitstages ermöglicht werden.

(6) Die Supervisandinnen und Supervisanden sollten sich ihre Supervisorinnen und Supervisoren selbst aussuchen können.

Bei jeder dieser Forderungen besteht ein gewisser Verhandlungsspielraum, der aber nicht zu früh preisgegeben werden sollte.

Gegen die berufliche Belastung im Bereich der Suchtkrankenhilfe sind die besten Gegenmittel eine ausgeglichene Partnerschaft, ein Netz von Freundschaftsbeziehungen, ein verträgliches Team und eben Supervision. Wenn Helferinnen und Helfer in diesen Hinsichten gut für sich sorgen können, dann bestehen Aussicht und Chance, daß sie einige ihrer Abhängigkeiten akzeptieren und bewahren, andere verstehen und verwandeln und aus weiteren sich lösen und befreien können.

Literatur

Arenz-Greiving, I. (1990 a): Was kann / soll für Kinder von Suchtkranken getan werden? – Eine Problemanzeige. In: Jungeblodt, U. (Hg.) Suchtkranke am Rande. Übersehen – Vergessen – Vernachlässigt, S. 29 – 55. Freiburg

Arenz-Greiving, I. (1990 b): Die vergessenen Kinder. Kinder von Suchtkranken. Hamm

Aronson, E., Pines, A. M., Kafry, D. (1985): Ausgebrannt. Vom Überdruß zur Selbstentfaltung. Stuttgart

Emener, W. G., Luck, R. S., Gohs, F. X. (1982): A theoretical investigation of the construct burnout. In: Journal of Rehabilitation Administration, 6 (4), S. 188 – 196.

Fengler, J. (1990): Kinder – Opfer der Sucht. In: Ministerium für Soziales und Familie Rheinland-Pfalz, Drogenkonferenz 1989, S. 14 – 38

Fengler, J. (1991): Helfen macht müde. Zur Analyse und Bewältigung von Burnout und beruflicher Deformation. München

Freudenberger, H. J. (1980): Das Erschöpfungssyndrom von Mitarbeitern in Alternativen Einrichtungen. In: Petzold, H., Vormann, G. (Hg.): Therapeutische Wohngemeinschaften. Erfahrungen, Modelle, Supervision. München, S. 88 – 104

Abhängige und ihre Familien – Kommunikationsstrukturen Abhängiger in ihren Bezugs- und Herkunftsfamilien

Wolfgang Beiglböck und Senta Feselmayer

EINLEITUNG

In den vergangenen 16 Jahren – seit der letzten DHS-Tagung mit dem Thema „Familie und Suchterkrankung" – fanden systemische Sichtweisen, Familientherapie und Angehörigenarbeit in der Suchttherapie zunehmende Beachtung. Die von Joachim Gerchow damals gestellte Forderung nach mehr Forschung in diesem Bereich fiel auf einen fruchtbaren Boden. Die Veröffentlichungen der letzten Jahre sind aber zum Großteil therapeutische Erfahrungsberichte und – zumindest im deutschen Sprachraum – nur zu einem geringeren Teil systematische empirische Arbeiten. Dies mag nicht nur an dem unverhältnismäßig hohen Aufwand derartiger Studien liegen (vgl. Villiez 1986) oder an der leider immer wieder beobachteten Tatsache, daß Psychotherapeuten nur selten experimentelle, klinische Studien durchführen, sondern auch am zugrundeliegenden theoretischen Konstrukt.

Wir meinen damit:

(1) Die Tatsache, daß es unmöglich ist, gleichzeitig alle Faktoren und deren Wechselwirkungen zu erheben. Dabei wird aber eine der Grundvoraussetzungen der Systemtheorie verletzt, nämlich die Tatsache, daß Systeme nur in ihrer Gesamtheit verstanden werden können und die Beobachtung von Teilen keine zutreffenden Informationen liefern kann.

(2) Spätestens seit der Unschärferelation des Physikers Heisenberg (1977) ist bekannt, daß lediglich die Anwesenheit eines Beobachters bereits das Ergebnis des Beobachteten beeinflußt. Wir können daher nie die „wahre" Struktur sehen, sondern nur diejenige Struktur, die sich durch die Anwesenheit eines Beobachters ergibt.

(3) Weiter sind für den radikalen Konstruktivismus alle beobachtete Strukturen ohnehin nur Konstrukte der Wirklichkeit, die lediglich durch den Beobachter Wahrheitsgehalt erlangen (vgl. z.B. Glasersfeld 1990).

Alles zuvor Gesagte läßt daher nur die Schlußfolgerung zu, daß empirische familientherapeutische Forschung per se nicht möglich ist. Trotzdem sollten uns derartige tendenziös sophistische Überlegungen nicht dazu verleiten, die Voraussetzungen unserer therapeutischen Arbeit ungeprüft zu lassen. Obwohl uns also bekannt war, daß mittels derartiger Argumentation jegliche empirische Arbeit vom Tisch gefegt werden kann, haben wir uns entschlossen, die Leitlinien pathologischer Systemstrukturen bei Abhängigen zu überprüfen. Dabei haben wir uns jedoch auf möglichst kleine systemische Einheiten beschränkt, um diese systematischen Fehler zu minimieren.

Im folgenden wollen wir vier Studien vorstellen, die sich vornehmlich mit den dyadischen Strukturen von alkoholabhängigen Männern und Frauen und ihren Partnern bzw. ihren Müttern befassen (Schmögl, Tesar, Kaltenbrunner 1991 und Kessler 1992). Sämtliche Studien wurden 1990 bzw. 1991 am Anton-Proksch-Institut durchgeführt. Die Versuchsgruppe bestand aus Patientinnen und Patienten während der stationären Behandlung in unserer Klinik. Die Untersuchungen wurden unmittelbar nach dem Abklingen der körperlichen Entzugserscheinungen durchgeführt, um die Einflüsse einer fortgeschrittenen psychotherapeutischen Behandlung auszuschließen. Die Kontrollgruppe bestand aus nach Alter und Schichtzugehörigkeit parallelisierten Kontrollpaaren. Neben den im Einzelfall noch anzuführenden psychodiagnostischen Verfahren kam auch eine mittels Videoaufzeichnung durchgeführte Verhaltensbeobachtung zum Einsatz. Diese Videoaufzeichnungen wurden anhand der von Watzlawick (1980) angeführten Kriterien zur Beurteilung des kommunikativen Verhaltens bewertet. Sie erfolgte unabhängig von zwei in systemischer Familientherapie ausgebildeten Psychologen.

In beiden Untersuchungen wurden folgende familien- und psychodiagnostischen Verfahren verwendet:

Der Fragebogen von Mantek (1979) umfaßt neben der Erfassung des Alkoholkonsums und der Funktion des Alkohols die Bedeutung psychischer Determinanten für den Abhängigkeitsprozeß.

Im Skulpturverfahren werden die Beziehungen der einzelnen Familienmitglieder durch die Art der Aufstellung kleiner Skulpturen erfaßt (Cromwell et al. 1980).

Der FACES II (Familiy Cohesion and Adaptability Evaluation Scales) nach dem Circumplexmodell von Olson (1979) in der deutschen Übersetzung von Schlippe (1985). Er ist einer der wenigen Fragebögen, die speziell für die Erfassung interpersoneller Beziehungen innerhalb eines Familiensystems entwickelt wurden. Leider existieren auch nur wenige andere Verfahren in diesem Bereich, bei welchen die

Einhaltung allgemeingültiger Testgütekriterien gleichermaßen berücksichtigt wurden. Das dem Fragebogen zugrundeliegende zweidimensionale System wurde aus über 50 familiendynamischen Konzepten abgeleitet. Es dient der Einschätzung von Familien auf den beiden Dimensionen „Kohäsion" und „Adaptabilität". Damit ist das Ausmaß des Zusammenhaltes innerhalb einer Familie gemeint bzw. deren Fähigkeit, auf Veränderungen reagieren zu können.

Das Semantische Eindrucksdifferential wurde von Fachleuten verschiedener Richtungen unabhängig voneinander erstellt, wobei als Grundlage verschiedene Differentiale von Snider und Osgood (1972) und Hofstätter (1972) dienten. Die Untersuchten beschreiben ihre Eltern bzw. Kinder oder Partner aufgrund ihres inneren Bildes anhand vorgegebener Eigenschaftswortpaare.

Bei der folgenden Präsentation der Ergebnisse wollen wir weitgehend auf die Darstellung statistischer Kenngrößen verzichten, da dies aufgrund der Fülle der Daten in diesem Rahmen in befriedigender Weise nicht möglich ist. Dies ist an anderer Stelle geplant, hierbei geht es uns vielmehr um die Darstellung von Zusammenhängen.

DIE HERKUNFTSFAMILIE ABHÄNGIGER MÄNNER UND FRAUEN

Zuerst sollen die Ergebnisse der Arbeiten über die Beziehungen alkoholabhängiger junger Frauen zu ihren Müttern (Kessler 1992) und alkoholabhängiger junger Männer zu ihren Müttern (Kaltenbrunner 1991) vorgestellt werden.

Zunächst zu den Ergebnissen bezüglich der Familienstrukturen alkoholabhängiger junger Frauen (Kaltenbrunner 1991). Eine der bisherigen Leitlinien der Familientherapie mit Abhängigen war es oft, daß Familien mit Abhängigen Änderungsanforderungen rigider gegenüberstehen. Sowohl Versuchs- als auch Kontrollgruppe liegen jedoch anhand der Selbstbeschreibungen im funktionalen Bereich des Circumplexmodelles. Lediglich im Bereich Adaptabilität zeigen sich Tendenzen in Richtung geringere Flexibilität im Umgang mit Regeln und Rollen in den Familien alkoholabhängiger junger Frauen. Interessant erscheint jedoch, daß sich Frauen aus der Kontrollgruppe tendentiell mehr Flexibilität wünschen, obwohl die Werte im Realbild, im Vergleich zur Kontrollgruppe, schon mehr Flexibilität zeigen. Umgekehrt wünschen sich die Frauen aus der Versuchsgruppe nicht mehr Flexibilität. Der geringe Wunsch nach Beweglichkeit von Alkoholikerinnen könnte dahingehend interpretiert werden, daß Veränderungen für Alkoholikerinnen oder für Familien mit einer Alkoholabhängigen angstbesetzt sind, wie wir es ja oft in den therapeutischen Sitzungen erleben.

Das semantische Eindrucksdifferential zeigt eine Reihe von signifikanten Ergebnissen. Beim Vergleich der Selbstbilder der Töchter fällt auf, daß sich die Alkoholikerinnen signifikant in den Eigenschaften: „unsicher", „schwach", „passiv", „krank", „gespannt" und „gleichgültig" beschreiben.

Wie zu erwarten, übernimmt die Tochter die Rolle als identifizierte Patientin, die ihr auch von der Mutter zugeschrieben und verstärkt wird. Die Mütter beschreiben ihre abhängigen Töchter negativer, als diese sich selbst erleben. Ebenso beschreiben die abhängigen Töchter ihre Mütter negativer, als sich die Mütter selbst erleben. Es kann wohl angenommen werden, daß dies ein deutliches Konfliktpotential beinhaltet. Gleichzeitig jedoch können diese Konflikte als Mittel der Kohäsion dienen. Im Sinne der Systemtheorie kann angenommen werden, daß dieses Verhalten es der Familie ermöglicht, den homöostatischen Zustand aufrechtzuerhalten. Sonst würde die Gefahr des Auseinanderbrechens bestehen.

Ein teilweise anderes Bild ergibt sich bei der Untersuchung der Beziehung alkoholabhängiger junger Männer zu ihren Müttern (Kaltenbrunner 1991): Die Söhne beider Gruppen beschreiben ein nahezu identisches „ideales" Mutterbild, wobei sich die Mütter mit diesen traditionellen Attributen der „guten" Mutter stark identifizieren. Auch hier findet sich die Zuweisung des Sohnes als identifizierter Patient. Als damit im Zusammenhang stehende Prozesse können auch die signifikant stärker ausgeprägter Merkmale „Konfliktvermeidung" und „Zurückhaltung von Gefühlen" bei der Verhaltensbeobachtung betrachtet werden. Kranke Menschen muß man schonen und vor der Austragung von Konflikten bewahren.

Im Skulpturverfahren (Cromwell et al. 1980) zeigten sich in der Versuchsgruppe eine signifikant engere gefühlsmäßige Bindung zwischen den Alkoholikern und ihren Müttern im Vergleich zur Kontrollgruppe. Auch besteht in der Versuchsgruppe ein signifikant näheres Verhältnis des Alkoholikers zur Mutter als zum Vater. Es scheint also zu offenen Allianzen zwischen ihm und der Mutter als überengagiertem Elternteil zu kommen.

Auch bei der Untersuchung des Mutter-Sohn-Verhältnisses lagen beide Gruppen im funktionalen Bereich des Circumplexmodells. Allerdings fanden sich auch hier – diesmal signifikante – Hinweise auf eine geringere Flexibilität auf Änderungsanforderungen in den Herkunftsfamilien alkoholabhängiger Männer.

Zusammenfassend können über die Herkunftsfamilien von alkoholabhängigen jungen Frauen und Männern auf der Grundlage dieser Studien folgende Aussagen getroffen werden. Die in der Literatur oftmals beschriebene Rigidität in sogenannten „Suchtfamilien" (vgl. z. B.: Feselmayer et al. 1988, Perkins 1989) konnte in dieser Studie nur im Sinne einer verminderten Flexibilität im Umgang mit Regeln bestätigt werden. In Bezug auf den Faktor Kohäsion, dem ebenfalls eine wichtige Rolle in den Familien Abhängiger zugeschrieben wird (vgl. z. B. Stanton 1982), konnten für die gesamte Familie keinerlei Unterschiede festgestellt werden. Lediglich für die Mutter-Sohn-Dyade läßt sich eine engere emotionale Beziehung feststellen. Beide Skalen des FACES lagen jedenfalls im funktionalen Bereich des Circumplexmodells, sodaß trotz tendentieller oder signifikanter Unterschiede zwischen Versuchs- und Kontrollgruppe eigentlich nicht von pathologischen Familienstrukturen in Bezug auf diese beiden Variablen gesprochen werden kann. Eine mögliche Erklärung für die der Literatur widersprechenden Ergebnisse könnte darin liegen, daß die in den anderen Studien beschriebenen Ergebnisse aus Therapien stammen. Damit ist einerseits bereits eine bestimmte Auswahl an Versuchspersonen erfolgt, andererseits müssen die Ergebnisse einer Selbstbeschreibung nicht notwendigerweise mit jenen einer Fremdbeobachtung übereinstimmen. Theoriekonformere Ergebnisse lassen sich in Bezug auf die Rollenzuweisung als identifizierter Patient / -in wie eben dargestellt beobachten.

Wesentlich scheint jedoch zu sein, daß die Aufrechterhaltung der Homöostase in Mutter-Tochter-Beziehungen anders zu verlaufen scheint als bei Mutter-Sohn-Beziehungen. Mutter und alkoholabhängige Tochter stellen Kontakt vornehmlich über konflikthafte, aber deswegen nicht weniger symbiotische Beziehungsaufnahmen her.

Mutter und alkoholabhängiger Sohn weisen eine andere Art von Beziehung auf. Ihre signifikant engere Beziehung zeichnet sich durch eine Idealisierung der Mutter aus. Die signifikante Vermeidung von Konflikten und Gefühlen stellt den Versuch dar, diese Harmonie aufrechtzuerhalten. Beide kommunikativen Strukturen dienen jedoch dazu, eine überaus enge Beziehung zwischen Mutter und Tochter oder Sohn herzustellen, die aber auf eine unvollständig vollzogene Ablösung schließen ließen. Es ist denkbar, daß die Krankheit Alkoholismus in diesen Beziehungen die Funktion einer Art „Pseudolösung", eines Kompromisses zwischen Gehen und Bleiben erfüllt (Kaltenbrunner 1991).

Die höheren Scheidungsraten in den Herkunftsfamilien alkoholabhängiger Männer könnten auch den Schluß zulassen, daß diesen Söhnen eine Art Partnerersatzrolle zukommen könnte, die ebenfalls zur Verstärkung der symbiotischen Beziehung und damit zum Alkoholismus beitragen könnte.

DIE BEZUGSFAMILIE ABHÄNGIGER FRAUEN UND MÄNNER

Die beiden Studien zu den Bezugsfamilien von alkoholabhängigen Frauen und Männern beschränkten sich aus den eingangs erwähnten Überlegungen auf die Partnerbeziehungen dieser Patientengruppe. Daher kam zusätzlich der Fragebogen von Mantek (1979) zum Einsatz. Da im Bereich der Alkoholismusforschung kein gleichartiges Verfahren für Männeralkoholismus existiert, wurden dem Fragebogen, die für die Untersuchung relevanten Fragen entnommen und auch den Männern vorgelegt.

Zuerst die Ergebnisse bezüglich der Partnerschaften alkoholkranker Frauen (Tesar 1991): Alkoholiker empfinden ihre Partnerschaft nicht signifikant schlechter als Nichtalkoholikerinnen. Die Ehemänner der Alkoholikerinnen sind jedoch signifikant unglücklicher mit ihren Beziehungen, als die Männer der Kontrollgruppe. In der Verhaltensbeobachtung konnte jedoch eine signifikant erhöhte symmetrische Eskalation in den Partnerschaften abhängiger Frauen festgestellt werden. Diese Diskrepanz läßt sich dahingehend interpretieren: Alkoholabhängige Frauen wollen ihre Konflikte in ihrer Partnerschaft erst gar nicht wahrnehmen, um ein erwünschtes, internalisiertes Bild aufrechtzuerhalten, da die Selbstbeschreibung nicht mit der Fremdbeobachtung übereinstimmt.

Diese Paare zeigen in der Verhaltensbeobachtung gleichzeitig eine stärkere Tendenz, Konflikte in ihrer Partnerschaft anzusprechen, und sie werten sich in ihrer Kommunikation gegenseitig signifikant häufiger ab. Dies stellt in auffälligerweise eine Weiterentwicklung der Mutter-Tochter-Beziehung dar, die Homöostase ebenfalls über die Bindung mittels Konflikte hergestellt haben dürfte. Die Partnerbeziehungen alkoholabhängiger Männer stellen sich wie folgt dar (Schmögl 1991): Die alkoholabhängigen Männer erleben ihre Frauen als signifikant mehr überbehütend und fürsorglich, fühlen sich dabei aber wohl, und es bestehen keine Tendenzen, dies zu verändern. Auch hier könnte man, wie bei alkoholabhängigen Frauen, eine Weiterentwicklung der Mutter-Sohn-Beziehung annehmen, die ja eher wenig durch Konflikte als durch eine enge emotionale Bindung gekennzeichnet ist. Im Widerspruch dazu steht die Tatsache, daß alkoholabhängige Männer eine geringere emotionale Beziehung zu ihren

Frauen aufweisen. Dies könnte allerdings eine Folge der häufigeren Trennungsabsichten in der Gruppe der abhängigen Männer sein, wobei sich die emotionale Bindung also bereits aufzulösen beginnt. Weiter findet sich hier wieder die signifikant geringere Flexibilität bei Änderungsanforderungen in der Gruppe der abhängigen Männer, wobei allerdings beide Gruppen nicht im dysfunktionalen Bereich liegen.

ZUSAMMENFASSUNG

Zusammenfassend ist festzuhalten, daß in Partnerbeziehungen der alkoholkranken Frau symmetrische Kommunikationsmuster statistisch signifikant häufiger auftreten. In Paaren mit abhängigen Männern konnte ein Überwiegen der symmetrischen Eskalation gegenüber einer Kontrollgruppe nicht gefunden werden. Es konnte allerdings beobachtet werden, daß sowohl der alkoholabhängige Mann als auch dessen Partnerin ihre Kommunikation als weniger flexibel einschätzen, als dies bei der Kontrollgruppe beobachtet werden kann. Die gegenseitige Interaktion wird eher durch Abwertung charakterisiert: Wenn Frauen abhängig sind, tendieren deren Partnerschaften eher zu einer symmetrischen Eskalation. Wenn hingegen die Männer alkoholabhängig sind, tendieren deren Partnerschaften zu eher rigidem auf der Stelle treten und Überfürsorge von Seiten der Partnerin.

Sieht man diese Ergebnisse im Zusammenhang mit den Trinkauslösern, die von Männern und Frauen angegeben werden, nämlich daß Frauen eher Beziehungsprobleme und Partnerkonflikte (Smole 1985) als Ursache ihrer Abhängigkeitsentwicklungen sehen, Männer eher berufliche Probleme (Wanke 1981), d. h. Probleme in einer sekundären Umwelt, so läßt sich dies so interpretieren:

Der Alkoholismus der Frau ist ein weiterer Schritt der Eskalation bei einem schon vorher bestehenden symmetrischen Konflikt.

Da der Mann hingegen seine primären Probleme außerhalb der Partnerschaft sieht, muß er wohl versuchen, wenigstens in der Partnerschaft Homöostase zu erleben und deshalb bestehende oder neu entstehende Probleme zu unterdrücken. Der Alkoholismus könnte also dazu dienen, die geringere Flexibilität überhaupt aushaltbar zu machen.

Diese Ergebnisse sind somit ein zusätzlicher Beleg dafür, warum abhängige Frauen mehr an Veränderung und damit mehr an Psychotherapie interessiert sein könnten. Diese Ergebnisse sind gleichzeitig ein

Hinweis darauf, warum Beziehungen länger bestehen bleiben, wenn der Mann abhängig ist. Durch eine rigide Interaktion wird eben versucht, die Beziehung so lange wie möglich aufrecht zu erhalten.

Es bleibt festzuhalten, daß, wie es *die* Suchtpersönlichkeit nicht gibt, es unserer Meinung auch *das* Suchtpaar nicht gibt, wie es Bateson ursprünglich noch angenommen hat. Es lassen sich jedoch bestimmte charakteristische Konstellation annehmen, je nachdem ob der Mann oder die Frau an einer Abhängigkeitsentwicklung leidet. Dies gilt ebenso für die Herkunftsfamilien abhängiger Frauen und Männer, es lassen sich auf der Grundlage dieser Untersuchungen keine eng umschriebenen dysfunktionalen Systemstrukturen erkennen. Die enge Beziehung zur Mutter — und nur diese wurde hier direkt überprüft — ist allerdings in beiden Versuchspopulationen zu beobachten. Je nach Geschlecht wird diese enge Beziehung allerdings auf unterschiedliche Art und Weise aufrechterhalten — durch Konflikt oder durch Konfliktvermeidung. Ein Umstand, der sich als familiäre Tradition bis in die Partnerschaften weiterentwickeln dürfte. Ohnehin bekannte Rollenbilder unserer Kultur finden sich auch in diesen Patientengruppen, vielleicht nur etwas deutlicher ausgeprägt.

Aufgrund dieser beiden Tatsachen könnte man schließen, daß Alkoholismus integraler Bestandteil von Familiensystemen unterschiedlicher Muster sein kann. — Ganz normale Familien produzieren ganz normale Alkoholiker. So scheint der Suche nach dem spezifischen Suchtsystem ein ähnliches Schicksal beschieden zu sein wie der Suche nach der Suchtpersönlichkeit — sie könnte vergebens sein.

Literatur

Bateson, G.: Die Kybernetik des Selbst. Eine Theorie des Alkoholismus. In: Bateson, G. (Hrsg.): Ökologie des Geistes. Frankfurt 1971

Cromwell, E., Fournier, D. & Kvaebaek, D.: The Kvaebaek Family Sculpture Technique — A Diagnostic and Research Tool. Family Therapy 2/1980, S. 123 ff.

Feselmayer, S., Beiglböck, W., Burian, W. & Lentner, S.: Psychologische Charakteristika jugendlicher Abhängiger in Langzeit- und Kurzzeittherapieeinrichtungen. In: Ladewig, D. (Hrsg.): Aids bei Drogenabhängigkeit. Lausanne 1988

Glasersfeld, v. E.: Zuerst muß man zu zweit sein. Systeme 4,2/1990

Heisenberg, W.: Physik und Philosophie. Frankfurt 1977

Hofstätter, R.: Psychologie. Frankfurt 1972

Kaltenbrunner, A.: Empirische Studie über familiale Interaktionsmuster in den Ursprungsfamilien männlicher Alkoholiker, unveröffentl. Diplomarbeit Univ. Wien 1991

Kessler, G.: Strukturen und Interaktionsmuster in den Herkunftsfamilien alkoholabhängiger junger Frauen unter besonderer Berücksichtigung der Beziehung zu ihren Müttern. Unveröffentl. Diplomarbeit Univ. Wien 1991

Mantek, M.: Frauenalkoholismus. München 1979

Olson, D. H., Russel, C. S. und Sprenkle, D. H.: Circumplex Model of Marital and Family Systems: I Cohesion and Adaptability Dimensions, Family Types and Clinical Applications, In: Family Process, 18/1979, S. 3 ff.

Perkins, S. E.: Altering Rigid Family Role Behaviors in Families with Adolescents. Alc. Treat. Qu. 6, 111 – 120

Schlippe, A. v.: Zur Einschätzung von Familien nach dem „Circumplex Model of Marital and Family Systems" von Olson und Mitarbeitern. – Ein kritischer Bericht über das Konzept und eine deutsche Adaptation der FACES II. (Forschungsberichte aus dem Fachbereich Psychologie, 48) Univ. Osnabrück 1985

Schmögl, P.: Die Kommunikation in Partnerschaften männlicher Alkoholiker – eine empirische Studie. Unveröffentl. Diplomarbeit Univ. Wien 1991

Smole, S.: Frauenalkoholismus und Rollenbild. Unv. Diss. Univ. Wien 1985

Snider, J. G. & Osgood, C. E. (Hrsg.): Semantic Differential Technique – A Source Book Aldine Publ. Comp., Chicago 1972

Stanton, M. D.: Drogenmißbrauch und Familie. Suchtgefahren 28, 139 – 149, 1982

Tesar, M.: Eine empirische Studie zu dem Thema: Der kommunikative Ablauf bzw. die kommunikative Störung zwischen der Alkoholikerin und ihrem Partner. Unveröffentl. Diplomarbeit Univ. Wien 1991

Villiez, T.: Sucht und Familie. Berlin 1986

Wanke, K.: Unterschiedliches Suchtverhalten bei Frau und Mann. In: DHS (Hrsg.) Frau und Sucht – Beobachtungen, Erfahrungen, Therapieansätze. Hamm 1981

Watzlawick, P. und Weakland, J. H. (Hrsg.): Interaktion. Bern 1980

Zur Beziehungssituation von Heroinabhängigen

Michael Krausz, Jeanette Jung, Peter Degkwitz

Das Thema Beziehungssituation von Heroinabhängigen hat eine widersprüchliche Geschichte. Es ist noch nicht lange her, daß in den meisten therapeutischen Einrichtungen für Heroinabhängige ein striktes „Beziehungsverbot" galt. Mittlerweile dominiert wohl eine Position, die die Beziehungssituation von Abhängigen stärker unter Gesichtspunkten der „sozialen Stützung" bei Verlauf und Überwindung der Drogenbindung betrachtet. Daran anknüpfend wird im folgenden die Beziehungssituation in ihrem Einfluß auf den Verlauf der Heroinabhängigkeit untersucht. Aus dem Komplex von Beziehungen werden zwei Bereiche – die familiäre Vergangenheit und die aktuelle Partnerschaft – untersucht.

Die vorgestellten Ergebnisse wurden im Rahmen einer Arbeitsgruppe an der Psychiatrischen Klinik des Universitätskrankenhauses Eppendorf in Hamburg erarbeitet. Diese Arbeitsgruppe befaßt sich mit den beiden Themenschwerpunkten Komorbidität von Psychose und Sucht und der Sucht- und Drogenforschung.

1. ZUM VERSTÄNDNIS VON DROGENABHÄNGIGKEIT UND BEZIEHUNGS-
   SITUATION

Zunächst soll knapp unser Verständnis von Drogenabhängigkeit und der Zusammenhang zur Beziehungssituation skizziert werden. Drogenkonsum begreifen wir als subjektiv funktionales Handlungsmuster vor dem Hintergrund biographischer Problemkonstellationen. Wobei wir als ein Charakteristikum solcher Konstellationen eine Situation dauernder Nichtpassung von Anforderungen, subjektivem Anspruch und Möglichkeiten annehmen.

Wenn wir Drogenkonsumhandlungen hinsichtlich der subjektiven Lebensführung als funktional ansehen, so sind sie, insbesondere wenn sie sich zu abhängigen Konsummustern verfestigen, gleichzeitig restriktive Problembewältigungsstrategien des Individuums. Mit dem abhängigen Drogenkonsum können hinsichtlich des Befindens kurzfristige Vorteile erzielt werden, aber auf Kosten längerfristiger Lebensinteressen wie des Ausbaus individueller Handlungsfähigkeit. Drogenkonsumhandlungen sind grundsätzlich ein „offener Prozeß";

sie sind zu begreifen als individuelle Entscheidung unter bestimmten soziokulturellen und ökonomischen Lebensbedingungen. Ein zentrales Moment dieser Lebensbedingungen ist die Beziehungssituation, die sich verfestigend oder stabilisierend hinsichtlich der Drogenkonsumhandlungen auswirken kann.

Beziehungen betrachten wir in Anlehnung an das Konzept des Social support / Netzwerkkonzept. Danach kann soziale Unterstützung verschiedene Formen annehmen — wie Wissen um Personen, die einem beistehen, das Gefühl der Geborgenheit, die Vermittlung von Ratschlägen, das Signalisieren von Kommunikationsbereitschaft und natürlich konkrete Hilfestellungen.

Bei der Betrachtung der familiären Beziehungen gehen wir — in Anlehnung an sozialisationstheoretische Ansätze — davon aus, daß sich in Zusammenhang mit den familiären Beziehungen die Art und Qualität der Einbindung der einzelnen Person in die Gesellschaft entscheidet (Hurrelmann 1989). Für einen entwicklungstheoretischen Ansatz werden im familiären Bereich die persönlichen Ressourcen für die Bewältigung der Entwicklungsaufgaben (mehr oder weniger erfolgreich) aufgebaut (Silbereisen / Kastner 1987). Drogenabhängigkeit als Handlungsmuster kann in diesem Zusammenhang als Reaktion auf Unzulänglichkeiten, Krisen, Konflikte im familiären Umfeld verstanden werden (auf Probleme wie Vernachlässigung oder Mißhandlung der Kinder, Scheidung der Eltern, Todesfälle in der Familie, Sucht eines Elternteils etc.).

Unsere Hypothesen zur Relevanz der Beziehungssituation gehen vor diesem Hintergrund in zwei Richtungen: Erstens hat die aktuelle Beziehungssituation, das Ausmaß an Rückhalt, einen entscheidenden Einfluß auf die persönliche Einwicklung und als Teil dessen auf den Drogenkonsum. Und zweitens hat die frühere familiäre Beziehungssituation einen entscheidenden Anteil an zur Verfügung stehenden individuellen Ressourcen zur Bewältigung kritischer Situationen in der aktuellen Lebensführung.

Diese Annahmen entsprechen zentralen Ergebnissen der Amsel-Studie. In dieser Untersuchung wurden Drogenabhängige vier Jahre begleitet. Ein Ergebnis ist, daß für den Verlauf der Drogenabhängigkeit und die Ausstiegschancen die aktuelle Beziehungssituation und der familiäre Hintergrund (Sucht in der Herkunftsfamilie, Lebenssituation in der Herkunftsfamilie) zu den zentralen Prädiktoren gehören. In diesem Bereich liegen 5 von 12 Prädiktoren, die die Situation der Drogenabhängigen hinsichtlich des Ausstieges nach fünf Jahren zu fast 80 % „erklären" (Sickinger et al. 1992).

2. Zur Stichprobe

Ziel der vorliegenden Studie war die Hypothesengenerierung für beantragte bzw. sich in Planung befindliche prospektive Studien zum Verlauf der Abhängigkeit bei verschiedenen sozialen und kulturellen Gruppen.

Die Untersuchung ist eine retrospektiv angelegte Querschnittstudie anhand von Patientenakten. Die Stichprobe wurde aus den Patienten der niedrigschwelligen Entzugsstation (Haus 35) des Allgemeinen Krankenhauses Ochsenzoll in Hamburg erhoben. Von den ca. 2000 Patienten, die hier seit Herbst 1989 einen Entzug durchführten, wurde eine Stichprobe von 671 Patienten gezogen. Diese Patienten hatten 905 Aufnahmen in den Entzug. In der vorliegenden Auswertung wird sich auf die jeweilige Erstaufnahme bezogen.

In der Aufnahmesituation werden alle Drogenabhängigen routinemäßig mit einem halbstandardisiertem Erhebungsinstrument befragt. Das dabei benutzte Interviewinstrument ist eine verkürzte Fassung des Züricher Fragebogens zur Erhebung jugendlicher Heroinabhängiger (Uchtenhagen/Zimmer/Höfler 1984). Das Interview wird in einem längeren Gespräch in der Aufnahmesituation durch die aufnehmenden Ärzte durchgeführt, um wesentliche Informationen zur sozialen Situation, zur Drogenanamnese, zur justitiellen und therapeutischen Vorgeschichte zu erfassen. Zusätzlich sind die Untersuchungsergebnisse der medizinischen Eingangsuntersuchung dokumentiert.

Die Stichprobe bestand aus 469 Männern und 202 Frauen. Der Frauenanteil betrug also 30%. Das Durchschnittsalter für beide Geschlechter lag bei etwa 25 Jahren. Die Dauer des Opiatkonsums betrug durchschnittlich etwa fünf Jahre. Bei etwa 50% der Abhängigen lagen weniger als drei Jahre zwischen ihrem ersten Opiatkonsum und ihrem ersten Aufenthalt in der Entzugsstation.

3.1 Familiäre Belastungen der Heroinabhängigen

Bei diesem Punkt ging es uns um familiäre Belastungen und kritische Ereignisse für das Kind im Hinblick auf den Aufbau seiner Handlungskompetenzen zur Bewältigung der Entwicklungsaufgaben in seiner Sozialisation. „Broken home" behandeln wir hier nur in globaler Art. Wir kennen über die Äußerungen der Abhängigen nur die strukturellen Defizite und kritischen Lebensereignisse und können daher über die Qualität der Familienbeziehungen nur wenige Aussagen machen.

Tab. 1: Familiäre Belastungen

	weiblich %	männlich %	p
Heimaufenthalte	15%	19%	
Scheidung/Trennung der Eltern	46%	43%	
Tod eines Elternteils	6%	7%	
Gewalterfahrung	17%	4%	***
Sucht in der Herkunftsfamilie	36%	28%	**
psychosoziale Belastung (DSM)	70%	56%	***
Suizidversuche vor Drogen	22%	6%	***

* p = < 0,05; ** p = < 0,01; *** p = < 0,001

In Tabelle 1 sind verschiedene Belastungsbereiche nach Geschlecht aufgeführt. Deutlich ist die hohe Belastung von Drogenabhängigen mit „Scheidung" und „Sucht" in der Herkunftsfamilie. Außer im Bereich der Gewalterfahrung und Sucht in der Herkunftsfamilie unterschieden sich Männer und Frauen nicht gravierend. Hinsichtlich der Situation vor dem Einstieg in den Drogenkonsum wurden belastende psychosoziale Momente (sexueller Mißbrauch, Gewalterfahrung in der Herkunftsfamilie, Sucht in der Herkunftsfamilie, Tod der Eltern) in Anlehnung an den psychosozialen Belastungsindex des DSM III unter dem Gesichtspunkt zusammengefaßt, ob eine solche Belastung vorhanden war oder nicht. Eine solche Belastung − irgendein Merkmal aus den oben genannten Bereichen vor dem Drogenkonsum − bestand für 70 % der Frauen gegenüber 56 % der Männer. Drogenabhängige Frauen weisen in ihrer Biographie mehr Belastungen auf.

In den Belastungsindex gehen die Suizidversuche (Tab. 1) vor Drogenkonsum nicht ein. Sie können sicher als Indikator schwerwiegender psychosozialer Vorbelastungen vor dem Drogenkonsum angesehen werden. Die Suizidversuche korrelieren hier überraschenderweise nicht mit familiären Belastungen − d.h. die Rate von Versuchen ist bei denjenigen mit Belastungen nicht erhöht. Demnach lägen den Suizidversuchen weitere, von den von uns erfaßten familiären Belastungen unabhängige Probleme zugrunde.

3.2 Familiäre Belastungen und Einstieg in den Drogenkonsum

Wir sind dem in der Literatur berichteten Zusammenhang zwischen frühen familiären Belastungen und früherem Einstieg in Drogenkonsum nachgegangen. Insbesondere Kandel (1978) hat in ihren Untersuchungen die Bedeutung des jeweiligen Einstiegsalters für Verlauf der

Abhängigkeit und Ausstiegsmöglichkeiten herausgearbeitet. Als Maß für den Einstieg in Drogenkonsumverhalten haben wir zwei Indikatoren gewählt: als ersten den frühesten Einstieg in eine längere Konsumphase eines beliebigen Suchtmittels (abgesehen von Nikotin). Es wurde nicht der jeweilige Erstkontakt gewählt, sondern der Einstieg in eine längere Konsumphase. In der Regel geht es also um Alkohol, Cannabis oder Medikamente. Als zweiten Indikator für den Einsteig nehmen wir den Erstkontakt mit Opiaten. Hier haben wir den Erstkontakt gewählt, weil er ein gewichtiger Einschnitt in der Entwicklung von Drogenkonsumhandlungen ist.

Tab. 2: Prämorbide Belastung und Einstiegsalter in Drogenkonsum

	weiblich Alter	männlich Alter	p
Einstieg frühester Mißbr.			**
Belastung	15,6	15,7	
keine Belastung	16,4	16,6	
Erstkontakt Opiate			**
Belastung	19,8	20,0	
keine Belastung	21,2	20,8	

* p = < 0,05; ** p = < 0,01; *** p = < 0,001

Es zeigt sich (Tab. 2) die generelle Bedeutung einer Belastung für das Einstiegsalter. Eine Belastung beschleunigt hiernach den Einstieg in Drogenkonsummuster. Dies Ergebnis ist umso interessanter, als ja bekanntlich der Einstieg in den Drogenkonsum – zumindest in den subjektiven Äußerungen der Abhängigen – eher mit Neugier, Dynamik in der Peergroup als mit Problemen zu tun hat (vgl. z. B. Hser / Anglin / McGlothlin 1987). Die Geschlechtsunterschiede beim Erstkontakt mit Heroin – die Differenzen bei den Frauen sind größer – sind nicht signifikant.

Der Zusammenhang zwischen Belastung und Drogenkonsum ist schon vielfach gebrochen. Viel deutlicher als familiäre Belastungen hängt beispielsweise der Schulerfolg, den wir hier nicht näher behandeln (vgl. dazu Krausz / Degkwitz 1992), mit Einstieg in Drogenkonsum zusammen. Hier ist der Zusammenhang direkter; ohne Schulbzw. Ausbildungsabschluß wird mehr als drei Jahre früher in den Drogenkonsum eingestiegen.

3.3 Aktuelle Partnerschaften

Im folgenden zum zweiten Bereich der Beziehungssituation, der aktuellen Partnerschaft. Wenn im folgenden Heroinabhängige mit und ohne Partnerschaften und bei denen in Partnerschaften mit und ohne Drogenkonsum betrachtet werden, beziehen wir uns immer auf die folgenden 5 Gruppen:

Die *erste* Gruppe befindet sich in einer Partnerschaft mit einem/r drogenfreien Partner/in. Diese Gruppe müßte nach unseren Hypothesen hinsichtlich verschiedener Merkmale ihrer Lebenssituation die stabilste sein.

Die *zweite* Gruppe lebt mit einem/r drogenkonsumierenden Partner/in zusammen. Hier ist gerade die Frage in welcher Richtung sich diese Abhängigen von denen mit drogenfreien Partnerschaften und denen ohne Partnerschaft unterscheiden.

Bei der *dritten* Gruppe bestehen Angaben zu einer vorhandenen Partnerschaft, es fehlen aber die Angaben zum Drogenstatus des/r Partner/in. Hinsichtlich verschiedener Merkmale müßte sich diese Gruppe zwischen den beiden erstgenannten bewegen.

Die *vierte* Gruppe hat keine Partnerschaft.

Bei der *fünften* Gruppe fehlen die Informationen zur Partnerschaft. In der Regel wird das bedeuten, daß keine Partnerschaft vorhanden ist, bei einem anderen Teil fehlen jegliche Angaben.

Die beiden unklaren Gruppen (drei und fünf) werden in den folgenden Tabellen fast immer mit angegeben, wir verstehen sie als Kontrollgruppen für die drei interessantesten Gruppen (eins, zwei, vier).

Frauen haben eher eine Partnerschaft (Tab. 3). 46% der Frauen und 34% (Summe der ersten drei Gruppen) der Männer haben eine Partnerschaft. Aber der Partner der Frauen ist eher drogenabhängig. Obwohl Männer weniger Partnerschaften haben, hat ein größerer Anteil eine drogenfreie Partnerschaft.

Tab. 3: Partnerschaften und Drogenkonsum

	n der Gruppen	weiblich %	männlich %
1. PartnerIn ohne Drogen	84	10%	15%
2. PartnerIn mit Drogen	105	24%	10%
3. PartnerIn k.A. Drogen	69	12%	9%
4. keine PartnerIn	107	16%	16%
5. keine Angabe	306	37%	49%

Wichtig für das Verständnis der unterschiedlichen Gruppen (bezogen auf Partnerschaften) sind die Differenzen bei der Dauer der Opiatabhängigkeit (Tab. 4). Diejenigen Abhängigen mit Partner/in sind älter (27 Jahre).

Tab. 4: Kennzeichen von Gruppen mit unterschiedlichem Partnerschafts-status

	1. P- ohne Dr	2. P- mit Dr	3. P- k.A. Dr	4. ohne P	5. k.A.
Opiatkonsum (Jahre)	6,0	6,9	5,6	5,2	4,1
Alter	27,7	27,8	26,7	25,8	23,7

Diejenigen Heroinabhängigen, die sich in einer Partnerschaft befinden, sind länger abhängig. Anders formuliert: Sie haben eine längere Phase der Abhängigkeit hinter sich, bevor sie sich zum Aufsuchen des Hilfesystems zur Durchführung einer Entzugsbehandlung entschließen.

Hinsichtlich der Dauer der Abhängigkeit unterscheiden sich die Geschlechter insbesondere bei den drogenabhängigen Partnerschaften: Die Frauen haben unter sechs und die Männer acht Jahre Opiatkonsum (vor der ersten Aufnahme). Die abhängigen Männer mit einer abhängigen Partner/in sind diejenigen, die es mit ihrer eigenen Abhängigkeit am längsten – außerhalb des Hilfesystems – aushalten. Möglicherweise stellen sich ihnen überzeugende Gründe, die Abhängigkeit zu überwinden (oder die Notwendigkeit, das Hilfesystem in Anspruch zu nehmen), in der abhängigen Partnerschaft später.

3.4 Zum Zusammenhang von Partnerschaft und aktueller Lage

Unsere Fragestellung ist: In welchem Zusammenhang steht die Partnerschaft zur Gesamtkonstellation der Abhängigen? Zunächst zur Wohnsituation – generell war die Wohnsituation derjenigen mit Partnerschaft stabiler als bei denjenigen ohne Partnerschaft. Interessante Unterschiede ergaben sich hier auch bei den Gruppen mit Partnerschaft – wer lebt mit dem Partner oder der Partnerin zusammen?

Aus dem Gesamtbereich der Wohnformen sind hier (Tab. 5) nur die Formen „lebt allein" und „mit Partner/in" ausgewählt. Diejenigen mit drogenfreiem Partner lebten am seltensten allein. Zu drei Viertel lebten diese Abhängigen mit ihrem/r drogenfreien Partner/in. Bei den anderen Gruppen waren es erheblich weniger.

Die Abhängigen mit drogenfreiem/r Partner/in hatten die meisten Kinder. In jeder dritten dieser Partnerschaften befanden sich Kinder – fast doppelt so viele Kinder, wie in den Beziehungen mit drogenkonsumierendem/r Partner/in.

Die Unterschiede in Zusammenhang mit Arbeit und Beschäftigung und Arbeit im letzten Jahr wiesen in dieselbe Richtung. Von denen, die eine/n Partner/in ohne Drogen hatten, arbeiteten fast 60 % ganz

Tab. 5: Soziale Kennzeichen von Gruppen mit unterschiedlichem Partnerschaftsstatus

	1. P- ohne Dr	2. P- mit Dr	3. P- k.A. Dr	4. ohne P	5. k.A.
Wohnsituation ***					
lebt allein	8%	11%	19%	-	-
lebt mit PartnerIn	74%	59%	36%	-	-
Kinder vorhanden ***	32%	17%	21%	23%	6%
Arbeit letztes Jahr **					
teilweise	12%	7%	15%	17%	16%
überwiegend	47%	34%	30%	31%	40%
Schule **					
abgeschl. Schulausbildung	85%	81%	78%	68%	73%
Gesundheitszustand **					
gut/ohne Befund	81%	62%	69%	71%	71%
Justitielle Situation **					
Haft/Vorstrafe	42%	31%	42%	46%	50%
kein Kontakt zur Justiz	13%	32%	17%	28%	25%
Drogenkonsum					
> 1 gr. Heroin/d *	23%	22%	15%	27%	12%
Rohybnol - aktuell **	40%	64%	46%	50%	47%

* p = < 0,05; ** p = < 0,01; *** p = < 0,001

oder teilweise, davon immerhin 47 % überwiegend – d. h. mehr als sechs Monate im letzten Jahr. Demgegenüber hatten nur knapp 40 % von denen mit drogenabhängigem Partner im letzten Jahr teilweise oder überwiegend gearbeitet. Die Haupteinkommensquelle war dementsprechend unterschiedlich: Diejenigen mit drogenfreier Partnerschaft hatten eher Einkommen aus Arbeit / Ausbildung als Haupteinkommen, eher Arbeitslosengeld (weil sie noch oder wieder enger an den Arbeitsprozeß angebunden sind) und weniger Sozialhilfe.

Die Schulbildung war generell für diejenigen mit Partner besser. Sie ist hier (Tab. 5) nur unter dem Gesichtspunkt des Abschlusses einer Schule (dies ist zu mehr als zwei Dritteln die Hauptschule) betrachtet. Diese zwar signifikanten, aber eher leichten Unterschiede bestanden vor dem Hintergrund eines insgesamt katastrophalen Ausbildungszustandes.

Der somatische Allgemeinzustand war für die Gruppe mit drogenfreier Partnerschaft am positivsten. Die anderen Gruppen unterschieden sich nicht. Ein interessanter Nebenaspekt war, daß ganz offenbar der Gesamtzustand nicht einfach eine Funktion der Dauer des Heroinkonsums war. Diejenigen mit Partnerschaft konsumierten mindestens sechs Jahre – zwei Jahre länger als die anderen Gruppen. Gleichzeitig befanden sie sich in allen Bereichen in einem stabileren Zustand – wahrscheinlich, weil ihr „Gesamtsetting", in dem sie abhängig Heroin konsumieren, günstiger war.

Im Bereich der justitiellen Belastung waren die Unterschiede auf den ersten Blick gering. Hier hat die Gruppe ohne Angabe zur Partnerschaft die höchste Belastung. Da dies aber einerseits die Gruppe mit dem niedrigsten Alter und der geringsten Dauer an Heroinkonsum war und andererseits die justitielle Belastung einer Funktion von Alter und Dauer des Drogenkonsums ist, also mit der Dauer steigt, verbargen sich hier gravierende Unterschiede. Die justitielle Belastung derjenigen mit Partnerschaft war niedriger.

Bei der Schwere des Drogenkonsums – zunächst festgemacht am Heroinkonsum > 1 Gramm Tag – schnitt die Gruppe ohne Angabe zur Partnerschaft am günstigsten ab – deshalb, weil dies die Gruppe mit der kürzesten Abhängigkeitsdauer war. Die stabile Gruppe derjenigen mit einer drogenfreien Partnerschaft unterschied sich bei der Konsummenge des Heroins nicht. Beim aktuellen Rohypnolkonsum ragte die Gruppe in drogenkonsumierender Partnerschaft mit dem höchsten aktuellen Rohypnolkonsum heraus.

4. Diskussion

Zusammenfassend halten wir die folgenden Ergebnisse für zentral.

(1) Insbesondere drogenfreie Partnerschaften sind stabilisierend. Die Abhängigen in einer drogenkonsumierenden Partnerschaft heben sich nicht entscheidend von denen ohne Partner / in ab. Der strukturelle Punkt – Partnerschaft vorhanden – allein reicht nicht zu einer stabileren Lage in verschiedenen Bereichen. Auch unsere Ergebnisse legen – ebenso wie die Ergebnisse der Amsel-Studie – die Vermutung nahe, daß hinsichtlich des Ausstieges, die Partnerschaft mit einem / r Abhängigen einen schwachen Effekt hat. (Lind-Krämer Timper-Nittel 1991)

(2) Ein einfacher linearer Zusammenhang zwischen dem Grad der Verwicklung in die Abhängigkeit (Dauer Heroinkonsum, justitieller Belastung, psychischen und somatischen Schwierigkeiten) und der aktuellen Beziehungssituation besteht nicht. Es scheint so, daß sich bei einem Teil der Abhängigen die Beziehungssituation im Verlauf der Abhängigkeit, trotz der Situation der Ausgrenzung entwickelt.

Die Abhängigen mit Partnerschaft sind älter, haben eine längere Phase der Abhängigkeit beim ersten Aufenthalt im Entzug hinter sich und sind später eingestiegen. Möglicherweise wird also nach und nach die Entwicklungsaufgabe „Aufbau einer Partnerschaft" trotz schwierigster Rahmenbedingungen gelöst.

(3) Hinsichtlich der aktuellen sozialen und Beziehungssituation sind die vermuteten geschlechtsspezifischen Differenzen nachweisbar. Generell gibt es die in verschiedenen Untersuchungen festgestellte Tendenz, daß sich abhängige Frauen eher in festen Beziehungen befinden als Männer. Frauen wohnen seltener als die gleichaltrigen männlichen Abhängigen bei ihren Eltern und häufiger mit Freunden oder Partnern zusammen. Sie leben signifikant häufiger mit drogenabhängigen Mitbewohnern oder Partnern.

(4) Drogenabhängige kommen häufiger aus unvollständigen Familien, bzw. aus „Broken home"-Konstellationen. Die familiären Beziehungen späterer Drogenabhängiger sind häufig gestört und durch belastende „life events" gekennzeichnet. Dabei steht insbesondere das Einstiegsalter (eine der zentralen Variablen für die Prognose des Verlaufs der Abhängigkeit) in Zusammenhang mit der Belastung der familiären Beziehungssituation.

(5) Am stabilisierenden Effekt insbesondere drogenfreier Beziehungen wird die verhängnisvolle Wirkung gesellschaftlicher Stigmatisierung und Ausgrenzung der Drogenabhängigen deutlich, weil sie die Aufnahme und Aufrechterhaltung solcher Beziehungen ungeheuer erschwert. Verfolgungs- und Beschaffungsdruck lassen einerseits bestehende drogenfreie Beziehungen (in Abhängigkeit von der Konsumdauer) zerbrechen und belasten soziale Beziehungen innerhalb der Szene zusätzlich. Eine stabile Beziehungssituation ist *ein* Moment für einen Ausstieg aus der Abhängigkeit. Ob sie anderen stabilisierenden Momenten − Wohnung, Arbeit, Gesundheit / Wohlbefinden − folgt oder vorangeht ist eine müßige Frage. Die Beziehungssituation steht mit diesen Momenten in einem komplexen Zusammenhang.

Die Wichtigkeit der Beziehungssituation als verlaufsbeeinflussender Faktor süchtigen Verhaltens und hinsichtlich der Möglichkeiten zur Überwindung der Drogenbindung legt verschiedene Konsequenzen nahe:

(1) Deutlich ist die Relevanz der aktuellen Beziehungssituation. Um Art der Beziehung und Einfluß auf den Verlauf präziser zu erfassen sind prospektive Studien notwendig, die die Wirkungen unterschiedlicher Beziehungskonstellationen über eine längere Zeit untersuchen.

(2) Vordringlich ist die Auseinandersetzung mit gesellschaftlichen Faktoren wie Kriminalisierung und Stigmatisierung, die zur massiven Behinderung bei der Entwicklung einer stützenden Beziehungssituation beitragen; denn die aktuelle Beziehungssituation des Heroinabhängigen ist niemals nur persönliche Eigenschaft oder individuelles Problem, sondern immer Resultat einer Gesamtkonstellation, eines Zusammenwirkens möglicher Probleme Drogenabhängiger bei der Bewältigung von Entwicklungsaufgaben und ihrer sozialen Isolation aufgrund der gesellschaftlichen Stigmatisierung.

(3) Werden Anforderungen an Therapie bestärkt und alle aktuellen Bemühungen ermutigt, bestehenden Beziehungen mehr Beachtung zu schenken und sie systematischer in therapeutische Prozesse einzubeziehen.

(4) Ergeben sich aus der Bedeutung familiärer Belastungen Hinweise für Prävention durch sozialpolitische Maßnahmen. Das ist den in dem Bereich der Drogenhilfe Tätigen bekannt − praktische Konsequenzen werden unter den aktuellen ökonomischen und politischen Rahmenbedingungen nur schwer durchzusetzen sein.

Literatur

Hser, Y.I./Anglin, M.D. & McGlothlin W.: Sex differences in addict careers. 1. Initiation of use, Am I Drug Alcohol Abuse, 13, 1987, S. 33 − 57

Hurrelmann, K.: Einführung in die Sozialisationstheorie. Weinheim und Basel 1989

Kandel, D.B.: Longitudinal research on drug use: Empirical findings and methodological issues. Hemisphere-Wiley, Washington 1978

Kindermann, W./Sickinger, R./Hedrich, D./Kindermann, S.: Drogenabhängig − Lebenswelten zwischen Szene, Justiz, Therapie und Drogenfreiheit. Freiburg 1989

Krausz, M./Degkwitz, P.: Geschlechtsspezifische Aspekte von Heroinabhängigkeit. Hamburg 1992 (eingereicht British J. of Addiction) Lind-Krämer, R./Timper-Nittel, A.: Geschlechtsspezifische Analyse von Drogenabhängigkeit, Abschlußbericht Band II. Frankfurt/M. 1991

Projektgruppe Rauschmittelfragen Forschungsprojekt Amsel (Hrsg.): Abschlußbericht. Frankfurt 1991

Sickinger, R./Kindermann, W./Kindermann S./Lind-Krämer, R./Timper-Nittel, A.: Wege aus der Drogenabhängigkeit. Freiburg 1992

Silbereisen, R.K./Kastner, P.: Jugend und Problemverhalten, entwicklungspsychologische Perspektiven, In: Oeter, R./Montada, L. (Hrsg.): Entwicklungspsychologie. München-Weinheim 1987

Uchtenhagen, A./Zimmer-Höfler, D.: Heroinabhängige und ihre „normalen" Altersgenossen. Bern 1984

Der Einfluß herkunftsfamiliärer Faktoren auf den psychopathologischen Status akutpsychiatrischer Patienten

Eine retrospektive Vergleichsstudie an Schizophrenen mit bzw. ohne Suchtmittelproblematik und Alkoholikern.

Reinhard Maß und Michael Krausz

1. Einführung

Die Koinzidenz von psychiatrischen Erkrankungen und Drogenkonsum ist ein relativ neuer, relevanter Gegenstand psychiatrischer Forschung. Die Ergebnisse mehrerer Studien von Alterman und Mitarbeitern zeigen, daß etwa 15 % aller stationären schizophrenen Patienten eine zusätzliche Alkoholproblematik aufweisen; dabei nimmt Alterman (1985) an, daß der Anteil der psychiatrischen Patienten, die andere Formen des stofflichen Mißbrauches betreiben, eher noch größer ist (vgl. Krausz / Schwoon / Degkwitz 1992). Nach Galanter / Castaneda / Ferman (1988) haben über ein Drittel aller allgemein-psychiatrischen Patienten und mehr als die Hälfte der Patienten, die intensivere psychiatrische Versorgung erhalten, bedeutsame Probleme wegen irgendeiner Form von Drogenkonsum. In einer Untersuchung an mehr als zwanzigtausend Personen fanden Regier et al. (1990), daß „... having a lifetime mental disorder is associated with more than twice the risk of having an alcohol disorder and over four times the risk of having another drug abuse disorder" (S. 2514). Von den Personen, denen irgendwann in ihrem Leben die Diagnose einer schizophrenen oder schizophreniformen Psychose gestellt wurde, erfüllen 47 % die Kriterien für Substanzmißbrauch oder -abhängigkeit.

Der steigende Anteil von Doppeldiagnose-Patienten in neueren epidemiologischen Studien wird von Drake et al. (1991) auf drei Ursachen zurückgeführt. Die (seit der Psychiatrie-Enquête auch in der BRD) vollzogene De-Institutionalisierung der psychiatrischen Versorgung, einhergehend mit einem Ausbau gemeindenaher, ambulanter Versorgungsangebote hat dazu geführt, daß viele chronifiziert psychotische Patienten, die in früheren Jahrzehnten dauerhaft hospitalisiert worden wären, heute eher ambulant behandelt werden und so viel leichter als früher Zugang zu Alkohol und Drogen haben; auf der anderen Seite sind soziale Akzeptanz und Einnahme von Drogen in den letzten zehn bis zwanzig Jahren massiv gestiegen. Ferner führt die mit dem Interesse an diesem Problemfeld steigende Aufmerksamkeit dazu, daß beispielsweise bei vielen Patienten, die früher als „nur" schizophren diagnostiziert wurden, erst heute ein zusätzlicher, schon jahrelang bestehender Drogenkonsum entdeckt wird – einfach deshalb, weil man etwas genauer nachfragt.

Für die pathogenetische und ätiologische Forschung in der Psychiatrie ist die Herkunftsfamilie von zentraler Bedeutung. Viele krankheitstheoretische Hypothesen und Behandlungsansätze sind aus der Beschäftigung mit dem Betroffenen und seinem Umfeld erarbeitet worden, besonders in der Schizophrenieforschung (Bateson 1969; Vaughn & Leff 1981). Vergleicht man die Theorien dieser Richtung der Schizophrenie- und Suchtforschung, fällt darüberhinaus auf, daß es eine ganze Reihe ähnlicher oder gar identischer Annahmen gibt; der Gedanke des gestörten oder kranken Familiensystems, in dem der Patient Symptomträger ist, hat sehr an Gewicht gewonnen (Kaufmann 1985; Selvini Palazzoli 1988).

2. Zu dieser Studie

Seit einigen Jahren gibt es in der Psychiatrischen und Nervenklinik des Universitätskrankenhauses Hamburg-Eppendorf (UKE) eine Arbeitsgruppe, die sich mit den Zusammenhängen zwischen Schizophrenie und Suchtmittelkonsum sowie mit der Sucht- und Drogenforschung befaßt. Es wurden bereits einige empirische Studien hierzu durchgeführt; seit Anfang 1992 existiert ein vom Bundesministerium für Forschung und Technologie gefördertes Katamneseprojekt mit dem Arbeitstitel „Psychose und Sucht" (Leiter: Prof. Dr. Jan Gross und PD Dr. Michael Krausz). In der im folgenden vorzustellenden Untersuchung wird zunächst anhand einiger ausgewählter Merkmale der psychopathologische Status von Patienten mit Schizophrenie und zusätzlicher Suchtmittelproblematik beschrieben, und zwar im Vergleich zu Schizophrenen ohne Suchtmittelproblematik und zu Alkoholikern. Dann werden diese drei Patientengruppen hinsichtlich einiger Aspekte der Situation in der Herkunftsfamilie, wie sie von den Patienten retrospektiv geschildert wurde, miteinander verglichen. Abschließend wird geprüft, ob Zusammenhänge zwischen der aktuellen Symptomatik und der Situation in der Herkunftsfamilie erkennbar sind.

3. Methodik

Im Jahre 1989 wurde an der Psychiatrie des UKE eine epidemiologische Studie durchgeführt. Alle Patienten, die zwischen dem 1. Juli und dem 31. September 1989 zur stationären Aufnahme in die Klinik kamen, wurden einer Befragung unterzogen, sofern sie zwischen 18 und 60 Jahren alt waren, ihr stationärer Aufenthalt mindestens einen Tag dauerte und eine hirnorganische Erkrankung ausgeschlossen werden konnte.

Es wurden über die klinische Routinediagnostik hinaus Diagnosen nach dem damals noch gültigen Klassifikationssystem ICD-9 gefällt (Degkwitz et al. 1980). Die Patienten wurden mit einem in der Arbeitsgruppe speziell für die Studie entwickelten halbstandardisierten Interviewleitfaden nach wesentlichen soziodemographischen Merkmalen (u. a. dem familiären Hintergrund) befragt; außerdem wurden mit diesem Instrument ausführliche psychiatrische und Suchtmittelanamnesen erhoben. Die Patienten füllten selbst einige klinische Fragebögen aus, darunter den Frankfurter Beschwerde-Fragebogen (FBF; Süllwold 1977) zur Erfassung der sogenannten Basisstörungen. Damit sind diskrete Störungen in den Bereichen Denken, Sprache, Motorik und Gedächtnis gemeint, in denen eine Mitursache für die Entwicklung der Produktivsymptomatik wie Wahn und Halluzination gesehen wird. Ferner wurde den Patienten die Paranoid-Depressivitäts-Skala (PDS; Zerssen 1976) vorgelegt, mit der realitätsfremd gesteigerte Mißtrauenshaltungen bis hin zum Paranoid sowie depressiv-dysphorische Verstimmungen eingeschätzt werden. Die Untersuchung umfaßte darüberhinaus eine Reihe von standardisierten klinischen Fremdeinschätzungen durch die Interviewer, auf die hier nicht weiter eingegangen wird; eine ausführliche Darstellung der Methodik findet sich bei Krausz (1992).

In dem Dreimonatsintervall kam eine Gesamtgruppe von 372 Patienten zusammen. Daraus wurden für diese Vergleichsstudie drei Gruppen ausgewählt:

(1) Alle *Schizophrenen*, welche die sogenannten Erstrangsymptome (Schneider 1967) aufwiesen, bei denen es aber keine Hinweise auf irgendeine Form von Suchtmittelkonsum gab. Erstrangsymptome sind sogenannte pathognomische Merkmale, die eindeutig eine Schizophreniediagnose rechtfertigen (z. B. bestimmte Formen akustischer Halluzinationen). Diese Gruppe bestand aus insgesamt 52 Patienten (34 Frauen, 18 Männer) mit einem Durchschnittsalter von 35.6 Jahren.

(2) Alle Schizophrenen mit Erstrangsymptomen, bei denen ein aktueller oder anamnestischer Suchtmittelkonsum eruiert wurde. Diese insgesamt 47 Patienten heißen im folgenden *Doppelproblematik-Patienten*. Es waren 20 Frauen und 27 Männer mit einem mittleren Alter von 31.8 Jahren. 55 % konsumierten Alkohol, 19 % Cannabis; die übrigen Patienten nahmen andere Substanzen ein oder wiesen eine Politoxikomanie auf.

(3) Alle *Alkoholabhängigen* ohne psychotische Symptome, insgesamt 63 (22 Frauen und 41 Männer, Durchschnittsalter: 40.3 Jahre).

Die Geschlechtsverteilungen sind in den drei Gruppen signifikant unterschiedlich ($\chi^2 = 11.1$, df = 2, p < .01), wobei die Doppelproblematik-Gruppe mit dem erhöhten Männeranteil eher den Alkoholikern als den Schizophrenen ähnelt.

Die Altersunterschiede sind ebenfalls signifikant (F(2,159) = 11.8, p < .001).

4. Krankheits-Schweregrad zum Untersuchungszeitpunkt

Die drei Diagnosegruppen werden im folgenden hinsichtlich einiger ausgewählter Merkmale des klinischen Schweregrades ihrer Erkrankung betrachtet. Abbildung 1 zeigt, in welchem Alter es zur ersten stationären psychiatrischen Aufnahme gekommen ist.

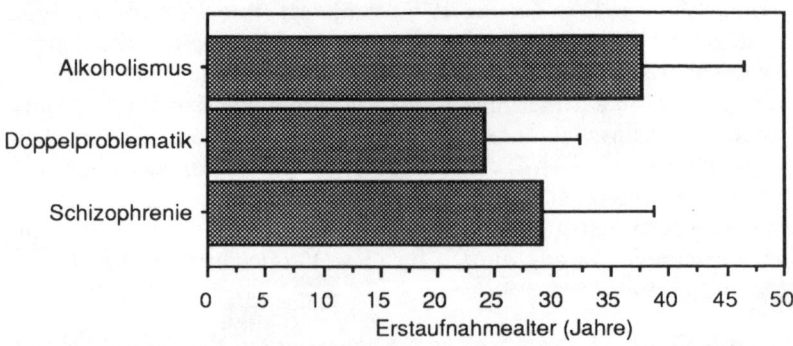

Abb. 1: Alter bei der ersten stationären psychiatrischen Aufnahme (Mittelwert, Standardabweichung)

Auch hier sind die Doppelproblematik-Patienten mit durchschnittlich 23.5 Jahren zum Zeitpunkt der Erstaufnahme jünger als die anderen Gruppen. Weitergehende Analysen zeigten, daß sich hieraus die oben beschriebenen Altersunterschiede zwischen den Gruppen zum Zeitpunkt der Untersuchung erklären lassen.

70

In den drei Fragebogenskalen Basisstörungen (FBF-Gesamtscore), Paranoid und Depressivität (PDS) ergaben sich hochsignifikante Unterschiede, die in Abbildung 2 gezeigt werden.

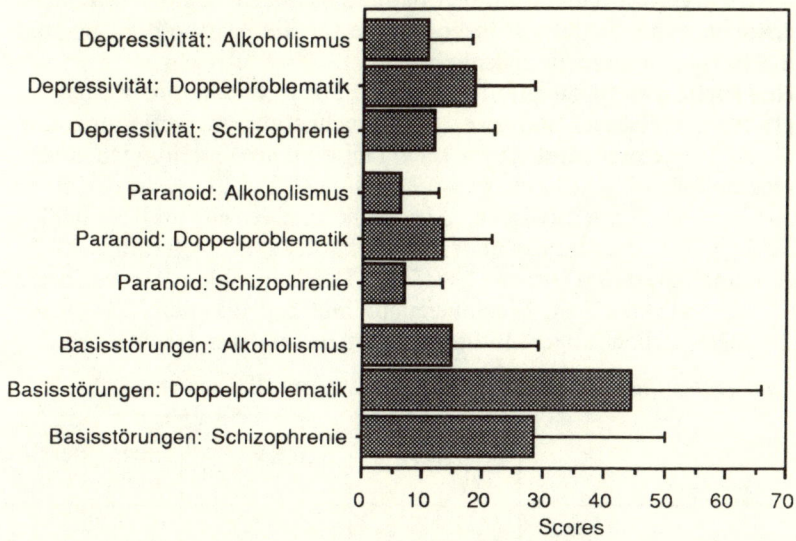

Abb. 2: Scores der Fragebogenskalen in den drei Gruppen (Mittelwert, Standardabweichung)

Es erstaunt nicht, daß die Alkoholiker das geringste Ausmaß an Basisstörungen aufweisen, da der FBF speziell für die Schizophrenieforschung entwickelt wurde. Bemerkenswert ist jedoch, daß die Schizophrenen mit Drogenproblematik ein signifikant höheres Ausmaß an Basisstörungen aufweisen als die Schizophrenen ohne Drogenproblematik, so daß die Kontraste zwischen allen drei Gruppen signifikant sind (F(2,94) = 22.6, p < .001).

In der Paranoid-Skala unterscheiden sich Schizophrene und Alkoholiker nicht voneinander, während die Doppelproblematik-Patienten hochsignifikant höhere Werte haben (F(2,95 = 10.2, p < .001); das gleiche gilt für die Depressivitäts-Skala, in der die Doppelproblematik-Patienten erneut hochsignifikant höhere Scores aufweisen (F(2,95 = 7.2, p < .01).

Die Aussagekraft der Fragebogenergebnisse wird allerdings dadurch gemindert, daß die Fragebögen von vielen Patienten nicht ausgefüllt wurden. Bei den Schizophrenen wurde der FBF von nur 42%, die PDS von nur 46% ausgefüllt; bei den Doppelproblematik-Patienten waren es 66% bzw. 62%, bei den Alkoholikern immerhin 70% bzw.

71 %. Analysen der von den Interviewern vorgenommen Fremdein-schätzungen der psychopathologischen Symptomatik (vgl. Krausz 1992) ergaben, daß es sich bei den Patienten, welche die Fragebögen nicht ausgefüllt haben, um den pathologischeren Teil der Diagnose-gruppen handelt; das gilt insbesondere für die Alkoholiker. So sind Verzerrungen nicht auszuschließen.

In Tabelle 1 wird die Häufigkeit der Suizidversuche pro Patienten-gruppe abgebildet, und zwar zusammengefaßt zu den Kategorien „keiner", „einer" und „zwei oder mehr". Die Verteilungen unter-scheiden sich signifikant ($\chi^2 = 17.3$, df = 4, p < .01), was vor allem auf den Unterschied zwischen Alkoholikern einerseits und den beiden Schizophrenen-Gruppen andererseits zurückgeht. Allerdings bleibt festzuhalten, daß *über ein Viertel* aller Doppelproblematik-Patienten schon zwei oder mehr Suizidversuche hinter sich haben, obwohl sie durchschnittlich jünger als die Patienten der anderen Gruppen sind.

Tab. 1: Häufigkeiten der Suizidversuche (SV) pro Diagnosegruppe

	kein SV	ein SV	zwei oder mehr SV
Schizophrenie	22 (50.0%)	14 (31.8%)	8 (18.2 %)
Doppelproblematik	24 (54.5%)	8 (18.2%)	12 (27.3%)
Alkoholismus	42 (84.0%)	5 (10.0%)	3 (6.0%)

Ein Blick auf die Wohnsituation der Patienten zum Zeitpunkt der Er-hebung: fünf der 47 Doppelproblematik-Patienten (10.6 %) waren zum Untersuchungszeitpunkt ohne festen Wohnsitz; bei den Alko-holikern waren es lediglich 3.3 %, bei den Schizophrenen keiner. Es zeigt sich hier eine erhebliche soziale Desintegration der Doppelpro-blematik-Gruppe.

5. RETROSPEKTIVE BESCHREIBUNG DER HERKUNFTSFAMILIE

Wir werfen nun einen Blick auf die Situation in den Herkunftsfami-lien, so, wie sie von diesen Patienten retrospektiv beschrieben wurde. Eine Variable, die in verschiedenen früheren Studien in Zusammenhang mit Verhaltensauffälligkeiten gebracht wurde, ist das Alter der Eltern zum Zeitpunkt der Geburt des Patienten. Es konnte gezeigt werden, daß Kinder sehr junger Eltern häufiger auffällig werden als andere (Thalmann 1971), was in Zusammenhang mit besonders schwierigen Lebenssituationen bei jungen Eltern gebracht wird.

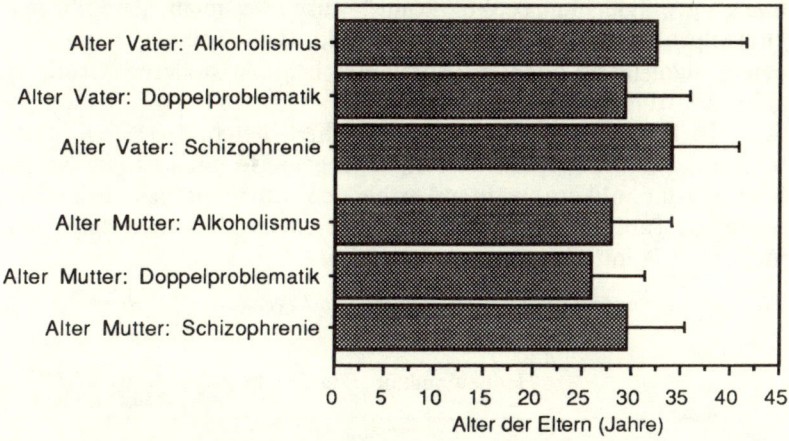

Abb. 3: Alter der Eltern zum Zeitpunkt der Geburt der Patienten (Mittelwert, Standardabweichung)

In der Tat sind die Eltern der Doppelproblematik-Patienten etwas jünger als die der anderen Gruppen, und bei den Vätern wird der Unterschied sogar statistisch signifikant (F(2,99) = 3.3, p < .05). Allerdings kann man keineswegs behaupten, daß diese Eltern (mit im Mittel etwa 26 bzw. 29 Jahren) besonders jung wären, so daß dieses Resultat schwer interpretierbar ist.

Die Anzahl der Geschwister und die Stellung in der Geschwisterreihe bestimmen häufig typische intrafamiliäre Konstellationen und ungleiche Belastungsverteilungen. So fanden Shepherd/Oppenheim/Mitchell (1973) unter anderem, daß Einzelkinder und jüngste Geschwister die geringsten, älteste Geschwister die stärksten Verhaltensauffälligkeiten aufwiesen. Die Patienten unserer drei Untersuchungsgruppen allerdings unterschieden sich in der Anzahl der Geschwister und der Stellung in der Geschwisterreihe nicht.

Bekanntermaßen ist bei Heimkindern die Wahrscheinlichkeit psychischer Störungen besonders groß; kontinuierliches Vorhandensein fester Bezugspersonen gilt als eine wichtige Voraussetzung für eine störungsfreie Kindesentwicklung. Etwa 30% aller Doppelproblematik-Patienten gaben an, als Kind mindestens einmal im Heim gewesen zu sein (vgl. Tab. 2); dieser Anteil ist deutlich höher als der in den anderen Gruppen, wenn auch die statistische Signifikanz knapp verfehlt wird ($\chi^2 = 5.9$, df = 2, p = .053).

Familiensysteme können auch durch andere Ereignisse wie Tod, Krankheit oder Delinquenz schwer gestört werden (Rutter et al. 1970); es wurde in diesem Zusammenhang der Begriff des „broken home" geprägt. Ein „broken home" wurde bei mehr als 50 % der Doppelproblematik-Patienten festgestellt (vgl. Tab. 2), somit bei einem signifikant höheren Anteil als bei den anderen Gruppen ($\chi^2 = 9.3$, df = 2, p < .01).

50 % der Doppelproblematik-Patienten berichteten, daß sich ihre Eltern voneinander getrennt haben; etwa genauso hoch ist der Anteil bei den Alkoholikern, während es bei den Schizophrenen etwa 35 % sind (vgl. Tab. 2). Die Verteilungsunterschiede sind aber statistisch nicht signifikant.

Tab. 2: Heimaufenthalte, „broken home" und Trennung der Eltern

	Heimaufenthalt	"broken home"	Trennung der Eltern
Schizophrenie	8 (16.7%)	13 (30.2%)	15 (34.9%)
Doppelproblematik	13 (30.2%)	23 (53.5%)	20 (50.0%)
Alkoholismus	5 (10.6%)	11 (23.9%)	25 (53.2%)

Zur Erkundung ihres persönlichen Hilfesystems wurden die Patienten befragt, bei wem sie (als Erwachsene) Unterstützung finden können, wenn sie persönliche Schwierigkeiten haben. Zwar ist der Anteil der Doppelproblematik-Patienten, der hier die Eltern erwähnte, mit 58.7 % geringer als in den anderen Gruppen (Schizophrenie: 63,8 %; Alkoholismus: 71,2 %), jedoch erreichen die Unterschiede auch hier keine statistische Signifikanz.

Es konnte in vielen früheren Untersuchungen gesichert werden, daß bei Personen, in deren Herkunftsfamilien es psychotische Angehörige gibt, das Risiko einer eigenen psychotischen Erkrankung erhöht ist; im Suchtbereich wurde der analoge Zusammenhang beispielsweise für den Alkoholismus gezeigt (siehe Übersicht bei Mattejat 1985, S. 84 ff.). Tabelle 3 zeigt die Häufigkeiten, mit denen bei Familienangehörigen der Patienten, also beispielsweise bei Geschwistern, Eltern oder Großeltern psychiatrische Probleme oder Suchtprobleme aufgetreten sind; bei dem Suchtmittel handelte es sich fast durchweg um Alkohol. Der Anteil der Patienten, in deren Familien psychiatrische Probleme aufgetreten sind, unterscheidet sich bei den drei Gruppen nur unwesentlich. Hingegen unterscheiden sich die Gruppen signifikant in der Häufigkeit familiärer Suchtprobleme ($\chi^2 = 6.8$, df = 2, p < .05). Der Anteil beträgt 18.6% bei den Schizophrenen und 46.4% bei den Alkoholikern; die Doppelproblematik-Patienten liegen mit 38.1% dazwischen, aber näher bei den Alkoholikern.

Tab. 3: Suchtprobleme und psychiatrische Probleme bei Angehörigen
der Herkunftsfamilie

	Suchtprobleme	psychiatrische Probleme
Schizophrenie	8 (18.6%)	18 (40.1%)
Doppelproblematik	16 (38.1%)	15 (35.7%)
Alkoholismus	13 (46.4%)	13 (46.4%)

Die Patienten wurden aufgefordert, das Ausmaß der Problembelastung ihrer Herkunftsfamilie einzuschätzen, und zwar ganz global auf einer vierstufigen Skala (vgl. Abb. 4). Der Anteil der Patienten, die einräumten, daß es in ihrer Familie mehr Probleme als in anderen gegeben hätte, ist in der Doppelproblematik-Gruppe mit 54.5% deutlich höher als in den anderen Gruppen. Bemerkenswert ist ferner, daß 63.0% der Alkoholiker angaben, es habe keine Probleme in ihren Familien gegeben. Möglicherweise zeigt sich hier die im klinischen Alltag bei Alkoholikern häufig beobachtbare Tendenz zur Problemverleugnung. Abschließend wurde eine ähnliche, aber fünfstufige globale Einschätzung der familiären Problembelastung von den Untersuchern vorgenommen (vgl. Abb. 5). Es besteht hier eine recht gute Übereinstimmung mit der Selbstschätzung; die Korrelation beträgt $r_{xy} = .71$, und wieder fällt der mit 77.8% sehr hohe Anteil von Doppelproblematik-Patienten auf, bei denen die Belastung als stark bis sehr stark eingestuft wurde.

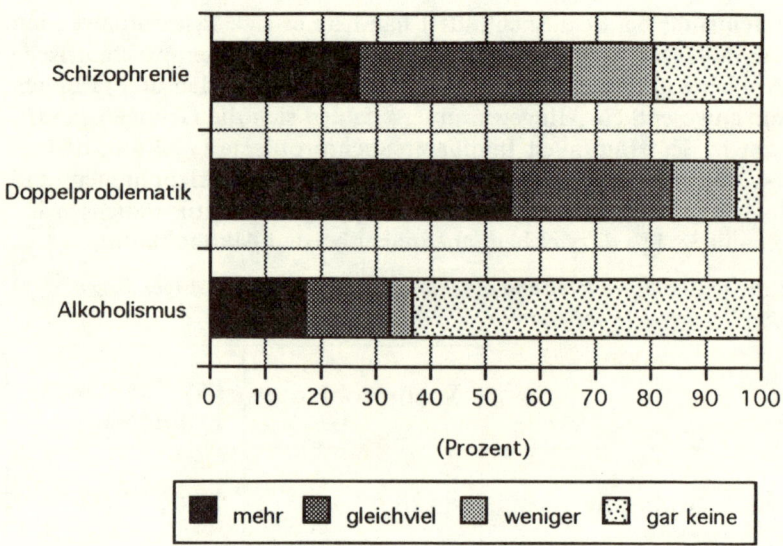

Abb. 4: Patienten-Rating der Problembelastung in der Herkunftsfamilie (relative Häufigkeiten)

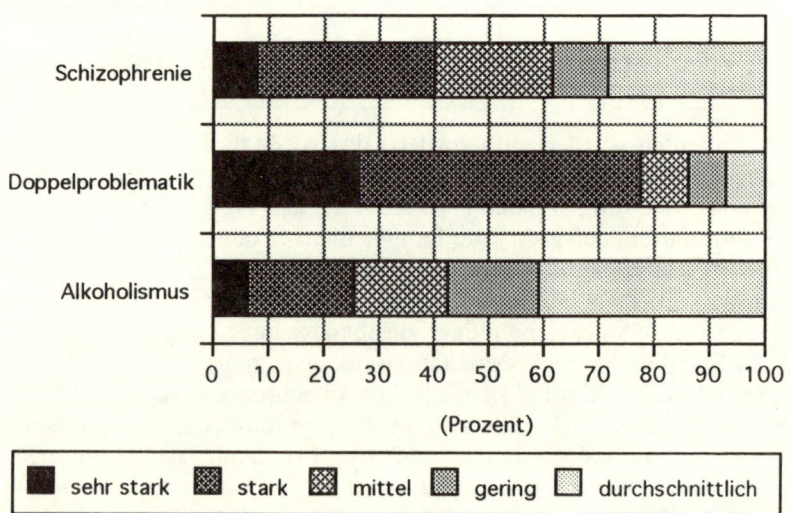

Abb. 5: Interviewer-Rating der Problembelastung in der Herkunftsfamilie (relative Häufigkeiten)

Um einen quantitativen Kennwert für die familiäre Belastung zu erhalten, haben wir aus sechs der eben dargestellten Variablen einen einfachen, ungewichteten Summenscore gebildet, nämlich aus „broken home", Trennung der Eltern, psychiatrische oder Suchtprobleme bei Angehörigen sowie Selbst- und Fremdeinschätzung der Problembelastung. Auch in diesem Summenindex erreichen die Doppelproblematik-Patienten signifikant höhere Werte als die beiden anderen Gruppen, die sich untereinander nicht unterscheiden (F(2,144) = 5.5, p < .01).

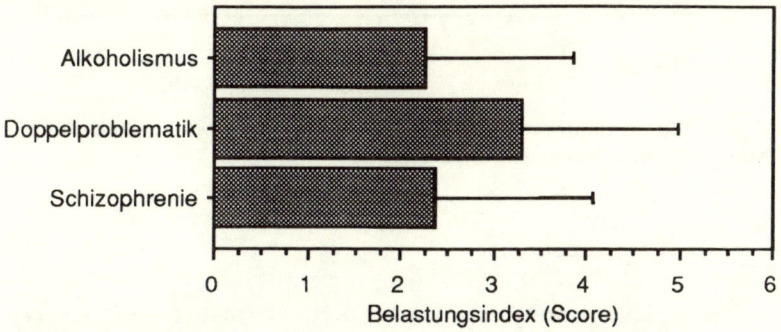

Abb. 6: Summenindex der familiären Belastung (Mittelwert, Standardabweichung) pro Diagnosegruppe

Es fanden sich zwischen den beiden Beschreibungsebenen — psychopathologischer Status zum Untersuchungszeitpunkt und familiäre Situation in der Kindheit — auch *direkte* Zusammenhänge. Der Index korreliert mit dem Erstaufnahmealter hochsignifikant negativ ($r_{xy} = -.34$, p < .001); das heißt, je stärker die familiäre Belastung, desto früher die erste stationäre Aufnahme. Positive Korrelationen finden sich zwischen dem Index und den Fragebogen-Skalen, allerdings nur für die Basisstörungen mit statistischer Signifikanz: je größer die familiäre Belastung, desto stärker die Basisstörungen ($r_{xy} = .29$, p < .01). Für das Paranoid und die Depressivität ergaben sich insignifikante Korrelationen ($r_{xy} = .15$ bzw. .11). Auch bezüglich der Suizidalität gibt es einen Zusammenhang in der erwarteten Richtung: Patienten, die einen oder mehr Suizidversuche begangen haben, weisen einen signifikant höheren Belastungsindex auf als diejenigen ohne Suizidversuch (F(2,130) = 4.2, p < .05; vgl. Abb. 7). Weitere Analysen ergaben, daß die zuletzt beschriebenen direkten Zusammenhänge sich tendentiell auch dann zeigen, wenn sie *gesondert für jede einzelne Diagnosegruppe* berechnet werden.

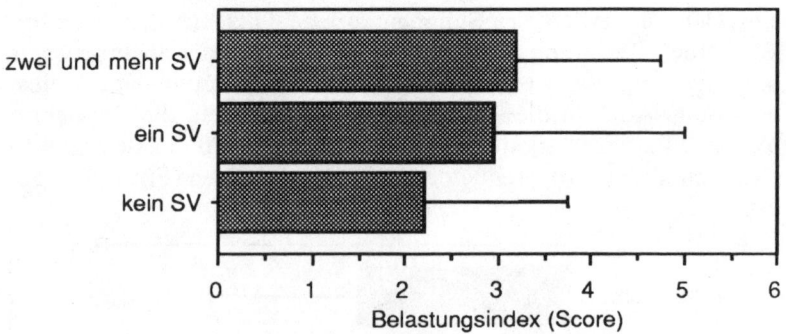

Abb. 7: Summenindex der familären Belastung (Mittelwert, Standardabweichung) und Häufigkeit der Suizidversuche

6. SCHLUSSFOLGERUNGEN

Patienten, die sowohl eine schizophrene Psychose als auch eine Suchtmittelproblematik aufweisen, haben sich hinsichtlich mehrerer der ausgewählten Schwergrad-Merkmale im Vergleich zu Schizophrenen ohne Suchtmittelproblematik und zu Alkoholikern als eine besonders schwer gestörte Patientengruppe gezeigt (vgl. Krausz 1992). Belastende, entwicklungshemmende Faktoren in den Herkunftsfamilien werden wiederum von den Doppelproblematik-Patienten – im direkten Vergleich mit den anderen Diagnose-Gruppen – in der Retrospektive besonders häufig beschrieben. Diese beiden Befunde sowie die gezeigten direkten Zusammenhänge zwischen aktuellem Zustand und Merkmalen der Herkunftsfamilie legen eine linearkausale Interpretation nahe: *Die Koinzidenz von Schizophrenie und Suchtproblematik kann als ein besonders schwerer Krankheitsverlauf als Folge einer besonders schwer gestörten Kindesentwicklung betrachtet werden.*
Allerdings müssen einige Einschränkungen gemacht werden. Prinzipiell kann man mit Ergebnissen aus z.T. retrospektiv gewonnenen Daten wie den hier vorgestellten derartige Kausalzusammenhänge nicht beweisen; es lassen sich allenfalls Indizien ableiten. Zur Gewinnung härterer Daten und zuverlässigerer Ergebnisse sind langfristige prospektive Untersuchungsdesigns und, soweit möglich, auch die Einbeziehung der Angaben von Angehörigen erforderlich. Ein weiteres Manko ist die vor allem bei den Fragebogendaten große Anzahl der fehlenden Werte; dies ist allerdings bei Studien, die in der Akutpsychiatrie angesiedelt sind, oft nicht vermeidbar.

Dennoch verweisen die präsentierten Ergebnisse durch ihre Konsistenz und Plausibilität einmal mehr auf die Relevanz der Fragen zu Kindheit und Herkunftsfamilie für den Verlauf psychiatrischer Erkrankungen und auf die Notwendigkeit, diese Aspekte bei der individuellen Beurteilung einzubeziehen.

Literatur

Alterman, A. I.: Substance abuse in psychiatric patients. In: Alterman, A. I. (Hrsg.), Substance abuse and psychopathology. New York: Plenum Press, 1985, S. 121 – 136

Bateson, G. (Hrsg.): Schizophrenie und Familie. Frankfurt / Main 1969

Degkwitz, R. / Helmchen, H. / Kockott, G. / Mombour, W. (Hrsg.): Diagnosenschlüssel und Glossar psychiatrischer Krankheiten. Fünfte Auflage, korrigiert nach der 9. Revision der ICD. Berlin 1980

Drake, R. E. / McLaughlin, P. / Pepper, B. / Minkoff, K.: Dual diagnosis of major mental illness und substance disorder. An overview. In: Minkoff, K. & Drake, R. E. (Hrsg.), Dual diagnosis of major metal illness and substance disorder. San Francisco: Jossey-Bass Inc., Publishers, 1991, S. 3 – 12

Galanter, M. / Castaneda, R. / Ferman, J.: Substance abuse among general psychiatric patients: place of presentation, diagnosis, and treatment. American Journal of Alcohol Abuse 14/1988, S. 211 – 235

Kaufmann, E.: Family adaption to substance abuse. In: Alterman, A. I. (Hrsg.), Substance abuse and psychopathology. New York: Plenum Press, 1985

Krausz, M.: Stofflicher Mißbrauch bei Patienten mit einer schizophrenen Psychose – eine vergleichende klinische Studie. Unveröffentlichte Habilitationsschrift, Fachbereich Medizin der Universität Hamburg, 1992

Krausz, M. / Schwoon, D. R. / Degkwitz, P.: Verlauf schizophrener Psychosen bei Suchtmittelmißbrauch. In: Schwoon, D. R. / Krausz, M. (Hrsg.), Psychose und Sucht. Krankheitsmodelle, Verbreitung, therapeutische Ansätze. Freiburg / Breisgau 1992

Mattejat, F.: Familie und psychische Störungen. Stuttgart 1985

Regier, D. A. / Farmer, M. E. / Rae, D. S. / Locke, B. Z. / Keith, S. J. / Judd, L. L. / Goodwin, F. K.: Comorbidity of mental disorders with alcohol and other drug abuse. Journal of the American Medical Association 264/1990, S. 2511 – 2518

Rutter, M. / Tizard, J. / Whitmore, K.: Education, health, and behavior. London: Longmans, 1970

Schneider, K.: Klinische Psychopathologie (8. Auflage). Stuttgart 1967

Selvini Palazzoli, M.: Paradoxon und Gegenparadoxon. Ein neues Therapiemodell für die Familie mit schizophrener Störung. Stuttgart 1988

Shepherd, M. / Oppenheim, B. / Mitchell, S.: Auffälliges Verhalten bei Kindern. Göttingen 1973

Süllwold, L.: Symptome schizophrener Erkrankungen. Berlin 1977

Thalmann, H.-C.: Verhaltensstörungen im Grundschulalter. Stuttgart 1971

Vaughn, C.E. / Leff, J.P.: Patterns of emotional response in relatives of schizophrenic patients. Schizophrenia Bulletin 7/1981, 43 – 44

Zerssen, D.v.: Paranoid-Depressivitäts-Skala. Depressivitäts-Skala. Manual. Weinheim 1976

Familiäre Entstehungs- und Rückfallbedingungen der Drogenabhängigkeit und verhaltenstherapeutische Interventionen

Heinz C. Vollmer, Anke Wacker, Michael Böhmer, Barbara Frieling

1. Einführung

In seinem sozialutopischen Roman „Walden Two" (1948) beschreibt Skinner aus behavioristischer Sicht die Bedeutung der sozialen Gemeinschaft, einschließlich der Familie, auf die Entwicklung des Individuums. Auch in seinen frühen wissenschaftlichen Publikationen weist er bereits auf die Bedeutung gegenseitiger sozialer Verstärkung hin (z. B. Skinner 1953). Die Berücksichtigung der Familie in der Therapieplanung ergibt sich aus dem funktionalen Bedingungsmodell der Verhaltenstherapie. Inwiefern wird ein Problemverhalten durch die Eltern gefördert oder wie unterscheiden sich die Normen des Patienten von denen seiner Eltern, sind zum Beispiel Fragen, die für die Planung einer Therapie geklärt werden sollten (Kanfer & Salow 1969). In seinem „Schema für Diagnose und Therapieplanung" verdeutlicht Schulte (1974) an praktischen Beispielen, wie wichtig die Einbeziehung von Bezugspersonen für eine erfolgreiche Behandlung ist. Ein neuer Aspekt hinsichtlich der Familie ergab sich durch die interaktionelle Verhaltenstherapie (Grawe & Dziewas 1978). Die Analyse von Interaktionen zwischen dem Patienten und seinen Eltern gestattet Schlußfolgerungen für die Therapie. Gerade bei Abhängigen ist die Analyse problematischer Interaktionsstile aus der Kindheit und der Adoleszenz des Patienten für eine erfolgreiche Behandlung notwendig, insbesondere zur rechtzeitigen Erkennung und Lösung von Widerständen gegenüber dem Therapeuten (Vollmer 1985).

Wie diese Ausführungen verdeutlichen, ist in der Verhaltenstherapie gemäß deren theoretischen Grundannahmen seit Beginn die Einbeziehung von Familienangehörigen eine Selbstverständlichkeit. Zwischen alltäglicher therapeutischer Praxis und Theorie besteht dagegen leider eine größere Diskrepanz. Erst mit einer stärkeren Verbreitung der Familientherapie, die mit den Arbeiten von John Bell (1975) in den fünfziger Jahren begann (Davison & Neale 1986), wandten sich auch Verhaltenstherapeuten in ihrer alltäglichen Praxis und in therapeutischen Forschungsprojekten den familiären Entstehungs- und Aufrechterhaltungsbedingungen verschiedener psychischer Störungen zu. So konnten Falloon et al. (1984) in zwei kontrollierten klinischen Studien nachweisen, daß verhaltenstherapeutische Familien-Interventionen für die Behandlung Schizophrener erfolgreicher sind als eine ausschließliche Therapie des (Index-)Patienten. Für die Behandlung Drogenabhängiger gibt es keine systematischen Studien zur Effizienz verhaltenstherapeutischer Familien-Interventionen. Es gibt aber eine Vielzahl empirischer Befunde zu den Herkunftsfamilien Drogenabhängiger. Im Vergleich zu einer Normgruppe fehlt bei Drogenabhängigen signifikant häufiger ein Elternteil (Uchtenhagen et al. 1981). Gehäuft ist ein Elternteil von psychotropen Substanzen abhängig (Uchtenhagen et al. 1981). Ein Elternteil hat häufiger eine sehr enge Beziehung zum Abhängigen, während der andere Elternteil sich eher bestrafend verhält (Stanton 1980). Bezüglich ihrer Interaktion haben Drogenabhängige gehäuft Schwierigkeiten, Probleme mit ihren Eltern zu besprechen. Gleichzeitig haben sie sich nicht ausreichend vom Elternhaus gelöst (Uchtenhagen et al. 1981). Zu den meisten dieser und anderer empirischer Befunde gibt es widersprüchliche Ergebnisse (siehe z. B. Uchtenhagen 1982 und Stanton 1980), oder die Befunde sind noch nicht ausreichend und differenziert genug validiert, so daß allgemeine Schlußfolgerungen für Entstehungs- und Aufrechterhaltungsbedingungen der Drogenabhängigkeit nur begrenzt möglich sind. Die Erforschung familiärer Bedingungen ist in der Regel aufwendig, und therapeutische Effekte sind auf Grund der Komplexität der therapeutischen Ziele schwer zu messen. Es gibt daher nur sehr wenige Studien zur Wirksamkeit der Familientherapie (Davison & Neale 1986). Andererseits enthalten die Studien, auch wenn sie bedingt durch die Komplexität des Gegenstandes methodische Mängel aufweisen, interessante Hinweise für weitere Studien und für therapeutisch sinnvolle Interventionen (z. B. Yandoli et al. 1989; Walter-Enderlin 1982). Für die folgende Studie haben wir drei Fragestellungen formuliert:

1. Welche Rolle spielen familiäre Faktoren bei der Ätiologie der Abhängigkeit von Drogen?
2. Welche Rolle spielen familiäre Faktoren beim Rückfall?
3. Welche verhaltenstherapeutischen Familien-Interventionen eignen sich zur Rückfallprophylaxe?

Diese Studie wird im Rahmen der normalen Versorgung Drogenabhängiger durchgeführt, ohne jegliche Forschungsunterstützung. Das Ziel, die gestellten Fragen umfassend zu beantworten, ist deshalb zu hoch gegriffen. Andererseits sind die Fragen so wichtig, daß bereits eine annähernde Beantwortung Anregungen für die Therapie und Prävention der Drogenabhängigkeit geben kann.

In diesem Bericht werden vorläufige Ergebnisse und therapeutische Erfahrungen dargestellt, die dann in weiteren kontrollierten Studien getestet werden können.

2. ERHEBUNG ZU FAMILIÄREN BEDINGUNGEN DER DROGEN-ABHÄNGIGKEIT

2.1 Methode

Datenerhebung

In der ersten Woche einer stationären Entwöhnungsbehandlung wurden bei den Patienten mittels eines standardisierten Fragebogens durch den Einzeltherapeuten anamnestische Daten zu familiären Bedingungen erhoben, beispielsweise wo der Patient aufgewachsen ist, ob und wann sich die Eltern getrennt haben; wie häufig und intensiv sich die Eltern gestritten haben, wieviel Alkohol Eltern und Geschwister getrunken haben. Die meisten Fragen bezogen sich auf die Zeit, bevor der Patient mit dem Konsum von Drogen begonnen hatte. Die gleichen Fragen wurden den Eltern und den Geschwistern gestellt, wenn sie vier Wochen später die Therapieeinrichtung erstmalig besuchten. Ab dem dritten Therapiemonat wurden bei den Patienten und ihren Eltern Verhaltensanalysen durchgeführt. Themen waren u. a. das Verhalten des Patienten vor Beginn des Drogenkonsums (z. B. Freizeit- und Kontaktverhalten), die Interaktion zu den Eltern, der Erziehungsstil der Eltern.

Stichprobe

Bei der Stichprobe handelt es sich um 28 Patienten einer stationären Entwöhnungsbehandlung. Zum Zeitpunkt der ersten Befragung waren die Patienten bereits vollkommen entgiftet. Die Hauptdiagnose nach DSM III R ergab, daß die meisten Patienten (86 %) opiatabhängig waren, jeweils 7 % waren amphetamin- und kokainabhängig. Im Alter von 15 Jahren hatten die Patienten im Durchschnitt mit dem Konsum von Cannabis begonnen. Der Beginn des Konsums von Opiaten, Amphetaminen oder Kokain lag im Durchschnitt bei 18 Jahren. Zu Therapiebeginn waren die Patienten im Durchschnitt 29 Jahre alt. Die meisten Patienten waren männlichen Geschlechts (82 %). 64 % gaben an, daß sie die Hauptschule abgeschlossen und 21 %, daß sie die Mittlere Reife hätten. Die restlichen Patienten hatten keinen Schulabschluß. 54 % der Patienten hatten eine abgeschlos-

sene Berufsausbildung, unter anderem als Maurer, Maler oder Flie-
senleger. Fast alle Patienten stammten aus dem Arbeitermilieu. 79 %
der Patienten kamen aus einer ländlichen Region. Die meisten Patienten (79 %) hatten eine gerichtliche Auflage zu einer Therapie, in
der Regel § 35 BtMG.

2.2 Ergebnisse

*Psychische Erkrankungen und Alkoholkonsum der Familienangehö-
rigen*
Die Explorationen der Patienten und ihrer Angehörigen ergaben, daß
bei 32 % der Väter eine Alkoholabhängigkeit vorlag.

Tab. 1: Psychische Erkrankungen der Eltern und älteren Geschwister

Störung	Vater (N = 28)	Mutter (N = 28)	ältere Geschwister (N = 17)
Alkoholabhängigkeit	9[1] (32 %)	0	1
Opiat- oder Ampheta-minabhängigkeit	0	0	3
Depressionen	2[1]	1	0
unbekannt	2	2	3
Summe (psych. Erkrank.)	10 (36 %)	1	4 (24 %)

[1] eine Doppelnennung

Die Väter waren entweder stationär behandelt worden, besuchten
eine Selbsthilfegruppe oder waren mehrmals in der Woche so stark
alkoholisiert gewesen, daß sie nicht mehr ansprechbar waren. Der
Anteil alkoholabhängiger Väter wird wahrscheinlich etwas höher liegen, da nur Personen in diese Kategorie aufgenommen wurden, bei
denen konkrete Informationen eindeutig für eine Abhängigkeit sprachen. Außerdem waren einige Familien sehr zurückhaltend mit Informationen über psychische Störungen der Angehörigen. Während eine
Alkoholabhängigkeit der Väter bei der Stichprobe Drogenabhängiger
gehäuft vorzufinden ist, trifft dies auf andere psychische Störungen
nicht zu. Lediglich zwei Väter hatten unter Depressionen gelitten,
einer zusätzlich unter Alkoholabhängigkeit. Die Art der Depression
war nicht zu bestimmen.
Nur bei einer Mutter eines Patienten wurde eine Depression diagnostiziert. Bei keiner Mutter bestand ein Verdacht auf Abhängigkeit,
auch nicht auf Medikamentenabhängigkeit. Bei den älteren Geschwi-

stern war der Anteil der Abhängigen dagegen 24 %. Die Ergebnisse der Verhaltensanalysen ergaben, daß durch ältere drogenkonsumierende Geschwister der Kontakt zur Drogenszene gefördert wurde. Der Anteil der Eltern, die reduziert Alkohol tranken, ist mit 21 % sehr gering.

Tab. 2: Alkoholkonsum der Eltern

	Vater (N = 28)	Mutter (N = 28)
abstinent	4	15 (54 %)
reduziert (< 20 g / tägl.)	6	6 (21 %)
erhöht (20 – 80 g / tägl.)	0	0
übermäßig (> 80 g / tägl.)	2	0
Abhängigkeit	9	0
unbekannt	7	7

Diese Eltern tranken an einigen Tagen in der Woche nicht mehr als ein Bier oder ein Glas Wein. Leicht erhöhter Alkoholkonsum lag bei keinem Elternteil vor. Sehr hoch ist der Anteil der Mütter, die ganz abstinent lebten, d. h. überhaupt keinen Alkohol tranken. Der Alkoholkonsum war eher nach dem Alles oder Nichts Prinzip verteilt (ganz abstinent oder sehr geringer Konsum versus exzessiv) und entsprach weniger einer Normalverteilung, nach der die Häufigkeiten in den Kategorien reduzierter und erhöhter Alkoholkonsum hätten höher sein müssen. So gab es anscheinend für die meisten Patienten in ihrer Jugend keine Modelle für einen angemessenen Umgang mit Alkohol.

Familiäre Situation vor Beginn des Drogenkonsums
Bei mehr als der Hälfte der Patienten fehlte in der Kindheit ein Elternteil.
Entweder hatten sich die Eltern getrennt, der Vater war verstorben, oder der Patient wurde in ein Heim bzw. zu Pflegeeltern gegeben. Einige Patienten wurden vorübergehend in ein Heim gegeben, da die Eltern zum Beispiel aus beruflichen Gründen keine Zeit für ihre Kinder hatten.
Neben dieser räumlichen Trennung von den Eltern oder einem Elternteil hatten einige Patienten in ihrer Kindheit nur seltene Kontakte zu den Eltern. Sie wuchsen zwar im Hause der Eltern auf, sahen sie aber sehr selten, da zum Beispiel der Vater auf Montage arbeitete oder abends erst spät nach Hause kam und am Wochenende auf Honorarbasis andere Arbeiten erledigte. Ansprechpartner waren für

Tab. 3: Familiensituation vor Beginn mit Haschisch (N = 28)

	N
(1) Trennung der Eltern:	3
(2) Vater verstorben:	4
Mutter verstorben:	0
(3) Trennung von den Eltern (z. B. Aufnahme in ein Heim, Pflegeeltern):	3
(4) vorübergehende mindestens einjährige Trennung von den Eltern (z. B. Heim):	6
Summe: wenigstens ein Elternteil fehlte vorübergehend:	16 (57 %)
(5) bei den Eltern aufgewachsen, aber sehr seltene Kontakte zu den Eltern:	5
(6) häufiger ernsthafter Streit der Eltern (mehrmals die Woche):	8[1]
Total	25 (89 %)

[1] 4 Patienten sind auch in den Kategorien 3, 4 oder 5 aufgeführt

diese Patienten entweder die Großeltern, andere Verwandte oder auch ältere Geschwister.

Häufig führte regelmäßiger Streit zwischen den Eltern trotz räumlicher Anwesenheit zu reduzierten Kontakten. Die Eltern waren so mit ihren Konflikten beschäftigt, daß ein normaler Kontakt zu den Kindern nur selten möglich war.

Faßt man diese Ergebnisse zusammen, so hatten 89 % der Patienten keinen normalen regelmäßigen Kontakt zu beiden Elternteilen. Die Folgen solcher familiärer Konstellationen für die Entwicklung Jugendlicher wird an dem folgenden Fallbeispiel deutlich.

Entwicklung der Drogenabhängigkeit und Rückfallfaktoren dargestellt an einem Fall

Patientin A, 28 Jahre, ist seit 11 Jahren opiatabhängig. Sie besitzt den Qualifizierten Hauptschulabschluß. Ihr Vater, 58 Jahre, war bereits alkoholabhängig, als die Patientin sieben Jahre alt war. Seit wenigen Jahren hat der Vater seinen Alkoholkonsum reduziert, einmal monatlich trinkt er exzessiv. Die berufstätige Mutter, 55 Jahre, litt, als die Patientin sechs Jahre alt war, unter Depressionen. Zwischen den Eltern kam es häufig zu Streitigkeiten. Der 31jährige Bruder war ebenfalls jahrelang opiatabhängig. Zur Zeit konsumiert er Cannabis und gelegentlich Amphetamine.

Der Fall dieser Patientin enthält beispielhaft mehrere Faktoren der familiären Entstehung, Aufrechterhaltung ihrer Drogenabhängigkeit und ihrer Rückfälle, wie sie einzeln typisch bei den meisten Patienten vorzufinden sind.

Tab. 4: Entwicklung der Drogenabhängigkeit

Vorausgehende Bedingungen	Störungen
a) keine Modelle für angemessene Kommunikation	fehlende Kommunikationsfertigkeiten
b) häufige und heftige Streitereien der Eltern	fehlende Fertigkeiten, Konflikte auszuhalten
c) Mangel an Zuwendung	verstärkte Suche nach Zuwendung
d) uneinheitlicher Erziehungsstil (z. B. Vater dominant, Mutter Regeln auflösend ohne Regelhaftigkeit)	Unfähigkeit, Regeln einzuhalten
e) zeitliche und räumliche Nähe zu Drogenabhängigen	Kontakte zu Drogenabhängigen

Tab. 5: Rückfallfaktoren

a) keine Modelle für Konfliktbewältigung
b) keine Modelle für Abstinenz
c) Schuldgefühle
d) fehlende Fertigkeiten in direkter, offener Kommunikation

e) veränderte Verstärkungspläne durch Abstinenz

Patient	rückfällig	abstinent
Vater:	dominant (C+) Identifizierung mit seiner Tochter (C+)	schwach (C−) einsam (C−)
Mutter:	beschützend (C+)	Verlust der Mutterrolle (C+)
Bruder:	überlegen (C+)	unterlegen (C−) Familientrottel (C−)

In der Familie gab es keine Modelle für angemessene Kommunikation. Durch die Probleme der Eltern, der Depression der Mutter und der Alkoholabhängigkeit des Vaters, wurde die Patientin in einer für die Entwicklung sehr kritischen Phase, der Frühadoleszenz, mit ihren Problemen allein gelassen. Die Kommunikationsschwierigkeiten dieser Familie kommen auch darin zum Ausdruck, daß die Mutter auch heute noch davon überzeugt ist, daß ihre damals sechsjährige Tochter von ihren depressiven Verstimmungen nichts mitbekommen habe.

Der Bruder der Patientin berichtete, daß das Verhältnis zu seiner Schwester nie besonders gut war, wobei seine Mutter das genaue Gegenteil berichtete. Diese und weitere Beispiele ergaben das Bild einer Familie, in der über Probleme, die alle betrafen, nicht kommuniziert wurde, und in der die Patientin keine entsprechenden Fertigkeiten erlernen konnte.

Wegen des Alkoholkonsums des Vaters und den sich daraus ergebenden Eheproblemen gab es zwischen den Eltern häufig heftige Streitereien, die auch zu Tätlichkeiten eskalierten. Die Patientin stand dabei immer zwischen ihren Eltern und versuchte, sie gegenseitig zu entschuldigen und zu verteidigen. Es entwickelten sich bei ihr Angstgefühle vor den Streitereien. Die Ängste generalisierten im Laufe der Jahre auf erste Anzeichen von Auseinandersetzungen und auf kleinere Konflikte. So war die Patientin zu Beginn der Behandlung nicht in der Lage, alltägliche Konflikte auszuhalten.

Aus den oben beschriebenen Familieninteraktionen ergibt sich außerdem das Bild eines Kindes, das unter Mangel an echter Zuwendung litt. Der Vater brauchte die Tochter als Trösterin, die Mutter verwöhnte sie zwar, war aber nicht in der Lage, ihrer Tochter altersgemäße Zuwendung zukommen zu lassen. Deshalb sucht die Patientin zur Zeit immer noch verstärkt nach Zuwendung, sei es durch extreme Anpassung, sei es durch Verletzung von Regeln, um anderen zu gefallen.

Die Unfähigkeit der Patientin, Regeln einzuhalten, hat ihre Ursache in dem uneinheitlichen Erziehungsstil der Eltern. Die Mutter, die unter der Alkoholabhängigkeit ihres Mannes litt, erzog ihre Kinder mit diffusen Regeln und löste vom Vater gesetzte Regeln auf, um sich damit die Zuwendung der Kinder zu erhalten und sich selbst vor dem Vater zu schützen.

Im Alter von 16 Jahren bekam die Patientin durch ihren damals drogenabhängigen Bruder Kontakt zu dessen Freunden. Mit ihrer Einordnung in diese Gruppe durch den Konsum von Drogen konnte die Patientin den familiären Störungen aus dem Weg gehen und Verstärker erreichen, die sie in der Familie vermißt hatte. Sie wurde von den Gruppenmitgliedern ernst genommen, erhielt als Neuling – als Drogeneinsteigerin – verstärkt Zuwendung, und in der Gruppe bestanden eindeutige, transparente Regeln. Durch die Störungen in der Familienstruktur und den daraus resultierenden Problemen war die Patientin anfällig dafür geworden, sich einer Problemgruppe anzuschließen. Daß es sich dabei um Drogenkonsumenten handelte, ist als Zufall zu betrachten. Hätte es in jener Zeit in der Umgebung der Patientin keine Gruppe von Drogenkonsumenten gegeben, die gleich alt oder wenige Jahre älter sind, so wäre die Patientin nicht drogenabhängig geworden, sondern hätte wahrscheinlich eine andere psychische Störung entwickelt.

Die familiären Bedingungen, die die Entwicklung der Drogenabhängigkeit förderten, spielen auch eine wesentliche Rolle bei der Aufrechterhaltung des Drogenkonsums oder Rückfällen nach mehrwöchigen abstinenten Phasen. Die Patientin wurde während der Therapie mehrmals rückfällig. Familiäre Faktoren waren dabei ausschlaggebend, da bei der Patientin trotz der durch den Drogenkonsum bedingten Distanzierung zur Familie, in ihrem Verhalten, Denken und Fühlen eine starke Bindung an diese bestand. Verhaltensbeobachtungen und Explorationen bei den Familienmitgliedern ergaben, daß weiterhin keine direkte Kommunikation und auch keine ausreichende Bewältigung größerer Konflikte stattfand. Auch hinsichtlich ihrer Abhängigkeit gab es für die Patientin aus therapeutischer Sicht nur „negative" Modelle. Trotz eindeutiger Abhängigkeit konsumierten Vater und Bruder reduziert psychotrope Substanzen.

Neben diesem unerwünschten Modelleffekt wurde die Patientin von ihrer Familie für Abstinenz nicht positiv verstärkt. Der Vater, der sich stark mit seiner Tochter identifizierte, fühlte sich seiner rückfälligen Tochter gegenüber überlegen, einer abstinenten gegenüber hätte er sich schwach und einsam gefühlt. Die Mutter befürchtete ihre beschützende Mutterrolle zu verlieren, wenn die Patientin drogenfrei wäre und verantwortungsvoll und selbständig handelte. Auch der Bruder, der seiner abhängigen Schwester gegenüber als der Überlegene und Starke agierte, würde der Abstinenten gegenüber sich wie früher wieder als unterlegen und als Familientrottel fühlen. Alle Familienmitglieder brauchten also die Patientin als Problemträger, um nicht mit ihrer eigenen Problematik konfrontiert zu werden. So hielt die Familie unbewußt die Drogenabhängigkeit der Patientin aufrecht.

Ähnliche familiäre Entstehungs- und Aufrechterhaltungsbedingungen fanden wir bei fast allen anderen Patienten vor, in der Regel aber in etwas schwächerer Ausprägung. Eine erfolgreiche Therapie obiger Patientin ohne die Einbeziehung der Familienangehörigen ist nicht vorstellbar.

3. Verhaltenstherapeutische Familien-Interventionen

3.1 Das Therapieprogramm Aiglsdorf

Die stationäre Therapie in Aiglsdorf erstreckt sich über neun bis zehn Monate. In dieser Zeit findet Einzel- und Gruppentherapie statt auf der Grundlage der Verhaltenstherapie, so der Lerntheorien von Skinner (1953) und Pavlov (1927), der sozial kognitiven Lerntheorie von Bandura (1979), dem kognitiv behavioralen Rückfallmodell von Marlatt und Gordon (1985) und dem Selbstkontroll-Ansatz von Kanfer et al. (1991). Zu den Interventionen, die durchgeführt werden, gehören Verhaltensanalyse, motivierendes Interview, Rückfallprävention, Kommunikationstraining. Eine Intervention wird erst dann durchgeführt, wenn sie von der Veränderungsphase her (siehe Prochaska und Di Clemente 1983) für den Patienten indiziert ist. Das Therapieprogramm ist ausführlicher dargestellt bei Vollmer (1985), und Vollmer et al. (1992). Die verhaltenstherapeutischen Familien-Interventionen wurden neu in das Therapieprogramm aufgenommen und werden unabhängig von der Veränderungsphase, in der sich der Patient befindet, eingesetzt (siehe 3.3).

3.2 Ziele der verhaltenstherapeutischen Familien-Intervention

Diagnostische Ziele
Die Einbeziehung der Familie in die Behandlung erlaubt eine validere diagnostische Beurteilung der Patienten.

Tab. 6: Ziele der verhaltenstherapeutischen Familien-Interventionen

---

Diagnostische Ziele:
(1) Identifizierung von Störungen der Patienten
(2) Identifizierung familiärer Interaktionsmuster
(3) Identifizierung von Rückfall-Risiko-Situationen
(4) Hinweise bzgl. der Veränderungsphase

Therapeutische Ziele:
(1) Erste Kontaktaufnahme nach mehrjährigen gegenseitigen Verletzungen, Streitereien, Enttäuschungen
(2) Aufarbeitung der Konflikte aus der Drogenzeit
(3) Verbesserung der familiären Interaktion
(4) Vermittlung von Kommunikationsfertigkeiten
(5) Vermittlung von Kenntnissen über Drogenabhängigkeit und Therapie
(6) Aufbau von realistischen Erfolgserwartungen bzgl. der Therapie

---

Bewußt oder unbewußt neigen Drogenabhängige dazu, wichtige Tatsachen zu verschweigen oder sich an Ereignisse aus ihrer Kindheit nicht mehr zu erinnern. Informationen der Eltern und Geschwister können daher für die Therapie sehr hilfreich sein. Ein Patient macht etwa im geschützten Rahmen der stationären Einrichtung einen kontaktfreudigen Eindruck oder stellt sich als jemand dar, der gut mit Geld umgehen kann. Informationen der Geschwister ergeben dagegen, daß der Patient vor seiner Drogenzeit kaum Kontakte zu Gleichaltrigen hatte, oder daß er sein Geld unkontrolliert ausgab. Innerhalb der stationären Therapie können Problembereiche des Patienten leicht übersehen werden, die ihm selbst aufgrund der langen Zeit seiner Drogenabhängigkeit nicht mehr bewußt sind. Ein weiteres Beispiel: Auch wenn die Kommunikationsstrukturen des Patienten nach Verhaltensbeobachtungen in Gegenwart der Therapeuten problemlos erscheinen, können Explorationen der Familienangehörigen stärkere Defizite in diesem Bereich sichtbar machen. Der Patient traute sich beispielsweise nicht, gegenüber seinen Eltern Kritik zu äußern, oder er zog sich bei ungerechtfertigter Kritik beleidigt zurück. Die Kenntnis familiärer Interaktionsmuster gestattet einerseits ein besseres Verständnis der Kommunikations- und Interaktionspläne des Patienten, andererseits bildet sie die Grundlage therapeutischer Interventionen zur Verbesserung des Kommunikationsverhaltens des Patienten und seiner Familienangehörigen. In der stationären verhaltenstherapeutischen Behandlung Drogenabhängiger steht im Mittelpunkt der Therapie der Index-Patient, eine Behandlung aller Familienangehörigen ist nur begrenzt möglich (siehe 3.3). Dieses trifft auch auf die Identifizierung von Rückfallrisiko-Situationen zu. Die Exploration des Index-Patienten wie seiner Familienangehörigen ergibt Hinweise für potentielle zukünftige Rückfallsituationen. Die Informationen allein des Patienten reichen oft nicht aus. So sind viele Patienten äußerst zurückhaltend mit Schilderungen über drogenkonsumierende Freunde. Eltern und Geschwister sind direkter in ihren Informationen, so daß der Therapeut potentielle Rückfallsituationen besser erkennen kann. Auch die Zukunftsplanung der Eltern kann Rückfälle provozieren, was Interventionen erforderlich macht, die vorwiegend bei den Eltern ansetzen: Eine zu großzügige finanzielle Unterstützung des Patienten, das Besorgen einer Arbeitsstelle oder die Abnahme von Behördenangelegenheiten können die Unselbständigkeit des Patienten fördern.

Die Einbeziehung von Familienangehörigen in die stationäre Behandlung kann es außerdem erleichtern herauszufinden, in welcher „Phase der Veränderung" nach Prochaska und Di Clemente (1983) der Patient sich gerade befindet. Die Identifizierung der Veränderungsphase ist bei Drogenabhängigen sehr schwierig (Vollmer 1993), kann für die Therapie aber von entscheidender Bedeutung sein (Vollmer et al. 1992). Die Einbeziehung der Familienangehörigen kann dem Therapeuten Hinweise liefern, inwiefern ein Patient bereits den Wunsch hat, sich zu verändern. Weigert sich zum Beispiel ein Patient, daß seine Familienangehörigen zur Therapie kommen, so befindet er sich erfahrungsgemäß in mehreren Problembereichen, einschließlich dem des Drogenkonsums, in der Phase „keine Veränderung", sofern ausgeschlossen werden kann, daß er starke Ängste oder Schuldgefühle gegenüber den Angehörigen hat. Bei diesem Patienten sind vorwiegend motivierende Interventionen notwendig (Vollmer 1993).

Therapeutische Ziele

Auch für die Patienten, die mit einem Besuch der Angehörigen einverstanden sind, ist der erste Kontakt zu diesen nach jahrelangen Streitereien, gegenseitigen Verletzungen und Enttäuschungen ein Schritt, der starke Überwindung kostet und für einige ohne den Konsum von sedierenden Drogen gar nicht zu bewältigen ist. Ein simples, aber wichtiges Ziel der Therapie ist daher, den Kontakt zwischen drogenfreiem Patient und Familienangehörigen wieder herzustellen. Die gegenseitigen Verletzungen waren häufig so intensiv, daß ein normaler Kontakt ohne Aufarbeitung der Konflikte aus der Drogenzeit nicht möglich ist. Die Eltern warfen etwa den Patienten aus der Wohnung oder verständigten die Polizei; der Patient ließ sein Zimmer verwahrlosen oder stahl größere Geldbeträge von den Eltern. Die gemeinsame Besprechung dieser Konflikte führt bei allen Beteiligten zur Reduzierung von Schuldgefühlen oder Aggressionen und bildet die Basis für eine zukunftsorientierte Beziehung zwischen Patient und den Familienangehörigen.

Weitere therapeutische Ziele der Familien-Interventionen sind die Vermittlung von Kommunikationsfertigkeiten und die Verbesserung der familiären Interaktion. Auf diese beiden Ziele wird bei den Interventionen näher eingegangen.

Die meisten Eltern besitzen kaum Kenntnisse über Drogenabhängigkeit und über Entwöhnungsbehandlungen. Die Vermittlung solcher Kenntnisse kann es den Eltern wesentlich erleichtern, den Patienten angemessen bei der Erreichung eines drogenfreien Lebens zu unterstützen. Die Medien berichten häufig verzerrt über Drogenabhängigkeit und Erfolgschancen von Entwöhnungsbehandlungen. Meist stehen Mängel in der Gesundheitsversorgung Drogenabhängiger und Mißerfolge bei Therapien im Vordergrund. Kaum erwähnt wird dagegen, daß Deutschland eines der besten Versorgungssysteme der Welt für Drogenabhängige besitzt und daß die Erfolgschancen nach Abschluß einer Therapie gut sind, im Vergleich zu vor 20 Jahren sogar sehr gut. Ein Ziel der Familien-Interventionen ist daher, realistische Erwartungen bei den Angehörigen und beim Patienten aufzubauen, um einer negativen selbsterfüllenden Prophezeiung entgegenzuwirken. Dieses beinhaltet einerseits die Vermittlung von Hoffnung

– wenigstens 30 % aller aufgenommenen Patienten leben später drogenfrei, bei den regulären Beendern ist der Prozentsatz wesentlich höher (Herbst 1992) – andererseits aber auch die Auseinandersetzung mit Rückfällen, die entweder als singuläre auftreten können, gefolgt von langen drogenfreien Phasen, oder als kontinuierliche Rückfälle, die eine neue Therapie erfordern.

3.3 Diagnostische und therapeutische Interventionen

Den diagnostischen und therapeutischen Zielen sind folgende Interventionen zugeordnet:

Tab. 7: Diagnostische und therapeutische Interventionen

(1) Familienanamnese
(2) Verhaltensbeobachtung
(3) Informationen über Drogenabhängigkeit (z. B. Rückfallprozesse)
(4) Informationen über Therapien für Drogenabhängige (z. B. Selbstkontrolle)
(5) Analyse der Konflikte aus der Drogenzeit (z. B. Patient wurde aus dem Elternhaus geworfen)
(6) Analyse der familiären Situation vor der Drogenzeit
(7) Analyse familiärer Interaktionsmuster (z. B. Dominanz des Vaters)
(8) Training von Kommunikationsfertigkeiten (z. B. paraphrasieren)

Im ersten Gespräch mit den Eltern und den Geschwistern, anfangs ohne den Patienten, werden anamnestische Daten der Familie erhoben. Der Therapeut fragt nach Erkrankungen der einzelnen Familienmitglieder, auch der Großeltern, wobei der Schwerpunkt auf psychischen Erkrankungen liegt; nach besonderen Ereignissen, etwa dem schulischen Werdegang des Patienten; nach dem Freundeskreis des Patienten. Eine weitere diagnostische Maßnahme ist die Verhaltensbeobachtung. Bei der Exploration der Familie als Gruppe ergeben sich häufig schon im ersten Gespräch wertvolle Hinweise auf familiäre Kommunikationsstrukturen. Diese Verhaltensbeobachtungen sind Grundlage für die Erstellung therapeutischer Ziele und entsprechende therapeutische Interventionen. Auch die Besprechung von Erklärungsmodellen der einzelnen Familienmitglieder für die Abhängigkeit des Patienten gestatten eine Analyse der Kommunikationsstrukturen. Dieser Themenbereich, der in der Regel schon in der ersten Sitzung angesprochen wird, gibt Aufschluß, inwiefern die Familienangehörigen angemessen über die Genese und Aufrechterhaltung der Drogenabhängigkeit informiert sind. Aufgabe des Therapeuten ist es, fehlende Informationen zu ergänzen und falsche Informationen richtigzustellen. Dazu gehört unter anderem das Krankheitsmodell der Verhaltenstherapie, nach dem Drogenabhängigkeit vorwiegend ein gelerntes Verhalten ist, das von vielen Variablen beeinflußt wird. Ziel dieser Intervention ist es, Schuldgefühle bei allen Beteiligten zu reduzieren und eine Basis für eine vorwurfsfreie Diskussion über die Drogenabhängigkeit des Index-Patienten und die familiären Anteile zu schaffen.

Ebenso wie die Patienten besitzen auch die Eltern zu Therapiebeginn kaum Informationen über eine Entwöhnungsbehandlung. Viele Eltern neigen dazu, ihren Kindern ihre eigenen Vorstellungen eines drogenfreien Lebens nahezulegen. Daß in der Verhaltenstherapie der Patient sein eigener Therapeut ist, daß er seine eigenen Entscheidungen trifft und seinen eigenen Weg gehen sollte, ist für sie oft nicht leicht zu verstehen. Auch über eine realistische Bewertung von vorzeitigen Therapiebeendigungen und ihren Folgen sollte bereits im Vorfeld gesprochen werden.

Obwohl im Mittelpunkt dieser Interventionen die Informationsvermittlung steht, ergeben sich in der Regel Gelegenheiten für diagnostisch relevante Verhaltensbeobachtungen und auch schon für vereinzelte Interventionen zur Verbesserung der Kommunikation. So werden etwa bei dem Thema „Erfolgschancen zur Entwöhnungsbehandlung" der Patient und seine Angehörigen zu Ängsten vor potentiellen Rückfällen und deren Auswirkungen auf die familiäre Interaktion exploriert.

Belastende Verhaltensweisen aus der Drogenzeit können die Interaktion der Familie langfristig beeinflussen, ohne daß dieses dem Einzelnen bewußt ist. Diebstähle, aggressives Verhalten oder Lügen sind Verhaltensweisen des Patienten, die für die Bezugspersonen verletzend und belastend sind. Rückzug der Angehörigen, den Patienten nicht mehr in die Wohnung lassen, die Polizei informieren, sind dagegen Verhaltensweisen, die für den Patienten sehr verletzend sind. Solche Situationen geraten nicht dadurch in Vergessenheit, daß der Patient sich jetzt drogenfrei in einer Therapie befindet und alle Beteiligten gute Vorsätze haben, sondern nur durch eine Analyse, warum die Beteiligten so gehandelt haben.

Die Analyse der Zeit vor dem Drogenkonsum gestattet Rückschlüsse auf die Entwicklung familiärer Kommunikationsstrukturen. Dabei geht es unter anderem um Häufigkeit und Art der Kontakte der Familienmitglieder, gemeinsame Freizeitunternehmungen, Urlaube, Erziehungsstile und Konflikte zwischen den Eltern.

Im Laufe dieser therapeutischen Gespräche kann der Therapeut durch Beobachtung des Verhaltens der einzelnen Familienmitglieder das familiäre Interaktionsmuster analysieren. Läßt der Vater etwa seine Frau nicht zu Wort kommen, äußert er ständig Forderungen gegenüber dem Patienten und blickt dieser dabei nur ärgerlich und mißmutig vor sich hin, so kann der Therapeut auf eine starke Dominanz des Vaters schließen. Umgekehrt kann er die Rolle der Mutter als überbeschützend analysieren, wenn diese immer wieder den Patienten verteidigt und ihm zustimmend zulächelt. Es lassen sich auch Schlüsse über offene oder versteckte Fronten innerhalb der Familie ziehen. Wirken die Eltern wie ein Paar, das sich über die Problematik seines Kindes einig ist und einstimmig auf den Patienten einredet? Bilden die Mutter und der Patient eine versteckte Front gegen den Vater? Benimmt sich der Patient wie ein trotziges Kind, oder kann er offen mit seinen Eltern kommunizieren? Die Beobachtung dieser und vieler anderer Verhaltensweisen sind für eine Analyse der familiären Interaktionsmuster unerläßlich. Da viele Familien, die zu therapeutischen Gesprächen kommen, nur über mangelnde Kommunikationsfertigkeiten verfügen – meistens wurde in der Familie nur indirekt kommuniziert und über Gefühle nicht gesprochen – sollten diese trainiert werden.

Im Gegensatz zu einer Familientherapie ist dieses im Rahmen einer stationären Entwöhnungsbehandlung für Drogenabhängige mit Schwierigkeiten verbunden. Die Angehörigen kommen in der Regel mit der Einstellung zum „therapeutischen Gespräch", daß sie zwar in der Vergangenheit vielleicht Fehler gemacht haben, daß sich jetzt aber der Index-Patient ändern müsse, um die Familienharmonie wieder herzustellen. Nicht selten wird der Wunsch geäußert, daß der Patient wieder ins elterliche Haus ziehen solle. Eine Motivierung der Angehörigen zu Veränderungen ihrer Einstellungen und verschiedener Verhaltensweisen und die Umsetzung angemessenen Kommunikationsverhaltens kann vom Therapeuten in der Regel nur mit äußerster Behutsamkeit erfolgreich umgesetzt werden.

Äußern etwa die Eltern dem Patienten gegenüber die Forderung, er müsse den Kontakt zu seinem drogenabhängigen Partner beenden, so sollte der Therapeut fragen, wie sie zu dieser Einschätzung kommen. Damit fragt er nach ihren Gefühlen und bittet sie dann, ihre Ängste zu beschreiben. Daraufhin fordert er den Patienten auf, das von den Eltern Gesagte zu paraphrasieren, indem er etwa zu ihm sagt: „Ich kann mir vorstellen, daß dieses eine sehr schwierige Situation für Dich ist. Damit hier keine Mißverständnisse entstehen, möchte ich Dich bitten, das von Deinen Eltern Gesagte in Deinen Worten zu wiederholen." Der Therapeut sollte ihn dann fragen, wie die Meinung der Eltern auf ihn wirkt, was seine Meinung und seine Gefühle sind, und schließlich wieder die Eltern fragen, wie sie ihren Sohn verstanden haben und wie ihre Meinung dazu ist. Mit dieser Intervention lernen die Familienmitglieder, ihre und die Gefühle der anderen zu erkennen und anzusprechen. Die Kommunikationsfertigkeiten, die durch das vom Therapeuten gesteuerte Gespräch von den Familienmitgliedern entwickelt werden, übertragen sich auf andere Situationen und gestatten eine bessere Konfliktbewältigung als bisher.

Die hier beschriebenen Familien-Interventionen werden nicht sukzessive durchgeführt, sondern können bei sämtlichen Gesprächen eingesetzt werden. Alle Interventionen überschneiden sich. Kommunikationsfertigkeiten können sowohl bei der Informationsvermittlung über Abhängigkeiten als auch bei der Analyse der Zeit vor Beginn des Drogenkonsums trainiert werden.

Da im Gegensatz zur Familientherapie bei der Entwöhnungsbehandlung Drogenabhängiger die Angehörigen nicht als Patienten zu den Gesprächen kommen, besteht die Kunst des Therapeuten darin, soweit wie möglich ein neutrale Rolle gegenüber allen Familienmitgliedern einzunehmen, gleichzeitig jeden einzelnen vor unnötigen Verletzungen zu schützen und in der Auseinandersetzung mit den anderen Familienmitgliedern zu stützen. Verbündet sich der Therapeut mit den Eltern, so wird die therapeutische Beziehung zum Patienten empfindlich gestört; verbündet er sich mit dem Patienten, so besteht die Gefahr, daß die Eltern direkt oder indirekt gegen die Therapie arbeiten. Um dieser Aufgabe gewachsen zu sein, ist für den Therapeuten eine regelmäßige kollegiale Supervision notwendig.

3.4 Erste Ergebnisse zur Bewertung der Familien-Interventionen

Von den Patienten, die an den verhaltenstherapeutischen Familien-Interventionen teilnahmen, haben sieben Patienten die Behandlung abgeschlossen. Für einen ersten Vergleich wurden per Zufall sieben Patienten ausgewählt, die vor Einführung der Familien-Interventionen behandelt worden sind. Zu Beginn und gegen Ende der Behandlung füllten die Patienten den Freiburger Persönlichkeitsfragebogen (FPI A1 und FPI R) aus. Zwischen den beiden Gruppen (mit und ohne Familien-Interventionen) gab es im prä-post-Vergleich keine signifikanten Unterschiede in den einzelnen Faktoren des FPI. Die Patienten ohne Familien-Interventionen verbesserten sich ebenso in den Werten des FPI wie die Patienten mit Familien-Interventionen. Ein Unterschied zwischen den beiden Gruppen ergab sich jedoch in der Summe der Veränderungen im FPI A1. Es wurde für die beiden Gruppen getrennt ausgezählt, wie viele Patienten sich bei jedem Faktor verbessert oder verschlechtert hatten, und wie häufig keine Veränderungen eingetreten sind. Der Faktor M (Maskulinität) wurde bei dieser Auswertung nicht berücksichtigt, da die Kategorien Verbesserung oder Verschlechterung bei diesem Faktor nicht anwendbar sind. Die Gruppe mit Familien-Interventionen hat sich mehr als doppelt so häufig verschlechtert.

Tab. 8: Veränderungen in den Faktoren des Freiburger Persönlichkeits-Fragebogens (FPI) während der Therapie (7 Patienten je Gruppe, 11 Faktoren)

Richtung der Veränderung	Verhaltenstherapeutische Familien-Interventionen	ohne Familien-Interventionen
verbessert	34	39
nicht verändert + guter Wert zu Therapiebeginn	18	18
nicht verändert + schlechter Wert zu Therapiebeginn	7	10
Verschlechterung	18	7
fehlende Daten	0	3
Summe	77	77

Die meisten Verschlechterungen traten in den Faktoren Aggressivität, Erregbarkeit und emotionale Labilität auf. Im prä-post-Vergleich (Beginn und Ende der Therapie) sind die Patienten, die Familien-Interventionen erhielten, im Vergleich zu den Patienten ohne Familien-Interventionen aggressiver geworden, schneller erregbar und emotional unausgeglichener. Im Faktor Offenheit beziehungsweise Selbstkritik haben sich die Patienten mit Familien-Interventionen dagegen häufiger verbessert als die Kontrollgruppe.

Die Familien-Interventionen scheinen für die Patienten sehr belastend zu sein, so daß sich dieses in den emotionalen Faktoren des FPI niederschlägt. Bei der zweiten Fragebogenvorgabe waren die Familien-Interventionen noch nicht abgeschlossen und die durch diese Interventionen ausgelöste Belastung schien weiterhin zu bestehen. Andererseits scheinen sich aber die Patienten mit Familien-Interventionen kritischer mit sich selbst auseinanderzusetzen und auch Belastungen bei sich selbst besser zu erkennen. Durch die verhaltenstherapeutischen Familien-Interventionen sind also kurzfristig nicht nur

Verbesserungen zu erwarten, sondern es ist mit einer Verschlechterung im emotionalen Befinden zu rechnen. Unsere Hypothese hinsichtlich langfristiger Effekte ist aber, daß die Patienten mit Familien-Interventionen emotional stabiler und ausgeglichener sind als die Kontrollgruppe. Dieses wäre als Hypothese in einer umfangreichen Studie zu prüfen.

4. SCHLUSSFOLGERUNGEN

4.1 Zur Entwöhnungsbehandlung Drogenabhängiger

Nach den Ergebnissen und Erfahrungen dieser Studie scheint die Nicht-Einbeziehung von Familienangehörigen in die stationäre Entwöhnungsbehandlung ein therapeutischer Kunstfehler zu sein. Folgende Gründe führten zu dieser Schlußfolgerung:

(1) *Die familiäre Interaktion vor Beginn des Drogenkonsums*
Bei fast allen Patienten dieser Studie bestanden vor Beginn der Drogenabhängigkeit gestörte familiäre Interaktionen. Ähnliche Ergebnisse zu den Herkunftsfamilien Drogenabhängiger liegen aus anderen Studien vor (z. B. Uchtenhagen 1982).

(2) *Die familiäre Interaktion während der Drogenzeit*
Während der Drogenzeit entwickeln sich weitere Störungen der familiären Interaktion, da die Angehörigen den Belastungen, die sich durch die Abhängigkeit eines Familienmitgliedes ergeben, verständlicherweise nicht gewachsen sind. Gegenseitige Verletzungen sind die Folge, die auch noch in drogenfreien Zeiten nachwirken und sich auf die familiäre Interaktion auswirken.

(3) *Die zukünftige familiäre Interaktion*
Unabhängig von der Häufigkeit der zukünftigen Kontakte werden sich alte gestörte Interaktionsmuster negativ auf die Beziehung der Familienmitglieder auswirken. Bereits ein einziger Kontakt kann eine starke Belastung für die einzelnen Mitglieder darstellen und wieder zu einem längeren Abbruch des Kontaktes führen. Der zu Beginn einer Therapie von einigen Patienten oder von Angehörigen geäußerte Wunsch, in Zukunft keinen Kontakt mehr miteinander aufzunehmen, entspricht nicht der Realität. Er ist nach unseren Erfahrungen nicht umsetzbar, sondern ist lediglich Ausdruck der Schwierigkeit, miteinander zu kommunizieren. Wird dieser unrealistische Wunsch von den Therapeuten akzeptiert und gestützt, so sind die Familienmitglieder bei einem ersten Kontakt, der irgendwann nach Abschluß der Behandlung beabsichtigt oder unbeabsichtigt stattfindet, noch stärker überfordert.

(4) *Zukünftige Interaktionen des Index-Patienten*

Unabhängig von den Kontakten zu seinen Familienangehörigen wird der Index-Patient seine Konfliktbewältigungsstrategien und seinen Kommunikationsstil auf neue Bezugspersonen anwenden, zum Beispiel bei seinem Partner und seinen Kindern. Auch wenn der Patient sich von den Eltern innerlich distanziert hat, ist die Wahrscheinlichkeit sehr hoch, daß er Verhaltensweisen der Eltern übernimmt, obwohl er sie ablehnt, da ihm alternative Verhaltensweisen unbekannt sind oder er keine praktischen Erfahrungen damit gemacht hat. Da Kinder von Abhängigen gefährdet sind, selbst eine Abhängigkeit zu entwickeln, sind die Familien-Interventionen auch ein Beitrag zur Prävention. Der Index-Patient lernt während der Entwöhnungsbehandlung Konfliktbewältigungsstrategien und Kommunikationsstile, die er später bei seinen eigenen Kindern umsetzen kann. Der praktische Übungseffekt in den Familien-Interventionen ist dabei entscheidend, da er die subjektive Kompetenz des Patienten erhöht, er also gegenüber Bezugspersonen, die einen unangemessenen Interaktionsstil haben, weniger schnell aufgibt.

(5) *Der diagnostische Aspekt*

Der Therapeut erfährt nur einen beschränkten Ausschnitt der Realität, wenn für ihn der Patient die einzige Informationsquelle ist. Therapeuten erleben dieses zum Beispiel, wenn sie die Informationen eines Patienten, der aus einer anderen Therapie kommt, die er vorzeitig beendet hat, mit den Informationen der Mitarbeiter der anderen Therapieeinrichtung vergleichen. Trotz Therapieinteresse und Offenheit des Patienten schildert dieser eine Welt, die bedingt durch seine Symptomatik nicht unbedingt mit der Realität übereinstimmt. Aus diesen Gründen ist eine systematische Einbeziehung von Familienangehörigen in die Entwöhnungsbehandlung unverzichtbar. Unter systematisch wird hier verstanden, daß es sich nicht nur um vereinzelte Gespräche oder Angehörigen-Seminare handelt, sondern daß diese an einem Therapieplan orientiert sind (vgl. Schulte 1974).

Wie die Therapieergebnisse dieser Studie zeigen, sind Familien-Interventionen für die Patienten sehr belastend, und es ist nicht mit sofortigen Fortschritten der Patienten zu rechnen, eine erhöhte Abbruchgefährdung ist nicht auszuschließen. Die obigen Ausführungen zu den Interventionen verdeutlichen außerdem, wie schwierig sie für den Therapeuten sind. Im gleichen Maße, in dem die Familien-Interventionen für einen Patienten hilfreich sein können, ist es auch möglich, daß sie einem Patienten schaden, falls der Therapeut zum Beispiel Überforderungen des Patienten nicht rechtzeitig erkennt oder Koalitionen mit einzelnen Familienmitgliedern bildet.

Die Ergebnisse zu den Familienstrukturen vor Beginn des Drogenkonsums und zu den Interaktionsstilen der Abhängigen weisen darauf hin, daß therapeutische Wohngemeinschaften ein geeigneter Rahmen für eine erfolgreiche Behandlung Drogenabhängiger sind. Im Gegensatz zu allgemeinen Kliniken oder auch zu den Fachkliniken für Alkoholabhängige mit über hundert Betten ist es in therapeutischen Wohngemeinschaften möglich, daß die Patienten im täglichen Miteinander Verhaltensweisen und Einstellungen lernen, die sie in ihrer Kindheit nicht gelernt haben. Dazu gehören unter anderem das Akzeptieren und Einhalten von Regeln und Grenzen, gegenseitige Rücksichtnahme, direkte und offene Kommunikation.

4.2 Prävention der Drogenabhängigkeit

Die retrospektiv erhobenen Daten dieser Studie zu den familiären Bedingungen vor Beginn des Drogenkonsums erlauben keine kausalen Schlußfolgerungen. Obwohl durch die Literatur bestätigt ist, daß die Väter von Abhängigen signifikant häufiger selbst abhängig sind, kann nicht die Schlußfolgerung gezogen werden, daß dies eine Ursache der Drogenabhängigkeit ist. Einerseits gibt es viele abhängige Väter, deren Kinder später nicht psychisch gestört sind, andererseits tragen zu viele Variablen dazu bei, daß jemand eine Abhängigkeit entwickelt. Bei der Drogenabhängigkeit ist etwa die zeitliche und räumliche Nähe von Drogen eine entscheidende Variable. Gerade wegen ihrer Trivialität wird selten beachtet, daß jemand keine Drogen konsumieren kann, wenn sie nicht auf einfache Art und Weise verfügbar sind. Dieses trifft nicht nur auf Drogen zu, sondern auch auf Alkohol und Zigaretten. Obwohl beim derzeitigen Forschungsstand zur Genese der Drogenabhängigkeit kaum kausale Schlußfolgerungen möglich sind, ist die Hypothese naheliegend, daß bestimmte Familienstrukturen und die zeitliche (gleichaltrige Drogenkonsumenten) und räumliche Nähe zu Drogen Variablen sind, die den Beginn des Drogenkonsums, die Entwicklung einer Abhängigkeit und Rückfälle nach drogenfreien Zeiten fördern. Weitere Variablen wären noch genauer zu identifizieren. Persönlichkeit als Einflußfaktor scheint übrigens auszuscheiden (Ellgring & Vollmer 1992). Um kausale Schlußfolgerungen ziehen zu können, wären Längsschnittuntersuchungen zu den potentiellen Einflußfaktoren notwendig. Für die Prävention der Drogenabhängigkeit ergeben sich bei dem derzeitigen Forschungsstand und auf der Grundlage unserer Erfahrungen folgende Schlußfolgerungen:

(1) *Geringe Verfügbarkeit von Drogen*
Drogen sollten nicht auf einfache Art und Weise verfügbar sein. Eine Gruppe gleichaltriger bzw. wenige Jahre älterer Drogenkonsumenten, die sich von ihren Eltern abgegrenzt haben, üben auf Jugendliche, die im Elternhaus stärkere Probleme haben, eine magische Faszination aus. Die abschreckendsten Informationen über die Wirkung von Drogen sind dann bedeutungslos, wenn über den Drogenkonsum Verstärker erreicht werden können, die in der Familie fehlen, zum Beispiel Zuwendung und Anerkennung durch die Drogenkonsumenten.

(2) *Verbesserung von Familienstrukturen*
Familien-Interventionen während einer stationären Entwöhnungsbehandlung sind nicht nur eine Therapie-Maßnahme für den Patienten, sondern auch Prävention für seine Kinder. Die systematische Einbeziehung von Familienangehörigen sollte daher in Therapieprogrammen gefördert werden. Intakte Familienstrukturen, die Fähigkeit, miteinander zu kommunizieren, Konflikte gemeinsam lösen zu können, sind wahrscheinlich Fertigkeiten, die die Gefährdung für eine psychische Störung reduzieren. Familien-Interventionen sollten daher nicht nur Abhängigen von Kliniken angeboten werden, sondern auch anderen als gefährdet erkannten Gruppen. Unter Einbeziehung des psychosozialen Versorgungssystems in der Bundesrepublik könnten Gruppen, deren Kinder gefährdet sind (z. B. Eltern, die häufig streiten oder nur wenig Zeit für ihre Kinder haben), direkt erreicht und ihnen Familien-Interventionen angeboten werden.

Bei dem derzeitigen ungenauen Kenntnisstand über Einflußfaktoren der Drogenabhängigkeit ist eine Präventionsstrategie, die unabhängig von vermuteten Risikofaktoren eingesetzt und dann je nach Indikation verdichtet wird, am sinnvollsten. Um möglichst viele Jugendliche zu erreichen, könnte an Schulen ein Fach „Familien-Interaktion" eingeführt werden, in dem die Schüler Konfliktbewältigungsstrategien, angemessene Kommunikation und andere Verhaltensweisen lernen, die sich positiv auf die Familien-Interaktion auswirken. Neben der Vermittlung solcher Fertigkeiten wären dann Strategien zu entwickeln, wie man gefährdete Jugendliche und deren Eltern erreichen kann, um ihnen die Möglichkeit zur Teilnahme an Beratungen und nach einem weiteren Selektionsprozeß an Familien-Interventionen zu geben.

Das unzureichende Wissen über Faktoren, die die Entwicklung einer Drogenabhängigkeit beeinflussen, spricht für allgemeine Präventionsstrategien. Ob jemand drogenabhängig wird oder eine andere psychische Störung entwickelt, hängt auch von Zufällen ab. Aus diesem Grunde ist keine ausschließlich auf Drogen bezogene Präventionsstrategie sinnvoll. Bei einer anfangs breit gefächerten und dann je nach Indikation sich verdichtenden Präventionsstrategie ist nicht vorhersagbar, welcher einzelnen psychischen Störung bei welcher Person vorgebeugt wird. Dieses ist auch nur für die Forschung von Bedeutung, für die Praxis ist es dagegen unerheblich, ob man bei einem Jugendlichen die Entwicklung einer Abhängigkeit, einer Depression oder antisozialen Verhaltens verhindert. Nach der Literatur zur Ätiologie psychischer Störungen, den Ergebnissen dieser Studie und unseren Erfahrungen ist aus verhaltenstherapeutischer Sicht die Familie als Gruppe und / oder das einzelne Familienmitglied in seiner Kommunikation ein erfolgsversprechender Ansatzpunkt für präventive Maßnahmen, sowohl zur Drogenabhängigkeit als auch zu anderen psychischen Störungen.

Literatur

Bandura, A. (1979). Sozial-kognitive Lerntheorie. Stuttgart

Bell, J.E. (1975). Family therapy. New York: Jason Aronson

Bühringer, G. (1992). Drogenabhängig. Freiburg

Davison, G.C. & Neale, J.M. (1986). Abnormal psychology (fourth edition). New York: John Wiley & Sons.

Ellgring, H. & Vollmer, H.C. (1992). Changes of personality and depression during treatment of drug addicts. In: G. Bühringer & J.J. Platt (Eds.), Drug addiction treatment research. German and American perspectives (pp 197 – 209). Malabar: Krieger

Falloon, I.R.H. / Boyd, J.L. & McGill, C.W. (1984). Family care of schizophrenia. New York: Guilford

Grawe, K. & Dziewas, H. (1978). Interaktionelle Verhaltenstherapie. Kongreßbericht Berlin 1977: Fortschritte in der Verhaltenstherapie. Sonderheft I/1978 der „Mitteilungen der DGVT" (S. 27 – 49)

Herbst, K. (1992). Verlaufsanalyse bei Drogenabhängigen nach stationärer Behandlung. Sucht, 38, 147 – 154

Kanfer, F.H. & Saslow, G. (1969). Behavioral diagnosis. In: C.M. Franks (Ed.), Behavior therapy: Appraisal and status (pp 417 – 444). New York: McGraw Hill

Kanfer, F.H. / Reinecker, H. & Schmelzer, D. (1991). Selbstmanagement-Therapie. Berlin

Keup, W. (Hrsg.) (1985). Biologie der Sucht. Berlin

Marlatt, G.A. & Gordon, J.R. (Eds.) (1985). Relapse prevention. New York: Guilford

Pavlov, I.P. (1927). Conditioned reflexes. London: Oxford University Press. (Neuauflage: New York: Dover)

Prochaska, J.O. & Di Clemente, C.C. (1983). Stages and processes of self-change of smoking: Toward an integrative model of change. Journal of Consulting and Clinical Psychology, 51, 390 – 395.

Schulte, D. (1974). Ein Schema für Diagnose und Therapieplanung in der Verhaltenstherapie (S. 75 – 104). München

Skinner, B.F. (1948). Walden Two. New York: MacMillan

Skinner, B.F. (1953). Science and human behavior. New York: MacMillan

Stanton, M.D. (1980). A family theory of drug abuse. In D.J. Lettieri, M. Sayers & H. Wallenstein Pearson (Eds.), Theories on drug abuse (pp 147 – 156). Rockville: NIDA Research Monograph 30

Uchtenhagen, A. (1982). Die Familien Drogenabhängiger: Sozialpsychologische, psychodynamische und therapeutische Aspekte. Familiendynamik, 7, 284 – 297.

Uchtenhagen, A., Zimmer-Höfler, D. & Widmer, A. (1981). Zum Familienhintergrund bei Drogenabhängigen. In: H. Häfner & R. Welz (Hrsg.), Drogenabhängigkeit und Alkoholismus (S. 155 – 168). Köln

Vollmer, H.C. (1985). Verhaltenstherapie der Opiatabhängigkeit. Psychiatrische Praxis, 12, 94 – 100.

Vollmer, H.C. (1993). Therapie als kontinuierlicher Entscheidungsprozeß. In: A. Heigl-Evers / I. Helas & H.C. Vollmer (Hrsg.), Eingrenzung und Ausgrenzung. Göttingen

Vollmer, H.C. / Ferstl, R. & Ellgring, H. (1992). Individualized behavior therapy for drug addicts. In: G. Bühringer & J.J. Platt (Eds.), Drug addiction treatment research. German and American perspectives (pp 333 – 352). Malabar: Krieger

Walter-Enderlin, R. (1982). Familienarbeit mit Drogenabhängigen. Familiendynamik, 7, 200 – 210

Yandoli, D. / Mulleady, G. & Robbins, C. (1989). Family therapy and addiction. In G. Bennett (Ed.), Treating drug abusers (pp 48 – 67). London: Routledge

Familie und Gesellschaft

Kinder behaupten ihren Sinn
Großstadtfamilien in West- und Ostdeutschland

Hans Bertram

Kassandrarufe aus der Wissenschaft

Wie Familienforscher wissen, ist die Familie ein beliebtes Projektions- und Spekulationsobjekt. Auch Wissenschaftler sind von dieser Leidenschaft nicht immer frei. So haben die in den letzten Jahrzehnten erfolgten Veränderungen des familialen Zusammenlebens in den westlichen Industrieländern viele pessimistische Phantasien auf den Plan gerufen: vernachlässigte Kinder, egoistische Mütter, zerfallende Familien und Ehen. Daß die Trennung vom Althergebrachten häufig Untergangsängste auslöst, ist bekannt und auch verständlich. Solange die Umstände und Auswirkungen größerer gesellschaftlicher Veränderungen nicht durchschaut werden können, weil sie noch nicht untersucht sind, versucht man, die Leerstellen mit Vor-Urteilen zu füllen. Familienforscher greifen in solchen Situationen gern zu heuristischen Deutungen. Die amerikanischen Familiensoziologen James Coleman und Robert M. Bellah etwa haben über den familialen Veränderungsprozeß in den Großstädten der USA einige aufsehenerregende Thesen aufgestellt.[1]

(1) In der stärkeren außerhäuslichen Orientierung heutiger Frauen − der Abwanderung der Mütter aus dem Haushalt − sieht Coleman eine Wiederholung dessen, was 100 Jahre vorher, bei der Herausbildung der Industriegesellschaft, mit den Vätern begann: die Verlagerung der Arbeit aus der häuslichen Sphäre. Damit einher ging damals die Reduzierung des unmittelbaren väterlichen Kontakts zu Kindern, der tägliche Umgang und der Verlust der Vorbildfunktion. Der väterliche Auszug aus der Familie war auch ein zentraler Auslöser für die Massenschulbildung von Kindern. Denn das quasi spontane Nebenherlernen beruflicher und „schulischer" Qualifikationen im Rahmen eines größeren Haushaltsverbandes war in dem Augenblick nicht mehr möglich, als diese Aktivitäten nach außen, in ziel- und zweckgerichtete Institutionen, verlagert wurden. Dieser erste industriegesellschaftliche Strukturwandel der Familie konnte jedoch aufgefangen werden: zumindest in den bürgerlichen Kreisen wurde die väter-

liche Abwanderung von den Frauen kompensiert, an die nun die volle Zuständigkeit für Haus und Familie überging. Es war die Geburt der Hausfrau. Da nach Coleman nun die Mütter und Hausfrauen denselben Weg gehen wie einst die Väter, indem sie die Haus- und Familienarbeit verlassen, um in den Beruf abzuwandern, würden andere Elemente der Erziehung aus dem Haushalt herausverlagert (z. B. das Kochen von Mahlzeiten), deren Nebenprodukt die Kindererziehung war. Auch der Aufbau sozialen und kulturellen „Kapitals" werde durch die Abwanderung der Mütter zunehmend erschwert und müsse daher auf Institutionen der Tagesbetreuung verlagert werden.

(2) Der Bedeutungsverlust der Familie wird nach Coleman auch dadurch befördert, daß die Notwendigkeit und das Bedürfnis abnimmt, Kinder in die Welt zu setzen und in Kinder zu investieren: Das materielle Interesse an Kindern, ehedem insbesondere beflügelt durch die Notwendigkeit einer „lebendigen Alterssicherung", hat sich durch den Wohlfahrtsstaat überlebt. Zweckrationale Perspektiven führten zur Beschränkung der Kinderzahl, wenn nicht gar zum Verzicht auf Kinder, um andere, „eigene" Lebensziele zu verwirklichen. Die mangelnde Geschwistererfahrung vieler Kinder nehme ihnen die Möglichkeit paritätischer und solidarischer Erfahrungen im Kreis von Kindern.

(3) Weiter sieht Coleman die Familie des Industriezeitalters dadurch gefährdet, daß durch die – in der industriellen Gesellschaft notwendige – Mobilität die angestammten Verwandtschafts- und Nachbarschaftsnetze zerstört werden. Den Preis für diese Mobilität zahlten insbesondere die Kinder, weil sie die früher selbstverständlichen Unterstützungsleistungen zwischen Verwandten und Nachbarn sowie bestimmte kulturelle Verhaltensweisen wie Solidarität und öffentliches Engagement nicht mehr erführen. Dadurch gehe ein zentraler gesellschaftlicher Wert verloren, die gewachsene Zuständigkeit, das solidarische Füreinandereinstehen. Die zwischenmenschlichen Kontakte wurden entsprechend kühler und oberflächlicher.

(4) Zur Analyse der Familien in den großen urbanen Zentren ist auch für Bellah die Mobilität der Schlüssel. Da die geographische Verteilung von Arbeitsplätzen, Einkaufszentren, Schulen und Wohnungen höchst zufällig sei, seien die Menschen in der Großstadt zu einem extrem hohen Maß an Mobilität und Planung gezwungen, um die normalen Alltagserfordernisse bewältigen zu können. Leben in vertrauter Nachbarschaft und in der Nähe von Verwandten sei in den großen Metropolen unwahrscheinlich; die Vermittlung traditioneller sozialer Werte, eine soziale Kontrolle der Jugendlichen durch die Nachbarschaft oder die Unterstützung Hilfsbedürftiger so gut wie ausgeschlossen. Dies bedeute letztlich eine Zerstörung des traditionell in den Städten entwickelten sozialen und kulturellen „Kapitals". Auch sei die dominante Stadtkultur viel stärker als früher und als in traditionalen ländlichen Gemeinden auf Selbstverwirklichung des einzelnen ausgerichtet, was zur Auflösung der Lebensform Familie führe, die auf wechselseitige Unterstützung angewiesen sei.

Coleman wie Bellah folgen der Vorstellung, daß durch die Integration der Hausfrauen und Mütter in das Erwerbsleben und durch die zunehmende Dominanz der individualisierenden Großstadtkultur eine wesentliche Grundlage moderner Gesellschaften, die Kernfamilie, zerstört werde. Beide Autoren vertreten die Auffassung, daß individuelle familiale Lebensformen wesentlich durch gesellschaftliche Entwicklungen geprägt werden. Darüber hinaus liegt ihren Thesen die Annahme zugrunde, daß die Entwicklung in den USA ein globales Entwicklungsmuster moderner Gesellschaften darstelle. Dies gilt ganz besonders für Coleman, der Nordamerika und Europa häufig gleichsetzt.

Trotz gewisser Unterschiede im gesellschaftlichen Entwicklungsprozeß von BRD und USA gibt es doch so viele Gemeinsamkeiten, daß es sich lohnt, die am Beispiel nordamerikanischer Großstädte entwickelten Thesen auch auf die Großstadtkultur der BRD anzuwenden und zu überprüfen. Dies soll anhand der Ergebnisse des Familiensurveys des Deutschen Jugendinstituts „Wandlung und Entwicklung familialer Lebensformen" geschehen.

Zur Anlage des Familiensurveys

Die Daten aus dem Familiensurvey sollen zeigen, wie in den großen urbanen Zentren Ost- und Westdeutschlands familiäres Leben heute vor sich geht. Dazu werden die Familienzusammensetzung, das Ausmaß an Zeit, das Familien miteinander verbringen, die Intensität des Zusammenlebens, Werte, Einstellungen und innerfamiliale Arbeitsteilung in mehreren Großstädten der Bundesrepublik dargestellt und verglichen.

Von den neuen Bundesländern wurde Leipzig im Survey ausgewählt, wo im Frühjahr 1992 1 000 Familien mit mindestens einem Kind unter 18 Jahren befragt wurden.[2] Die westdeutsche Vergleichsstichprobe, befragt 1988, bestand aus einer Auswahl von ca. 950 Familien mit mindestens einem Kind unter 18 Jahren, die entweder in München, Stuttgart, Frankfurt oder in Berlin lebten.[3]

Die Fragebögen beider Untersuchungen waren weitgehend deckungsgleich, so daß die Vergleiche zur Prüfung der Thesen von Bellah und Coleman sich trotz unterschiedlicher Untersuchungen auf dasselbe Erhebungsinstrument stützen können. Anpassungen hatte es vor allem bei dem Leipziger Instrument gegeben, weil bestimmte westdeutsche Ausdrucksformen, insbesondere im beruflichen Bereich, sich nicht ohne weiteres auf Leipzig und die neuen Bundesländer übertragen ließen.

Charakterisiert man die DDR als ein von der alten BRD in hohem Maße unterschiedenes Gesellschaftssystem und unterstellt, daß politische und wirtschaftliche Rahmenbedingungen einen prägenden Einfluß auf die einzelnen Personen und auf ihre Lebensformen haben, so müßte sich dies etwa an der Lebenssituation von Kindern, an den Formen des Zusammenlebens von Familien sowie an ihren Einstellungen und Wünschen ablesen lassen.

So setzte die Politik der DDR stärker auf kollektive Formen als auf individuelle, gab der Produktion den Vorrang vor dem Ausbau des Dienstleistungsbereichs, sorgte durch ein umfassendes Angebot an Krippen, Kindergärten und Horten – neben der ideologischen Einflußnahme – für eine volle Erwerbstätigkeit der Frauen, einschließlich einer hohen Quote von erwerbstätigen Müttern und erklärte ab Mitte der 70er Jahre die Gleichberechtigung von Frau und Mann als realisiert.

Wie hat sich nun in beiden Systemen die Situation von Kindern und Familien entwickelt, welche Diskrepanzen zeigen sich und welche Parallelen trotz aller Unterschiede?

Das Verschwinden der Hausfrauenehe

Die „Abwanderung der Frauen aus dem Haushalt" in das Erwerbsleben hat in den großen urbanen Dienstleistungszentren Westdeutschlands längst in großem Maßstab eingesetzt. 54 % der von uns befragten Frauen mit Kindern unter 18 Jahren waren erwerbstätig. In Leipzig waren es 70 % der Frauen, wobei weitere 14 % arbeitslos waren und Erwerbstätigkeit suchten. In westdeutschen Dienstleistungszentren wird eine Hausfrauenehe noch zu ca. 42 % geführt, während eine Hausfrauenehe in Leipzig nur von 11 % der befragten Frauen als gegenwärtiges Lebensmodell genannt wird. Das waren fast ausnahmslos die Mütter, die das Babyjahr wahrnahmen. Wenn ihre Kinder älter als zwei Jahre waren, wollte sich keine Frau mehr als Hausfrau verstehen. Sowohl in Leipzig wie in den großen westdeutschen Städten gibt es kaum noch Befragte, die das Modell der Hausfrauenehe, wie es noch bis in die 60er und 70er Jahre gelebt wurde, unterstützen, wenn keine Kinder da sind.

Durchschnittswerte sagen allerdings wenig aus. Erwerbstätigkeit bedeutet etwas ganz anderes, wenn die Kinder unter zwei Jahre alt oder wenn sie 18 Jahre und älter sind. Deshalb haben wir die Anteile der Erwerbstätigkeit bzw. der reinen Hausfrauentätigkeit in Abhängigkeit vom Alter des jüngsten Kindes untersucht. Dabei hat sich für die westdeutschen Dienstleistungszentren gezeigt, daß Erwerbstätigkeit oder Hausfrauentätigkeit stark durch das Alter des jüngsten Kindes bestimmt sind.

Die meisten Mütter mit Kindern unter drei Jahren sind in den westdeutschen urbanen Zentren nicht erwerbstätig und bezeichnen sich als Hausfrau. (Knapp 30% bezeichnen sich als erwerbstätig, 4% sind arbeitslos und 4% in Ausbildung.) Wenn die Kinder zwischen 6 und 14 Jahre alt sind, verschiebt sich das Bild drastisch: doppelt soviele Mütter, etwa 60%, sind dann erwerbstätig.

Hat also der von Coleman behauptete „Auszug der Mütter" in Westdeutschland stattgefunden? Nicht generell, sondern offensichtlich die Bedürfnisse von kleineren Kindern berücksichtigend.

Aber sagt die Integration in eine „Vollerwerbstätigkeit" wirklich alles aus über das Engagement für Kinder und Familie? Aufschlußreicher ist die Zeit, die Eltern insgesamt in Beruf oder Familie investieren.

Tab. 1: Arbeitszeit und Gesamtzeit Berufstätiger
Angaben in Stunden (gerundet)

Westdt. Dienstleistungszentren:

Alter jüngstes Kind	N (absolut)	Arbeitszeit (M) Std.	Arbeitszeit (W) Std.	Gesamtzeit (M) Std.	Gesamtzeit (W) Std.
2 Jahre u. jünger	24	51	27	70	72
3 bis 5 Jahre	27	54	39	62	57
6 bis 14 Jahre	86	42	31	50	59
15 bis 17 Jahre	23	44	28	49	63
18 Jahre u. älter	98	49	32	57	54
Kein Kind	191	44	39	51	51

Leipzig:

Alter jüngstes Kind	N (absolut)	Arbeitszeit (M) Std.	Arbeitszeit (W) Std.	Gesamtzeit (M) Std.	Gesamtzeit (W) Std.
2 Jahre u. jünger	141	43	37	69	70
3 bis 5 Jahre	263	41	38	65	68
6 bis 14 Jahre	456	42	38	62	66
15 bis 17 Jahre	121	40	39	60	64
18 Jahre u. älter	19	46	43	61	66

W = weiblich; M = männlich; N = Anzahl Befragte; Gesamtzeit = Arbeitszeit + Hausarbeitszeit.

Insgesamt am stärksten belastet sind in den westdeutschen Großstädten Frauen mit den kleinsten Kindern: mit 68 Wochenarbeitsstunden trotz geringerer Erwerbstätigkeit. Hier spiegelt sich, daß Mütter mit kleinen Kindern zunächst etwas wie einen Schock erleben, wenn sie sich in deren Pflege einfinden müssen.

Bei den Leipziger Frauen war die wöchentliche Arbeitszeit weniger durch das Alter ihres jüngsten Kindes bestimmt. Die durchschnittliche außerhäusliche Arbeitszeit lag bei allen Frauen zwischen 37 und 39 Stunden, dazu wurden etwa 26 Stunden Hausarbeitszeit aufgewandt. Die Wochenarbeitszeit wird von den Leipziger Müttern mit 66 Stunden im Durchschnitt angegeben, Mütter mit sehr kleinen Kindern nannten 70 Stunden. Deutlich wurde, daß die Zeitbelastung der ostdeutschen Frauen in allen Fällen die Arbeitszeit in den westdeutschen Dienstleistungszentren überschritt. Allerdings waren die Mütter mit den kleinsten Kindern in Ost- wie in Westdeutschland gleichermaßen mit den höchsten Wochenarbeitszeiten belastet. Offensichtlich kann auch ein konsequent ausgebautes öffentliches Betreuungssystem die zusätzlichen Arbeitsleistungen, die Mütter mit sehr kleinen Kindern erbringen müssen, nicht kompensieren.

Interessant sind diese Befunde, weil sie Colemans These vom „Auszug der Mütter" aus dem Haushalt relativieren. Denn anders als die Männer nach ihrem historischen Auszug aus der Familie nehmen Frauen weiterhin ihre familiären Aufgaben wahr – eine Doppelbelastung, die für beide Gesellschaften in gleicher Weise gilt. Die Erwerbstätigkeit von Müttern führt – offensichtlich unabhängig vom politischen System – zu einer deutlichen Mehrbelastung von Frauen. Der bedeutsamste Unterschied zwischen Frauen und Männern in den westdeutschen Dienstleistungszentren und in Leipzig zeigt sich in der Gesamtbelastung: Leipziger Frauen arbeiten wöchentlich etwa 9 Stunden mehr als die westdeutsche Vergleichsgruppe. Auch zwei Jahre nach der Wende gibt es noch kaum Teilzeitangebote für Frauen, und die Belastung durch den Haushalt ist erheblich höher als in der westdeutschen Vergleichsgruppe, verursacht vor allem durch die schlechte Infrastruktur im Versorgungsbereich und die geringere Rationalisierung im Haushalt. Auch die ostdeutschen Männer arbeiten mehr als die befragten westdeutschen Männer. Aber während in den westdeutschen Dienstleistungszentren die wöchentlichen Gesamt-Arbeitszeiten von Männern und Frauen fast identisch sind, ist die Belastung durch Beruf und Familie bei den Leipziger Frauen höher als bei den Männern – ein paradoxes Ergebnis der Gleichstellungspolitik von Mann und Frau in der DDR.

Für die untersuchten Familien in Ost- wie in Westdeutschland kann eines als gesichert gelten: die Haushaltsführung (und das heißt auch: die Erziehung von Kindern) nimmt im Zeitbudget von Männern und Frauen einen wichtigen Platz ein.

Sollte eine Mutter mit Kindern unter drei Jahren ganz zu Hause bleiben und sich der Kindererziehung widmen? 51% der Befragten in
den urbanen Zentren Westdeutschlands halten das für optimal. Da
tatsächlich 62% der westdeutschen Mütter mit Kindern unter drei
Jahren nicht erwerbstätig sind, scheinen Wunsch und Wirklichkeit
fast übereinzustimmen.

Interessanterweise meinten immerhin auch 37% der Befragten in
Leipzig, daß die Mutter sich während dieser Jahre ganz den Kindern
widmen sollte. Nur 6% wünschten für diesen Zeitraum eine Vollerwerbstätigkeit − obwohl doch die überwiegende Mehrheit der Leipziger Frauen vollerwerbstätig ist. Fast jede zweite Mutter wünscht
sich Teilzeittätigkeit, während von den westdeutschen Müttern nur
11% eine Teilzeitbeschäftigung wollten. Man kann also verallgemeinern, daß die Leipziger Frauen mehr Zeit für ihre Kinder suchen,
aber deshalb nicht ganz auf Berufstätigkeit verzichten wollen, während in den Großstädten Westdeutschlands für die Zeit mit kleinen
Kindern das Modell der Hausfrau und Mutter immer noch dominiert.

Bei den Schulkindern ändert sich das Bild. Der Anteil derjenigen, die
für eine Vollerwerbstätigkeit plädieren, steigt in Leipzig auf 34%,
der Anteil der gewünschten Teilzeitarbeit sinkt auf 44%. Wenn die
Kinder älter sind, nähern sich die ost- und westdeutschen Wünsche
an. Nur noch 27% der Befragten in den westdeutschen Großstädten
befürworten das Hausfrau- und Mutter-Modell, und 30% geben nun
der Teilzeitarbeit den Vorzug.

In West- wie in Ostdeutschland sind demnach die Auffassungen über
die Vereinbarkeit von Kindererziehung und Berufstätigkeit deutlich
phasenspezifisch. In Ostdeutschland wird trotz hohem Versorgungs-
grad mit externen Betreuungsmöglichkeiten der Nähe der Mutter große Bedeutung zugemessen.

Der männliche Auszug aus dem Haushalt in das Erwerbsleben hatte
für die Familie des Industriezeitalters eine eindeutige Unterordnung
der Belange des Haushalts unter die Erwerbsarbeit zur Folge. Dieser
Prozeß scheint sich, anders als von Coleman unterstellt, bei der Integration von Frauen ins Erwerbsleben nicht einfach zu wiederholen.
Die westdeutschen und die ostdeutschen Frauen suchen vielmehr die
Vereinbarkeit zwischen Erwerbstätigkeit und Mutterrolle, und sie
möchten die Schwerpunkte in deutlicher Abhängigkeit vom Lebens-
alter des Kindes setzen.

Wie weit sind auch in den urbanen Zentren die gemeinsamen Mahlzeiten, die gemeinsame Freizeit und das Gespräch noch Teil des familiären Lebens? Colemans These eines globalen Rückzugs aus einem von allen Mitgliedern geteilten Familienalltag wurde durch unsere Untersuchung nicht bestätigt. Die Mahlzeiten mit den Kindern, die gemeinsam verbrachte Freizeit und familienbezogene Gespräche wurden von allen Befragten hoch bewertet. Dabei wurde enger Kontakt zu den Kindern in den Leipziger Familien eher noch bis in ein höheres Alter der Kinder (18 Jahre und darüber) gewünscht als in den westdeutschen Städten (15, 16 Jahre) – möglicherweise ein innerfamiliäres Zusammenrücken als Reaktion auf politische Bevormundungen. Insgesamt hat sich die Familie mit ihren traditionalen Mustern in der DDR stärker behauptet, als man hätte vermuten können. Diese nach wie vor intensiven innerfamiliären Beziehungen spielen sich jedoch ganz überwiegend im Rahmen der Kernfamilie, der Zwei-Generationenfamilie ab. Zu den Eltern und Verwandten der Befragten gab es nur sporadischen Kontakt – ein Preis der Mobilität. Die Intensität der Beziehung zu den Eltern der Befragten nahm allerdings wieder zu – in Leipzig nicht anders als in Westdeutschland –, wenn die eigenen Kinder über 18 Jahre alt waren.

NEUE FAMILIÄRE LEBENSFORMEN

Hier zeigten sich überraschende Konvergenzen: sowohl in den westdeutschen Dienstleistungszentren wie in Leipzig leben die befragten Eltern so gut wie immer mit einem Partner zusammen.

Tab. 2: Familienstand und Lebensformen in den westdt. Dienstleistungs-zentren

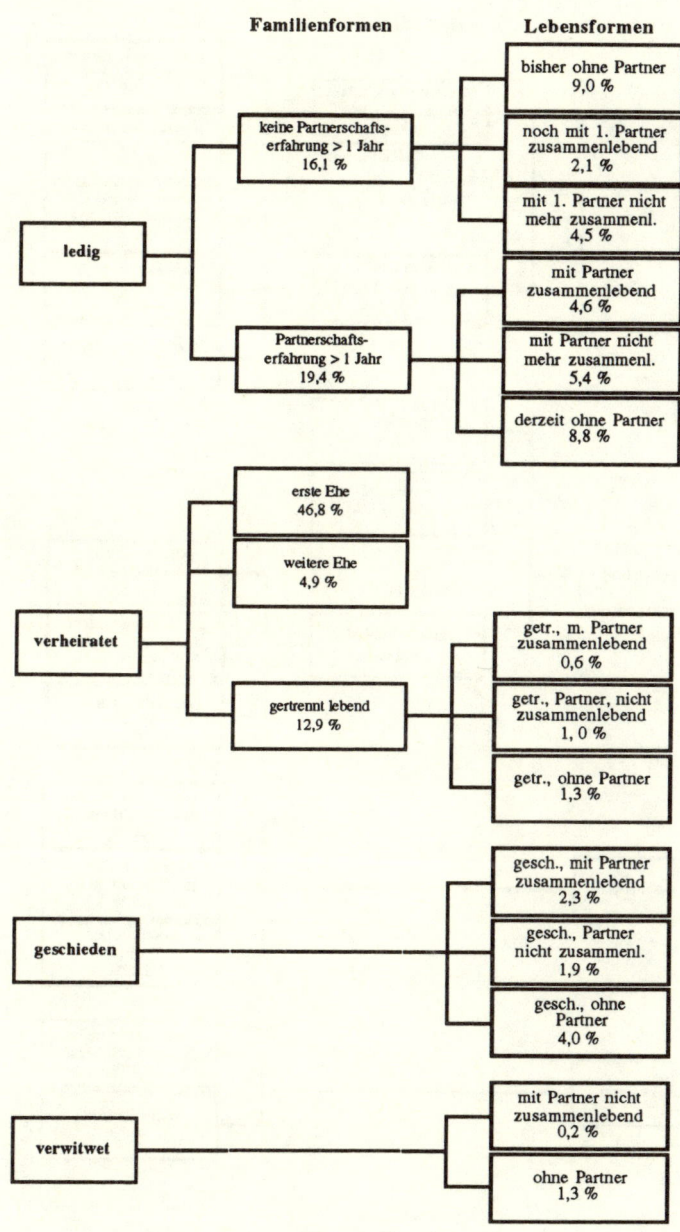

Familienformen

Lebensformen

ledig

keine Partnerschafts-erfahrung > 1 Jahr
16,1 %

bisher ohne Partner
9,0 %

noch mit 1. Partner zusammenlebend
2,1 %

mit 1. Partner nicht mehr zusammenl.
4,5 %

Partnerschafts-erfahrung > 1 Jahr
19,4 %

mit Partner zusammenlebend
4,6 %

mit Partner nicht mehr zusammenl.
5,4 %

derzeit ohne Partner
8,8 %

verheiratet

erste Ehe
46,8 %

weitere Ehe
4,9 %

gertrennt lebend
12,9 %

getr., m. Partner zusammenlebend
0,6 %

getr., Partner, nicht zusammenlebend
1,0 %

getr., ohne Partner
1,3 %

geschieden

gesch., mit Partner zusammenlebend
2,3 %

gesch., Partner nicht zusammenl.
1,9 %

gesch., ohne Partner
4,0 %

verwitwet

mit Partner nicht zusammenlebend
0,2 %

ohne Partner
1,3 %

Tab. 3: Familienstand und Lebensformen in Leipzig

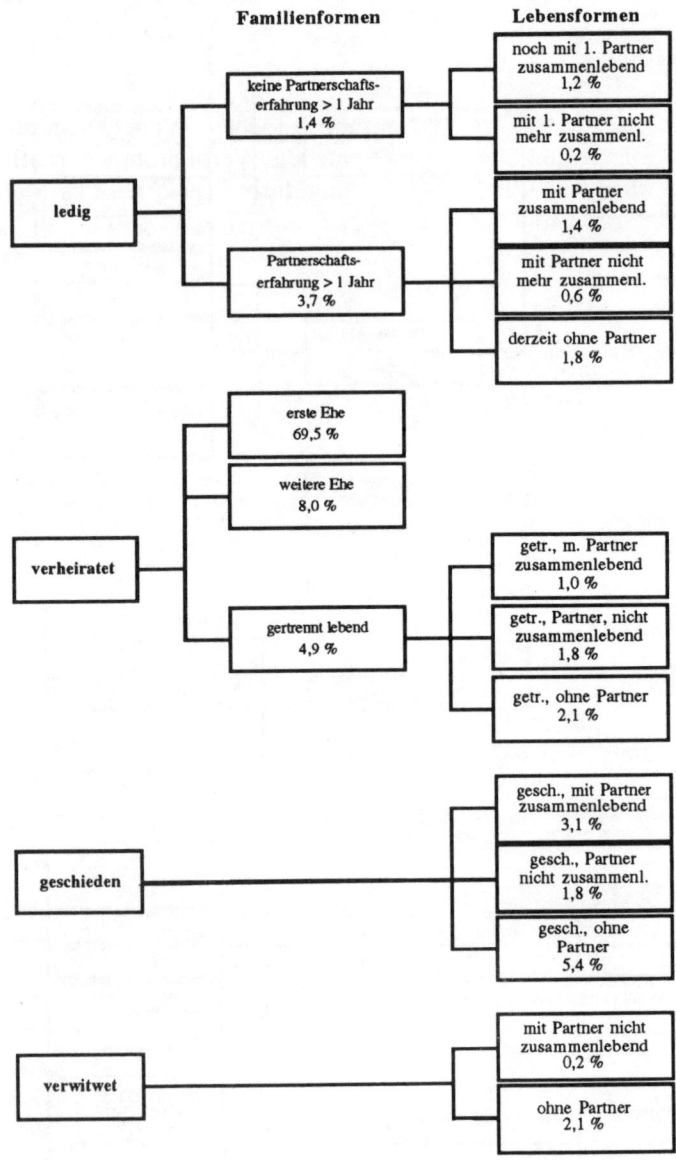

114

Nauck hat schon 1991 festgestellt, daß Kinder sowohl in Ostdeutschland wie in Westdeutschland, in den Städten nicht anders als auf dem Land, unter „ungewöhnlich stabilen" Verhältnissen aufwachsen. Betrachtet man die Verteilung der Kinder auf die Familien, kommt man zum Ergebnis, daß 75 – 85 % der Kinder, also die überwältigende Mehrheit bis zu ihrem 18. Lebensjahr in Familien aufwachsen, in denen die Ehepartner in erster Ehe zusammen leben. Woher dann die öffentliche Diskussion über die zunehmende „Verbreitung alternativer Familienformen"? Eine Ursache mag darin liegen, daß die Medien sich vor allem in den urbanen Zentren ansiedeln und daher die urbanen Lebensstile in ihrer Berichterstattung präsenter sind. So kann in den Städten der Prozentsatz von Kindern, die in Ein-Eltern-Familien leben, tatsächlich extrem hoch sein (in Berlin z. B. 40 %).

BEDEUTUNGSVERLUST VON KINDERN?

Laut Coleman geht die Bereitschaft von Familienmitgliedern, für Kinder Verantwortung zu übernehmen, in dem Maße zurück, wie moderne Wohlfahrtsinstitutionen die Zukunftssicherung der Familien gewährleisten. Damit entfalle sukzessive das zentrale – ökonomische – Motiv von Eltern, in Kinder zu investieren; zudem überlagerten die Entwicklung der Kinder individualistische Freizeitinteressen. Wo außerhäusliche Betreuungsinstitutionen („Agenturen des Staates") in die Betreuungslücke sprängen, habe das bisher in keinem Staat der Welt zu großem Erfolg geführt.

Wenn Coleman recht hat, so müßten in Leipzig die Interessen der Eltern an Kindern sehr viel geringer sein als etwa in München, Berlin, Stuttgart oder Frankfurt, weil in der DDR das Angebot der „öffentlichen Agenten von Erziehung" stärker ausgebaut war, weil Kinder auch für die Altersversorgung der Eltern eine geringere Rolle spielten, und weil die Zeit, die Eltern mit ihren Kindern verbringen konnten, deutlich geringer war als in der alten Bundesrepublik.

Aber werden Kinder wirklich nur in einer Kosten-Nutzen-Perspektive gesehen? In der arbeitswissenschaftlichen Forschung weiß man seit bald 20 Jahren, daß die Arbeitsmotivation sich von den externen Aspekten der Arbeit (Einkommen) zunehmend zugunsten der intrinsischen Merkmale der Arbeit (inhaltliches Interesse, soziale Bedeutung der Arbeit) verschoben hat. Läßt sich im Verhältnis zu Kindern ein analoger Wertewandel beobachten?

In unseren Untersuchungen haben wir nach dem intrinsischen Wert von Kindern gefragt. Machen Kinder das Leben intensiver und erfüllter? Vermitteln sie das Gefühl, gebraucht zu werden? Macht es Spaß, Kinder im Haus zu haben und aufwachsen zu sehen? Bringen die Kinder die Partner einander näher?

Insgesamt waren es in Ostdeutschland wie in Westdeutschland deutlich mehr Frauen als Männer, die Kinder als Lebenssinn und als Bereicherung des eigenen Lebens interpretierten. Die Aussage „Kinder sind gut, um jemanden zu haben, der einem im Alter hilft" findet in der gesamten Bundesrepublik 33 % Zustimmung. In der alten DDR (Bertram 1992) lag die Zustimmung sogar bei 44 %, wogegen in den Dienstleistungszentren der Bundesrepublik nur ein knappes Viertel dieser Aussage zustimmen wollte. Bei den Leipziger Befragten waren es immerhin noch 40 % Zustimmungen, so daß die Diskrepanz zwischen den ländlichen Regionen der ehemaligen DDR und den Städten nicht so deutlich ausfällt wie in der alten Bundesrepublik.

Der Aussage „Kinder sind gut, um jemand zu haben, auf den man sich im Notfall verlassen kann" stimmten insgesamt 50 % der Befragten zu; 60 % in der ehemaligen DDR gegenüber 32 % in den urbanen Zentren der alten Bundesrepublik.

Und die Belastungen durch Kinder? Knapp 73 % der westdeutschen Befragten meinen, daß Kinder eine Einschränkung der Berufsarbeit notwendig machen. Dieser Auffassung stimmten in Leipzig nur 52 % zu. 60 % der Westdeutschen, aber nur knapp 50 % der Leipziger Befragten meinen, daß Kinder die berufliche Karriere von Frauen behindern, weshalb Frauen, die Karriere machen wollen, auf Kinder verzichten sollten.

In Westdeutschland halten 54 % der Befragten Kinder für eine finanzielle Belastung, die den Lebensstandard beschränkt, während erstaunlicherweise nur 24 % in Leipzig das so sahen − obwohl doch der Lebensstandard in Westdeutschland viel höher ist als in Ostdeutschland. Offensichtlich ist die Sensibilität für die ökonomischen Belastungen durch Kinder in den konsumorientierten westlichen Dienstleistungszentren stärker ausgeprägt.

Eigenlogik der Familie

Insgesamt hat sich gezeigt, daß in Westdeutschland und in Ostdeutschland, in urbanen Zentren ebenso wie in ländlichen Regionen, die Werte und Einstellungen zu Kindern vergleichsweise systemunabhängig sind. Sie folgen stärker intrinsischen Mustern als rationalen ökonomischen Perspektiven. Auf der Basis unseres Ost-West-Vergleichs möchte ich deshalb die These formulieren, daß die Familie aufgrund ihrer Eigenlogik bestimmte Verhaltensweisen, Einstellungen und Werte produziert, die zum Teil völlig unbeeinflußt sind von gesamtgesellschaftlichen Entwicklungen und diesen durchaus widersprechen.

Wer sich für Kinder entschieden hat, entwickelt offensichtlich entsprechend der Logik der kindlichen Entwicklung, der Logik der familiären Entwicklung und der Logik des Zusammenlebens zwischen Mann und Frau ein hohes Maß an intrinsischer Motivation für die positive Begleitung der Entwicklung von Kindern.

Eine solche, durch Kinder verstärkte Einstellungsstruktur existiert in der Gruppe der Kinderlosen nicht. Weil von diesen unterschiedlichen Interessenlagen möglicherweise entscheidende gesellschaftliche Anstöße für die zukünftige familiale Entwicklung ausgehen, sollte in Zukunft diese Gruppe stärker untersucht werden − z. B. ihre Motivlage, ihre Lebensorientierungen, ihre familialen Bezüge, ihre soziale Verankerung.

FAMILIENPOLITISCHE KONSEQUENZEN

In den westdeutschen Dienstleistungszentren und in Leipzig hat sich bei unseren Untersuchungen gezeigt, daß Erwerbstätigkeit nicht eine totale Interessenverlagerung der Frauen von der Familie auf den Beruf bedeuten muß. Vielmehr suchen die jungen Frauen nach Formen, Beruf und Familie adäquat miteinander zu verbinden. Familiäres Zusammenleben orientiert sich heute an der Erwerbstätigkeit beider Partner, wobei das familiale Engagement der Frau und Mutter phasenspezifisch akzentuiert ist. Coleman beschreibt irrtümlicherweise die Teilung der Aufmerksamkeit zwischen Beruf und Familie nur in den männlichen Kategorien einer rigorosen Trennung beider Domänen und hat dabei übersehen, wie stark Kinder ihren Sinn behaupten und wie sehr Mütter nach Integration und Vereinbarkeit beider Bereiche suchen. Frauen möchten Beruf und Kinder stärker zusammensehen und zusammenhalten, als das die Männer tun.

Das in der Industriegesellschaft entstandene und vornehmlich in bürgerlichen Kreisen praktizierte Modell der Arbeitsteilung zwischen berufstätigem Ernährer und für die Familie verantwortlicher Hausfrau ist − so haben unsere Untersuchungen gezeigt − definitiv kein Modell der Zukunft mehr.

Das Modell einer vom Kindesalter abhängigen Form der Vereinbarkeit von Familie und Beruf (mit unterschiedlicher Belastung von Mann und Frau im beruflichen Bereich, kompensiert durch eine unterschiedliche Belastung mit Hausarbeit), kann aber nur dann als Modell zukünftiger familialer Arbeitsteilung angesehen werden, wenn die zumindest temporär reduzierte Arbeitszeit von Frauen nicht zu deren ökonomischer und dauerhafter positionaler Benachteiligung im Erwerbsleben führt.

Nach wie vor sind Frauen, die Teilzeit arbeiten, beruflich und ökonomisch unübersehbar benachteiligt. Es sei als ein Beispiel daran erinnert, daß das Senioritätsprinzip im öffentlichen Dienst und in anderen Bereichen allen, die eine diskontinuierliche Berufskarriere hinter sich haben, den Aufstieg in Führungspositionen erschwert.

Solange alle Männer vollerwerbstätig waren und der größte Teil der Frauen als Hausfrau ihren Beitrag zum sozialen Sicherungssystem über die Erziehung von Kindern leistete, mag es plausibel gewesen sein, daß diese Leistungen nicht explizit berücksichtigt wurden. Nachdem aber mehr und mehr Männer und Frauen die Wahlmöglichkeit nutzen, auf Kinder ganz zu verzichten, müssen die sozialen Sicherungssysteme auf die neuen Lebensformen umgestellt werden, weil sonst Kinder für das berufliche Fortkommen und die eigene Alterssicherung nicht nur nichts mehr nutzen, sondern diejenigen, die sich für Kinder entscheiden, in beruflicher wie in ökonomischer und sozialrechtlicher Hinsicht benachteiligen.

Darüber hinaus muß — und das gilt für Westdeutschland in viel stärkerem Umfang als für die neuen Bundesländer — die Arbeitsteilung zwischen Elternhaus und öffentlichem Betreuungssystem neu überdacht werden, was in Westdeutschland ganz besonders stark für die ländlichen Regionen gilt.

Die Zeitmodelle, die für die Familie der Industriegesellschaft funktional gewesen sein mögen, müssen ersetzt werden durch ein Modell, das flexibel auf den Wunsch nach Vereinbarkeit von Beruf und Familie reagiert. Dabei kann es nicht nur um eine Ausweitung von Betreuungszeiten für Kinder gehen, sondern ebenso um eine Flexibilisierung der Arbeitszeiten.

Eltern und Kindern darf angesichts der tiefgreifenden Änderungen der familiären Lebensmodelle nicht nur Improvisation abverlangt werden. Politik und Gesellschaft — einschließlich Arbeitswelt und Schule — haben es bis heute nicht verstanden, auf diese veränderten Lebensrealitäten mit angemessenen Modellen zu reagieren.

Anmerkungen

[1] Coleman, J.S.: Die asymmetrische Gesellschaft. Vom Aufwachsen in unpersönlichen Systemen. Weinheim, 1986
Coleman, J.S.: Grundlagen der Sozialtheorie. Band 2. Körperschaften und die moderne Gesellschaft. München 1992
Bellah, R.N.: Gewohnheiten des Herzens. Köln 1987
Bellah, R.N.: The Good Society. New York 1991
Sennett, R.: Verfall und Ende des öffentlichen Lebens. Die Tyrannei der Intimität. Frankfurt 1991
[2] Die Aufbereitung des Files wurde von G. Henze, S. Keiser in Leipzig durchgeführt.
[3] Diese Zusammenfassung war notwendig, weil trotz der großen Stichprobe der Anteil der Familien mit Kindern in den einzelnen großen Zentren zu gering war.

Literatur

Bertram, H.: Sozialberichterstattung zur Kindheit. In: Markefka, M. & Nauck, B. (Hrsg.): Handbuch der Kindheitsforschung. Neuwied 1992
Nauck, B.: Familien- und Betreuungssituationen im Lebenslauf von Kindern. In: Bertram, H. (Hrsg.): Die Familie in Westdeutschland. Stabilität und Wandel familialer Lebensformen, S. 389 – 428. Opladen 1991

Hilfen außerhalb des Suchtsystems

Ruth Damerius

Bevor ich meine Erfahrungen mit der Neustrukturierung und Vernetzung sozialer Hilfesysteme aufzuzeigen versuche, die ich insbesondere während meiner Arbeit in Bielefeld und jetzt in Oberhausen gewonnen habe, zunächst einige Worte zur gesellschaftlichen Entwicklung und der damit verbundenen Folgen für Städte und Gemeinden. Rasante Entwicklungsprozesse haben das Gesicht unserer Gesellschaft verändert. Kennzeichen dafür sind:

Die Veränderung der Bevölkerungsstruktur: Der Anteil alter Menschen wächst; in zehn Jahren ist jeder dritte 60 Jahre oder älter.

Die Auflösung traditioneller Familienstrukturen infolge der vermehrten Aufnahme *bezahlter* Berufstätigkeit durch Frauen, der Zunahme von Eineltern-Familien und des Trends zum Einzelkind.

Weiterhin zu nennen sind dauernde und anwachsende Langzeitarbeitslosigkeit sowie Jugendarbeitslosigkeit, Zuzüge von Aussiedlern und ausländischen Flüchtlingen, ein Mehr an freier Zeit durch Arbeitslosigkeit und Arbeitszeitverkürzung und wirtschaftliche und technische Modernisierung. Gesellschaftlicher Wandel und demographische Entwicklung wirken auf alle öffentlichen und privaten Wirtschafts- und Lebensbereiche ein.

Werthaltungen, Rollenerwartungen und persönliche Lebensentwürfe verändern sich. Die rasanten Veränderungen unserer Zeit verschlechtern häufig die Sozialisationsbedingungen für Kinder, Jugendliche und Erwachsene. Gesellschaftliche Phänomene wie Desorientierung, Zukunftsängste, Werteverluste und damit im Zusammenhang die Zunahme von Suchterkrankungen zeugen von dieser Entwicklung. Die aktuellen sozialen Problemlagen in den Kommunen sind geprägt durch steigende Sozialhilfekosten, hohe Arbeitslosenquoten und Anstieg der Alleinerziehenden, Wohnungsnot und steigende Obdachlosigkeit, kurz: durch steigende Armut und eben auch durch Zunahme stoffgebundener und stoffungebundener Suchtformen in allen Alters- und Gesellschaftsgruppen. Viele Menschen erhoffen sich Erleichterung in ihrer individuellen Lebenssituation, indem sie zu Alkohol, Medikamenten oder anderen psychotropen Substanzen greifen. Negative Folgen erwachsen daraus nicht nur für die Betroffenen selbst, sondern für ihr gesamtes Umfeld, insbesondere die Familien.

Die Familie – in mannigfaltiger Hinsicht eine Miniaturkopie unserer Gesellschaft, in die sie eingebettet ist – spiegelt alle Mißstände wider, an denen die Gesellschaft manifest oder latent leidet. Viele Konflikte produziert die Familie nicht aus sich heraus, sondern reagiert damit auf Einflüsse aus dem gesellschaftlichen Umfeld.

Die akuten *finanziellen* Problemlagen der Städte und Kreise sind geprägt durch wachsende Not und geringe Einnahmen infolge von Steuerreform, niedrigen Gewerbesteuereinnahmen, Abgaben für den Aufbau der neuen Bundesländer und verminderten Landes- und Bundeszuschüssen. Diese *soziale* und *finanzielle* Situation der Kommunen hat zur Folge, daß sich die Bedingungen, unter denen soziale Arbeit stattfindet, gravierend verändern. In dem zurückliegenden Jahrzehnt ermöglichten steigende Sozialausgaben auch eine Expansion sozialer Arbeit. Dies schlug sich nieder in der Gründung immer neuer Spezialdienste für ständig neu definierte Zielgruppen mit einer entsprechend sektorierten Sicht- und Arbeitsweise. Die Fixierung auf Ausstattungs- und Personalstandards ließ inhaltliche Flexibilität verlorengehen. Die Zukunft wird unter dem Motto stehen: „Wandel ohne Expansion", ein Weg, der nur erfolgreich beschritten werden kann, wenn Flexibilität wiedergewonnen wird. Das bedeutet in erster Linie eine qualitative Veränderung der Einrichtungen bzw. Dienste entsprechend sich ändernden Bedarfslagen und (verringerten) Finanzierungsmöglichkeiten sowie Offenheit für konzeptionelle Änderungen, die sich aus geänderten Rahmenbedingungen, Bedürfnisstrukturen und Erkenntnissen über die Wirkung von Diensten ergeben. Dabei müssen in der Art der Problemwahrnehmung und -definition und der Aufgabenplanung und -durchführung *jene* Entwicklungen berücksichtigt werden, die im Zuge des Wertewandels von besonderer Bedeutung sind: Wunsch nach Selbstbestimmung, Mitwirkung und Mitbestimmung und soziale Integration.

Öffentliche Sozial- und Jugendverwaltungen sowie Träger sozialer Arbeit haben entsprechende Handlungsalternativen zu entwickeln. Wo müssen sie ansetzen? Verwaltungen, so wird allenthalben gefordert, sollen bürgerfreundlich und effektiv arbeiten. Dies gilt für nichtstädtische soziale Dienste und Einrichtungen gleichermaßen. Insbesondere sollten sich soziale Institutionen an Bedürfnissen und Lebenswelten der Bürger orientieren und nicht an internen Verwaltungsabläufen. Eine effektive und bürgerfreundliche Sozial- und Jugendverwaltung zeichnet sich durch dezentrale Dienstleistungsangebote, Aufhebung der Zersplitterung von Zuständigkeiten und ganzheitliche Betrachtung von sozialen Problemen aus. Erst dann kann die notwendige und wünschenswerte Zusammenarbeit staatlicher und nichtstaatlicher Organisationen in befriedigender Weise stattfinden.

Institutionen der Suchtkrankenhilfe sind häufig die letzte Station, die Betroffene oder ihre Angehörigen aufsuchen. Voraus geht in der Regel eine lange Kette sozialer Schwierigkeiten, die teils für die Sucht ursächlich, teils ihr verbunden sind, teils aus ihr resultieren. Diese Probleme führen in erster Linie zu Kontakten mit sozialen Diensten *außerhalb* der Suchtkrankenhilfe, allgemeinen sozialen Diensten oder Spezialdiensten, etwa sozialpsychiatrischen Diensten, Ehe- und Erziehungsberatungsstellen, psychologischen Beratungsstellen, Schuldnerberatungsstellen, Frauenberatungsstellen oder Frauenhäusern.

Gründe für die Kontaktaufnahme von Suchtkranken und ihren Angehörigen mit den Hilfsdiensten sind beispielsweise:

Bedrohung von Arbeitslosigkeit und damit verbundene wirtschaftliche Notlagen;

Verschuldung, die etwa dazu führt, Verpflichtungen wie Mietzahlungen nicht mehr nachkommen zu können;

Partner- oder Eheprobleme;

Erziehungsschwierigkeiten mit den Kindern, Bedarf an Erziehungshilfe;

psychische Erschöpfungserscheinungen und Gewalttätigkeit in Familien, die Frauen veranlaßt, Hilfe in Frauenhäusern zu suchen.

Kinder von Suchtkranken stehen mit dem Jugendamt in Kontakt unter anderem wegen:

Verhaltensauffälligkeiten in Kindergarten, Schule und Ausbildung;

Schwierigkeiten im Elternhaus;

Jugendgerichtsverfahren infolge Straftaten;

Trebegängertum;

des Verdachts, mißhandelt oder sexuell mißbraucht worden zu sein;

Vermittlung in Pflegestellen oder an andere Spezialdienste wie Beratungsstellen, medizinische und psychotherapeutische Hilfsangebote.

Die Kontaktaufnahme der Schwächsten im System, der Kinder, mit den Jugendämtern findet häufig noch durch Angehörige oder andere Vertrauenspersonen der Kinder statt. Die Stärkung der Rechte des Kindes, die das neue KJHG gebracht hat, wird hoffentlich dazu führen, daß die Jugendämter sich von einer Kontrollinstanz zu einer partnerschaftlichen Institution entwickeln.

Dank der Familienforschung und den Ergebnissen der Familientherapie gewinnt die systemische Betrachtungs- und Arbeitsweise immer mehr an Bedeutung. Die negativen Auswirkungen einer Abhängigkeitserkrankung der Eltern auf ihre Kinder sind bekannt: Die entscheidenden vitalen – soziale und geistige – Grundbedürfnisse der Kinder werden in der Familie nicht ausreichend befriedigt.

Durch die Übernahme von „Eltern"-Rollen kann die Kindheit erheblich verkürzt werden.

Es entsteht große Unsicherheit für die Kinder und dies vor allem deshalb, weil ihnen nicht klar ist, worauf sie sich verlassen können.

Sie müssen nach außen die Abhängigkeit verheimlichen, was zu sozialer Isolation und Kommunikationsstörungen führt.

Sie verlieren das Vertrauen zu zwischenmenschlichen Beziehungen; dies kann spätere Partnerschaften erheblich belasten.

In der Regel bekommen die Kinder erhebliche Probleme in der Schule.

Auch Probleme mit der eigenen Geschlechtsrolle sind häufig zu verzeichnen. Die abhängige Person lebt den Kindern ein falsches Imitationsmodell zur Konfliktbewältigung vor.

Sehr intensiv empfinden Kinder ein Gefühl der Ohnmacht gegenüber dem Grundkonflikt in der Familie.

Von diesen Zusammenhängen wissen wir dank der neuen Forschungen zur „Co-Abhängigkeit": Angehörige sind in die Abhängigkeitserkrankung verstrickt und laufen Gefahr, bei Nichterkennen dieser Prozesse selbst seelisch krank zu werden.

Es stellt sich die Frage, wie wir soziale Dienste so verbessern und vernetzen können, daß eine wirksamere Hilfe in den genannten Problemlagen oder besser noch: eine wirksamere Präventionsarbeit zur Verhinderung dieser Probleme möglich wird.

Soziale Arbeit und Jugendhilfe reagieren häufig erst auf bereits eingetretene Notstände. Dies muß sich ändern. Wichtig ist, daß soziale Dienste verstärkt präventiv tätig werden. So geht der 8. Jugendbericht der Bundesregierung davon aus, daß gesellschaftliche Wandlungen und die damit veränderten Lebensverhältnisse Heranwachsender auch Reformen der Jugendhilfe erfordern. Der Bericht plädiert in diesem Zusammenhang für einen lebenweltorientierten Ansatz und favorisiert ein Präventionskonzept, was für die Jugendhilfe eine Umgewichtung von Aktivitäten bedeutet. Dies ist allerdings nur möglich, wenn sich die Administration dorthin wendet, wo die Menschen leben, in den Stadtteilen.

Ein weiterer wesentlicher Punkt ist die Abkehr von der bisher vorrangig einzelfall- und problemorientierten Sozialarbeit hin zu einer ganzheitlichen, sozialräumlichen Betrachtungsweise von Problemsituationen, die auch andere Formen der Kooperation und Koordination sozialer Dienste erfordert. Häufig werden noch in der Sozialarbeit isolierte Fälle betrachtet und separat bearbeitet. Wer kennt nicht die Situation, daß eine Familie von mehreren Sozialarbeitern/innen der unterschiedlichsten Dienste beraten und betreut wird.

In der Stadtverwaltung Oberhausen haben wir die sozialen Dienste im Jugend- und Sozialamt stadtteil-orientiert neu gestaltet. Soziale Arbeit hat Probleme nicht isoliert, sondern im Wohnumfeld als Lebenszusammenhang zu sehen; deshalb werden die sozialen Dienste auf Stadtteile zugeschnitten. Der Bezugsrahmen Stadtteil für soziale Arbeit wurde gewählt, da sich hier der Lebensalltag der Menschen abspielt, sie wohnen, einkaufen, spielen, spazierengehen, ihre Kinder zum Kindergarten bringen, zur Schule gehen, den Gottesdienst besuchen, den Hausarzt aufsuchen, sich mit Verwandten oder Nachbarn treffen.

Auf der Ebene der sozialen und pädagogischen Arbeit bedeutet Neuorganisation: Arbeitsabsprachen und Koordination aller in einem Stadtteil angesiedelten Professionellen (z.B. freie Träger, Kommune, Kirchengemeinden, Schulen, Vereine, usw.). Das verhindert Mehrfachbetreuungen und Überpädagogisierung und ermöglicht Effektivierung, gezielte Schwerpunktsetzungen und qualitative Verbesserungen sozialer Arbeit. Auf der Ebene der Sozialadministration, der freien Träger und der politischen Instanzen bedeutet Neuorganisation eine offensive fachliche Diskussion und Absicherung der praktischen Arbeit in zuständigen Gremien (z.B. Sozialausschuß, Jugendhilfeausschuß, was die Übernahme von Ergebnissen und Erkenntnissen stadtteilbezogener sozialer Arbeit in die Stadtentwicklungsplanung ermöglicht.

Soziale Arbeit hat sich zu fragen: Was haben die Lebensbedingungen im Stadtteil mit meinen Fällen zu tun? Wie kann ich die Gegebenheiten des Stadtteils zur Bearbeitung des Falles nutzen? Die Arbeitsweise der Stadtteilzentren in Oberhausen vollzieht sich nach folgenden Grundsätzen:

(1) Ganzheitliche Sachbearbeitung durch den/die Sozialarbeiter/in;

(2) Orientierung und Organisation sozialer Dienste an der Lebenswelt und den Bedürfnissen der Menschen durch Lebensphasenbezug;

(3) Nutzung und Stärkung der vorhandenen Selbsthilfepotentiale der Betroffenen und ihrer Angehörigen;

(4) Beteiligung der Menschen im Stadtteil bei Planungen für den Stadtteil;

(5) Verbesserung der Kooperation und Koordination mit den im Stadtteil ansässigen Organisationen, Verbänden, Vereinen, auch außerhalb der Fachinstitutionen.

Durch diese Arbeitsweise wird die Gesamtsituation betroffener Familien berücksichtigt, alle notwendigen Aspekte des Lebensumfeldes können in die Beratung und Betreuung einbezogen werden, die Autonomie des einzelnen wird verstärkt, Hilfepotentiale im Stadtteil werden genutzt. Wünschenswert ist letztendlich, daß durch diese lebensweltliche Orientierung Gesamtzusammenhänge so rechtzeitig erkannt werden, daß Sucht- und Abhängigkeitserkrankungen vorgebeugt werden kann.

Eine ganzheitliche, stadtteilbezogene Arbeitsweise ist Voraussetzung für eine Vernetzung sozialer Hilfsangebote. Das fachliche Zusammenwirken von unterschiedlichen Trägern sozialer Arbeit sowie die Einbeziehung „Nichtprofessioneller" in den Hilfeprozeß bietet effektivere Formen von Hilfe. Die allgemeinen sozialen Dienste müssen auch mit den Einrichtungen der Suchtkrankenhilfe stärker kooperieren. Eine solche Vernetzung und Zusammenwirken der unterschiedlichen Träger ermöglicht verschiedene Angebote sozialer Arbeit:

(1) familienunterstützende Maßnahmen bei Überforderungssituationen suchtkranker Eltern in Form von sozial-pädagogischer Familienhilfe, Erziehungsbeistandschaften;
(2) Hilfen bei Schulproblemen in Form von Silencien, gesonderte Angebote in Horten;
(3) erlebnispädagogisch orientierte Freizeitangebote in den Stadtteilen;
(4) Angebote zur Betreuung von Kindern während der Teilnahme an einer ambulanten Behandlung oder einer Abstinenzgruppe;
(5) spezielle Angebote für Kinder von suchtkranken Eltern, die emotionale Störungen aufweisen; hier sind die Zusammenarbeit mit psychologischen Beratungsstellen wichtig und spezielle Angebote für weitere Angehörige von Suchtkranken auch außerhalb der Beratungsstellen.

Die Kooperation und Koordination der verschiedenen Hilfesysteme ermöglicht, auf breiter Ebene präventiv tätig zu sein. Die Suchtpräventionsforschung zeigt viele Ansatzpunkte zum Aufgreifen von Veränderungsmöglichkeiten in den verschiedenen Lebenswelten auf, um persönliche Handlungskompetenzen zu verbessern. Durch konstruktive Zusammenarbeit lassen sich vor Ort abgestimmte Präventionskonzepte entwickeln.

Die Vernetzung von Hilfesystemen setzt Kooperationswillen und -fähigkeit der Mitarbeiter/innen sowie kompetentes Management voraus und verlangt den Abbau traditioneller, hierarchischer Verwaltungsstrukturen, Verkürzung der Entscheidungswege und Stärkung der dezentralen Selbsteuerung sowie Selbständigkeit, Eigenverantwortung, Kreativität und Fachkompetenz. Hier gilt es anzusetzen, Ressourcen von Mitarbeitern/innen über Organisationsveränderungen, Personalplanungs- und Führungskonzepte zu erschließen, über Fort- und Weiterbildung zu stabilisieren und in den Arbeitsalltag einzubringen. Es sind trägerübergreifende Kommunikationsmöglichkeiten für Fachkräfte zu schaffen, die neben dem Austausch auch das persönliche Kennenlernen ermöglichen. Neben dem Erfahrungsaustausch könnten so Vorbehalte gegenüber den verschiedenen Arbeitsansätzen erfahrbar werden. Der oft zu beobachtende, unnötige Konkurrenzkampf, bedingt etwa durch die verschiedenen Berufsgruppen und Interessen der Träger, kann durch diese Arbeitsform abgebaut werden. Praktische Zusammenarbeit, etwa themenbezogene Projekte oder Fallkonferenzen, macht interdisziplinäre Arbeit erforderlich. Dabei müssen Spielräume für Kreativität und Erprobung neuer Arbeitsansätze vorhanden sein. Die Einrichtung und Institutionalisierung von Stadtteilkonferenzen wäre ein solcher neuer Arbeitsansatz.

Eine verstärkte Zusammenarbeit und Vernetzung der Angebote vor Ort und ein abgestimmtes Gesamtkonzept verbessern die Hilfsmöglichkeiten für die Betroffenen, erhöhen die Zufriedenheit der Professionellen, führen zur Mitbeteiligung von Stadtteilbewohnern, zur Stützung von Selbsthilfepotentialen, helfen beim Abbau zersplitterter Aufgabenwahrnehmung, heben Angebotsüberschneidungen auf, helfen Angebotslücken zu schließen, sichern durch Absprachen Aufgabenwahrnehmungen und helfen, die Bedarfsangemessenheit von Angeboten zu überprüfen und weiterzuentwickeln. Die Arbeit vor Ort und in Stadtteilkonferenzen bildet einen relevanten Verknüpfungspunkt zur Sozialplanung für den Stadtteil. Denn hier ist der Standort der Prophylaxe, der Daseinsvorsorge und Frühwarnsysteme, aber auch der Re-Integration. Je stärker die Zusammenarbeit zwischen allen Diensten vor Ort ist, desto deutlicher können auch gemeinsame Mängel und Lücken der Systeme aufgezeigt werden, und ich denke, daß eine solche gemeinsame Arbeit sogar sozialpolitischen Forderungen ein sehr viel stärkeres Gewicht verliehen wird. Als letzten Punkt möchte ich noch anmerken, daß eine Vernetzung und Kooperation sozialer Dienste sich insgesamt selbstverständlich nicht nur auf die jeweilige Stadt begrenzen darf, sondern ein Umdenken über die Stadtgrenzen hinaus in regionale Bezüge und Zusammenarbeit notwendig ist, um letztlich gemeinsame Ziele umsetzen zu können.

Formen therapeutischer Arbeit im stationären Bereich

Möglichkeiten der Anwendung von psychoanalytisch-systemischer Familientherapie in der Klinik

Jürgen Loos

Seit Jahren haben die Begriffe „Flexibilität" und „Individualität" als Leitlinien für die Behandlung von Suchtkranken einen hohen Stellenwert gewonnen. Die Diskussion drehte sich anfangs um die sich verkürzenden Therapiezeiten. Gerade tiefenpsychologisch orientierte Kliniken signalisieren erhebliche Schwierigkeiten, ein an Entwicklungen und Nachreifungen orientiertes sechs-Monats-Behandlungskonzept zu verlassen. In der Folgezeit der Diskussion sind die praktische Umsetzung der Begriffe von „Flexibilität" und „Individualität" und die dazu verwendeten theoretischen Modelle nicht deutlich geworden. Jede Klinik wird inzwischen ihren neuen Weg gefunden haben. Gerade „Flexibilisierung" und „Individualität" der Behandlung und Verkürzung der Therapiezeiten waren und sind stete Anlässe des Neubesinnens in den Zielen der stationären Behandlung und im therapeutischen Vorgehen; denn psychisch schwerer gestörte Patienten, multimorbide Kranke und ambulant oder stationär vorbehandelte Patienten bilden zunehmend die Klientel im Fachkrankenhaus. Eine Pathologie und Defizitorientierung im stationären Rahmen wird bei dieser Klientel nicht so sehr eine positivere und hoffnungsvollere Lebenseinstellung erzielen als zu einer Fixierung des Ungenügendsein-Erlebens führen. Diese Herangehensweise wird einer Behandlung mit dem Ziele der Entwicklungsförderung zu verbesserter Lebensqualität, zur Übernahme von Selbstverantwortung und zu befriedigenden und gesünderen Lebensweisen eher im Wege stehen. Im Sinne der sich selbst erfüllenden Prophezeihungen können längere Behandlungszeiten und mehrere Behandlungen eine Folge der Entmutigung sein.
Familientherapeuten bemühen sich seit vielen Jahren, Familientherapie in den Suchtkliniken zu etablieren oder Familientherapie in her-

kömmliche Klinikkonzepte zu integrieren. Die theoretischen Diskussionen schwanken zwischen der Einstellung, Alkoholismus als eine Erkrankung des Individuums oder ihn als eine Familienkrankheit zu betrachten. Aus familientherapeutisch-systemischer Sicht wird die Definition von Alkoholismus als eine Krankheit überhaupt infrage gestellt. In der praktischen Klinikarbeit blieb es meist bei einer Angehörigenarbeit mit meist linearen Krankheitsvorstellungen in den von den Rentenversicherungen als Leistungsträgern der Behandlungen bezahlten Angehörigenseminaren. Das Umsetzen familientherapeutisch-systemischen Denkens und Handelns erfolgt nur langsam, aber die Ressourcen- und Lösungsorientierungen der systemischen Familientherapie ermöglichen völlig neue Sichtweisen und Therapieansätze.

In der Zeit des Sich-neu-Besinnens und der Orientierung ist die Frage nach dem Menschenbild der behandelnden Therapeuten unter dem Blickwinkel der psychoanalytisch-systemischen Familientherapie hilfreich. Psychoanalytisch gesehen befindet sich jeder Mensch in einem lebenslangen Entwicklungsprozeß, der sich von der Säuglingszeit bis in das Alter erstreckt. Je nach Alter und Lebensbedingungen haben wir in verschiedenen Rollen unterschiedliche Lebensaufgaben zu bewältigen (z. B. als Schulkind, als Heranwachsender, als Ehefrau, Ehemann, als Mutter oder Vater). Wir stehen immer wieder vor neuen Schwellensituationen des Lebens. Diese Entwicklungsprozesse finden statt in Beziehungen und Systemen durch wechselseitige Austauschprozesse. Das wäre die systemische Ausrichtung, die davon ausgeht, daß jedes Verhalten und jedes Symptom seine Bedeutungen und jede Krankheit ihre Auswirkungen in einem bestimmten Kontext hat.

Abhängiges Verhalten läßt sich im Kontext von Systemen sehen und nicht mehr ausschließlich als Merkmal, Eigenschaft oder Problem eines Individuums allein. Die Beziehungsmuster und die wiederkehrenden Verhaltensweisen der ganzen Familie als System gewinnen mehr an Beachtung. Das abhängige Verhalten wird verstanden als ein Ergebnis zwischenmenschlicher Erfahrungen und Austauschprozesse und innerpsychischer Kräfte. Mit Symptomen oder mit Krankheit bezahlt ein Familienmitglied den Preis für das Funktionieren seiner Familie. Daraus ergibt sich, daß ein Familiensystem auf verschiedene Art und Weise auch Interesse am Erhalt des Symptoms, am Bestehenbleiben von Abhängigkeit hat (z. B. als Abwehr von Depressionen der Nicht-Abhängigen).

Für den Umgang mit Patient / innen sind aus psychoanalytisch-systemischer Sichtweise entscheidend:

(1) die Diagnostik der Lebenssituation des Patienten, insbesondere sein Leben und sein Wirken in den verschiedenen Systemen (z. B. Familie, Primärfamilie, Arbeitswelt, Freundeskreis, Klinik, Beratungsstelle, Selbsthilfegruppe) – das ist die „Systemdiagnose";
(2) die Abklärung seiner derzeitigen Lebensaufgaben und die Art der Bewältigung dieser Aufgaben – das ist die „Diagnostik der Ich-Funktionen", insbesondere der gesunden Anteile aus den normalen Mustern (z. B. auch das Verhalten in der Klinik und der Umgang mit Psychotherapeuten);
(3) das „biographische Verständnis" des Einzelnen und des Familiensystems aus der Anamnese.

Ziel der Therapie ist es, mit dem Patienten und dem Patientensystem durch Beeinflussung von Bedeutungs- und Verhaltensmustern und durch zielgerichtete Interventionen im Sinne einer Entwicklungsförderung normale, angemessene, persönliche Lösungen der Lebensaufgaben zu finden. Diese Lösungen sollten vom Patientensystem anerkannt und wertgeschätzt werden (z. B. Autonomie des Index-Patienten). Das Erreichen des Ziels erfolgt über den Aufbau angemessener Beziehungs- und Umgangsmuster. Ein erkannter Maßstab ist ein guter verbaler und emotionaler Austausch zwischen Patient und Therapeut und zwischen System und Therapeut. Mit Hilfe der Sprache des Patientensystems gelingt die Konsensbildung.
Bestimmte Fragen kommen bei dieser Kommunikation häufig zu kurz. Aus systemischer Sichtweise ist ausführlich zu analysieren, welche Auswirkungen eine erfolgreiche Therapie für den Patienten und sein System hat. Rückfälle oder erneute Einschränkungen der in der Therapie wiedergewonnenen und entwickelten Ressourcen lassen sich zum Teil darauf zurückführen, daß die Folgen der Therapie unter dem Gesichtspunkt des Dilemmas der Veränderungen keine ausreichende Beachtung und keine besondere Würdigung durch den Patienten, durch das Familiensystem oder durch den Therapeuten erfahren haben (z. B. meist nur besondere Würdigung der Autonomiebestrebungen, mangelnde Berücksichtigung der Abhängigkeits- und Sicherheitsbedürfnisse). Nach genügendem Ausleuchten der Ambivalenzen und damit des Dilemmas der Veränderungen sind für den Behandelnden im nachhinein die Handlungen, die Widerstände und Mißerfolge von Patienten verständlicher. Aufgabe der Nachsorge wäre es, dem Patienten sein dysfunktionales Verhalten als Ausdruck ambivalenter Tendenzen zu verdeutlichen und Lösungen für einen gesünderen Umgang mit seinen widerstrebenden Bedürfnissen zu finden.

Ein Mensch steht vor einem Entwicklungsschritt in seinem Lebenszyklus (z. B. die Rolle als Ehemann nach der Eheschließung, die Rolle als Vater bei der Geburt eines Kindes). In der Ausgestaltung seiner Rolle kommt es aufgrund von Ambivalenzkonflikten zu Krisen und zu Dekompensationen in Form von Symptomen, Suchterkrankungen oder psychosomatischen Krankheiten. Die Aufgabe des Therapeuten besteht darin, günstige Bedingungen in der inneren Welt des Patienten und in seinem System mit zu entwickeln. In einem veränderten Kontext können die vorhandenen Ressourcen genutzt und gelebt werden. Abhängigkeit wird angemessener und gesünder und nicht über Suchtmittel gestaltet, und die mit der Krise verbundenen Aufgaben werden gezielter bewältigt. Über die Beeinflussung von Bedeutungs- und Verhaltensmustern bieten sich andere Vorgehensweisen und Handlungen an. Es drohen „Trockenheit" und ungünstige Entwicklungen, wenn allein das Suchtmittel weggelassen wird und sonst keine neuen Gestaltungsmöglichkeiten für die Funktion des Suchtmittels im System gefunden werden. Ein altbekannter und altbewährter Weg in der Therapie bestand darin, sich der Pathologie und den Defiziten zuzuwenden. Patient / innen formulieren diese Art der Vorgehensweise oft sehr anschaulich: „Man wird erst zerstört, um dann wieder neu aufgebaut zu werden."

Mit den gesunden Anteilen des Ichs (den normalen Anteilen des Ichs nach Freud) zu arbeiten und die vorhandenen Ressourcen zur Entfaltung zu bringen und sie zu stabilisieren, dürfte aus psychoanalytisch-systemischer Sicht bei der Entwicklungsförderung von Patienten und Veränderungsprozessen des ganzen Systems mehr Möglichkeiten bieten.

Psychoanalytisch-systemische Vorgehensweisen dürften auch den Wünschen eines Patienten mehr entgegenkommen. Er erlebt Akzeptanz, spürt Hilfe und ist beteiligt an der Förderung seiner Fähigkeiten. Es geht ihm nicht um die Bestätigung der selbst erlebten Defizite und der selbst befürchteten Pathologie, sondern um Korrektur und Veränderung seiner Beurteilungs- und Verhaltensmuster und um die sich daraus ergebenden Handlungen.

Diese Betrachtungs- und Vorgehensweise hat sich bewährt in der Diagnostik und Motivationsarbeit in den Orientierungsgruppen, in der Gruppentherapie, in der Therapie von abhängigen Paaren, in der Gestaltung von Kinderseminaren und in der Behandlung ganzer Familien.

Zur Veranschaulichung der stationären Praxis diene die Behandlung des 50jährigen Herrn K., der vor sechs Wochen zur stationären Entwöhnungsbehandlung gekommen war.

Zum Bild der Krankheit

Herr K. hat seit 1973 fünf Entwöhnungsbehandlungen von einer Dauer von 4 bis 6 Monaten durchgeführt. Seit 1968 habe er ein Trinkverhalten, das man mit Kontrollverlust beschreibe. 1987 habe er während einer Entwöhnungskur eine manische Psychose bekommen und sei deshalb ins LKH verlegt worden. Manische und depressive Phasen seien regelmäßig aufgetreten. Er sei deshalb mehrfach in stationärer psychiatrischer Behandlung gewesen. In der jetzigen, der sechsten Entwöhnungsbehandlung, sehe er seine letzte Chance.

Zum Leistungsbild

Herr K. ist gelernter Versicherungskaufmann und Betriebswirt. Er hat diese Berufe zum Teil selbständig, zum Teil im Angestelltenverhältnis ausgeübt. Er ist seit 1986 arbeitslos. Eine feste Partnerschaft zu einer Frau oder zu einem Mann habe er nie gehabt.

Zur Systemdiagnose

Herr K. lebt 30 m entfernt von seinem Elternhaus in einem Wohnwagen. Er hat Kontakte zur Kirche und Helfern im psychosozialen Milieu. Seine Gesprächspartner sind häufig Nicht-Seßhafte.

Der Eintritt in die Klinik und seine Auswirkungen

Die Diagnosen und der chronische Krankheitsverlauf, das unzufriedene und mißmutige Verhalten von Herrn K. und seine energisch vorgetragenen Aussagen, sich seit einem Jahr endgültig von seinen Eltern trennen zu wollen, waren sehr unterschiedliche Einladungen zu Reaktionen und zum Handeln seitens der Institution. Die verantwortliche Therapeutin mit langjähriger Berufserfahrung und guter Ausbildung war schnell ratlos und hoffnungslos aufgrund ihrer geringen Möglichkeiten bei dieser gewaltigen Problematik. Die Sozialarbeiterin engagierte sich rasch, Kontakte mit dem Arbeitsamt herzustellen und sich für Herrn K. um Unterbringung in einer Wohngemeinschaft zu kümmern. Als Leiter der Klinik war ich in Sorge, ob Herr K. erneut wie 1987 bei einer über lange Zeit für Herrn K. sehr befriedigend und erfolgreich verlaufenen Kurmaßnahme eine manische Psychose bekommen könnte.

Vorläufige Hypothesenbildung

Im Team erfolgte das Zusammentragen der unterschiedlichen emotionalen Reaktionen und Handlungsweisen der einzelnen Teammitglieder und die Reflektion als Anteile der inneren und äußeren Familie von Herrn K. Erste Überlegungen, Sinn und Funktion der Suchterkrankung und der manisch-depressiven Psychose als bestmögliche Lösung für Herrn K. und seine Familie zu sehen, ermöglichte weitere Hypothesen für Interventionen. Die 12 Jahre jüngere Schwester von Herrn K. war nach längerer Krebserkrankung während der Entwöhnungskur von Herrn K. 1987 verstorben. Der Tod der Schwester und das manische Verhalten von Herrn K. stehen in einem zeitlichen Zusammenhang. Die Eltern dürften mit dem Tod der Tochter nicht fertig geworden sein. Durch seine Verhaltensweisen und seine Krankheiten hält Herr K. seine Eltern stets in Bewegung und ist für sie eine wichtige Hilfe, die Trauer um ihre Tochter nicht erleben zu müssen. Eine Auswirkung der Krankheit Psychose könnte sein, daß Herr K. keine Verantwortung für sein Verhalten mehr von seinem Vater vorgeschrieben bekommt; der Vater könne ihn dann auch nicht mehr aus dem Hause werfen.

Erste Reaktionen von Herrn K.

Auf die positive Konnotation seiner bisher nur als Pathologie und Defizite beschriebenen Verhaltensweisen reagierte Herr K. mit der Frage, ob die Therapeutin ihn auf den Arm nehmen wolle. Er kannte ja nur Vorwürfe. Nach Klärung der Beziehung und des Kontaktes hielt er eine längere Rede über Psychotherapie. In seinem Erleben ist Psychotherapie eine Erziehung zum Egoismus. Auch in Selbsthilfegruppen seien nur Egoisten, die nur an sich selbst denken würden. Nach unserer Beurteilung des Gespräches bestand eine enge Abhängigkeit zum Elternhaus mit einer hohen Loyalitätsbindung. Jede erfolgreiche Therapie dürfte von Herrn K. als Loyalitätsverrrat den Eltern gegenüber erlebt werden. Nach Stierlin sind damit zwei Indikationen zur Familientherapie gegeben.

Das erste Familiengespräch in der 6. Behandlungswoche

In einem ruhigen, klaren und von Betroffenheit und zum Teil Traurigkeit aller drei Familienmitglieder getragenen Gespräch wurde ein chronischer Streß für die ganze Familie in den letzten 20 Jahren deutlich. Herr K. versuchte, ein guter Sohn zu sein durch starke Loyalität zu seinem jetzt fast 78jährigen Vater und zu seiner 72jährigen Mutter. Durch seine verschiedenen Lebensweisen versuchte er, seinen Eltern sehr nahe zu sein: Depressiv, „melancholisch", eng eingebunden und angepaßt war er seiner „melancholischen" Mutter sehr nahe und verbunden. Aktiv, Pläne machend, Hoffnung erweckend und die absolute Freiheit lebend verkörperte er Lebensweisen und Ansichten seines Vaters. In rigiden, vorwurfsvollen und depressiven zirkulären Interaktionsmustern war die Familie eng verbunden geblieben.

Bild der Lebensaufgaben der Eltern und des Sohnes

Die Eltern sahen sich noch veranlaßt, die Entwicklung ihres Kindes, des jetzt 50jährigen Mannes, voranzutreiben. Ihre Identität war gefährdet und gab Anlaß zu narzißtischer Trauer. Der Tod der Tochter war bisher in keiner Weise verarbeitet, Abschied von der Tochter und Trauer aufgrund des Verlustes waren zu bewältigen. Als alterndes Paar standen nachlassende Kräfte und beginnende Einsamkeit im Vordergrund. Für den Sohn bestand ein Ambivalenzkonflikt zwischen Selbständigkeit und Autonomie im Leben und in der Arbeitswelt und der Loyalität, Abhängigkeit und Fürsorge für seine „unglücklichen" Eltern. Die Lösung seines Ambivalenzkonfliktes versuchte Herr K. durch seine Suchterkrankung und später noch zusätzlich durch sein manisch-depressives Verhalten als eine Möglichkeit, aus dem sozialen Konsens auszusteigen, zu erreichen. Zum Zeitpunkt des Familiengesprächs waren günstige Bedingungen für eine Veränderung gegeben, da eine große Bereitschaft bei den Eltern spürbar war, aus Altersgründen und aufgrund nachlassender Kräfte ihr Verhalten zu verändern.

Bisheriges therapeutisches Vorgehen
(1) Schuldentlastung: Der chronische Alkoholismus war seit vielen Jahren im Vordergrund aller Erklärungs- und Bewertungsmuster gestanden. Die seit 20 Jahren in Belastungssituationen auftretenden grenzüberschreitenden Verhaltensweisen waren nie entsprechend gesehen und berücksichtigt worden, so daß alle Hilfen der Eltern und Maßnahmen des sozialen Umfeldes nicht entsprechend wirken konnten. In den zirkulären Interaktionskreisläufen hatte später jeder in der Familie seine Berechtigung für sein Verhalten gefunden.
(2) Bestätigung der bisher geleisteten Hilfen und Akzeptieren dieser Hilfsbereitschaft. Es wurde keine Diagnose Co-Alkoholismus gestellt.
(3) Vertrauen auf die Fähigkeiten der Familie entsprechend einer Ressourcen- und Lösungsorientierung.
(4) Keine schnellen und endgültigen Entscheidungen treffen. Jede Lösung, betrachtet von der Seite der Veränderung und von der Seite der Nicht-Veränderung, würde seine Mutter oder seinem Vater in Fragen der Erziehung Unrecht geben. In seinem Ambivalenzkonflikt zwischen Abhängigkeit und Autonomie ist das Dilemma jeder Veränderung, entweder als Egoist und Verräter von Loyalität oder als Nicht-erwachsen-werden-Wollender und Taugenichts angesehen zu werden.

Angewandte systemische Techniken
Umdeutungen, positive Konnotation und Symptomverschreibung führten zu Entlastungen und zur Stabilisierung des Selbstwertgefühls; Ressourcen- und Lösungsorientierung erweckte Vertrauen in vorhandene eigene Kräfte.

Die Sprache
Im Familiengespräch wurde die Sprache der Familie, die Sprache des Leids und der Sorge benutzt.

Übertragungsgeschehen aus psychoanalytischer Sicht
Die Institution Klinik, die Sozialarbeiterin und die verantwortliche Therapeutin bekamen fürsorgliche und sorgenvolle mütterliche Aspekte übertragen. Der Leiter der Klinik bekam eine positive sorgenvolle Vaterübertragung. Keine Vorwürfe zur Lebensführung, Entlastung von Schuldgefühlen und kein Zwang zu einer schnellen Entscheidung sind für Herrn K. Diskrepanzerfahrungen im therapeutischen Prozeß, die zu Nachdenklichkeit, Offenheit und deutlich veränderter Reflexion geführt haben.

Jeder Patient mit seinem Familiensystem erfordert vom Therapeutensystem eine individuelle Einstellung mit einer flexiblen Antwort. Diskrepanzerfahrungen des Patienten mit dem Behandlungssystem bewirken günstige und entwicklungsfördernde Veränderungen beim Patienten. Dazu sind für behandelnde Therapeuten familiendynamische und systemische familientherapeutische Kenntnisse und Fertigkeiten notwendig. Für eine psychoanalytisch-systemische Sichtweise sind maßgeblich das Verständnis der lebenslangen Entwicklung von Menschen, eine Lösungsorientierung und die Berücksichtigung der Fähigkeiten von Menschen, der Glaube an die selbstregulierenden Kräfte im Menschen und in den Familien, das Wissen von den vielfältigen Versuchen, die Lebensaufgaben zu bewältigen, die Kenntnis der Kontextabhängigkeit bei Gestaltungsmöglichkeiten der Ressourcen von Menschen und das Interesse für Lösungen an den verschiedenen Schwellen im Leben. Mit Hilfe einer Systemdiagnose, der Beurteilung der Ich-Funktionen und einem biographischen Verständnis werden neue zielgerichtete, systematische und strategische Interventionen vorbereitet. Eine so verstandene psychoanalytisch-systemische Therapie und Familientherapie mit den an den Lebensaufgaben zielorientierten Interventionen läßt viele Möglichkeiten zu einem flexiblen individuellen Vorgehen entstehen.

Die Anwendung von psychoanalytisch-systemischen Familientherapiekonzepten führt zu zirkulären Prozessen. Der Wunsch nach individueller Partner- oder Familientherapie wurde von Patienten früher vereinzelt in der Klinik geäußert. Heute werden diese Bedürfnisse vermehrt und intensiv an uns herangetragen. Wir haben unser Therapieangebot deshalb durch eine Abteilung für Paar- und Familientherapie ergänzt und sehen uns zu einer weiteren Vertiefung unserer Kenntnisse in psychoanalytisch-systemischer Familientherapie veranlaßt.

Literatur

Brommert, H. / Henning, Th. / Wälte, D.: Indikation zur Familientherapie. Stuttgart / Berlin / Köln 1990

Fürstenau, P.: Entwicklungsförderung durch Therapie: Grundlagen psychoanalytisch-systemischer Psychotherapie. München (Reihe Leben lernen Nr. 81) 1992

Popp, P.: Die Veränderung des Familiensystems. Stuttgart 1989

Retzer, A.: Die Behandlung psychotischen Verhaltens. Heidelberg 1991

Rost, W.-D.: Psychoanalyse des Alkoholismus: Theorie, Diagnostik, Behandlung. Stuttgart 1987

Schmidt, G.: Rückfälle von als suchtkrank diagnostizierten Patienten aus systemischer Sicht. In: Körkel, J. (Hrsg.): Der Rückfall des Suchtkranken – Flucht in die Sucht? Berlin 1992[2]

Schmidtobreick, A.: Systemische Familientherapie in der ambulanten Suchtkrankenhilfe. Freiburg i. Breisgau 1992

Weiss, Th.: Familientherapie ohne Familie. München 1988

Psychodynamisch-systemische Familientherapie in der Klinik

Hans-Hermann Jansen

Die stationäre Suchtkrankentherapie orientiert sich in der Regel an einem Krankheitsmodell. Dieses beschreibt Sucht als individuelle Störung und sieht in der Verwendung des Suchtmittels den Ausdruck einer mißlungenen Fehlanpassung an herangetragene Umweltanforderungen. Indem sie sich an psychotherapeutische Schulen orientieren, antworten Fachkrankenhäuser auf ihren Behandlungsauftrag mit einem eigenen differenzierten Behandlungspaket, dessen Effizienz von der Kombination der angebotenen Maßnahmen wie von der Klinikstruktur abhängt. Neben bewährten Verfahren wie Gruppen- und Einzeltherapie, Arbeits- und Beschäftigungstherapie wird jede Klinik entsprechend ihrem Patientengut individuelle Wege zu gehen haben. Bei uns hat sich beispielsweise die Schaffung von Abteilungen für Patienten mit Mehrfachkuren, für Patienten mit erheblichen Organschädigungen oder für Patienten mit ausgiebiger ambulanter Therapieerfahrung bewährt.

Die Maßnahmen dienen der Stabilisierung der gesunden Anteile des Patienten und der Nachreifung der durch die psychosoziale Entwicklung und durch die Suchterkrankung nicht genügend entwickelten Persönlichkeitszüge. Für ähnliche Prozesse und Ziele werden verschiedene Theorien in ihrer Wissenschaftssprache andere Begriffe verwenden.

1. DIE ROLLE VON FAMILIEN DER PATIENTEN IM THERAPIEPROZESS

Im gängigen Behandlungsablauf hat sich auch wegen der meist vorhandenen Wohnortsferne von Fachkrankenhäusern die Durchführung sogenannter Angehörigenseminare bewährt. Sie sind weitgehend strukturell festgeschrieben, was sich auch in der Kostenübernahme für Anreise und Aufenthalt durch den Versicherungsträger niederschlägt. In diesen Angehörigenseminaren wird in der Regel eine Patientengruppe – oft eine Therapiegruppe – gemeinsam mit eingeladenen Partnern über Suchterkrankungen diskutieren, die persönliche Betroffenheit zum Ausdruck bringen und versuchen, ansatzweise gemeinsam erkannte, die Sucht aufrechterhaltene Beziehungsmuster zu verändern. Die Art, wie Süchtige und Partner ihre Positionen in einer Paarbeziehung organisieren, wird meist mit den Begriffen Abhängigkeit und Co-Abhängigkeit gefaßt. Sie implizieren eine Art der Beziehungsgestaltung, die eher die Suchtmittelabhängigkeit aufrechterhält. Weit verbreitet ist die Überzeugung, es handele sich dabei um eine Beziehung zwischen zwei Kranken. „Co-Abhängigkeit ist ein erkennbares Muster von Persönlichkeitsmerkmalen, die in vorhersagbarer Weise bei den meisten Mitgliedern von suchtkranken Familien gefunden wurden und dazu geeignet sind, eine ausreichende Dysfunktion hervorzurufen, um die Diagnose einer gemischten Persönlichkeitsstörung zu rechtfertigen, wie sie im DSM-III skizziert ist." (Vermak 1986, S. 1)

Zumindest die malignen Auswirkungen der Co-Dependence scheinen unumstritten: Co-Alkoholismus ist definiert als die „Verhaltensweisen von Bezugspersonen des Alkoholkranken, die geeignet sind, seine süchtige Fehlhaltung zu unterstützen und eine rechtzeitige Behandlung zu verhindern" (DHS 1986, S. 7).

Das Engagement vieler Mitarbeiter von Kliniken für die Arbeit an Beziehungen zwischen Abhängigen und Co-Abhängigen ist aus Sicht der Betroffenen im Vergleich zu anderen Teilen des Behandlungsprogramms eher weniger bedeutend. In der VDR-Studie rangiert das Behandlungsmerkmal „Einbeziehung von Angehörigen" deutlich hinter physikalischer Therapie und Gruppen zur Lebensplanung, regelmäßiger Einzeltherapie, um nur einige zu nennen (Küfner u. a. 1988). In einer von unserem Hause in Auftrag gegebenen Untersuchung gaben abstinente Patienten Psychotherapie in Einzel- und Gruppensituationen als wesentlich bedeutsamer für ihre erfolgreiche Behandlung an als Angehörigenarbeit, deren Wert etwa mit der Sporttherapie und dem Funktionsdienst gleichgesetzt wird.

Wie kommt es, daß trotz dieses auf den ersten Blick sparsamen Angebotes bezüglich der Miteinbeziehung der Familien insgesamt bundesweit recht erstaunliche, zufriedenstellende Therapieergebnisse erzielt werden? Das Konzept von Abhängigkeit und Co-Abhängigkeit beschreibt ausschließlich Persönlichkeitsdefizite zweier Partner und ansatzweise den krankheitsbegünstigenden Einfluß, den sie aufeinander ausüben. Die Ressourcen, die der Partnerschaft innewohnen, und ihre Fähigkeiten, sich selbst in einem neuen Regelsystem zu organisieren, werden nicht erfaßt.

Ein Konzept, das die Qualität einer Partnerschaft von dem Grad der psychischen Entwicklung jedes der beiden Partner abhängig macht, wird eine stabile Liebesbeziehung danach beurteilen, ob – in Anlehnung an die psychoanalytische Therapie – folgende drei Voraussetzungen bei jedem einzelnen Partner erfüllt sind:

a) die Fähigkeit zu Ganzobjektbeziehungen,
b) der volle sexuelle Genuß,
c) die Depersonifizierung, Abstrahierung und Individuierung –
d. h., Reifung im Über-Ich, was sich an der Umwandlung der kindlichen Moral in reife ethische Werte ausdrückt (vgl. Kernberg 1988).

Warum gelingt es aber dann Süchtigen und ihren Partnern trotz augenscheinlicher individueller Pathologie, häufig recht tragfähige Beziehungen zu entwickeln?

Wie Willi (1990) dargestellt hat, gibt es stabile und glückliche Beziehungen zwischen neurotischen Individuen. Im Bewußtsein ihrer Defizite verlangen solche Partner weniger voneinander, als es heute üblich ist und stabilisieren damit die Funktionsfähigkeit der Beziehung. Auf der anderen Seite stehen viele lebenstüchtige, gesund wirkende Persönlichkeiten, die trotz eingehender analytischer Bearbeitung ihrer Paarbeziehung „eheunfähig" sind. Irrationale Ehekonflikte können auch entstehen bei Fehlen anderer Zeichen individueller Pathologie. Willi berichtet von Paaren, die sich auf einer Psychotherapiestation der Universität Zürich gefunden haben und von der Abteilung für Psychosoziale Medizin eingehend untersucht wurden. Trotz hochneurotischer Persönlichkeitsstrukturen haben sie keine eigentliche neurotische Kollusion entwickelt. Er kommt in seiner Beurteilung zu folgendem Schluß: „In dieser Weise vermag die Partnerschaft individuelles neurotisches Verhalten zu korrigieren, indem jeder dem anderen hilft, die Frustration ambivalenter Bedürfnisse zu akzeptieren und mit dem Nichterfülltwerden der Sehnsüchte umzugehen."

Auch für Beziehungen zwischen suchtmittelabhängigen Patienten und ihren Angehörigen gilt: „Inadäquates Verhalten von Ehepartnern wird nicht nur durch zuviel auffällige neurotische Dispositionen bestimmt, sondern mindestens so sehr durch die Struktur und Definition des ehelichen Systems." (Willi 1988).

Für die Arbeit mit suchtmittelabhängigen Patienten und ihren Angehörigen ergeben sich daraus folgende Konsequenzen: Nicht die individuelle Pathologie jedes Partners gibt Hinweise auf eine individualisierte Therapieplanung, sondern die Struktur des ehelichen Systems. Erfahrungsgemäß reichen Angehörigenseminare – die oft mit bis zu 30 Teilnehmern durchgeführt werden – für viele Familienstrukturen aus. Ihr Erfolg dürfte weniger auf strikte Anwendung paar- und familientherapeutischer Techniken, als vielmehr auf Gruppenprozesse zurückführbar sein. Diese wiederum werden vermutlich um so effektiver sein, als bekannte Heilfaktoren – wie sie etwa Yalon (1974) beschrieben hat – ihre Wirksamkeit entfalten können. Nicht unterschätzt werden sollte in diesem Zusammenhang auch die Angehörigenarbeit der Abstinenzverbände.

2. PAAR- UND FAMILIENTHERAPIE IN DER STATIONÄREN BEHANDLUNG

Bei deutlichen Hinweisen auf den interpersonalen Schwerpunkt des Suchtkonflikts mit gleichzeitiger gesteigerter Destruktivität in der Kommunikation zwischen beiden Partnern scheint diese Form der Familienarbeit hingegen nicht ausreichend. Es bietet sich vielmehr an, paar- und familientherapeutische Konzepte in die stationäre Entwöhnungsbehandlung zu integrieren.

Da allerdings klassische Paar- und Familientherapie meist ambulant durchgeführt wird, entsteht die Notwendigkeit, das klassische, für diesen Zweck entwickelte Setting zu modifizieren. Bei der Entwicklung eines Konzeptes für klinische Paar- und Familientherapie läßt sich auch auf Erfolge bei der Behandlung abhängiger Paare zurückgreifen (Loos / Jansen 1990). Eine Indikation für Paar- oder Familientherapie besteht bei folgender Gruppe von Patienten: Es handelt sich dabei um Menschen, bei denen der Ausbruch ihrer Abhängigkeitserkrankung in einem engen Zusammenhang mit einem Familienkonflikt zu sehen ist. Bei guter sozialer Angepaßtheit in anderen Lebensbereichen erhebt sich die Frage, ob die Suchtkrankheit als systemerhaltendes Symptom beschrieben werden kann. Die damit einhergehenden massiven partnerschaftlichen und familiären Verwicklungen und Verstrickungen machen es dem Patienten unmöglich, sich während des stationären Aufenthaltes auf persönliche Defizite zu konzentrieren; er kanalisiert seine Energie auf die Erhaltung seiner Partnerschaft oder die Familie.

Folgender Fall ist geeignet, das zu veranschaulichen:

> Es handelte sich um eine 35jährige, verheiratete Lehrerin, die ein Jahr zuvor in einer anderen Klinik eine Langzeittherapie mit Angehörigenseminaren ordnungsgemäß beendet hatte. Sie war nach Therapiebeendigung mit gutem Schwung in ein neues abstinentes Leben gestartet und hatte viele Aufgaben sehr zufriedenstellend bewältigt.
> Sie war in ihrer Schule stundenweise in einem für sie sehr befriedigenden Umfang beschäftigt. Das Kind besuchte zu dem Zeitpunkt einen Kindergarten. Der Ehemann war Aufsteiger im höheren Management und hatte trotz vergleichsweise junger Jahre bereits eine Stelle in der Direktion eines größeren Konzerns. Soziale Außenbeziehungen waren genügend vorhanden, bei beiden Partnern herrschte eine gut entwickelte Krankheitsein-

sicht. Trotz der günstigen Voraussetzungen wurde die Ehefrau zwei Monate nach Therapiebeendigung im Zug einer ehelichen Auseinandersetzung rückfällig, und es gelang ihr nicht, trotz angetretener ambulanter Therapie und Selbsthilfegruppenbesuch sowie einiger stationärer Entgiftungen ihre Trinkphase zu überwinden. Der Ehemann war während dieser Zeit recht engagiert und handelte fürsorglich, ohne sich allzusehr verwikkeln zu lassen. Als er die Ehefrau zum Therapieantritt begleitete, präsentierte er sich in einer Mischung aus Erleichterung, Verärgerung und Erschöpfung.

Die Patientin gab an, in allen Lebensbereichen gut zurecht zu kommen, mit dem Ehemann hingegen häufiger Auseinandersetzungen zu haben, bei denen sie ihm sein übermäßiges berufliches Engagement, er ihr übermäßige Bindung an ihre Mutter vorwerfen würde. Die Patientin kam in unserer Klinik bald sehr gut zurecht, war bei ihren Mitpatienten wohlgelitten und machte auf das gesamte Team einen sogenannten „hochmotivierten Eindruck".

Aufgrund des für uns unübersehbaren Zusammenhanges zwischen Rückfall und ehelichem Konflikt entschlossen wir uns, die Patientin schwerpunktmäßig mit Paartherapie zu behandeln. Da aufgrund der beträchtlichen Entfernung zwischen Wohnort und Klinik eine kontinuierliche, etwa alle drei Wochen stattfindende Paartherapie nicht möglich war und der Ehemann für Paartherapiesitzungen Urlaub nehmen mußte, entwikkelten wir das Modell der Paarintervalltherapie. Das beinhaltete, daß der Ehemann für etwa zwei Tage zu uns kam, dann jeweils ein Termin etwa sechs Wochen später verabredet wurde. Während jeder Anreise fanden etwa vier Paargespräche nach Bedarf statt. Wir führten auch nach Beendigung der stationären Entwöhnungsbehandlung zwei Monate später und ein halbes Jahr später erneut eine Sitzung durch.

Das Paar war zum Zeitpunkt der Suchtentwicklung der Ehefrau bereits acht Jahre zusammen. Aufgrund von Studium und Ausbildung des Ehemannes hatte man bis dahin eine Wochenendehe geführt, die es gestattete, starke autonome Bestrebungen auszuleben. Für beide Partner war die Autonomie des anderen Hauptattraktivität bei der Partnerwahl gewesen. Zum Zeitpunkt des Beziehens eines gemeinsamen Hauses, der mit der Geburt des Kindes zusammenfiel, war ein Verzicht auf Autonomie zugunsten einer Hinwendung zum anderen notwendig − bezogene Individuation (Stierlin) −, wovor beide große Angst hatten. Dieses Paar hatte sich nach dem Muster der symmetrisch narzißtischen Kollusion zusammengefunden und ein Maximum an individueller Freiheit und progressiver Unabhängigkeit angestrebt. Dabei war jede Komplementarität und Polarisierung verhindert worden. Die Suchterkrankung bot die Möglichkeit, vom Muster der symmetrischen Beziehung in das stabilere der komplementären zu wechseln, indem sich das Paar in Helfer und hilflose Positionen polarisierte. Beiderseitige Verleugnung der regressiven Bedürfnisse hätte möglicherweise eine Scheidung nach sich gezogen, wenn die Frau nicht mit der Entwicklung ihrer Alkoholkrankheit die fürsorglichen Seiten ihres

Mannes aktiviert hätte, da er bei alkoholbedingten Krisen seine berufliche Karriere zurückstellte, um seiner Frau zu helfen, was wir als Co-Alkoholismus interpretierten. Abstinenz nach der ersten Therapie zog die Gefahr nach sich, erneut im Sinne einer symmetrischen Eskalation sich voneinander in Autonomie zu entfremden. Wiederum brachte der Rückfall das Paar zusammen und erhielt vermutlich die Familie. Ziel der Paartherapie war eine Veränderung der dichotom progressiv/regressiven Polarisierung. Damit wurde das Suchtmittel als beziehungsstabilisierendes Verbindungselement verzichtbar. Während der Suchtkrankheit verschwanden zudem durch die Konzentration des Aufmerksamkeitsfokus auf Trinken und Abstinenz die anderen Konflikte der beiden aus dem Blickfeld. Der Ehemann hielt bei dem letzten Jahrestreffen als Angehöriger ein Referat über die Sichtweise eines Angehörigen zur Sucht, in dem er auch betonte, wie er selbst von dieser Paartherapie profitiert habe.

In dieser und zahlreichen anderen Paarbehandlungen, die wir durchgeführt haben, wird das Instrument der Umdeutung oder positiven Konnotation angewandt, indem der Rückfall in die Alkoholkrankheit auf ihre Bedeutung für das Ehe- oder Paarsystem hinterfragt wird.

Ermutigt durch die Erfolge der Paarintervalltherapie wandten wir dieses Verfahren in der Folge auf zahlreiche Paare und Familien an, bei denen wir die Hypothese hatten, daß Auslöser für die Suchterkrankung ein Paar- oder Familienkonflikt war bei gleichzeitiger Stabilität in den meisten anderen Lebensbereichen. Die Zahl der Patienten, die von dieser Möglichkeit Gebrauch machten, wuchs in der Folge sehr stark an, so daß wir seit Juni 1992 eine eigene Abteilung in unserer Klinik dafür unterhalten. In gemeinsamer Kooperation mit den betroffenen Patienten entwickelten wir ein Modell, das auf ihren Wunsch hin durch die Inanspruchnahme des gleichen Behandlungspaketes wie bei allen anderen Patienten gekennzeichnet war. Die Patienten schlossen sich zu einer Gruppe zusammen, erhielten täglich Gruppentherapie bei einem anderen als dem Paartherapeuten und machten Arbeitstherapie wie Patienten anderer Abteilungen.

3. BEOBACHTUNGEN

(1) Nach unserer Erfahrung kommt es häufig im Zusammenhang mit einem Wechsel in eine neue familiäre Entwicklungsphase zu erheblichen Konflikten.
Familiäre Entwicklungsphasen lassen sich einteilen in
a) Partnerwahl und Eheschließung,
b) die junge Familie,

c) Plateauphase,
d) Ablösungsphase,
e) Altersehe.

Die Entstehung des Abhängigkeitssyndroms läßt sich in Fällen, wo eine Indikation für Paar- oder Familientherapie bestand, häufig einer Übergangsphase dieser verschiedenen Stufen zuordnen. So lassen sich in dem Intervall zwischen Partnerwahl und Eheschließung Konflikte zwischen Beziehungsideal und Beziehungsrealität sowie Ablösungsprobleme von der Herkunftsfamilie vorübergehend bewältigen. In der Phase der jungen Familie finden wir Paare, die Konflikte zwischen ehelichen und familiären Bedürfnissen zu bewältigen haben, in der Plateauphase am ehesten dann Probleme, wenn beruflicher Aufstieg des Ehemannes und eventuell dafür notwendige Umzüge anfallen. Wir haben eine Reihe von Patientinnen und Patienten behandelt, die sich selbst in der Ablösungsphase befanden und im Alter zwischen 20 und 30 durch die Entwicklung eines Abhängigkeitssyndroms die Ablösung verhinderten und Eltern und Geschwistern neue Aufgaben gaben und schließlich mit ihrer Krankheit zur Stabilisierung eines Familiensystems beitrugen. In gleicher Weise traten Paare eine Behandlung an, die durch den Auszug der Kinder vor neuen Problemen standen und Konflikte, die infolge gemeinsamer Lebensaufgaben zurückgehalten waren, erneut aufbrechen. In der Literatur wird in diesem Zusammenhang von einem Empty-Nest-Syndrom gesprochen. Ein Paar schließlich wurde paartherapeutisch behandelt zu einem Zeitpunkt, wo beide das 60. Lebensjahr überschritten hatten und sich schwer taten, in die Lebensabschlußphase hineinzugleiten.

Die Veränderung der Bedeutungsgebung des Abhängigkeitssyndroms durch positive Konnotation, also durch Umdeutung, nimmt die Destruktivität aus Familiengesprächen und verschiebt den Aufmerksamkeitsfokus auf den beziehungsgestaltenden Aspekt der Suchtkrankheit. Es wird also in der Paar- und Familientherapie eher um die Funktion einer Steuerung des Beziehungssystems, damit um seine Bedeutung für die Erhaltung der Existenz des Systems gehen. In der Praxis wenden wir ähnliche Settings an, wie sie die systemische Familien- und Paartherapie für das ambulante Setting entwickelt hat. Es wird um die Erteilung von Aufgaben gehen, die weitgehend bekannt und in der Literatur beschrieben sind. Typische Techniken sind Symptomverschreibung, wobei es dann natürlich um Verhalten und nicht um Einnahme eines Suchtmittels geht, Arbeit mit Ritualen, Externalisierung von Symptomen, Entwicklung hypothetischer Modelle, zirkuläres Fragen sowie Nutzung des suggestiven Charakters von Metapher.

(2) Familientherapie wird in der Regel als für die ambulante Praxis konzipiert beschrieben. Die systemische Familientherapie etwa lebt sehr stark von Interventionen in Form von Verhaltensvorschlägen und Empfehlungen und Erteilung von Hausaufgaben; dem sind durch die räumliche Entfernung beider Partner voneinander starke Grenzen gesetzt. Andererseits schafft die räumliche Entfernung beider Partner eine Ernüchterung, verhindert die Verstrickung in Alltagskonflikten, ermöglicht eher Konzentration auf den Fokus der Beziehungsstörung bei weitgehender Verhinderung von destruktiven Verstrickungen, besonders nach Enttäuschungen und Verletzungen, die im Endstadium einer Suchtgeschichte gegenseitig einander zugefügt wurden.

(3) Die Schwerpunktbildung von Paar- und Familientherapie in der Behandlung scheint uns da angezeigt, wo der Paarkonflikt so gravierend ist, daß er alle Energien absorbiert und eine Konzentration auf andere Therapieziele kaum möglich werden läßt. In zahlreichen Fällen läßt sich ein während des Klinikaufenthaltes entstehender Paarkonflikt zur weiteren Behandlung an die ambulante Nachsorge überweisen.

(4) Ein ressourcenorientiertes Konzept als Erweiterung einer pathologieorientierten Sichtweise stellt hohe Anforderungen an Patienten und Therapeuten hinsichtlich ihrer Bereitschaft, Ambivalenzen zu erkennen und zu ertragen.

(5) Die Einrichtung von paar- und familientherapeutischen Abteilungen vermag zu einer erheblichen Verkürzung der Verweildauer in Fachkliniken führen.

In den Paar- und Familiensystemen von Suchtkranken stecken häufig erhebliche Ressourcen, die sich für die Behandlung nutzen lassen. Eine ressourcenorientierte Sichtweise hat den Vorteil, daß eine Arbeit mit Angehörigen die Behandler von einem übermäßigen Veränderungsdruck entlastet und ihr Vertrauen auf die Selbstheilungskräfte des Systems festigt. Bei Indikationen für Paar- und Familientherapie läßt sich die Bereitschaft der Partner und Familienangehörigen, trotz häufig großer Entfernung in regelmäßigen Abständen zu Paar- und Familiengesprächen in die Klinik zu reisen, in relativ kurzer Zeit und eher erfolgreich nutzen. Gerade bei Therapiewiederholern, bei denen sich eine einmal durchgeführte Maßnahme im üblichen stationären Setting als ineffektiv erwies, ist stets zu prüfen, ob nicht verdeckte, unbearbeitet gebliebene Familienkonflikte die erste Behandlung unergiebig machten. Schließlich sei erwähnt, daß aus unserer

Sicht eine familientherapeutische Behandlung bei Patienten, bei denen eine stationäre Therapie indiziert ist, allein vermutlich nicht ausreichen dürfte. Erhebliche Entwicklungsdefizite bedürfen aus unserer Sicht neben dem familientherapeutischen Setting einer Behandlungsform, die auch der individuellen Bedürftigkeit Rechnung trägt.

Literatur

Cermak, T. L.: Diagnosing and Treating Co-Dependence. Johnson Institute books, Minneapolis 1986

Deutsche Hauptstelle gegen die Suchtgefahren (Hrsg.): Familie und Suchterkrankung. Hamm 1977

Kernberg, O. F.: Innere Welt und äußere Realität. München 1988

Küfner, H., Feuerlein W. u. a.: Die stationäre Behandlung von Alkoholabhängigen: Ergebnisse der 4-Jahreskatamnesen, mögliche Konsequenzen für Indikationsstellung und Behandlung. In: Suchtgefahren Heft 3, 1988

Loos, J. / Jansen, H.-H.: Die klinische Behandlung abhängiger Paare unter Einbeziehung zweier Kliniken als Behandlungseinrichtungen. In: DHS (Hrsg): Abhängigkeit bei Frauen und Männern. Freiburg 1990

Stierlin, H.: Individuation und Familie. Frankfurt 1989

Willi, J.: Die Zweierbeziehung. Reinbek 1975

Willi, J.: Arbeitspapiere für Paar- und Familientherapie. Abteilung für psychosoziale Medizin. Universität Zürich 1990

Yalom, I. D.: Gruppenpsychotherapie, Grundlagen und Methoden. München 1974

Psychoanalytisch orientierte Familientherapie in der Suchtkrankenhilfe

Gerhard Standke

Eine psychoanalytisch orientierte Behandlung von Suchtkranken wurde erst durch wesentliche Erweiterungen und Modifikationen der psychoanalytischen Krankheitslehre möglich. Möchte man diesen Veränderungsprozeß weg von der klassischen psychoanalytischen Methode hin zu einer analytisch-interaktionellen Arbeit im Hier und Jetzt allgemein und damit notgedrungen verkürzt kennzeichnen, könnte man sagen, daß neben das Konzept der sogenannten Konfliktpathologien, das die neurotischen Erkrankungen in engerer Sicht verständlich erscheinen läßt, das Konzept der Entwicklungspathologien getreten ist.

In der Psychoanalyse wird dann von einem Konflikt gesprochen, wenn sich im Subjekt gegensätzliche innere Forderungen gegenüberstehen. Dieser Konflikt kann manifest sein (z. B. zwischen einem Wunsch und einer moralischen Forderung oder zwischen sich widersprechenden Gefühlen), ist aber im Zusammenhang mit einer psychoneurotischen Symptomatik unbewußt und tritt lediglich entstellt oder verschoben auf einen manifesten Konflikt in Erscheinung. Die Therapie nach dem klassischen psychoanalytischen Vorgehen dient dem Zweck, die latenten oder unbewußten inneren Konflikte zu identifizieren, zu klarifizieren und durchzuarbeiten. Ein solcher Prozeß kann jedoch nur dann erfolgreich verlaufen, wenn beim Patienten ein weitgehend normales oder „gesundes" Ich vorliegt. Normal oder „gesund" ist das Ich aber nur dann, wenn die Entwicklung bis hin zur ödipalen Situation weitgehend störungsfrei durchlaufen werden konnte (Freud GW XVI, 1937, 80). Ist das Ich nicht hinreichend „brauchbar", d. h. ist seine Entwicklung defizitär, so muß sich der Therapeut an einem anderen psychopathologischen Modell orientieren, nämlich an dem der Entwicklungspathologie (A. Freud 1927). Dieses Modell, welches von Fixierungen auf präödipale Formen der Bedürfnisregulierung ausgeht, hat sich als nützlich zum Verständnis der Borderline-Störungen, psychosomatischer Krankheiten, narzißtischer Störungen und auch der Abhängigkeitserkrankungen erwiesen (vgl. dazu auch Heigl-Evers, Standke 1988, 19). Freilich muß man sagen, daß dieser Aspekt der Psychoanalyse sowohl in der Öffentlichkeit als auch bei Fachkollegen nicht immer in gleichem Maße zur

Kenntnis genommen wurde wie die klassische Vorgehensweise, die Arbeit auf der Couch, um die sich so viele Geschichten, Phantasien, Gerüchte, Ängste, aber auch latente Wünsche und Sehnsüchte entfaltet haben.

Möglich wurde die Ausdifferenzierung des Krankheitsverständnisses nach einem entwicklungspathologischen Konzept aus meiner Sicht wesentlich durch eine Hinwendung zur sogenannten adaptiven Indikationsstellung im Unterschied zu einer selektiven (Heigl 1981). Der wesentliche Unterschied dieser beiden Denkweisen besteht darin, daß erstere – also die adaptive Indikationsstellung – danach fragt, was der Patient braucht, wie ich meine methodischen Konzepte auf ihn einrichten muß, so daß er Raum zu einem intrapsychischen Prozeß der Weiterentwicklung findet. Aber es geht hier auch um die Einstellung des Therapeuten zum Patienten, um seine innere Bereitschaft und seinen Willen, sich auf einen speziellen therapeutischen Prozeß einzulassen. Mir scheint, hier liegt ein wichtiger subjektiver Aspekt in der Indikationsstellung, der auch dazu führen kann, daß ein Therapeut die Behandlung eines Patienten oder einer Patientin ablehnt, ohne daß daraus Schlüsse auf seine Qualifikation gezogen werden können. Die selektive Indikationsstellung beschränkt sich im Unterschied dazu auf die Frage, ob und inwieweit ein Patient bzw. eine Patientin zur Behandlung mit einer vorgegebenen Methode geeignet erscheint. Viele – besser gesagt: fast alle Patienten mit überwiegend präödipalen Störungsanteilen – fielen durch ein solches Raster, das mit der klassischen psychoanalytischen Behandlung vorgegeben wurde. Sie erschienen insbesondere unter der Frage, ob und inwieweit man von einem Normal-Ich bei ihrer Behandlung ausgehen kann, ob es möglich ist, sich als Therapeut mit den gesunden Anteilen des Ichs des Patienten gegen seine Pathologie zu verbünden, für eine psychoanalytische Behandlung als ungeeignet. Und man muß sagen, für diesen Kreis der Patienten ist die Psychoanalyse nach wie vor wohl nicht die Methode der Wahl.

Deshalb auch die Notwendigkeit der Veränderung klassischer psychoanalytischer Konzepte. Im Grunde hat Freud diese Notwendigkeit bereits antizipiert, wenn er davon sprach, daß das „Gold der Psychoanalyse" erst in seinen Legierungen eine Wirkung auf die großen Massen an psychisch Kranken erhalten werde. A. Heigl-Evers hat diese Überlegung aufgegriffen bei der Konzeption einer psychotherapeutischen Tagesklinik (Heigl-Evers et al. 1986, 36). Sie bemerkte dazu, daß diese Legierungen für solche Patienten, die ein „Normal-Ich" nicht entfalten konnten, letztlich jenes Gold darstellen würden, von dem Freud gesprochen hatte, weil letztlich nur durch sie – also durch die Modifikationen der klassischen psychoanalytischen Behandlungstechnik − Raum für Veränderungen auf seiten der Patienten angeboten wurde.

Worin besteht nun das Ziel jener Therapieformen, die von einem entwicklungspathologischen Verständnis von psychischer Krankheit ausgehen? Es gehört zum Wesen der sogenannten präödipalen oder prägenitalen Störungen − und zu dieser Gruppe zählen wir auch viele Suchtkranke −, daß solche Patienten in der Regel Bilder von sich und den Menschen in ihrer Umgebung, ihren Liebesobjekten, nur unzureichend entfalten können. Ziel der Therapie ist folglich, an die Stelle der pathogenen, der krankmachenden inneren Bilder vom Selbst und von den Objekten ein „ausreichend gutes" Objektbild zu setzen und eine Identität des Ichs zu etablieren, die sich einer realistischen Selbstkritik aussetzen und ihr standhalten kann. Aufgeben kann der Patient das Suchtmittel nach entwicklungspathologischem Verständnis erst dann, wenn die Objektbeziehungen sich nicht nur im Hier und Jetzt befriedigend gestalten, sondern darüber hinaus zu einer Veränderung der inneren Repräsentanzen von Selbst und Objekt führen, deren Beziehung zueinander auf der Ebene der Vorstellungen dann lustvoller und differenzierter erlebbar wird.

Es stellt sich damit konkret die Frage, was der Patient braucht, um in der therapeutischen Beziehung Raum für Veränderungen zu finden. Noch spezifischer und individueller stellt sich für mich die Frage, wie ein Behandlungsprozeß in meiner Praxis sinnvoll weitergehen kann, der in einer Fachklinik für Suchtkranke eingeleitet wurde − dies ist für mich der Regelfall. Diese Frage stellt sich insbesondere deshalb, weil der Patient aus der Klinik heraus zurück in ein Umfeld kommt, in dem sich in der Regel noch wenig verändert hat. Meistens wird die Rückkehr des Indexpatienten in die Familie zwar einerseits von Hoffnungen, aber auch andererseits von großen Ängsten davor begleitet, daß das alte Zusammenleben mit all seinen Schattenseiten sehr bald wieder seinen Lauf nehmen wird und nur allzu schnell wieder zu einem Rückfall führen muß, obwohl alle Beteiligten manifest die Absicht haben, es dazu nicht kommen zu lassen. Wichtig scheint mir, daß dafür der Patient allein meistens nicht verantwortlich gemacht werden kann. Denn auch die Partnerinnen oder Partner finden sich plötzlich scheinbar ungewollt in alten Rollen und Verhaltensweisen wieder; ohne Hilfe von außen besteht die Gefahr, daß erneut Beziehungsstrukturen konstellieren, die hinreichend Motive für einen Rückfall beinhalten und nur zu leicht den Patienten allein als Versager und Verursacher einer erneuten Familienkrise erscheinen lassen.

Genau an dieser Stelle gewinnen für mich Aspekte der psychoanalytischen Familientherapie besondere Bedeutung. In den wenigen Fällen, in denen ich zur ambulanten Weiterbehandlung von Suchtkranken – insbesondere von Alkoholkranken – beitragen konnte oder kann, bin ich dazu übergegangen, nicht mehr mit den Patienten allein zu arbeiten, sondern die aktuell wichtigen Bezugspersonen in die Behandlung einzubeziehen. Wichtig ist mir – in Anlehnung an Konzepte einer psychoanalytischen Familientherapie, bei der allerdings in der Regel die Kinder als die potentiell Kranken und die Eltern in Abgrenzung dazu als die Gesunden in Erscheinung treten –, daß alle Beteiligten zunächst den Sinn der gemeinsamen Arbeit verstehen und innerlich annehmen können. Wir treffen uns nicht nur, um dem Patienten allein zu einer Veränderung, in der Regel zu einem abstinenten Leben zu verhelfen. Der Patient ist vielmehr Anlaß, über die Art der Beziehungsgestaltung in der Familie, die manifest wahrnehmbaren Wünsche und Bedürfnisse an andere wie an sich selbst auszusprechen und auszutauschen. Darüber hinaus geht es im gemeinsamen Gespräch insbesondere darum, nach unbewußten Motiven und Absichten durch ein empathisches Einfühlen in den anderen zu suchen. Es gehört dann allerdings mit zu den Grundannahmen der Psychoanalyse, daß diese unbewußten Motive und Absichten insbesondere auch der Partnerinnen bzw. Partner den Süchtigen entgegen einer manifesten Absicht in der Sucht festhalten oder ihn gar darin stützen können. Diesen Aspekt erleben die Partnerinnen und Partner meist nicht bewußt. Deshalb reagieren sie oft gekränkt und fühlen sich zu unrecht pathologisiert.

Trotzdem folgt behandlungstechnisch aus meiner Sicht daraus einerseits, daß ein familiendynamischer Prozeß in Gang gebracht werden muß, der verständlich erscheinen läßt, warum für den Abhängigkeitskranken das Suchtmittel so bedeutsam werden mußte oder werden konnte, daß die mit dem Suchtmittelmißbrauch unvermeidbaren Folgen eintraten. Dies bedeutet andererseits, den Angehörigen die Kränkungen und Schuldgefühle zu nehmen, die oft mit der mehr oder weniger unbewußten Tatsache verbunden sind, daß das Zusammenleben mit Suchtkranken nicht immer nur leidvoll und von daher von außen bedauernswert sein muß. Vielmehr zeigen die therapeutischen Erfahrungen, daß das Zusammenleben mit suchtkranken Partnerinnen und Partnern aufgrund eigener unbewußter Beziehungswünsche durchaus eigennützige und befriedigende Aspekte haben kann, so abwegig dieser Gedanke im ersten Moment auch sein mag. Denn im Sinne der altruistischen Abtretung, wie A. Freud (1936) dies nannte, kann mit der aufopferungsvollen Fürsorge für einen Suchtkranken unbewußt etwa die Möglichkeit verbunden sein, dem eigenen Leben einen Sinn zu geben, Sehnsüchte nach narzißtischer Gratifikation, also nach persönlicher Anerkennung und Wertschätzung zu befriedigen.

Es liegt auf der Hand, daß es in der Regel zu sehr heftigen Affekten sowohl depressiver wie aggressiver Art kommen kann, wenn diese bis dahin unbewußten Aspekte der Beziehungsdynamik offenkundig werden. Es liegt genauso nahe, daß der Partner oder die Partnerin des Suchtkranken andere Möglichkeiten zum Umgang mit den eigenen latenten Beziehungswünschen finden muß, wenn der Indexpatient tatsächlich eine reale Chance für ein Leben ohne das Suchtmittel erhalten soll. Als psychoanalytisch arbeitender Therapeut versuche ich deshalb dazu beizutragen, die familiäre Beziehungsdynamik in der therapeutischen Situation zur Entfaltung zu bringen. Nach der psychoanalytisch-interaktionellen Methode (Heigl-Evers/Heigl 193) sind es „die Techniken des Antwortens, die der Übernahme von Hilfs-Ich-Funktionen durch den Therapeuten und der eigene Umgang mit Affekten, die als wirksam in diesem Sinne betrachtet werden" können (Heigl-Evers 1991). Antworten im Sinne der psychoanalytisch-interaktionellen Therapie, die sowohl in der Einzelbehandlung wie in der Behandlung von Patienten in Gruppen und natürlich auch in familiendynamischen Settings einsetzbar ist, bedeutet, sich in einer speziellen Weise auf den Patienten einzulassen. Erforderlich ist neben einer durch libidinös-aggressive Triebmischung getönten Grundhaltung die Bereitschaft, traditionelle psychoanalytische Haltungen wie Abstinenz und Neutralität innerlich zu lockern. Wichtig bleibt meiner Erfahrung nach ein ausreichendes Maß an „mitfühlendem Verstehen" für den Suchtkranken und seine Familie auch dann, wenn sich die Affekte in ungeschützter Heftigkeit zwischen den Familienmitgliedern entfalten und der Therapeut dabei keinesfalls außen vor gelassen wird. Es stellt sich die Frage, ob er in seiner Einstellung zum Patienten und zu den anderen Familienmitgliedern in einer Haltung libidinös-aggressiver Triebmischung verbleiben kann, obwohl er selbst mit oft unerträglichen Kränkungen, Beleidigungen und Demütigungen zu rechnen haben wird. Gelingt die Aufrechterhaltung der Beziehung gerade in der Anfangsphase der Behandlung, kann der Therapeut zu einer real wichtigen Person im Rahmen der Lust/Unlustregulierungsprozesse im familiären Beziehungsgeflecht werden. Diese „reale Wichtigkeit" des Therapeuten für den Patienten ist eine wesentliche Voraussetzung für Veränderungsprozesse, dies hat wiederum A. Freud im Zusammenhang mit der Behandlung von Kindern und Jugendlichen in unterschiedlichen Arbeiten deutlich werden lassen (A. Freud 1927).

Freilich gehen wir in der Psychoanalyse davon aus, daß dieser Arbeit im Hier und Jetzt Übertragungsprozesse zugrundeliegen, die dem Verstehen und der Einsicht dienen. Dabei geht es, wie wir an anderer Stelle (Heigl-Evers, Standke 1988) sehr vereinfacht ausgedrückt haben, darum, daß jeder Mensch, wenn er einen anderen Menschen kennenlernt und damit diesen im Grunde erstmalig wahrnimmt, sich auf die Gesamtheit seiner bisherigen Beziehungserfahrungen stützt. Es handelt sich dabei um Erfahrungen, die bis in die früheste Kindheit zurückreichen können, aktuell dem bewußten Erleben aber in der Regel nicht mehr zur Verfügung stehen, wohl aber in den spontanen affektiven Reaktionen des Individuums auf andere wiederbelebt oder wiederholt werden können.

Auf die Wiederholung solcher Beziehungserfahrungen im Hier und Jetzt richtet der Psychoanalytiker wesentlich stärker seine Aufmerksamkeit als auf andrängende infantile Triebwünsche (Freud 1905), die Freud noch in den Mittelpunkt seiner Arbeit stellte. Der Patient lernt so in der aktuellen therapeutischen Situation verstehen, warum er in der Beziehung zum Analytiker bestimmte Beziehungswünsche und auch Beziehungsbefürchtungen entfalten muß. K. König (1991) hat in seinem Buch über die „Praxis der psychoanalytischen Therapie" betont, daß dieses Wissen um aktuelle Beziehungswünsche und Beziehungsbefürchtungen noch nicht ausreichen muß, um eine Veränderung des Erlebens und Verhaltens in der aktuellen Beziehung zum Analytiker zu erreichen. Wörtlich heißt es bei ihm:

„Einsicht in Zusammenhänge muß sich mit Erfahrungen kombinieren: der P. soll nicht mit dem Wissen zufrieden sein, warum er sich so verhält wie er sich verhält, sondern die Einsicht sollte ihn für Erfahrungen offen machen, die den ursprünglichen Beziehungswünschen und Befürchtungen widersprechen." (König 1991, 25)

Ich möchte ergänzen, auch der Therapeut sollte sich mit dem Verstehen allein nicht zufriedengeben. Er sollte durch seine Interventionen, sein antwortendes Verhalten Raum dafür schaffen, dem Patienten ein Erkennen seines realen Erlebens und Verhaltens auch zu ermöglichen. Dies schließt auch ein Entdecken der Schwächen des Therapeuten ein, die aber nicht zu einem Abbruch der Behandlung, sondern auch zu einer Akzeptanz solcher Anteile führen sollten. „Je mehr ein Patient merkt, daß Menschen verschieden sind und daß ihre Ähnlichkeit mit den Objekten seiner Primärfamilie geringer ist, als er es ursprünglich bewußt, vorbewußt oder unbewußt angenommen hat, desto realitätsadäquater kann er sich verhalten und desto besser wird er voraussichtlich in seinem Leben zurechtkommen." (König 1991, 25)

Genau hier sieht Watzlawick einen zentralen Unterschied zum systemischen Denken, wobei zu bemerken ist, daß auch systemisches Denken sehr abhängig von den Autoren ist, die es beschreiben. Dies gilt hier genauso wie für die Psychoanalyse. Man muß stets die Autoren benennen, auf die man sich bezieht. Sonst läuft man Gefahr, die Vielfältigkeit des jeweiligen Denkens auf einen scheinbar vorherrschenden „Mainstream" zu reduzieren. Watzlawick schreibt:

> „Wir versuchen, wenn irgendmöglich, aus unserem Verständnis der verfahrenen Lage eines menschlichen Systems diejenigen systemischen Veränderungen von außen einzuführen, die es dem System ermöglichen, seine Struktur zu ändern. Und ich glaube, daß dieses Vorgehen viel eher dem natürlichen Spontanwandel im Leben entspricht als der klassische Begriff der Einsicht. In systemischer Sicht läßt sich dem Herbeiführen von Einsicht nicht mehr supreme Bedeutung zuschreiben. Wir neigen heute dazu, aktiv und von außerhalb des Systems bestimmte Interventionen zu bewirken, durch die das betreffende menschliche System dann sehr rasch – und wie wir beweisen zu können glauben – auch langfristig verändert wird." (Watzlawick 1984, 25)

Mit der Betonung des Beziehungsaspektes und den mehr oder weniger unbewußten Rollen, die Familienmitglieder füreinander einnehmen, wird auch im modernen familiendynamischen Denken der Psychoanalyse ein Akzent gesetzt, der den systemischen Ideen ähnlich ist, auch wenn die Ursprünge des Denkens und die therapeutische Haltung sich grundsätzlich unterscheiden. Ganz explizit macht diesen Gedanken Thea Bauriedl, wenn sie in einer Arbeit über das „Systemische Denken in der Psychoanalyse" folgendes schreibt:

> „Ich spreche hier von Systemtheorie in der Psychoanalyse, auch wenn die Psychoanalyse häufig als individualistisch, monokausal, linear, also als nicht-systemisch bezeichnet wird, dies vor allem von den Systemtherapeuten, aber auch von Psychoanalytikern selbst. Damit möchte ich zeigen, daß in der Psychoanalyse von Anfang an systemische Konzepte enthalten waren, und welche Folgen eine konsequente Weiterverfolgung dieser Konzepte für die verschiedenen psychoanalytischen Therapieformen hat. Diese Alternative zur Kommunikations- oder Systemtherapie soll deutlich machen, daß Psychoanalyse durchaus nicht durch die systemischen Ansätze in der Psychotherapie überholt ist, wie oft behauptet wird (...), sondern daß eine so verstandene Psychoanalyse vielmehr in unserer aktuellen gesellschaftlichen und politischen Situation eine wichtige Bedeutung hat, die dem ursprünglichen revolutionären Charakter der Psychoanalyse wieder neu entspricht." (Bauriedl 1984, 9)

Bei allen Unterschieden scheint es also integrierbare, verbindende Momente auch zwischen diesen Theorieansätzen zu geben, die konstruktiv zur Weiterentwicklung der Behandlungssettings und damit zum Wohle unserer Patienten genutzt werden können. Dies gilt insbesondere auch für die Weiterentwicklung familiendynamischer Konzepte für die therapeutische Arbeit in den Ambulanzen und Praxen.

Literatur

Bauriedl, T.: Das systemische Verständnis der Familiendynamik in der Psychoanalyse. In: Ermann, M., Seifert, T. (Hrsg.): Die Familie in der Psychotherapie. Berlin / Heidelberg / New York / Tokio 1984

Freud A. (1927a): Einführung in die Technik der Kinderanalyse. München 1980

Freud, A. (1927b): Entwicklungs-Pathologie aus psychoanalytischer Sicht. Die Schriften der A. Freud Bd. X, München 1974

Freud, A. (1936): Das Ich und die Abwehrmechanismen. München 1977

Heigl, F.: Psychotherapeutischer Gesamtbehandlungsplan. In: Baumann, U. (Hrsg.): Indikation zur Psychotherapie. Perspektiven für Praxis und Forschung. München / Wien / Baltimore 1981

Heigl, F.; Heigl-Evers, A.: Beziehungskonstellationen in der Suchtkrankentherapie. In: Buchheim, P. / Cierpka, M. / Seifert, Th. (Hrsg.): Psychotherapie im Wandel − Abhängigkeit. Berlin / Heidelberg / New York 1991

Heigl-Evers, A.: Therapeutisches Handeln bei Abhängigkeit und Sucht unter psychoanalytischem Aspekt. In: Buchheim, P. / Cierpka, M. / Seifert, Th. (Hrsg.): Psychotherapie im Wandel − Abhängigkeit. Berlin / Heidelberg / New York 1991

Heigl-Evers, A.; Henneberg-Mönch, U.; Odag, C.; Standke, G.: Die Vierzigstundenwoche für Patienten. Konzept und Praxis teilstationärer Psychotherapie. Göttingen 1986

Heigl-Evers, A.; Standke, G.: Die Behandlung von Suchtkranken aus der Sicht der Psychoanalyse. In: Heigl-Evers, A.; Vollmer, H. et al.: Psychoanalyse und Verhaltenstherapie in der Behandlung von Abhängigkeitskranken − Wege zur Kooperation. Wuppertal 1988

König, K.: Praxis der psychoanalytischen Therapie. Göttingen 1991

Watzlawick, P.: Entwicklung der Kommunikations- und Systemtheorie. In: Ermann, M.; Seifert, T. (Hrsg.): Die Familie in der Psychotherapie. Berlin / Heidelberg / New York / Tokio 1984

Angehörigengruppen im Rahmen einer psychoanalytisch-orientierten Entwöhnungsbehandlung von Alkoholkranken

Uwe Büchner

Die psychotherapeutische Arbeit mit den Angehörigen alkoholkranker Patienten wird wesentlich von der Ausrichtung unserer Abteilung bestimmt, die sich theoretisch und methodisch an der Psychoanalyse orientiert.

Kernstück jeder psychoanalytischen Therapie ist die Beziehung zwischen Therapeut und Patient. In dieser von der Psychoanalyse sogenannten Übertragungsbeziehung reinszeniert der Patient seine biographisch entstandenen Triebkonflikte und Objektbeziehungsstörungen und bringt seine strukturellen Ich-Defekte zum Ausdruck. Er überträgt unreflektiert auf seine aktuelle Umwelt, Therapeuten und Mitpatienten, was einmal den Beziehungspersonen seiner frühen Kindheit galt. Er reagiert dann auf Menschen so, als ob sie Personen seiner Kindheit wären. Oft hat sich die Übertragung nur an äußerliche Merkmale und Anlässe angeheftet und umfassend entwickelt. Die Analyse der Übertragungsbeziehung ist also (im Zusammenhang mit der Genese und den Schilderungen der aktuellen Beziehungen außerhalb der Analyse) ein präzises diagnostisches Instrument. Gleichzeitig ist ihre Bearbeitung und schließliche Auflösung Kernstück einer psychoanalytischen Standardtherapie.

Aus dieser Sichtweise ergäbe sich für ein psychoanalytisch-orientiertes Verfahren also weder in diagnostischer noch in therapeutischer Hinsicht die Notwendigkeit, Angehörige einzubeziehen. Psychoanalytische Standardtherapien mißlingen oft gerade dann, wenn Gespräche mit Angehörigen geführt werden. Die Verwicklung des Analytikers in das reale aktuelle Konfliktfeld des Patienten und seiner Angehörigen führt zu einer empfindlichen Störung der Übertragungsbeziehung, die sich nur ungestört entwickeln kann, wenn der Analytiker als Realperson möglichst wenig in Erscheinung tritt.

Im Einzelfall können aber vielfältige Gründe für die Schädigung der Analyse verantwortlich sein, wenn Angehörigengespräche geführt werden: Ein psychoanalytischer Ausbildungskandidat ließ sich förmlich von den Eltern einer Patientin überrollen und zu einem gemeinsamen Gespräch verleiten, als diese beunruhigt von den zunehmenden Verselbständigungs- und Abgrenzungstendenzen ihrer Tochter, massiv nach einem Gespräch verlangten. Die Patientin, die zwar vordergründig dem Gespräch zugestimmt hatte, brach danach die Analyse ab, weil der Analytiker nicht, wie sie es unausgesprochen von ihm erwartet hatte, den Intimraum der Analyse vor den „Eindringlingen" geschützt hatte. Der Analytiker hatte nicht bedacht, daß die Eltern hier invasiv wiederholten, was sich in ständiger Verletzung der Ich-Grenzen der Patientin sowohl im feinsten emotionalen Bereich als auch im grob tätlichen gewaltsamen Eindringen in deren Wohnung schon lebenslang fortlaufend ereignet hatte.

Die Einbeziehung von Angehörigen berührt auch die Frage der Loyalität. Haben wir doch ausschließlich einen Behandlungsvertrag mit dem alkoholkranken Patienten geschlossen, auch wenn − wie bei uns kürzlich geschehen − ein 56jähriger Mann von seiner betagten Mutter mit dem lapidaren Behandlungsauftrag: „Einsperren und richtig therapieren" abgeliefert wird.

Könnte es nicht sein, daß der Patient, bei dem die Indikation für eine stationäre Therapie und eben nicht für ein ambulantes Setting gestellt wird, zu seiner Genesung eine gewisse Abschirmung von den konfliktbeladenen Außenbeziehungen braucht? Wäre es nicht falsch, ihn in der Klinik mit den Schuldvorwürfen seiner Angehörigen zu konfrontieren, während er sich zur Genüge mit realer Schuld und neurotischen Schuldgefühlen plagt? Müßte er nicht fürchten, daß der Neubeginn einer vertrauensvollen Beziehung zum Therapeuten durch die Schatten der Vergangenheit verdunkelt wird, falls die Angehörigen versuchen sollten, einen Keil zwischen ihn und den Therapeuten zu treiben und er als Opfer einer schweren Krankheit auf die Anklagebank gerät?

In zwei Jahrzehnten psychoanalytisch orientierter Arbeit mit Alkoholkranken und deren Angehörigen haben wir verschiedene Möglichkeiten der Angehörigengespräche erprobt: Früher sprachen wir mit den Angehörigen allein, nachdem wir zuvor das Einverständnis der Patienten eingeholt hatten. Wir versprachen uns von der Fremdanamnese ein realistischeres Bild der Verhältnisse. Alkoholkranken wird ja nachgesagt, sie beschönigten, bagatellisierten und verschwiegen vieles. Heute wissen wir, daß wir nicht *die* Realität, sondern lediglich eine andere Realität, die Sichtweise der Angehörigen kennenlernten. Lohnte es sich dafür, Befürchtungen der Patienten in Kauf zu nehmen, man verbünde sich mit den Angehörigen gegen sie und in mühsamer Kleinarbeit die mannigfaltigen Entstellungen der Gespräche wieder geradezurücken?

Später führten wir gemeinsame Gespräche durch, bei denen wir oft den Eindruck einer gegenseitigen Blockade von Patienten und Angehörigen gewannen. Weder Patienten noch Angehörigen war es möglich, sich von Angesicht zu Angesicht offen zu äußern. Die Patienten wirkten schuldbewußt und die Angehörigen waren zwischen Schuldvorwürfen und hilfloser Beschämung hin- und hergerissen, ihre Kranken nicht rückhaltlos zu unterstützen. Es schienen persönliche Verstrickungen vorzuliegen, die von Willi (1975) als Kollusion bezeichnet worden waren. Die Problematik hätte vielleicht im Rahmen einer langfristigen Paar- oder Familientherapie bearbeitet werden können, nicht aber in einem oder einigen wenigen Gesprächen.

Manchmal, wenn die Hemmungen, sich aggressiv auseinanderzusetzen, geringer waren, kam es zu einem anderen Gesprächstypus, den wir als „Kampfgespräch" in Erinnerung haben. Heftige Vorwürfe und schwerste Beschuldigungen von beiden Seiten führten nahe an die Grenze zur Tätlichkeit, mündeten in hochgradige Erregung aller Beteiligten und klärten nichts.

Nach einem solchen Gespräch trug ein alkoholkranker Pfarrer, der vor der Einweisung in die Klinik seine Familie und einige Gemeindemitglieder mit einer Pistole bedroht hatte, seine Mordproblematik, die nach einem erschreckenden aggressiven Durchbruch wieder in die Latenz verbannt worden war, agierend in die therapeutische Gemeinschaft, indem er (damals) eine Sammlung für die Opfer des Bürgerkrieges in Kambodscha veranstaltete.

Trotz dieser Schwierigkeiten war aber inzwischen deutlich geworden, daß die Arbeit mit Angehörigen nötig war, weil eine Rückkehr des Patienten in eine unveränderte häusliche Situation in hohem Maße gefährlich sein mußte, weil zu befürchten war, daß nach Änderung der Erlebens- und Verhaltensweisen des alkoholkranken Partners und der damit verbundenen Störung des neurotischen Gleichgewichtes beim Angehörigen – mehr oder weniger bewußt – Tendenzen ausgelöst wurden, das bisherige Arrangement wieder herzustellen, bis hin zu der in Extremfällen offen geäußerten Aufforderung: „Wenn Du doch nur wieder saufen würdest!" Diese Einstellung, die als Co-Alkoholismus bezeichnet worden ist, behindert bekanntlich oft in beträchtlicher Weise den Genesungsprozeß des Alkoholikers und sollte bei vorhandener Bereitschaft in der Angehörigengruppe bearbeitet werden.

Hinsichtlich der Angehörigen wurde klar, daß sie oft selbst Hilfe brauchten, die in einer eigenen Psychotherapie, einer Paartherapie oder Familientherapie bestehen könnte. Auch das Aufsuchen einer Selbsthilfegruppe für Angehörige (al-anon) erschien hier hilfreich. Es galt jedoch ein Setting zu finden, welches ein Höchstmaß an Hilfe für Patienten und Angehörige bietet, ohne den Gefahren zu erliegen, die ich oben unter den Stichworten: Störung der Übertragungsbeziehung, Vertrauensbruch, Überflutung mit Konfliktmaterial und Schuldzuweisungen beschrieben habe.

Es hat sich als vorteilhaft erwiesen, die Angehörigengruppen nicht von den direkt für die Patienten zuständigen Therapeuten durchführen zu lassen, sondern von Chef- und Oberarzt der Abteilung, die hinsichtlich der therapeutischen Beziehung eine größere Distanz zu den Patienten haben. Die so geleiteten zwei Angehörigengruppen finden im wöchentlichen Wechsel parallel statt, werden als Informationsstunden für Angehörige angeboten, und können zeitlich unbegrenzt aufgesucht werden. Das häufige Aufsuchen der Angehörigengruppen ist möglich, weil alle Patienten aus Berlin kommen und deshalb eine kostspielige Anreise der Angehörigen entfällt.

Die Angehörigengruppen werden auf großen Tafeln im Eingangsbereich unserer Stationen für Entwöhnungsbehandlung angekündigt und können ohne Voranmeldung aufgesucht werden. Insofern ist die Zusammensetzung der Gruppen sehr unterschiedlich. Manchmal arbeiten Gruppen über längere Zeit konstant zusammen, und es kommt nur gelegentlich ein neues Mitglied hinzu. Zu anderen Terminen erscheint nur eine einzige Person oder es bildet sich eine völlig neue Gruppe, weil gerade eine andere Gruppe ausgelaufen war und zahlreiche neue Angehörige erscheinen. Vorwiegend handelt es sich bei den Teilnehmern um Frauen, seltener um Ehemänner, manchmal um erwachsene Kinder der Patienten und sehr selten Eltern.

Der unterschiedlichen und wechselnden Zusammensetzung der Gruppen entsprechend ist auch der Gruppenverlauf sehr verschieden. Es gibt Gruppen, in denen die Angehörigen reihum nacheinander sprechen, oder es entwickelt sich bei Gruppen, die über eine längere Zeit zusammenarbeiten, eine Gruppendynamik, in der Frauen die Ähnlichkeit ihrer Beziehungen zu ihren Männern erkennen und sich miteinander gut aufgehoben fühlen. Bei Anwesenheit von Kindern, die manchmal auch allein kommen, vergessen die anwesenden Frauen in charakteristischer Weise oft sehr schnell ihre eigene Problematik und wenden sich diesen Kindern mit Hilfsangeboten zu.

Folgende Themen kehren in den Angehörigengruppen immer wieder:

(1) *Vorwürfe* gegen den alkoholkranken Partner, die sich auf dessen Gewalttätigkeit beziehen und auf finanzielle Probleme, die im Verlaufe seiner Alkoholkrankheit entstanden sind, meist aber gemischt mit Beschämung, sich nicht vorbehaltlos um den Kranken zu sorgen.

(2) Schilderungen über *vorangegangene Beziehungen zu anderen*

155

Alkoholikern in stetiger Wiederholung und Alkoholismus in der Eltern- und Großelterngeneration.

(3) Bei größerer Introspektionsfähigkeit kommt es zu Fragen nach *eigenen inneren Motiven für diese Partnerwahl.* Nicht selten ist dann zu erfahren, daß die Frauen ihre Männer im Pflegeberuf oder gar als Erzieherinnen kennengelernt haben. Sie beschreiben ihre Unfähigkeit, sich von ihrem Partner zu trennen, obwohl sie sich das schon oft vorgenommen haben und erkennen, daß die Beziehung auf gegenseitiger Abhängigkeit beruht: „Ich bleibe bei ihm, weil es schön ist, gebraucht zu werden", „weil ich den Wunsch habe, daß es ihm gut geht". Bei einer Trennung, diese kann auch durch die stationäre Therapie des alkoholkranken Partners bedingt sein, tritt bei den Partnerinnen häufig ein Leeregefühl auf. Diese Kollusion führt dazu, daß die Angehörigen sich sogar nach juristisch vollzogener Scheidung, immer noch um die Angehörigen kümmern, sie regelmäßig besuchen, im Notfall in die Klinik bringen, die Miete für sie überweisen oder gar trotz Scheidung mit ihnen zusammengeblieben oder wieder zusammengezogen sind.

(4) Ein weiterer Themenkomplex berührt Probleme, die während der *Ausgänge* bei den Besuchen zu Hause offenbar werden. Wir hören, daß der Gesprächsstoff sehr schnell erschöpft ist und die Patienten sich dann zurückziehen und stundenlang schlafen. Im Zusammenhang mit dieser Beobachtung wird von den Angehörigen die Frage gestellt, ob sie Konflikte ansprechen dürfen oder ob sie den Kranken schonen müssen. Es entsteht dann der Eindruck, daß auf beiden Seiten eine völlige Hilflosigkeit bezüglich der Aufarbeitung der schmerzlichen Vergangenheit und der gegenseitigen Schuldzuweisungen vorherrscht und die Knoten ohne eine längerfristige Paar- oder Familientherapie nicht zu lösen sind. Manche dieser Angehörigen betrachten die Alkoholkrankheit als moralisches Problem. Von der Therapie erwarten sie, daß sie ihre Strafbedürfnisse, die mit der Suche der Patienten nach Buße korrespondieren, befriedigt (Böhle 1993).

(5) Eine immer wiederkehrende Frage lautet, ob man *in Gegenwart des Patienten nach dessen Entlassung selbst Alkohol trinken dürfe.* Aus dieser Frage ergibt sich manchmal eine vertiefte Einsicht in die Bedeutung des Alkohols für sich selbst bis hin zu der Einsicht, selbst alkoholkrank zu sein, und eine Motivationsentwicklung zu einer eigenen Therapie.

Literatur

Willi, J.: Die Zweierbeziehung. Reinbek b. Hamburg 1975

Böhle, A.; Vattes, H.: Stationäre Gruppenpsychotherapie bei Alkoholkranken. In: Bilitza, K. (Hg.): Psychoanalytisches Grundwissen für Sozialtherapeuten und Suchttherapeuten. Göttingen 1993

Eith, F.: Möglichkeiten und Grenzen familientherapeutisch-systemischer Ansätze in Diagnostik und Indikation bei Suchtfamiliensystemen. Vorgetragen am 27. 3. 92 auf der Wissenschaftlichen Fachtagung des Gesamtverbandes für Suchtkrankenhilfe im Diakonischen Werk der EKD vom 25. – 27. 3. 1992 in Mainz. Generalthema: Alte Grenzen fallen – neue werden aufgerichtet. Grenzziehung und Grenzüberschreitungen im Arbeitsfeld der Suchtkrankenhilfe.

Familie in der Fachklinik?

Jürgen Rink

EINLEITUNG

Wer will die Familie in der Fachklinik haben? Was will die Familie in der Fachklinik, oder systemisch gefragt: Wozu die Familie in der Fachklinik?
Systemische familientherapeutische Arbeit ist streng genommen im stationären Rahmen nicht möglich. Die alleinige Aufnahme der identifizierten Person (im folgenden kurz IP genannt), eben des Abhängigen, widerspricht a priori dem systemischen Ansatz. Denn durch ihre Aufnahme signalisiert die IP ihre Behandlungsbedürftigkeit oder besser, es wird ihre Behandlungsbedürftigkeit signalisiert. Von außen wird sie durch die Familie, erst recht aber durch die einweisenden Behörden, als Kranke stigmatisiert. Die Suchtkrankenhilfe ist symptomfixiert, d. h. defizitorientiert.
Ist also Familientherapie, zumindest systemische, in einer Fachklinik nicht möglich und sinnvoll? Die Familie ist eine wichtige, vielleicht die wichtigste Ressource für Veränderungen auch im stationären Kontext. Ebenso wichtig ist die Klinik für den familiären Kontext.
Brentrup (1992) schreibt zur Bedeutung der stationären Aufnahme: „Die Aufnahme des Indexpatienten und damit die individualisierende Problemdefinition stehen in Wechselwirkung mit der problematischen interaktionellen Dynamik. Sie holt das System da ab, wo es sich befindet, nämlich in Prozessen der Schuldzuweisung und tiefen Selbstverunsicherung."
Durch die Aufnahme beginnt eine neue Etappe im eskalierenden Machtkampf. Sie kann eine kreative Lösung im Entwicklungsengpaß sein, aber auch eine Stabilisierung alter Strategien beinhalten. Die Klinik als Institution selbst ist aber auch eine nicht zu unterschätzende Einflußgröße durch ihre Mitarbeiter, die Mitpatienten, die therapeutischen Maßnahmen und nicht zuletzt durch die strukturgebende Hausordnung. Bei diesem multidimensionalen Angebot an Einflußnahme scheint die echte Familie zunächst einmal überflüssig, ja sogar störend zu sein.

Das war und ist zum großen Teil immer noch die Haltung der inzwischen klassischen therapeutischen Gemeinschaften, die im Gesamtsystem der stationären Hilfen für süchtige Menschen, zumindest im Bereich der illegalen Drogen, den zentralen Platz einnehmen. Zur Zeit gibt es ca. 120 therapeutische Wohngemeinschaften in der Bundesrepublik mit ca. 2000 Therapieplätzen (Brömer 1992).

Wesentliches Merkmal dieser Gemeinschaften für die Betroffenen ist das neue Zuhause in einer alternativen Lebenswelt, die gekennzeichnet ist durch Arbeitsteilung und klare Binnenstruktur ohne viel Außenorientierung (Jablonsky 1990). Da hat die echte Familie zunächst einmal keinen Platz.

Entstanden sind diese Einrichtungen in der Bundesrepublik aus der Releasebewegung vor etwa 20 Jahren mit der Vorstellung eines emanzipatorischen, gleichberechtigten Nebeneinanders von Betroffenen und Helfern. Die Abgrenzung nach außen *hatte* hier auch noch eine tiefgreifende ideologische Wurzel (Rennert 1982, S. 55). Mitgetragen von der Studentenbewegung der späten 60er und frühen 70er Jahre ging es darum, sich gegen die staatliche Ordnung und deren Institutionen abzugrenzen, die als Repräsentanten der Macht und als mitschuldig für das Dilemma der Drogenabhängigkeit angesehen wurden.

Es lag also nahe, sich konsequent von dieser Welt der Repression abzugrenzen, zu der neben den staatlichen Behörden auch die traditionelle Psychiatrie, die Lehrer und meist auch die Eltern der Abhängigen gezählt wurden, um so eine neue ideale Lebensgemeinschaft ohne Drogen aufzubauen, eben die therapeutische Gemeinschaft.

Diese Abgrenzung war nicht zuletzt als Generationenkonflikt zu verstehen und betraf die jugendlichen Drogenabhängigen genauso, wie die meist jugendlichen Helferinnen und Helfer in ihrer Identifikation mit den Betroffenen gegen die Elterngeneration. Eine Utopie? Sicherlich, aber auch ein wichtiger historischer Schritt, der vieles bewegte.

Die therapeutische Gemeinschaft wurde zum Ersatz nicht nur für die Familie, sondern auch für das Suchtmittel. Die symmetrische Abhängigkeit an sich blieb jedoch bestehen. An die Stelle des Suchtmittels trat analog zur Abstinenzfixierung bei vielen Selbsthilfegruppen ein noch mächtigeres Ersatzobjekt: die therapeutische Gemeinschaft.

Der Psychoanalytiker Rost (1983) sieht in der Ersatzbildung als Therapieziel keine *Strukturveränderung* des abhängigen Menschen und somit auch keine Reifung im Sinne einer Befreiung: „Der Süchtige geht eine Symbiose mit der therapeutischen Institution ein, die vielleicht um so intensiver ist, je sadistischer und bevormundender sich die Mutter- oder Vaterinstitution gibt". (Rost, S. 431). Das erklärt die immense, aber meist sehr ambivalente Bindung und Identifikation, die Abhängige, insbesondere Drogenabhängige, mit *ihrer* therapeutischen Gemeinschaft und *ihrem* Therapeuten eingehen. Diese Identifikation ist wohl die Grundlage therapeutischen Handelns in einer therapeutischen Gemeinschaft. Sie setzt allerdings bei den Therapeuten ein hohes Maß an Reife und Objektkonstanz im analytischen Sinne voraus, um so die inneren und äußeren Spaltungsversuche abwehren zu können und eine Reifung durch Dissonanzverarbeitung zu ermöglichen.

Diese Bindung ist aber zeitlich begrenzt. Problematisch gestaltet sich hier die Ablösung. Die Rückfallgefahr nach der Ablösung ist groß, vor allem, wenn das soziale Umfeld eine Veränderung blockiert und kein Ersatzobjekt draußen, z.B. in Form einer Selbsthilfegruppe oder Wohngemeinschaft zur Verfügung steht oder vom Betroffenen angenommen wird.

Anläßlich des 15. Weltkongresses der therapeutischen Gemeinschaften in Venedig (18. – 23. Oktober 1992) zur Frage „Die Familie in der Gesellschaft, welche Zukunft?" beschwor der Präsident der Weltföderation William B. O'Brien die therapeutische Gemeinschaft als heilende Gemeinschaft, als Ersatzfamilie, da die traditionelle Familie zerfalle und die Kernfamilie sehr zerbrechlich sei. Er sah die therapeutische Gemeinschaft nicht nur als Hilfe für Abhängige, sondern gleichsam als Beispiel für funktionierende Lebensgemeinschaften in aller Welt.

Kritische Stimmen vermerken allerdings, daß in die moderne westliche Industriegesellschaft mit ihrer Tendenz zum Konsum und zur Individualisierung auch die therapeutische Gemeinschaft genauso wenig hineinpaßt wie die traditionelle Großfamilie. Beides entspricht nicht dem „Zeitgeist". Nicht die Wohngemeinschaften oder gar die therapeutischen Wohngemeinschaften sind die heutigen alternativen Lebensformen, sondern zumindest in den Ballungsgebieten, die Single-Haushalte.

Welche Funktion kann die reale Familie nun in einer therapeutischen Gemeinschaft erfüllen? Auch bei der Konferenz in Venedig wurde deutlich, daß die Familie, insbesondere in Einrichtungen mit deutlich professionellem Charakter, als wichtige therapeutische Ressource angesehen wird und ihre Bedeutung und ihr Einfluß für die Abhängigen auch bei in hohem Maße geschlossenen therapeutischen Gemeinschaften nicht unterschätzt werden darf.

Eine erste Annäherung an familienorientierte Drogenarbeit in einer Institution ist in der zunehmenden Einbeziehung der Kinder von drogenabhängigen Eltern in die therapeutische Gemeinschaft zu sehen. Brömer (1992) spricht hier von einem strukturell-systemischen Ansatz der stationären Familientherapie und meint die gleichzeitige Betreuung von Kleinkindern süchtiger Eltern und die Suchttherapie mit den Eltern als Individuen oder als Paar unter dem Dach der therapeutischen Gemeinschaft. Das gesamte Programm einer therapeutischen Gemeinschaft kommt hier für Familien zur Anwendung, ohne jedoch den Fokus der Aufmerksamkeit im systemisch familientherapeutischen Sinn auf Beziehungen und Dependenzen im familiären System zu lenken.

ANGEHÖRIGENARBEIT

Bei der stationären Behandlung alkohol- und medikamentenabhängiger Menschen gibt es schon viel länger Tendenzen zur Einbeziehung der Angehörigen. Sogenannte *Angehörigenseminare* führen hin zur familienorientierten Arbeit in stationären Einrichtungen. Angehörigenseminare haben in den stationären Einrichtungen für Alkohol- und Medikamentenabhängige schon Tradition. Wichtige Bezugspersonen der Betroffenen werden in diesen Seminaren gemeinsam über Krankheitssymptome, Folgen und Rückfallgefahren aufgeklärt, mit oder ohne die Betroffenen selbst. (Sandmann 1974)
Angehörigengruppen, die ohne die Betroffenen stattfinden, haben für die Teilnehmer eine vor allem entlastende Funktion. Sie lernen, ihre Betroffenheit mitzuteilen und können sich mit „Leidensgenossen" anderer Familien austauschen. Beziehungsfragen, insbesondere zwischen dem Betroffenen und deren Angehörigen, stehen auch hier nicht im Mittelpunkt. Der Ausschluß der Betroffenen wird positiv konnotiert im Sinne eines zu sich finden, für sich sein können.

FAMILIENTHERAPIE IN DER FACHKLINIK

Kommt die Familie zu familientherapeutischen Gesprächen im engeren Sinne in die Fachklinik, so treffen zwei Systeme oder Mannschaften aufeinander, die nach denselben Spielregeln spielen. Nur die IP spielt in beiden Teams und hat die schwierige Aufgabe, ein Gleichgewicht herzustellen im Beziehungsdreieck Klinik - IP - Angehöriger.

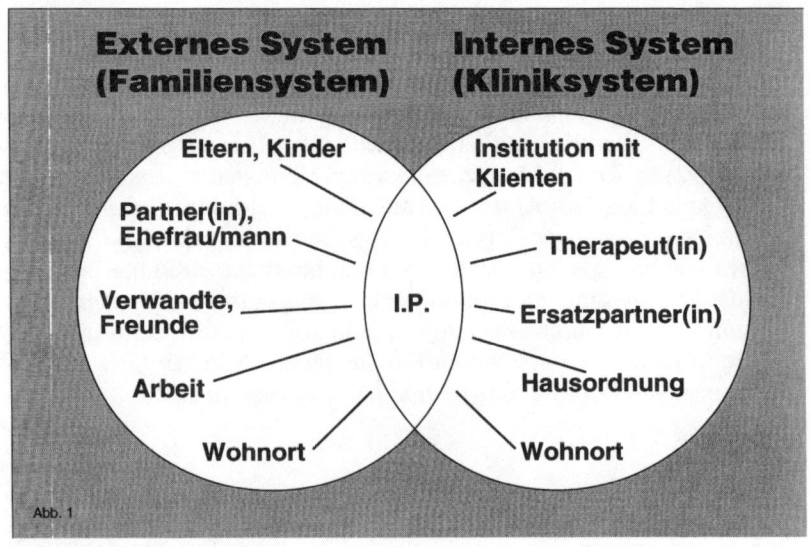

Externes System (Familiensystem)

Eltern, Kinder
Partner(in), Ehefrau/mann
Verwandte, Freunde
Arbeit
Wohnort

I.P.

Internes System (Kliniksystem)

Institution mit Klienten
Therapeut(in)
Ersatzpartner(in)
Hausordnung
Wohnort

Abb. 1

Brentrup (1992, S. 198 bb) beschreibt folgende Muster von Dysbalancen in diesem Dreieck als typische Fallen:

(1) Der Angehörige als Sündenbock
Eine typische Haltung des zuständigen Therapeuten für eine derartige Falle zeigt sich in der Aussage: „Kein Wunder, bei der Frau würde ich auch trinken oder bei dem Vater würde ich auch Drogen nehmen."
Dies kann durchaus zur Stabilisierung des IP beitragen in seinem Bedürfnis nach Konfliktvermeidung. Es zeigt sich aber auch ein Machtkampf zwischen den Eltern und den Ersatzeltern „wer sind die besseren Eltern?" Die IP kann den sich anbahnenden Loyalitätskonflikt am besten durch einen vorzeitigen Behandlungsabbruch entgehen.

(2) Die IP als Sündenbock
„Wie haben Sie das nur solange mit diesem Kerl ausgehalten?" In Koalition mit den Angehörigen ist man sich einig, daß die IP in der Klinik ihre verdiente Strafe verbüßt. In ihrer masochistischen Grundhaltung ist die IP dann meistens auch bereit, viel Schuld auf sich zu nehmen. Es handelt sich eben um eine frühe Störung und das homöostatische Gleichgewicht im sozialen System muß aufrechterhalten werden. Allerdings muß das Symptom „Abhängigkeit" mit seiner ganzen Macht − auf Rückfälle lauernd −, bestehen bleiben.

(3) Die Klinik als Sündenbock
„Der Therapeut will uns auseinanderbringen".
Der betroffene Therapeut könnte als neuer Partner für den betroffenen Abhängigen allerdings auch Partner im Kontroll- und Machtkampf gegenüber dem Suchtmittel sein. Er wird klassisch CO-abhängig.

(4) Die fatalste Falle ist wohl das heimliche Arrangement aller Instanzen über Nichtveränderung: „Wir wollen alle nur das Beste, und es soll niemand belastet werden". Die IP hat für beide Systeme rein funktionale Bedeutung, Familie und Klinik haben ihre Ruhe.

Was nützt der *Fachklinik* die Einbeziehung der Familie oder welche Funktion hat sie für die Klinik?

Wie erwähnt, ist die Familie die wichtigste therapeutische Ressource in einem nicht defizitorientierten Ansatz. Die Angehörigen sind zunächst eine unverzichtbare Hilfe bei der Anamneseerhebung. Fremdanamnestische Daten sind gerade bei der Klärung der komplexen Suchtkarrieren von größter Bedeutung, auch als Korrektiv eigenanamnestischer Angaben oder systemisch konstruktivistisch ausgedrückt, die Fülle der Angaben bilden die erlebte Wirklichkeit im System ab und tragen somit wesentlich zu Klärungen und Lösungen bei.

Darüber hinaus entlastet die Einbeziehung des realen Systems die erwähnte, manchmal symbiotische, immer aber schwierige Klient-Therapeut-Beziehung im stationären Rahmen. Der Therapeut ist nicht länger der Mittelpunkt oder Projektionsfigur aller aggressiven und libidinösen Berührungs- und Befriedigungswünsche der Klienten (Ranefeld 1982), sondern kann im realen System seine neutrale, beobachtende Position bewahren. Die notwendige, sogenannte Objektkonstanz der Therapeuten wird erleichtert, wenn Projektionen auf Aktionen und Reaktionen zurückgeführt werden können.

Nicht zuletzt wird die Bedeutung der gesamten stationären Behandlung auf ein realistisches Maß reduziert. Die Behandlung kann zwar als wichtige, aber dennoch begrenzte Zeit in der langen Karriere des Ein- und Ausstiegs in und aus der Suchtmittelabhängigkeit angesehen werden, wenn die Aufmerksamkeit auf Ereignisse vor und nach der stationären Behandlung gerichtet wird. (Uchtenhagen 1983)

Das Interaktionsgefüge zwischen Therapeut und Klient wird durch die Einbeziehung dieser Lebensereignisse bei den so sehr fordernden suchtmittelabhängigen Klienten grundlegend entlastet. (Rink / Franke 1986)

Auch Ereignisse innerhalb der Klinik, etwa Rückfälle oder Therapieabbrüche, erscheinen durch den sozialen Kontext in einem anderen Licht, werden im sozialen System analysiert und dadurch oft entmystifiziert. Ein Rückfall muß nicht länger als massive Katastrophe, gesteuert durch eine innere schicksalhafte Macht, gedeutet werden. (Bürkle 1992, S. 184)

In der Fachklinik Eiterbach laden wir, wenn irgend möglich, die Angehörigen des Rückfälligen zur Erörterung des Rückfallgeschehens in die Klinik ein. Gerade in solchen Krisensituationen sind wir auf die Mitwirkung der relevanten Bezugspersonen angewiesen. Gleichzeitig können wir erfahren, wie das System selbst außerhalb des stationären Rahmens mit einer solchen Situation umgehen würde.

Im Therapiezentrum Lustadt wird ergänzend auf die Einbeziehung sogenannter interner Systeme besonders großen Wert gelegt: Die Entwicklung des körperlichen leibhaften Geschehens in der Interaktion mit anderen (die Körpersprache) wird fokussiert. Ein interessanter und wichtiger Aspekt, der in der systemischen Arbeit allgemein immer mehr an Bedeutung gewinnt.

Grenzen und Schwierigkeiten der familientherapeutischen Arbeit im stationären Rahmen zeigen sich insbesondere, wenn die Angehörigen nicht zur Mitarbeit bereit sind. In Eiterbach erleben wir allerdings eine recht große Bereitschaft, insbesondere zur Teilnahme am ersten Familiengespräch.

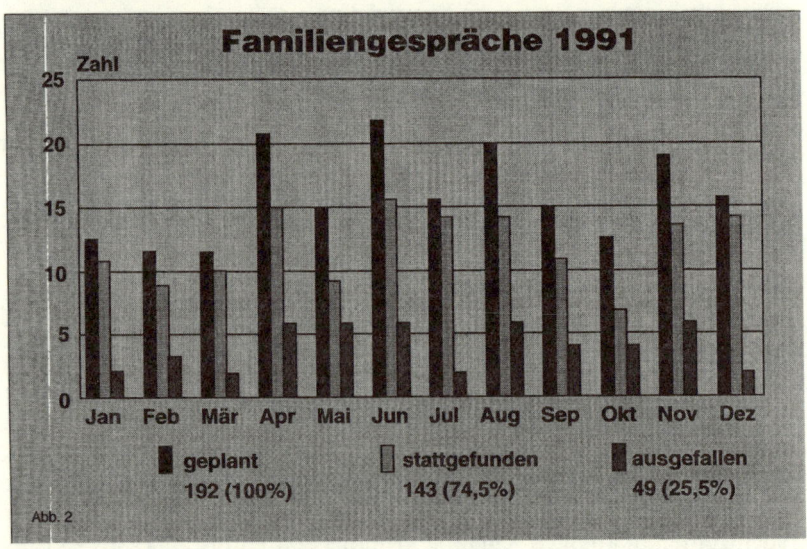

Abb. 2

Stanton (1983) führt diese Bereitschaft darauf zurück, daß auch das zurückgebliebene System durch die Aufnahme der IP in eine Krise gerät. Es scheint wichtig zu sein, den Angehörigen schon im Einladungsschreiben die Angst vor befürchteten Schuldzuschreibungen zu nehmen. Wir appellieren an die Notwendigkeit ihrer Mithilfe für unsere Arbeit.

Familientherapeutische Arbeit ist auch im stationären Kontext nur regionenbezogen möglich, damit die Angehörigen einbezogen werden können. Wir nehmen deshalb bevorzugt Klienten aus der näheren Umgebung auf.

Der regionenbezogene Ansatz zeigt jedoch insbesondere bei der Behandlung Drogenabhängiger für viele Klienten auch Nachteile durch die Szenenähe.

Psychodynamisch betrachtet wirkt sich eine konsequente Einbeziehung der Angehörigen destabilisierend auf die Grundfunktionen von therapeutischen Gemeinschaften aus. Die erwähnte, durch die Einbeziehung der Angehörigen gewonnene größere Neutralität der Therapeuten, ist zwar für diese sehr entlastend, frustriert jedoch den fast unstillbaren Hunger der Abhängigen nach Verschmelzung und Idealisierung der therapeutischen Gemeinschaft als idealisierte Lebensform durch die Öffnung nach außen. Eine mögliche Lösung ist die von uns praktizierte Trennung von Bezugs- und Familientherapeut.

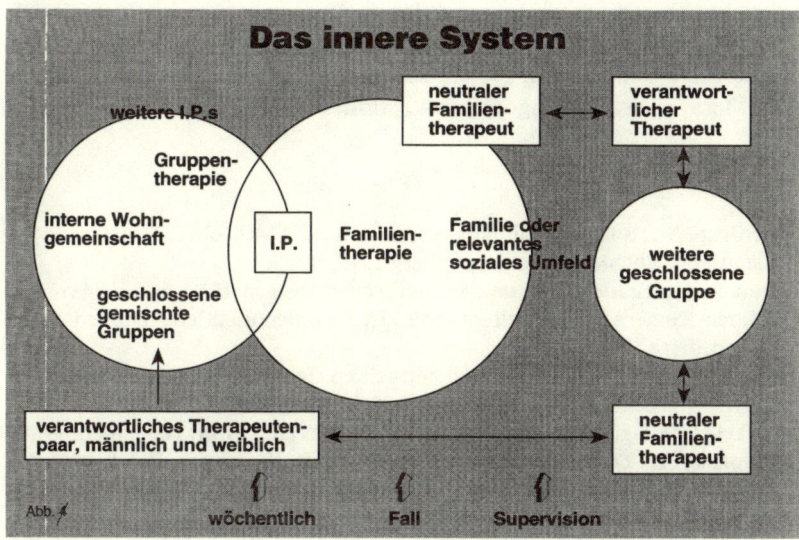

Allen Kritikern und Skeptikern der familientherapeutischen Ansätze sei abschließend zu bedenken gegeben, daß Wandel und Entwicklungen auch in der stationären Suchtkrankenhilfe notwendig sind, aber Raum und Zeit brauchen. Es muß die Möglichkeit zum kontrollierten Experimentieren gegeben sein, entgegen den gleichmacherischen Sachzwängen angepaßter Angebote. Dabei ist immer auf eine würdevolle und respektierende Atmosphäre zu achten trotz der oft destruktiven und auslaugenden Dynamiken innerhalb der Kliniken.

Natürlich erliegen wir alle immer wieder der Versuchung, lieber kausal attribuieren zu wollen, etwa durch ein immer ausgefeilteres Kontrollsystem, „weil die Klienten halt so süchtig sind". Lineare Betrachtung ist auch menschlich und notwendig.

Sicherlich reicht ausschließlich systemisch familientherapeutische Arbeit mit Abhängigen, insbesondere mit Drogenabhängigen, ohne schützenden stabilisierenden stationären Rahmen nur selten aus. Aufgrund der Eigendynamik der Sucht (nicht aufhören können), der Tendenz zur Selbstgefährdung und nicht zuletzt aufgrund der meist katastrophalen sozialen Situation des Abhängigen, ist ein differenziertes pädagogisch-sozialtherapeutisches Angebot (Arbeits- und Beschäftigungstherapie, Sport, Sozialtraining) eine notwendige Voraussetzung für eine familientherapeutische Arbeit. Andererseits ist das sogenannte „Lebenlernen" alleine meist auf der grünen Wiese einer stationären Einrichtung ohne Aufarbeitung grundlegender Konflikte und Störungen im realen sozialen System nur kurzfristig hilfreich und wirksam und fördert Ersatzabhängigkeiten. Anzustreben ist eine integrative Balance von systemisch-konfliktorientierter Arbeit im sozialtherapeutisch-pädagogischen Rahmen.

Literatur

Brentrup, M.: Süchtige Kliniken. In: Osterhold, G./Molter, H. (Hrsg.): Systemische Suchttherapie. Heidelberg 1992, S. 196b

Brömer, H.: Stationäre Familientherapie mit drogenabhängigen Eltern und deren Kindern. In: Schaltenbrand, J.: Familienorientierte Drogenarbeit. Heidelberg 1992, S. 114

Bürkle, R.: Suchtarbeit nüchtern betrachten. In: Osterhold, G./Molter, H. (Hrsg.): Systemische Suchttherapie. Heidelberg 1992

Körkel, J. (Hrsg.): Der Rückfall des Suchtkranken. Berlin, Heidelberg 1988

Jablonsky, L.: Die therapeutische Gemeinschaft. Weinheim, Basel 1990

Nowak, M.; Diehl, H.J.: Drogenabhängigkeit als Chance – Familientherapie in der stationären Entwöhnungsbehandlung. In: Schaltenbrand, J. (Hrsg.): Familienorientierte Drogenarbeit. Heidelberg 1992

Ranefeld, H.: Aspekte eines psychoanalytischen Behandlungsansatzes für Heroinabhängige. In: Danzinger, R. (Hrsg.): Psychoanalyse und Institutionen. Wien 1982

Rennert, M.: Familientherapeutische Ansätze mit Opiatabhängigen. In: Heckmann, W.: Praxis der Drogentherapie. Weinheim 1982

Rink, J.: Alternativen in der Praxis der stationären Drogentherapie. Eigendruck der Fachklinik Eiterbach, Heiligkreuzsteinach 1988

Rink, J.; Franke, R.: Zur Psychodynamik therapeutischen Geschehens bei der stationären Behandlung Drogenabhängiger. In: Gruppenpsychotherapie und Gruppendynamik 22, 1986, S. 166–176

Rost, W.D.: Der psychoanalytische Zugang zum Alkoholismus. In: Psyche 37 (1983), S. 412–439

Sandmann, J.: Die Einbeziehung Angehöriger in die Therapie Suchtkranker. In: Suchtgefahren 20, 1974, S. 152−156

Stanton, D.: Drogenmißbrauch und familiäre Stabilität. In: Lettieri, D. H. und Welz, R. (Hrsg.): Drogenabhängigkeit. Weinheim, Basel 1983

Uchtenhagen, A.: Karriereforschung bei Opiatabhängigen. In: Ladewig, D. (Hrsg.): Drogen und Alkohol. Basel 1983

Systemische Therapie im stationären Kontext – Möglichkeiten und Grenzen

Carlo Schmid

GRUNDANNAHMEN SYSTEMISCHER THERAPIE

Bei der systemischen Therapie geht es nicht um das isolierte Individuum, sondern um den Menschen in seinem gesamten sozialen Umfeld. Jedes Verhalten des einzelnen steht in ständigen Wechselwirkungen zu seinen Bezugspersonen. Statt von einer pathologieorientierten Sichtweise auszugehen, die Defizite und Mängel diagnostiziert und nach deren Ursachen forscht, wird die Krankheit oder das Symptom als meist unbewußter Entscheidungsprozeß im Bezugsrahmen gesehen. Suchtverhalten gilt als Lösungsversuch innerhalb der Interaktionen einer Familie mit oft tragischen und konfliktreichen Auswirkungen.

Eine an den Ressourcen des Menschen orientierte Therapie versucht, diesem Mut für Veränderungen zu machen, damit er sich seiner Möglichkeiten und Befähigungen wieder bewußt wird.

In Suchtfamilien erleben wir häufig die typischen Muster wechselseitiger Aufrechterhaltung von Abhängigkeit und Außenorientierung. Das heißt, das Ausmaß der Bindungen der einzelnen Familienmitglieder ist ungeheuer hoch, so daß kaum individuelle Entscheidungsprozesse erlaubt sind. Außenorientierung bedeutet, sich entsprechend den Erwartungen der Außenwelt zu verhalten. In den Familien herrschen oft unklare und verwischte Generationsgrenzen, es kommt zu Koalitionen von Kindern mit einem Elternteil. Kinder übernehmen viel zu früh viel Verantwortung. Stehen Ablösungen an, regiert das Entweder-oder-Prinzip. Dies bedeutet für die Familienmitglieder, sich entweder ganz abzugrenzen bis hin zum Abbruch jeweder Beziehung oder gar keine Abgrenzung.

VORBEREITUNG UND AUFNAHMESITUATION

Um etwas zu verändern, ist es erforderlich, daß die Dynamik um den Alkohol sich verändert. Es ist bekannt, daß das Familienmuster häufig dadurch unterbrochen wird, daß wichtige Bezugspersonen gegenüber dem Indexpatienten (IP) Drohungen oder Konsequenzen wahrmachen (Arbeitgeber, Berufskollege, Ehefrau, Hausarzt, Angehörige etc.). Die Überweisung erfolgt häufig weitgehend fremdmotiviert. Dies führt in der Aufnahmesituation häufig zu einer negativen Konnotation, was unter Umständen noch zu einer Zunahme der abwehrenden Haltung des IP führen kann. Was soll er tun? Er ist stigmatisiert und von seinen Bezugspersonen auserwählt, sich seinem Problem zu stellen und sich zu verändern. So bleibt dem aufnehmenden Therapeuten oft nur die Möglichkeit, die Anwesenheit des IP als Ausdruck wahrer Autonomie zu bewerten, da er damit zeigt, daß er sich *trotz* der Bemühungen der anderen verändern möchte. Negative Implikationen, wie ‚Sie kommen ja nur aufgrund des Druckes der andern‘, erschweren den Zugang zum IP.

Auch die Erwartung totaler Abstinenz als Voraussetzung für eine stationäre Therapie erscheint mir zu hochgegriffen. Sie sollte vielmehr als sinnvolles Ziel auf der Grundlage neuer Sinn- und Wertbezüge und neuer Verhaltensregeln in Aussicht gestellt werden. In der Klinik versuchen wir bereits am Aufnahmetag mit den wesentlichen Bezugspersonen des IP zusammenzukommen, um schon zu diesem Zeitpunkt Hinweise für die unterschiedlichen Sichtweisen und Problemdefinitionen aller Beteiligten zu erhalten. Wesentlich für die Diagnostik sind hierbei schon erste Hinweise auf Rituale, Familiengeheimnisse und Koalitionen innerhalb der Familie. Die Auswirkungen der Trennung in der aktuellen Aufnahmesituation für alle Beteiligten sollten immer problematisiert werden.

Die Therapie in der Klinik

Die Aufnahme des Patienten bedeutet letztlich eine Gefahr, auch wenn sie sicherlich für viele Familien eine entscheidende Entlastung darstellt. Der IP ist ja, wenn man von einem Krankheitsmodell ausgeht, der einzige, der sich ändern und etwas gegen seine Krankheit tun muß. Für den Therapeuten hat das häufig die Auswirkung, daß ein an Defiziten orientiertes Denken und Handeln zu einer Koalition mit dem Patienten führt, in der Schuldzuweisungen an andere Bezugspersonen in den Raum gestellt werden. Dies führt spätestens bei den ersten Paar- und Familiengesprächen zu Spannungen und Konflikten, da der Therapeut nicht das Gebot absoluter Neutralität einhalten konnte.

Über den zeitlichen Rahmen einer stationären Therapie wurde in den letzten Jahren sehr viel gestritten. Fragen der Wirtschaftlichkeit und ein Interesse an verkürzten Behandlungszeiten bestimmen die Sicht der Leistungsträger. Individualisierung der Behandlung ist das Schlagwort der Stunde. Bei den vielen Diskussionen, die ich mit KollegInnen führte, wurde mir deutlich, wie sehr die therapeutische Methode sich auch auf die Behandlungszeit auswirkt. Eher an Defiziten und Psychopathologie orientierte Verfahren brauchen zur Vergangenheitsbewältigung Zeit. Die systemische Therapie kann den IP relativ rasch für Veränderungen und neue Lösungen interessieren. So versuchen wir ihm Mut zu machen, neue Verhaltensweisen in der Klinik auszuprobieren, um sie dann auch in seinem Alltagsleben umzusetzen. Natürlich ist die systemische Therapie dabei auch an einer Vergangenheitsbewältigung interessiert, doch legt sie die Finger nicht ständig in die Wunden, sondern fragt nach den Auswirkungen und Möglichkeiten, die diese Problemstellungen mit sich bringen, um dadurch wieder zukunftsorientiertes Handeln möglich zu machen. Erstaunlich ist, wie rasch von Angehörigen und Patienten hypothetische und zirkuläre Fragen angenommen werden und wie interessiert Patienten dann an Veränderungen sind.

Neben der häufig von Angehörigen erwähnten Entlastung, endlich den IP in der Klinik zu wissen, um sich „erholen" zu können, ist die Aufnahme des IP noch mit einem weiteren Vorteil verbunden. Sie zwingt den IP, sich selbst mit seinem Suchtproblem zu definieren. In der Aufnahmephase empfiehlt sich deshalb ein lineares Vorgehen. Aussagen, wie „Ich habe nur Probleme, weil sich meine Frau so und so verhält" lassen wir nicht gelten, da wir davon ausgehen, daß jemand, der aufgenommen wird, auch Erfahrung mit Suchtmitteln haben muß. So ist es notwendig, in der Aufnahmesituation einem Patienten, der Scheinprobleme in den Vordergrund stellt, deutlich zu machen, daß er damit seine persönliche Situation und sein Umgehen mit Suchtmitteln mißachtet.

Die Rolle des Therapeuten in der Klinik unterscheidet sich in wesentlichen Punkten von der in der Ambulanz. Während er dort wesentlich häufiger von einer vorwiegend therapeutischen Grundhaltung ausgehen kann, so ist in der Klinik ständig eine Gleichzeitigkeit von vertrauensvoller therapeutischer Beziehung und sozialer Kontrolle gegeben. Wir versuchen, jedem neuen Patienten sehr früh zu vermitteln, welches Verhalten seinerseits bei uns eindeutig zu sozialer Kontrolle führt und daß im Zweifelsfall immer die Kontrolle Priorität hat. Entscheidend ist, daß der IP weiß, daß soziale Kontrolle letztlich nur eine Auswirkung seines Verhaltens ist und er damit bestimmt, in welchem Ausmaß Kontrolle geübt wird. Wichtig ist auch ein deutlicher Hinweis, daß Kontrolle, in welchem Umfang sie in der Hausordnung auch immer definiert ist, für das Funktionieren der Institution und im Interesse der dort tätigen MitarbeiterInnen notwendig ist. Meiner persönlichen Einschätzung nach versuchen wir häufig viel zu lange, mit der uns eher angenehmeren und wohlwollenden therapeutischen Grundhaltung auf den IP und auf eine schwierige Situation einzuwirken, statt, wenn notwendig, mit Kontrolle zu reagieren. Kommt es etwa zu Diebstählen in der Klinik und wird der Dieb gestellt, wie es bei uns unlängst der Fall war, so ist es für uns erforderlich, mit dem entsprechenden IP eindeutig zu klären, daß er nur dann in der Klinik bleiben kann, wenn er dieses Verhalten sofort einstellt. Sollte er weitere Diebstähle begehen, hätte das seine vorzeitige Entlassung zur Folge. Natürlich versuchen wir mit dem Patienten dann sofort die Hintergründe dieses Symptomes näher zu klären und die Auswirkungen auf der Beziehungsebene zu verdeutlichen. Das Handeln eines Menschen in seine eigene Verantwortung zu stellen und ihn mit den Auswirkungen zu konfrontieren, ist letztlich der Schlüssel zum Schloß. Bei einem eher nach Defiziten und Pathologie orientierten Muster hätte die Diagnostik im Vordergrund gestanden und eine Verhaltensänderung wäre möglicherweise hinausgeschoben worden. Ähnliches erleben wir auch gelegentlich mit den eher tabuisierten und schwierigen Themen Gewalt in Beziehungen und in der Sexualität. Werden solche Themen angesprochen, so sind wir gehalten, die vertrauensvolle therapeutische Beziehung zu verlassen, um auf der Ebene der sozialen Kontrolle zu verdeutlichen, daß dieses Verhalten sofort aufhören muß, bevor die therapeutische Beziehung wieder aufgenommen wird. Ein häufiger Fehler in diesem Zusammenhang ist es, dem IP zu vermitteln, Kontrolle diene seinem Wohle, sei für ihn wichtig und für seine Gesundung notwendig. Ich habe die Erfahrung gemacht, daß PatientInnen uns das nicht abnehmen.

Ein weiteres Problem liegt in der Gleichzeitigkeit von Einzel- und Gruppentherapie. Immer wieder höre ich Argumente wie „Die Frühgestörten brauchen mehr Gespräche, da sie so wenig Struktur haben" oder „Die Stillen und Gehemmten brauchen mehr Unterstützung durch Einzelgespräche, da sie in der Gruppe sonst völlig untergehen". Wenn die Entwicklung eines Menschen und jede Veränderung im Sinne einer Bezogenheit auf andere (z. B. auf die Gruppenmitglieder) stattfindet, sind Interventionen innerhalb der Gruppe am aussichtsreichsten. Die Gruppe stellt den entscheidenden Bezugsrahmen dar, in dem jeder auf seine Art und Weise, ob laut oder leise, häufig oder selten kommuniziert. So kann auch der Stillste und Gehemmteste nach den Auswirkungen seiner Stille und Ruhe innerhalb der Gruppe gefragt werden, so daß deutlich werden kann, welche beziehungsgestaltende Dynamik dieses Verhalten impliziert. Bezogene Individuation heißt aus der systemischen Sicht, daß sie nicht loszulösen ist von den Wechselwirkungen mit den anderen Gruppenmitgliedern. Wenn in Einzelgesprächen entsprechende Kontrakte und Erklärungsmodelle entwickelt werden, können sie nicht innerhalb der Gruppe von den anderen Gruppenmitgliedern ausreichend nachvollzogen werden. Es kann dann zu Koalitionen oder rivalisierenden Subsystemen kommen, da Entwicklungsschritte einzelner der Gruppe nicht vertraut sind. Spannungen und Konflikte gehören in die Gruppe. So erscheint es mir eher möglich, die Dynamik der Gruppe zu erhalten und sie möglichst wenig durch Außenkontakte, wie sie Einzelgespräche ja darstellen, zu stören. Einzelgespräche können zu systemstabilisierenden Ventilen werden, damit sich nichts ändert. Sinnvoll erscheinen sie mir in der Anfangsphase der Behandlung, und zwar vorwiegend aus diagnostischen Gründen (Genogramm etc.). Die Einteilung zu Einzelgesprächen nach dem Ausmaß der Störung oder unter geschlechtsspezifischen Voraussetzungen unterstellt, daß wir Therapeuten am besten wüßten, was der IP braucht.

Arbeit mit Bezugspersonen

Die Klinik Schloß Falkenhof praktiziert derzeit ein Vier- bis Sechsmonatskonzept. Die Konzeptunterlagen sind so gehalten, daß sie PatientInnen und Angehörige gleichermaßen ansprechen, so daß die Hausordnung, die Regeln und Besuchszeiten allen wesentlichen Bezugspersonen zur Verfügung stehen. Auch das Einladungsschreiben zum Aufnahmegespräch bezieht Angehörige mit ein. Nach etwa vier Wochen der Kontaktsperre, in denen häufig ein reger Briefverkehr herrscht, findet an einem Sonntag der erste Besuch statt, bei dem der / die zuständige GruppentherapeutIn sich kurz erneut vorstellt, Fragen beantwortet und die Grundannahmen unserer Therapie einfach und anschaulich vermittelt (z. B. Mobile). Erste Termine für Paar- und Angehörigengespräche werden vereinbart. Nach etwa acht Wochen findet ein mehrtägiges Partnerseminar statt. In diesem Rahmen wird an den Problemen, die sich aus der Partner- und Familiensituation ergeben, gearbeitet. Festgefahrene Rollenmuster, Koalitionen und Loyalitätskonflikte, Abgrenzungs- und Generationskonflikte werden in diesen Gesprächen häufig ebenso angesprochen wie die Auswirkung auf das Familiensystem und mögliche Veränderungsprozesse.
In der Arbeit mit Eltern (Herkunftsfamilie) geht es häufig um regressive Bindungen, Loyalitätskonflikte und damit verbundene Ablösungskonflikte.

Aufgrund der engen Zusammenarbeit mit umliegenden Betrieben und aufgrund unseres Therapieverständnisses werden in jeder Kernbehandlungsgruppe (4 Monate) Betriebsseminare durchgeführt. Zu diesem Seminar können die Patienten die für sie wichtigen Vorgesetzten und KollegenInnen, Meister, Betriebsräte, Personalräte und Betriebsleiter einladen. Hier kommt es häufig zu einem Austausch von Erfahrungen aller TeilnehmerInnen im Umgang mit Suchtmitteln am Arbeitsplatz.

Ob PatientInnen von diesen Angeboten in der Klinik Gebrauch machen oder nicht, hängt nicht zuletzt von unserem Selbstverständnis ab. Für mich geht es dabei um die Art und Weise, wie wir ein brauchbares und in sich schlüssiges Konzept verkaufen. Eher zögernde und vage Hinweise auf den Sinn von Paar- und Familiengesprächen schaffen wenig Interesse. Aber auch ein reines Muß schafft bei eher mißtrauischen, vorwiegend fremdmotivierten Patienten das Gefühl, sich jetzt erst recht nicht zu beteiligen.

Wenn es um Therapie in einer Suchtklinik geht, geht es auch um Abstinenz. Hier wird die systemische Therapie, gerade im stationären Kontext, am häufigsten mißverstanden. Der Streit geht gelegentlich so weit, daß man den Systemtherapeuten vorwirft, für sie sei Abstinenz überhaupt kein Therapieziel mehr. Für uns geht es um die Frage, ob Abstinenz für den Patienten eine autonome und sinnvolle Wahl ist, er es wirklich vorzieht, nicht mehr zu trinken. Dabei ist es für uns nicht notwendig, daß der IP alle Einzelheiten und Hintergründe der Alkoholfunktion oder deren Bedeutung wissen muß. Aufhören kann er aus unserer Sicht jederzeit, wenn er will. Die Haltung des Therapeuten, schon vor der Therapie zu wissen, daß Abstinenz für den Patienten die einzig gesunde und richtige Lösung ist, bewirkt beim IP den Eindruck, daß erneut wieder nur ein anderer weiß, was notwendig und richtig sei. Natürlich ist für die MitarbeiterInnen in der Klinik Abstinenz als Therapieziel nach wie vor wichtig. Wir gehen aber davon aus, daß der Alkohol dann irrelevant wird, wenn die Beziehungen auf konstruktive Weise geregelt werden.

DIE INSTITUTION KLINIK

Eine weitere institutionelle Falle ist der in vielen Kliniken herrschende Teamgeist. Dabei kommt es häufig zu massiven Mißverständnissen und Unklarheiten in bezug auf Hierarchie und Gleichrangigkeit. Das Klima ist gereizt, es bilden sich Subsysteme und Koalitionen. Man weist sich auf gegenseitige Fehler hin, wertschätzendes und an der

Befähigung der MitarbeiterInnen orientiertes Denken und Handeln wird kleingeschrieben. Die Klinikleitung muß daher klären, welche Umgangsform die vorrangige ist. So wird ein gleichrangiges Wertschätzen der Arbeit durchaus möglich, gerade weil auf Kompetenzunterschiede geachtet wird. Unterschiedliche Befähigungen der MitarbeiterInnen können zum Tragen kommen. „Wir sind alle gleich, haben die gleichen Ausbildungen und gleichen Befähigungen", ist Pseudodemokratie und Gleichmacherei. Wer Kompetenz besitzt, sollte mehr Spielraum erhalten. Wichtig erscheint mir, auf eine gleichrangige Bewertung von medizinischen, psychosozialen und psychologischen Angeboten im Sinne einer offenen Kooperation zu achten.

Schwierig zu beantworten scheint mir die Frage, wann, mit welcher Absicht und mit welcher Zielsetzung sich die Klinikleitung in therapeutische Prozesse einmischt. Suspekt sind für mich Aussagen eines Klinikleiters wie „Ich mußte entgegen dem Wunsch des therapeutischen Teams mehrere Patienten wegen Verstoßes gegen die Hausordnung entlassen". Wieso hat der Leiter die Funktion der Kontrolle übernommen? Mag sein, daß eine andere, gemeinsame Entscheidung im Umgang mit schwierigem Verhalten, die dann auch gemeinsam zu tragen ist, für eine vorwiegend hierarchische Struktur nicht auszuhalten ist.

Am Ende möchte ich noch einige formale Voraussetzungen zur Durchführung einer systemischen Therapie in der Klinik aufführen:

(1) Die Klinik sollte über einen regionalen Einzugsbereich verfügen. Das heißt, Angehörige sollten innerhalb eines halben Tages kommen und gehen können.

(2) Die mit der Klinik zusammenarbeitenden Beratungsstellen sollten systemisch orientiert sein oder zumindest diesen Ansatz kennen und gutheißen.

(3) Um in der Klinik systemisch zu arbeiten, müssen mindestens zwei MitarbeiterInnen über eine systemische Ausbildung verfügen, wobei einer der Klinikleitung angehören muß.

Literatur

De Shazer, S. (1989): Der Dreh. Überraschende Wendungen und Lösungen der Kurzzeittherapie Carl-Auer-Systeme. Heidelberg
Erbach, F.; Richelshagen, K. (1989): Isomorphe Strukturen im Kontext der Suchthilfe. In: Familiendynamik 14: S. 27 – 46
Hargens, J. (1983): Familien-System und Alkohol. In: Suchtgefahren 1: S. 47 – 50

Hoffmann, L. (1982): Grundlagen der Familientherapie. Hamburg

Kaufmann, E.; Kaufmann, P. N. (1983): Familientherapie bei Alkohol- und Drogenabhängigkeit. Freiburg

Körkel, J. (Hg.) (1988): Der Rückfall des Suchtkranken − Flucht in die Sucht? Berlin

Selvini-Palazzoli, M.; Cecchin, G.; Boscolo, L.; Prata, G. (1978): Paradoxon und Gegenparadoxon. Stuttgart

Schmidt, G. (1985): Systemische Familientherapie als zirkuläre Hypnotherapie. In: Familiendynamik 10: S. 242−264

ders. (1986): Motivationsaufbau durch Utilisierung des Wertsystems mittels therapeutischer Double-binds. In: Hypnose und Kognition 3: S. 15−21

ders. (1988): Rückfälle von als suchtkrank diagnostizierten Patienten aus systemischer Sicht. In: Körkel, J. (Hg.): S. 173−213

Stierlin, H. (1978): Delegation und Familie. Frankfurt

Stierlin, H. et al. (1980): Das erste Familiengespräch. Stuttgart

Miteinander oder Gegeneinander? Erfahrungen im Spannungsfeld Familientherapie – stationäre Suchtkrankentherapie

Walter Rösch

1. EINLEITUNG

Spätestens seit Haley (1975) psychiatrischen Krankenhäusern empfohlen hat, Familientherapie zu meiden, beschäftigt die Fachwelt die
Frage, ob es möglich, ja vielleicht sogar sinnvoll ist, Familientherapie
in stationäre Kontexte, die traditioneller Weise einem individualisti-
schen Krankheitsmodell folgen, zu integrieren. Dies gilt nicht nur für
psychiatrische Krankenhäuser, sondern insbesondere auch für stationäre Einrichtungen der Suchtkrankenhilfe.
Mittlerweile hat die klinische Realität diese Fragestellung – wie
Haley übrigens auch vorausgesehen hat – längst überholt: Jede Klinik, die auch nur einigermaßen Wert darauf legt, therapeutischen
Weiterentwicklungen Rechnung zu tragen, bietet familientherapeutische Zusatzangebote an, wenn sie nicht gar, zumindest an zweiter
Stelle, das Adjektiv „systemisch" in die Beschreibung ihres Konzepts
mitaufgenommen hat.
Obwohl in der klinischen Praxis familientherapeutische und systemische Denk- und Interventionsmuster zunehmend Anwendung finden,
bleiben aus meiner Sicht viele Fragen hinsichtlich der Integration und
Vereinbarkeit offen. Dies gilt insbesondere da, wo – beispielsweise
im Arbeitskontext des Autors (Fachklinik Thommener Höhe, Darscheid) – versucht wird, traditionelle individuums- und krankheits-
orientierte Konzepte mit solchen, die aus systemischen Modellen abgeleitet werden, zu kombinieren.

2. BESCHREIBUNG DES THERAPIEKONZEPTES DER FACHKLINIK THOMMENER HÖHE

In der Fachklinik Thommener Höhe werden seit Ende 1974 Abhän-
gigkeitskranke stationär behandelt. Ziele der Entwöhnungsbehandlung sind laut Therapiekonzept, „dem Abhängigen zu dauerhafter
Abstinenz von sämtlichen Suchtmitteln, zur Reintegration in Fami-

lie, Beruf und Gesellschaft sowie zu einer befriedigenden Lebensbewältigung auf der Grundlage einer wiederhergestellten körperlichen, geistigen und seelischen Funktions- und Leistungsfähigkeit zu
verhelfen". Zentrale Bausteine in diesem Konzept sind vor allem die
Gruppentherapie, handlungsorientierte Therapieformen, verschiedene indikative Gruppen und familientherapeutische Maßnahmen. Ein-
zeltherapeutische Maßnahmen werden bei besonderer Indikation und
in Absprache mit den Patienten angeboten.

Das Therapiekonzept der Klinik war in der Anfangszeit den Modellen der Anonymen Alkoholiker verbunden. So ist beispielsweise auch
heute noch der sogenannte „1. Schritt" (die Kapitulation vor dem
Suchtmittel und das Eingestehen eigener Machtlosigkeit) als Stan-
dardbaustein in der Gruppentherapie zu finden. Durch die Zusammensetzung des Teams aus ehemals selbst abhängigen Suchtkrankentherapeuten und diplomierten Therapeuten ohne eigene Sucht-
mittel-Abhängigkeits-Erfahrung sowie unterschiedliche therapeutische Zusatzausbildungen der Mitarbeiter wurde in den letzten Jahren
ein integratives therapeutisches Modell entwickelt.

Diese prinzipielle Integrations- und Veränderungsbereitschaft bot die
Möglichkeit, familientherapeutische Zusatzangebote mit in das Konzept aufzunehmen. So entstand 1987 das „Pilotprojekt regionale
Familientherapie", dessen Aufbau zunächst durch die Einrichtung
einer ABM-Stelle ermöglicht wurde. Das Projekt sieht vor, daß für
Familien von Patienten, die im Umkreis von maximal 60 km Entfernung zur Klinik wohnen, begleitend zum stationären Therapieprozeß
des Abhängigen, familientherapeutische Gespräche angeboten werden.

Zielsetzungen dieser Gespräche sind (vgl. Fischer 1988), über das
Einbeziehen des Gesamtsystems Familie in den stationären Behandlungsprozeß des Patienten hinaus, die Exploration der Beziehungsmuster und Weltbilder der Familie (wobei dem Suchtmittelkonsum in
der Regel eine dominierende Rolle zugeschrieben wird) das Aufzeigen systemimmanenter Ressourcen und die Erarbeitung möglicher
familiärer Veränderungsprozesse. Wie daraus bereits zu erkennen ist,
orientieren wir uns bei den familientherapeutischen Interventionen
bislang eher an den Modellen der strukturellen und sogenannten
wachstumsorientierten Familientherapie, deren Fokus darauf gerichtet ist, die Bedeutung des Symptoms im familiären Interaktionspro-
zeß als (unbefriedigende) Problemlöseversuche zu erkennen und
nach Möglichkeit zu verändern. Neuere, systemisch-konstruktivistische und kurztherapeutische Modelle fließen erst allmählich in unsere
Arbeit ein.

Die Durchführung der regionalen Familientherapie obliegt therapeutischen Mitarbeitern, die in der Regel primär als Gruppentherapeuten arbeiten und sich zu einem Arbeitskreis zusammengeschlossen haben. Aus dieser Doppelrolle Gruppentherapeut – Familientherapeut ergeben sich Rollenkonflikte, auf die ich näher eingehen werde.

3. Vergleich unterschiedlicher Modellvorstellungen

Mitarbeiter einer Klinik, in der – zumindest phasen- oder situationsweise – mit unterschiedlichen Modellen operiert wird, sehen sich mit unterschiedlichen und zum Teil konträren Erwartungen konfrontiert. Diese ergeben sich aus den jeweiligen Modellen impliziten Vorstellungen hinsichtlich Genese und Phänomenologie von Problemen sowie den daraus abgeleiteten Veränderungsmodellen.

Bei der Analyse einiger exemplarischer Integrationsprobleme werde ich zunächst versuchen, die Modelle gegeneinander abzugrenzen. Zur Verdeutlichung von Rollenkonflikten möchte ich zunächst eine Übersicht über die unterschiedlichen Krankheitsmodelle, Veränderungserwartungen und die Zuschreibung der Verantwortlichkeit für die Veränderung seitens der Familie, der Suchtkrankentherapie, der Familientherapie und der systemisch-konstruktivistischen Therapie vorlegen.

	Familie	Suchtkranken-therapie	klass. Familientherapie	systemisch-konstruktivist. Terapie
Krankheitsmodell	ambivalent: "mad or bad?"	mad	a) das Symptom erfüllt eine wichtige Funktion im fam. Interaktionsprozeß b) Familie als "Patient"	die sog. "Krankheit" ist ein möglicherweise hilfreiches oft aber Lösungen und Veränderungen blockierendes Konstrukt
Veränderungserwartung	Abh. soll SM-Konsum beenden, sonst weitgehend so bleiben wie er/sie ist	tiefgreifende Verhaltens- und Einstellungsveränderungen des Pat. f. dauerhafte Abstinenz notwendig	Veränderung familiärer Strukturen u. Interaktionsmuster f. dauerhafte Abstinenz notwendig	a) Musterunterbrechung anbieten, Neuorganisation ohne Symptom anregen b) Strukturdeterminismus: Veränderungen können nicht gezielt von außen herbeigeführt werden
Verantwortungszuschreibung für den Veränderungsprozeß	a) Therapeut soll Veränderung bewirken, Pat. muß "wollen" b) Therapeut = "Führer"	a) Pat. muß sich verändern, dafür "richtige" therap. Intervention notwendig b) Doppelmandat: Therapie-Kontrolle c) Therapeut = Führer u. Begleiter	a) Fam. muß sich verändern, dafür "richtige" therap. Intervention notwendig b) Therapeut = Begleiter u. Führer	a) Klienten sind für jede Veränderung selbst verantwortlich, Therapeut hilft bei der Perturbation bisheriger Denkmuster. "Richtige" Perturbation notwendig b) Therapeut = Verwirrer u. Anreger

Abb. 1: Unterschiedliche Annahmen zu Krankheitsmodell und Veränderungserwartung

In der konkreten Arbeit mit Familien wird der Therapeut häufig mit dem ambivalenten Erleben des Suchtmittelkonsums durch die Familienmitglieder konfrontiert. So wird zwar häufig der Abhängige als „Opfer" seiner Sucht und somit als „krank" bewertet, in konkreten Konflikt- und Leidenssituationen jedoch erleben sich die Familienmitglieder als „Opfer" des Abhängigen, der somit zum „Täter" erklärt wird. Diese starken emotionalen Schwankungen und die damit verbundenen wechselhaften Deutungen erzeugen in der Familie eine fundamentale Verunsicherung, auf die sie zunehmend mit festen Rollenzuschreibungen (beispielsweise verantwortlich − unverantwortlich) und bipolaren Wertungen (z. B. nüchtern − trocken) reagiert (vgl. Schmidt 1987; Erbach & Richelshagen 1989). Mittels der diesen Wertungen zugeschriebenen Klarheit und Beständigkeit erzeugt die Familie ein Gefühl von Gemeinsamkeit, Sicherheit und Stabilität.

So ist auch und gerade zum Zeitpunkt der stationären Therapie die „Veränderungserwartung" der Familie weitgehend an Konflikt- und Angstvermeidung orientiert. Demgegenüber stehen nun auf Klinikseite die professionellen Helfer mit ihren häufig idealisierten Therapieziel-Vorstellungen von Emanzipation und Autonomie (vgl. Bentrup 1991). In der Vorgehensweise der Therapeuten lassen sich − idealtypisch verkürzt − die unterschiedlichen therapeutischen Positionen deutlich machen.

(1) Der am Abstinenzziel orientierte Gruppen- und Suchtkrankentherapeut wird weitgehend, das „Suchtmodell" auf die Familie erweitern: Leugnen, Verdecken oder Kontrollversuche werden typischerweise als „Mitspielen des Suchtspieles" und Generalisierung des „Suchtverhaltens" beschrieben. Die Problembeschreibungen und therapeutischen Vorgehensweisen sind am Krankheits- und Defizit-Modell orientiert, und es wird versucht, der Familie „gesündere" Verhaltensnormen zu vermitteln. Als zentral gilt hierbei der Begriff des „Loslassens". Die mit diesem Modell verbundenen Zielsetzungen beziehen sich in erster Linie darauf, die Familie, etwa in Familienseminaren, davon zu überzeugen, daß sie mit ihrem bisherigen Verhalten (Kontrollversuche des Abhängigen) „gescheitert" ist und somit die Notwendigkeit einer Neuorientierung („Loslassen") auf der Hand liegt. Diese Vorgehensweise möchte ich als „pädagogisch" bezeichnen, ohne damit eine negative Wertung ihrer Bedeutung und Nützlichkeit zu verbinden.

(2) Für den strukturell und wachstumsorientiert arbeitenden Familientherapeuten wird es zunächst notwendig sein, im Sinne einer „Familiendiagnostik", die um das Symptom (das er als zentrales Organisationsprinzip der Familie versteht) konzentrierten Interaktionsmuster in der aktuellen Situation und hinsichtlich ihrer Geschichte zu ex-

plorieren. Er folgt weitgehend dem Modell, daß dem Symptom eine Bedeutung als ungeeigneter Lösungsversuch für familiäre Krisen (z. B. unbewältigte Ablösungsprozesse, unklare innerfamiliäre Grenzsetzungen) zukommt. Er setzt also – ähnlich wie der Suchtkrankentherapeut – der Selbstwahrnehmung der Familie eine „Diagnostik von außen" entgegen, die in der Regel verbunden ist mit klaren Zielsetzungen (z. B. Vollzug der Ablösung, Installation klarer Grenzen). Er versucht, mit der Umdeutung des Problems als Lösungsversuch eine positive Veränderungshaltung der Familie zu erzeugen und verfügt via Ausbildung über unterschiedliche Methoden zur Verdeutlichung familiärer Strukturen und Veränderungswünsche (z. B. Skulptur, Genogramm, Rollenspiel).

(3) Therapeuten, die systemisch-konstruktivistische Auffassungen vertreten, gehen ebenfalls davon aus, daß dem Symptom eine zentrale Bedeutung im familiären Kommunikationsprozeß zukommt. Anders als Suchtkranken- und Familientherapeuten sind sie jedoch in erster Linie daran interessiert, welche Bedeutung die Familienmitglieder selbst dem „Symptom" zuschreiben und wie diese Bedeutungsgebungen das „Problem" konstruieren. Systemisch-konstruktivistische Therapeuten gehen davon ab, eine objektive Beschreibung (Diagnostik) eines Systems liefern zu können („Kybernetik 2. Ordnung") und relativieren die Vorstellungen einer kontrollierten, gezielten Außen-Steuerbarkeit sozialer Systeme (vgl. die Artikel „Selbstorganisation", „Strukturdeterminismus", in: Böse und Schiepek 1989). Aus diesen Grundannahmen ergibt sich, daß der Therapeut durch entsprechende Angebote lediglich die Bedingungen für die Möglichkeit einer Veränderung herstellen kann, wobei „Veränderung" in erster Linie auf die Art der Wirklichkeits- (und damit Problem-)konstruktion bezogen wird. In der Arbeit mit sogenannten „Suchtfamilien" geschieht dies häufig dadurch, daß der Therapeut die bisherigen Denkmuster der Familie (z. B. bezüglich der Bipolarität „trocken – naß" oder des „Krankheitsmodells") durch Übertreibung, Provokation, Umdeutung oder Beschreibung der damit verbundenen Dilemmata zu perturbieren („verstören") versucht, um so die Möglichkeit einer Neuorganisation anzubieten.

4. Typische Integrations- und Rollenkonflikte

(1) Die Doppelfunktion des Therapeuten als Gruppen- und Familientherapeut führt zu einigen Problemen hinsichtlich des jeweils vertretenen Krankheitsmodells. So ist er zum einen gezwungen, das von

der Klinik vertretene Krankheitsmodell (so er sich im Team nicht gänzlich an den Rand stellen möchte) mitzutragen. Zum anderen wird er, je nach therapeutischer Ausrichtung, in der Arbeit mit der Familie die „Abhängigkeit" entweder systemisch-konstruktivistisch als „eine Möglichkeit der Verhaltensbewertung" nahelegen (und somit für nicht geringe Verwirrung in beiden Systemen sorgen) oder das Symptom familientherapeutisch als funktional für das familiäre Gleichgewicht umbewerten (möglicherweise sogar positiv konnotieren!) und gerät damit nicht nur in den Verdacht, das moralisch und gesellschaftlich positiv zu wertende Verhalten der nicht-süchtigen Familienmitglieder zu diskriminieren, sondern sieht sich auch mit erzürnten Kollegen konfrontiert, die ihm vorwerfen, den Patienten eine Legitimation ihres Suchtverhaltens an die Hand zu geben und somit den Prozeß der „Kapitulation vor dem Suchtmittel" zumindest zu verschleppen. Daß diese Einstellungen und Vorgehensweisen nicht auf die Arbeit mit Familien beschränkt bleiben, sondern auch in die Gruppentherapie, Fallbesprechungen und Teamdiskussionen einfließen, versteht sich von selbst. Auch die daraus entstehenden Auseinandersetzungen und möglichen Spannungen im Team sowie die Reaktion der Klinik- und Kostenträger auf das mögliche Infragestellen des Krankheitsmodells sind leicht vorstellbar. Da aber Familientherapeuten nichts mehr zuwider ist als „rigide oder geschlossene Systeme" und Systemtherapeuten sich mit Vorliebe dem Aufdecken der Verwechslungen von „Landkarte" und „Wirklichkeit" widmen und beide schließlich gelernt haben, soziale Systeme zu „handhaben", werden sie sich der Aufgabe zu stellen wissen, für ihre Modelle zu werben. Ob konstruktivistische Modelle allerdings sich soweit werden durchsetzen können, daß schließlich auch die Leistungsträger überzeugt sein werden, daß es sinnvoll ist, *so zu tun, als wäre* Abhängigkeit eine Krankheit, ist fraglich. Und ob dies die Rentenversicherungsträger dazu veranlassen würde, *so zu tun, als würden* sie uns bezahlen? (2) Bezogen auf die Zuschreibung der Verantwortlichkeit für die Veränderung befindet sich unser System- und Gruppentherapeut in einer zumindest doppelt ambivalenten Situation. So sieht er sich zum einen mit Familienmitgliedern konfrontiert, die von ihm das „richtige" therapeutische Verhalten erwarten, das dazu führt, daß der Abhängige mit dem Trinken aufhört. Andererseits hat er im Rahmen seiner Ausbildung in systemischer Therapie gelernt, daß er allenfalls die Macht besitzt, Veränderungen der individuellen und familiären Wirklichkeitskonstruktion durch Perturbation der „alten" Bilder zu *ermöglichen*, nicht aber die Richtung der Veränderung zu bestimmen. Bekennt er sich als Gruppentherapeut, im Einklang mit dem

Konzept der Klinik, zum Ziel der lebenslangen Abstinenz, so steht er vollends im systemischen Dilemma. Fügen wir — sozusagen als würzende Beigabe — noch hinzu, daß er als therapeutischer Mitarbeiter der Klinik auch für die Kontrolle der Einhaltung klinikinterner Regeln sowie die Sanktionierung von Regelverstößen zuständig ist, wird die Suppe, in der unser Systemtherapeut kocht, erst so richtig schmackhaft (oder versalzen?).

Natürlich könnte er sein eigenes Dilemma, versehen mit prägnanten Bildern oder Geschichten und verknüpft mit dem Eingeständnis eigener Hilflosigkeit, einfach an die Familie weitergeben, darauf hoffend, damit das richtige Maß an Perturbation getroffen zu haben, das der Familie, endlich vom Bild des allmächtigen Therapeuten befreit, ermöglicht, eigene Ressourcen zu entdecken und eine neue Konstruktion ihrer Wirklichkeit zu basteln. Würde es ihm dabei auch noch gelingen, seine eigene Hilflosigkeit mit jener der Familie gegenüber dem Suchtmittelkonsum des Abhängigen zu verknüpfen, so dürfte er berechtigter Weise erwarten, daß bei der familiären Neukonstruktion auch die Bedeutung der „Abhängigkeit" eine — wie auch immer — andere sein wird. Doch ich fürchte, es würde ihn auch weiterhin die Frage beschäftigen, ob es nicht doch bessere Möglichkeiten gibt, systemische Widersprüche zu nutzen.

Unseren wachstumsorientierten Kollegen plagen andere Dilemmata. Er weiß, daß er sowohl als Gruppen- wie als Familientherapeut nur die richtige Intervention finden muß, um die angestrebten Veränderungen zu erreichen. Möglicherweise fällt es ihm auch nicht immer leicht, „Anschluß" an das System zu finden und sich mit positiver Konnotierung dessen Kooperationsbereitschaft zu sichern, hierbei sollte ihm jedoch eine gute Supervision behilflich sein. Auch im Team ist er nicht so unbeliebt wie sein systemischer Kollege, da er das Therapieziel lebenslanger Abstinenz nicht durch geistige Höhenflüge (oder Bocksprünge?) in Frage stellt. Nur mit dem „Kontrollverlust" sowie der „Kapitulation vor dem Suchtmittel" hat er seine Schwierigkeiten. Wie soll er der Familie klar machen, daß das abhängige Familienglied zwar — als Zeichen seiner Krankheit — am „Kontrollverlust" leidet, gleichzeitig aber das Symptom „Trinken" lediglich Ausdruck familiärer Stagnationen und verfestigter, das Problem aufrechterhaltender Interaktionsmuster und Problemlöseversuche ist, wobei der „identifizierte Patient" nur die Rolle übernommen hat, auf diese Probleme aufmerksam und sie somit einer Veränderung zugänglich zu machen?

Setzt er sich mit seinen positiven Beschreibungen nicht doch vielleicht dem Verdacht aus, die Möglichkeit eines „normalen" Trinkens einzuführen, sofern die Funktion des „problematischen" Trinkens für das familiäre Gleichgewicht erst einmal aufgedeckt und beendet ist? Wie macht er der Familie klar, daß der „suchtfreie Zustand" keineswegs das Paradies auf Erden darstellt, sondern damit die Probleme für die Familie erst so richtig beginnen? Wie bringt er sie dazu, ihre Idealisierungstendenz (die zurückzuführen ist auf geleugnete Ambivalenzen und Ängste bezüglich des Wunsches nach Veränderung) zu erkennen und „aufzuarbeiten"? Oder sollten seine Interventionen nicht doch besser darauf abzielen, daß die Familie vor ihren bisherigen, untauglichen, Lösungsversuchen „kapituliert", ihre „Machtlosigkeit" gegenüber dem Abhängigen (und seinem Trinkverhalten) eingesteht und aufkeimende Kontrollversuche – analog zum individuellen Prozeß des Patienten – mit Hilfe von Selbsthilfegruppen dauerhaft (d. h. möglichst lebenslang) in Schach hält?

5. ABSCHLIESSENDE BEMERKUNGEN

(1) Familientherapie und systemische Therapie auf der einen, stationäre Suchtkrankentherapie auf der anderen Seite stehen sich nicht wertneutral gegenüber. So stellt für den Familientherapeuten beispielsweise schon die stationäre Aufnahme des Patienten eine Festschreibung problematischer Rollenverteilungen dar, während Suchtkrankentherapeuten in familientherapeutischen Modellen die Gefahr der „Verwässerung" ihrer Annahmen von Kapitulation und Kontrollverlust sehen. Noch markanter werden diese Differenzen, wenn systemische Therapeuten das für Suchtkliniken lebensnotwendige Krankheitsmodell in Frage stellen.

(2) Auch wenn es aus meiner Beschreibung typischer Integrationsprobleme nicht direkt ersichtlich ist, so bin ich doch davon überzeugt, daß eine Integration familientherapeutischer und systemischer Modelle im Kontext stationärer Suchtkrankentherapie, bei allen Schwierigkeiten, sinnvoll und möglich ist. Notwendige Voraussetzungen hierbei sind jedoch die gegenseitige Respektierung der Möglichkeiten und Vorzüge des jeweils anderen Modells sowie das Anerkennen der Begrenztheit und Modellhaftigkeit des jeweils eigenen.

Als Familien- und Systemtherapeuten sind wir häufig versucht, nicht nur zum „Retter der Familie", sondern auch zu dem des Kliniksystems werden zu wollen. So gerät eine notwendige und sinnvolle Auseinandersetzung mit dem Modell der stationären Suchtkrankentherapie leider allzu leicht zu einem „Krankheitsmodell" hinsichtlich der Klinik oder des Gesundheitssystems. Gerade systemische Therapeuten sollten sich davor hüten, durch Abwertungen und Pathologisierungen Veränderung erzeugen zu wollen. Als Beispiel wertschätzender Auseinandersetzung mit dem Konzept der „Machtlosigkeit" der Anonymen Alkoholiker aus systemischer Sicht möchte ich ausdrücklich auf Bateson (1971) verweisen.

Als weitere Voraussetzung für die Möglichkeit der Integration unterschiedlicher Modelle ist die prinzipielle Offenheit des Systems Klinik für neuere Ansätze und Ideen zu nennen. Familien- und insbesondere Systemtherapie lassen sich weder „von oben" verordnen noch „von unten" entgegen den Interessen der Klinikleitung durchsetzen. Wo diese Voraussetzungen nicht gegeben sind, wird, aus welchen konkreten Gründen im Einzelfall auch immer, eine Integration scheitern.

(3) Paradigmenwechsel lassen sich, so sie denn überhaupt stattfinden, in sozialen Systemen nicht von heute auf morgen etablieren. Sie sind das Ergebnis eines langen und konflikthaften Auseinandersetzungs- und Veränderungsprozesses. Dies gilt für Familien ebenso wie für Kliniken und erst recht für größere Systeme wie das „Gesundheitssystem". Zum gegenwärtigen Zeitpunkt finden, wie wir gesehen haben, in vielen Kliniken diese Auseinandersetzungen und erste Veränderungen statt. Ob und in welcher Form sich hierbei familientherapeutische und systemische Modelle etablieren können und wie dies zu bewerten sein wird, ist, denke ich, heute noch nicht zu beantworten.

Literatur

Bateson, G.: Die Kybernetik des Selbst: Eine Theorie des Alkoholismus. In: Bateson, G.: Ökologie des Geistes. Frankfurt 1985, S. 400 – 435

Bentrup, M.: Süchtige Kliniken? In: Gruppenpsychotherapie und Gruppendynamik 27/1991, S. 178 – 185

Blackwell, R.D.; Wilkins, M.P.J.: Systemische Therapie in Institutionen, die Probleme aufrechterhalten. In: Zeitschrift für systemische Therapie 5/1984, S. 17 – 28

Böse, R.; Schiepek, G.: Systemische Theorie und Therapie. Ein Handwörterbuch. Heidelberg 1989

Deissler, K. G.; Schug, R.; Jänicke, U.: Systemische Therapie im psychiatrischen Kontext. In: Zeitschrift für systemische Therapie 1/1992, S. 30 – 45

Efran, J.S.; Heffner, K.P.; Lukens, R.J.: Alkoholismus als Auffassungssache – Struktur-Determinismus und Trinkprobleme. In: Zeitschrift für systemische Therapie 3/1988, S. 180 – 191

Erbach, F.; Richelshagen, K.: Isomorphe Strukturen im Kontext der Suchthilfe. In: Familiendynamik 1/1989, S. 27 – 46

Fischer, M.: Unveröffentlichtes Konzept zum Pilotprojekt „Regionale systemische Familientherapie in der Suchtfachklinik." Darscheid 1988

Frick, U.; Kurz-Adam, M.; Fichter, M.: Zum Zusammenhang von Alkoholismus und Familienklima: Anmerkungen zu Problemen der Familientherapie. In: Drogalkohol 1/92, S. 5 – 19

Haley, J.: Warum ein psychiatrisches Krankenhaus Familientherapie vermeiden sollte. In: Kontext 2/1980, S. 76 – 95

Schmidt, G.: Beziehungsmuster und Glaubenssysteme bei Kindern von Suchtpatienten – eine systemische Betrachtung. In: Jutta Brakhoff (Hrsg.): Kinder von Suchtkranken. Freiburg 1987, S. 25 – 78

Schmidt, G.: Rückfälle von als suchtkrank diagnostizierten Patienten aus systemischer Sicht. In: Joachim Körkel (Hrsg.): Der Rückfall des Suchtkranken. Berlin, Heidelberg 1988, S. 175 – 213

Steinglass, P.: Family systems approaches to alcoholism. In: Jornal of Substance Abuse Treatment 2/1985, S. 161 – 167

Strieder, Franz: Die Fachklinik Bad Tönisstein und das „Minnesota-Modell". In: Funke, W.; Siemon, W. (Hrsg.): Bad Tönissteiner Blätter 1/2/1989, S. 51 – 60

Unveröffentlichtes Therapiekonzept der Fachklinik Thommener Höhe, Darscheid

Stationäre Arbeit mit jungen Drogenabhängigen

Wilfried Huck

Ein angemessenes pädagogisches und therapeutisches Handlungskonzept für eine Drogeneinrichtung mit jungen Klienten setzt die Beschäftigung damit voraus, wie die individuelle familiäre und gesellschaftliche Situation von Jugendlichen heute ist. Erst dann ist zu verstehen, wieso sie vermehrt auf Drogen als Lebensbewältigungsstrategie zurückgreifen. Wenn unsere Konzepte und Umgangsweisen wirksam werden sollen, müssen wir die Jugendlichen *dort abholen, wo sie sich befinden.* Einige *Schlaglichter* auf die momentane Situation: Zur Zeit überschwemmt eine massive *Drogenflut* die Bundesrepublik. Ein reichhaltiges Angebot läßt die Preise sinken. Die Konsumenten haben deshalb kaum mehr Ausfallzeiten und können vermehrt auf unterschiedliche Drogen zurückgreifen. Selbst langjährige Rauschgiftkonsumenten verschätzen sich immer häufiger in der Dosis, da im Gegensatz zu früher sehr reines und damit wirksames Heroin angeboten wird. Auffallend ist gerade in letzter Zeit, wie schnell gerade junge Drogenabhängige sich innerhalb kurzer Zeit hochdosieren (bis zu zwei Gramm Heroin pro Tag mit mehrfachen Nofallbehandlungen), was ich in dieser Form in den vergangenen Jahren nicht beobachtet habe.

Immer mehr *Horrorfilme* sind auf dem Video-Markt für Jugendliche verfügbar, und damit ist jederzeit die Lust am Grauen verfügbar. Fast alle jungen Patienten haben Erfahrungen mit Horror- und Gewalt-Videos, was für uns zum Anlaß hatte, sich mit dem Medium Video und Fernsehen im stationären Alltag stärker auseinanderzusetzen.

Die meisten Jugendlichen unserer Einrichtung hatten und haben *extreme Schulprobleme*, weil sie in der Vergangenheit mit den Leistungsanforderungen nicht klar kamen oder diese verweigerten. Ein hoher Prozentsatz hat keinen Schulabschluß. Viele gingen schon von der 7. bzw. 8. Klasse der Hauptschule ab. Zahlreiche Jugendliche haben offensichtlich, legt man die erhobenen Intelligenztests zugrunde, die Voraussetzungen der Schule nicht erfüllt und hätten sicherlich eine wesentlich bessere Förderung in einer anderen Schulform erhalten können. Nach einer Studie von Hurrelmann und Nordlohne benutzen Jugendliche zunehmend die legalen Drogen Alkohol, Arzneimittel und Zigaretten regelmäßig zum Konflikt- und Spannungsausgleich. So ist die Zahl der Trinker von 2 % bei den 12jährigen auf 17 % bei den 16jährigen Schülern angewachsen. Auch die Einnahme von Medikamenten, vor allem Schmerz- und Anregungsmitteln, signalisiert das Bemühen Jugendlicher, steigenden Belastungssituationen gerecht zu werden. Auf diese Art und Weise versuchen sie, ihre schulische Leistungsfähigkeit zu steigern. Die Hälfte der Arzneimittel werden dieser Studie zufolge ohne ärztlichen Rat eingenommen, man spricht deshalb auch von „Doping in Eigenregie".

Viele der Jugendlichen, die in den letzten Jahren zu uns kamen, kamen in hohem Maße aus *unvollständigen Familien,* die Eltern waren geschieden oder ein Elternteil verstorben. Zum Teil bestanden erhebliche Suchtprobleme auch bei den Eltern. Die Entwicklungsbedingungen in der frühen Kindheit waren nicht selten erheblich belastet.

Für viele Jugendliche stellt die *Langeweile* ein kaum zu bewältigendes Problem dar. Die meisten „Kids" streben orientierungslos vor allem nach Partys und „easylife". Das „outfit" wird immer wichtiger. Dementsprechend wird bedenkenlos gestohlen, was man für notwendig erachtet oder konsumieren möchte. Die Jugendlichen haben die Edelmarkenkleidung der anderen vor Augen, die Werbung für unbeschwertes Leben im Ohr, aber sie haben nicht genügend eigenes Geld. Ihre Religion ist der Konsum. Sie sehen nichts mehr, dem sie nacheifern können. Ansprüche und Wirklichkeit klaffen extrem auseinander. Die „optische Revolution" (Fernsehen und Video) macht für sie Illusionsbilder immer zugänglicher, aber die Jugendlichen spüren auch ihre Leere, ihr Leben kreist häufig nur noch um technische Fertigkeiten oder um Konsumrausch.

Diese wenigen Beispiele sollen zeigen, daß es notwendig ist, den *psychosozialen Hintergrund* der Drogenabhängigkeit mit ihren verschiedenen „Gestalten und Wandlungen" zu verstehen. Drogenabhängige sind in vielerlei Hinsicht so etwas wie der „Brennspiegel unserer Gesellschaft". Hier kündigen sich Veränderungen schneller und heftiger an. Ich denke, daß wir uns heute wieder in einer *Umbruchphase* befinden. Es zeigt sich gewissermaßen ein „Gestaltwandel". Die vor Jahren prognostizierte Kokain-Welle ist inzwischen auch im stationären Drogenbereich und auch schon bei den jüngeren Patienten angekommen. Vor zwei Jahren grassierte an den US-amerikanischen Schulen eine massive Anabolika-Sucht. Befragt man Jugendliche, so wird auch deutlich, daß sie vereinzelt solche Stoffe probiert haben. Dies paßt auch zu der Entwicklung, daß das „outfit" und das „bodystyling" immer wichtiger werden. Vor einiger Zeit breitete sich in New York eine Cyberpunk-Bewegung aus, d. h. die Verbindung von

Computer- und Drogensucht, daß man nur noch das Gerät und die Droge als Beziehungspartner braucht. Kürzlich wurde davon berichtet, daß in New York das Ketamin, ein Tierberuhigungsmittel, das extreme Kräfte freisetzt, aber auch starke halluzinatorische Effekte hat, in zunehmendem Maße benutzt wird. Ich will damit nicht sagen, daß alles, was in den USA sich entwickelt, auch auf uns zukommt. Das sah man etwa bei der Droge „Crack". Aber ich bin der Meinung, daß man sich gerade auf solche Entwicklungen immer wieder einstellen sollte.

Der *Blick allein* auf die Art der Drogen mit ihrer „Glitzer-Glimmer-Fassade" hätte jedoch zur Folge, daß wir uns nur mit der Spitze des Eisbergs beschäftigten. Wichtiger erscheint mir, und dies zeigen die Erfahrungen der Vergangenheit, daß wir uns davon nicht blenden lassen, sondern eher verstehen sollten, wie die *typischen Suchtmuster und Regeln* und Beziehungskonstellationen immer wieder neu in Szene gesetzt werden, was sich letztendlich hinter der Kulisse der „Suchtorganisation" gerade bei jungen Patienten verbirgt.

Wie bei allen anderen Drogenpatienten ist das Erleben, Empfinden und Verhalten von den Erfahrungen in der Drogenszene und den daraus resultierenden Verhaltensmustern sowie vom Drogenerleben selbst geprägt. Dieser Lebensstil hat eine ungeheure Faszination. Das Streben nach unmittelbarer Bedürfnisbefriedigung steht an oberster Stelle. Alle Patienten zeigen eine mangelnde Frustrationstoleranz, ein negatives Selbstbild, die Unfähigkeit, Ziele für sich zu definieren und diese umzusetzen, eine deutliche Perspektivlosigkeit und erhebliche „Zweifelsucht" im Hinblick auf die Zukunft. Aber gerade die Therapie mit *jüngeren* Drogenkonsumenten, die aufgrund unserer kinder- und jugendpsychiatrischen Ausrichtung wesentlich häufiger bei uns als in anderen Suchteinrichtungen vorgestellt werden, stößt auf *altersspezifische Probleme*, zu deren Überwindung es anderer Vorgehensweisen und konzeptioneller Überlegungen bedarf, als im Umgang mit wesentlich älteren polytoxikomanen Klienten.

Schon einmal, im Jahre 1985, ging man in einer Langzeitstudie am Beispiel „Hammer Modell" der Frage nach: Wodurch unterscheiden sich die jungen Drogenkonsumenten (bis zum Alter von 18 Jahren) von den älteren Patienten? Gibt es Unterschiede in der Art ihres Drogenkonsums, ihrer familiären Verhältnisse, ihrer sozialen Situation und im Hinblick auf ihren Therapieverlauf?

In dieser Langzeitstudie wurde festgestellt, daß das *Durchschnittsalter* der sehr jungen Drogenkonsumenten in unserer Abteilung bei ca. 15 1/2 Jahren lag (im Moment 17 Jahre). Ihr Anteil an der Gesamtzahl der Drogenpatienten betrug etwa ein Viertel (dies ist auch im Moment in etwa der prozentuale Anteil). Die jungen Patienten hatten in der damaligen Studie *geringere Opiaterfahrungen* als die älteren. Ihre *Einstiegsdroge* war neben Cannabis-Produkten Alkohol und Amphetamine. Sowohl der Einstieg als auch die Praxis wurde bei den jungen Drogenkonsumenten in relativ hohem Maße mit illegalen Drogen vollzogen. Schnüffelstoffe wurden nicht so häufig benutzt, wie es in einer Berliner Studie von Altenkirch beschrieben worden ist.

Deutliche Unterschiede gab es im *Kontext*, in dem der Einstieg in *harte Drogen* erfolgte. Dieser geschah überwiegend in einer Gruppe, d. h. das gruppengeleitete Neugierverhalten, das für den Einstieg in „weiche Drogen" für alle typisch ist, hielt sich bei den jungen Patienten auch für „harte Drogen". Der Umstieg von „weichen auf harte Drogen" erfolgte *schneller*. Sie fingen früher und massiver an, aber sie kamen auch nach einer kürzeren Zeitspanne in die Therapie. So erleben wir immer mehr Patienten, die innerhalb eines Jahres sich auf eine Menge von zwei Gramm hochdosiert haben, wobei es dann auch nicht verwunderlich ist, daß bisweilen mehrfache intensiv-medizinische Betreuung notwendig war. Dieser Prozeß hat sicher auch damit zu tun, daß sie frühzeitig zu Botengängen der Profi-Dealer herangezogen wurden, daß das Geld, das sie umsetzten, allenfalls nur für den Stoff reichte, und der Kreislauf Stricherfahrung, Stehlen und Dealen sie schneller verwahrlosen ließ, als ältere Drogenkonsumenten. Hinzu kommt sicherlich, daß die Bedingungen der Drogenszene insgesamt im Vergleich zu früheren Jahren härter geworden sind. Zumeist werden mehrere Drogen gleichzeitig konsumiert. Die früher schon vorhandenen massiven Störungen der psychosozialen Entwicklung potenzieren sich. Die jungen Patienten zeichnen sich – wie schon erwähnt – durch einen besonders risikofreudigen und durch Erlebnishunger gekennzeichneten Lebensstil aus. Auf viele jungen Patienten übt die Drogenszene auch zur Zeit ihres Therapiebeginns einen ungeheuren Reiz aus. Ihre Entscheidung auf einen Therapieplatz ist häufig durch gerichtliche Auflagen beeinflußt. Die Angst vor weiterer Strafverfolgung verfliegt jedoch recht bald, wenn sie mit dem normalen Therapiealltag konfrontiert sind. Gerade bei diesen Jugendlichen ist mit einer hohen Abbruchquote zu rechnen. Diese Probleme des Weglaufens und des Trebegängertums machen dann häufig eine andere Form der Kooperation mit Eltern oder Vertretern etwa der Jugendhilfe notwendig.

Sofern die Familie in den therapeutischen Prozeß miteinbezogen werden kann, geschieht dies schon früh, vor allem, um dem Weglaufen und Trebegängertum entgegenzuwirken. Gerade die Einbeziehung der Familie oder relevanter Bezugspersonen, sofern vorhanden, hat dazu geführt, daß wir die *spezifischen Suchtmuster, Interaktionen und Regeln* besser verstanden haben. Wir glauben, daß wir so weniger Gefahr laufen, den ständigen Verführungsstrategien und destruktiven Impulsen der jungen Drogenpatienten zu erliegen. Ihre Versuche, ständig Verwirrung und Spaltung in das Team zu bringen, bergen die Gefahr, daß es zu einer Abbildung familiärer Organisationsmuster und Regeln auf der Ebene des Teams kommt. Auffällig ist trotz des häufigen Weglaufens, daß die Patienten meist in einer sehr engen Bindung zu ihrer Herkunftsfamilie stehen, auch wenn sie scheinbar äußerlich immer wieder stark dagegen opponieren.

Das Wichtigste gerade bei jungen Patienten ist, sie dort abzuholen, wo sie wirklich auch sind. Es sind ja gerade Menschen, die wenig dem abgewinnen können, was die Erwachsenen ihnen bisher vermittelt haben. Sie haben einfach „keinen Bock" auf dieses in ihren Augen spießerhafte Leben. Sie sind ständig auf der Suche nach einem neuen „Kick", nach neuen Reizen, um die Öde, Langeweile und Perspektivlosigkeit ihres Lebens auszufüllen.

Dementsprechend ist ein therapeutisches Setting schnell zum Scheitern verurteilt, das nicht ein *attraktives Angebot* zu bieten hat, das nicht analog dem diffusen und grenzenlosen Elternsystem funktioniert, wo Spaltung und Intrigen häufig das Familienklima beherrschen und lähmen. Unter „Attraktivität" verstehe ich nicht ein auf Konsum hin orientiertes Angebot, sondern *Alternativen* zum bisher Erlebten. Es geht gewissermaßen um ein *Gegenmodell* zum Suchtprozeß und damit um Sinnfindung, Definition von Zielen, für die es sich lohnt zu leben, etwa einen Schulabschluß zu erreichen, um damit ein „Einstiegsbillett" in unsere Gesellschaft zu bekommen und die eigenen Fähigkeiten neu oder anders zu entdecken.

Gerade in dieser Alltagsgruppe befinden sich die Jugendlichen in einer Lebensphase der Ablösung, in der das Lernen von Selbstverantwortlichkeit in allen Bereichen an oberster Stelle steht. Insofern sind die Gruppen- und Einzeltherapie gerade dahingehend ausgelegt, diese beiden Möglichkeiten als Trainingsfelder aktueller Lösungsschritte zu benutzen, die dann auch im Familiengespräch zum Tragen kommen können. Gerade bei jungen Patienten haben wir die Erfahrung gemacht, daß Rollenspiele besonders geeignet sind, um Fragen zu thematisieren, die sie im Moment beschäftigen und aus diesen Rollenspielen heraus Handlungsschritte abzuleiten. Wesentlich stärker als bei älteren Patienten geht es dabei um aktuelle Probleme. Die Aufarbeitung frühkindlicher Erfahrungen geschieht meist wesentlich später als bei älteren Patienten. Vieles läuft über erlebnispädagogische Maßnahmen. Kreativprojekte erhalten in unserer Arbeit einen zunehmend größeren Stellenwert. Auch sind für die jüngeren Patienten Einzelmaßnahmen im Freizeitbereich wesentlich häufiger vorgesehen, einzelne Patienten unternehmen etwa für einen ganzen Tag mit einem Mitarbeiter eine Fahrradtour. In der Zwischenzeit besuche ich fast mit jedem Patienten seine Heimat, nicht unbedingt die Familie, aber doch sein familiäres Umfeld. Die Besuche meist in der Mitte der Therapie haben häufig die Funktion, in „nüchternem Zustand" das bisherige Umfeld zu erleben und relevante Bezugspersonen zu besuchen. Meist erleichtern diese Besuche dem Patienten, eine innere Umentscheidung vorzunehmen. Häufig leiten sie einen Abschiedsprozeß ein, verbunden mit dem Wunsch, sich stärker in Hamm und Umgebung zu plazieren und die dort vorhandenen Freizeit-, schulischen und beruflichen Möglichkeiten zu nutzen.

Wir haben die Erfahrung gemacht, daß gerade jüngere Patienten eine wesentlich *längere Verweildauer* brauchen. Das Tempo ihrer Entwicklung ist ein anderes, viele Zwischenschritte sind notwendig. So werden im Arbeitsbereich Belastungserprobungen durchgeführt, um überhaupt realistische Entscheidungen für die Zukunft treffen zu können. Im *schulischen Bereich* haben wir in den letzten Jahren Schulvorbereitungskurse eingeführt (2 x in der Woche), um die jungen Drogenabhängigen mit erheblichen schulischen Defiziten auf einen regelmäßigen Schulbesuch vorzubereiten. Die schulische Betreuung erfolgt dann in dem uns angeschlossenen Rehabilitationswohnheim. Wichtig ist es, gerade die jungen Patienten zu ermutigen, an ihrer schulischen und beruflichen Perspektive festzuhalten und Einbrüche immer wieder aufzufangen.

Gerade weil es im therapeutischen Prozeß in erster Linie um das Selbständigwerden geht, muß der junge Drogenpatient eine Menge dafür tun, seine Freiheitsspielräume zu erweitern. Es wird ihm nichts geschenkt, sondern letztendlich muß er durch sein Verhalten sich seinen Freiheitsspielraum erst verdienen. Der Kampf um Freiheitsspielräume, die am Anfang natürlich sehr eng gefaßt sind, gelingt nur, wenn wir als Team uns einig sind, uns eindeutig verhalten und uns nicht in gute und böse, gewährende und überkontrollierende Mitarbeiter aufspalten lassen. Es ist immer wieder notwendig, eine Balance zu schaffen zwischen Kontrollmaßnahmen, die am Beginn der Behandlung notwendig sind, und Maßnahmen, welche die Autonomie der Patienten fördern. Dies setzt im Team einen ständigen Informationsaustausch voraus. Indem wir uns nicht von Gefühlen wie Angst, Mißtrauen, Verzweiflung oder Haß destabilisieren und verwirren lassen, machen die Patienten die Erfahrung, daß ihre

Gefühle verstanden werden, sie also ertragbar und nicht zerstörerisch sind.

Gerade bei den jüngeren Patienten sind wir in den letzten Jahren dazu übergegangen, uns mit den verschiedensten Institutionen, den zuweisenden Stellen zu Beginn der Behandlung an einen Tisch zu setzen, um *eindeutige Rahmenbedingungen* auszuhalten. Die jüngeren Patienten besitzen häufig wenig Einsicht in die eigene Gefährdung, und sie neigen in einem hohen Maße dazu, bei den geringsten Anforderungen und Belastungen wegzulaufen. Hier kann nicht wie bei älteren Drogenkonsumenten eine Entscheidung herbeigeführt werden im Sinne von „entscheide dich, ob du bleibst oder nicht", sondern es muß ihnen − auch mit Hilfe der Eltern oder der zuweisenden Institution − klargemacht werden, daß Weglaufen an ihrer Situation nichts ändert. Dies erfordert ein hohes Maß an Geduld und Ausdauer. Häufig erleben wir jedoch, daß gerade jüngere Drogenkonsumenten nochmals „abstürzen müssen", so bitter dies auch klingt, und eine „neue Schleife" über Gefängnis oder Psychiatrie erfahren müssen, bis sie die Hilfeangebote − und dabei meine ich nicht nur stationäre − als hilfreich erleben können.

Insofern haben wir die Erfahrung gemacht, daß die *Aufnahmephase* die entscheidende ist. In ihr geht es darum, therapeutische Rahmenbedingungen und Behandlungspläne klar zu formulieren, Kontakt aufzubauen, gewissermaßen „Haltetechniken" zu entwickeln, Sicherheit zu geben und früh Alternativen zu entwickeln, damit es nicht binnen kurzer Zeit zu Abbrüchen kommt. Wenn dennoch Abbrüche erfolgen, ist es wichtig, nicht analog dem Familiensystem in ein Ausgrenzungsmuster zu verfallen, sondern auch zu einer schnellen Wiederaufnahme bereit zu sein.

Wir haben inzwischen gelernt, es bereits als Erfolg anzusehen, daß die Klienten wiederholt Gelegenheit hatten, eine drogenfreie Zeit zu erleben. Sie haben dabei möglicherweise Erfahrungen gemacht, auf die sie später aufbauen können, etwa daß Bindungen trotz ambivalenter Gefühle möglich sind oder man sich selbst wichtig sein darf.

Die Einbeziehung der Partner in der stationären Verhaltenstherapie

Ralf Schneider

Die Verhaltenstherapie bei Personen mit Störungen durch psychotrope Substanzen schließt alle grundlegenden Bedingungs- und Funktionsebenen ein, die biologische, die psychische und soziale Ebene. Die Ebene der sozialen Bedingungen und Funktionen bezieht sich auf den gesamten sozialen Kontext, in dem das Individuum lebt (vgl. Hunt & Azrin 1978). Unter den sozialen Bedingungen spielt die Familie eine herausragende Rolle, und zwar nicht nur für die Genese und Verfestigung der Störung, sondern auch für deren Änderung und Stabilisierung.

Das Spektrum therapeutischer Arbeitsformen mit Familien und Angehörigen reicht prinzipiell von der Primärprävention im Hinblick auf Probleme der Kinder bis zur Hilfe bei der Ablösung aus änderungsresistenten, schädigenden Beziehungen. Die Verhaltenstherapie ist dabei dem Prinzip der Minimalintervention verpflichtet. Die Fähigkeit des Patienten wie der ganzen Familie, sich zu verändern, soll durch einen gezielten und begrenzten Einsatz von Therapie gestützt und nicht durch massive Interventionen geschwächt werden. Der Therapeut ist bestrebt, sich nicht als besserer Mensch oder kompetenterer Problemlöser zwischen den Familienmitgliedern ins Spiel zu bringen, sondern wird im Fall der Eltern-Kind-Beziehung primär mit den Eltern daran arbeiten, daß diese möglichst selbst mit ihren Kindern die notwendigen Änderungen herbeiführen.

Im folgenden soll das Vorgehen der Verhaltenstherapie in der Arbeit mit Angehörigen beispielhaft an der Einbeziehung von Partnern in die stationäre Arbeit dargestellt werden.

1. AUSGANGSPOSITION: EMPIRISCHE BEFUNDE

Es gilt heute als unbestritten, daß die soziale Integration eine große Bedeutung für die Stabilisierung der Abstinenz und damit an der Rehabilitation Suchtkranker besitzt. Neben der Arbeit und der Zeitstrukturierung kommen dabei der Familie und der Partnerschaft eine besondere Bedeutung zu. Alle Katamnesen zeigen, daß Partnerschaft in der Regel ein Stabilisierungs- und kein Risikofaktor für die Abstinenz ist (s. z. B. Süss 1987) und eine intensive Einbeziehung der Angehörigen in die Therapie zu einer größeren Erfolgsquote führt (Küfner / Feuerlein 1989). Wenn es auch von dieser Regel manche Ausnahme geben wird, so ist der Therapeut doch grundsätzlich gut beraten, wenn er die Partnerschaft als unterstützend und nicht als gefährdend für den Therapieverlauf und die Abstinenz betrachtet.

Neben der grundsätzlich positiven Seite der Partnerschaft ist aber auch wiederholt festgestellt worden, zuletzt dokumentiert in dem Buch von Fichter & Frick (1992), daß sich die partnerschaftliche Situation ein halbes Jahr nach Therapieende verschlechtert, und zwar unabhängig davon, ob der Partner in die Behandlung einbezogen war oder nicht. Es wird sicherlich noch weiter geforscht werden, inwieweit sich dieses Tief vermeiden läßt. Vorerst aber dürfte ein Therapeut gut beraten sein, wenn er davon ausgeht, daß sich aufgrund der Anpassungsprozesse der Familie ein solches Tief nach der stationären Phase nahezu unvermeidlich einstellt und alle Beteiligten darauf gefaßt sein sollten, ohne gleich in Resignation zu verfallen. Therapeutische Maßnahmen im Bereich der Partnerschaft und Familie sollten deshalb prinzipiell eher ambulant, langfristig und in größeren Abständen oder stationär im Sinne einer Intervalltherapie angelegt sein.

Hinweise darauf, auf welche Themenbereiche sich derartige Partnerschaftsprobleme im besonderen Maße erstrecken, hat Fahrner (1990) gefunden. In einer Befragung von Partnerinnen von Alkoholabhängigen nach der Therapie wurden folgende Themen herausgearbeitet, die sich auf die Lebenszufriedenheit und Partnerschaft in der poststationären Zeit problematisch auswirken:

(1) starke Verantwortungsübernahme durch den Partner des Alkoholikers
(2) Angst vor Rückfall
(3) Probleme der Kommunikation (Gedanken und Gefühle austauschen, gemeinsame Pläne schmieden, über das Tagesgeschehen sprechen; nicht: Streit und Auseinandersetzungen!)
(4) mangelnde Zärtlichkeit
(5) Sexualstörungen
(6) psychosomatische Beschwerden
(7) Erziehungsprobleme mit Kindern

Ein Therapeut solle sich nach Auffassung der weiblichen Partner auf diese Themen einstellen und vorbereiten. In einem pädagogisch orientierten Ansatz könnten Informationen mit dem Ziel vermittelt werden, die Bereitschaft zur Bearbeitung dieser Themen und die Hoffnung auf eine Änderung zu fördern. Zumindest geben die Befunde von Fahrner aber die Anregung, die Partner aktiv mit diesen Problembereichen zu konfrontieren, weil sie ansonsten während der stationären Therapiephase gerne ausgeblendet oder in ihrer Bedeutung heruntergespielt werden. Dies gilt insbesondere für die männlichen Patienten. Frauen, die erfahrungsgemäß häufiger angeben, wegen Partnerproblemen getrunken zu haben, sind wegen der negativen Auswirkungen ihres Trinkens auf die Partnerschaft (Funke 1992) auch stärker an Partnerarbeit interessiert.

In der Praxis müssen solche Pauschalierungen weiter differenziert werden. Es zeigt sich denn auch, daß Alkoholiker und ihre Partner Gesprächsgruppen sehr verschieden aufgeschlossen gegenüberstehen. Dies mag zwar zum einen seinen Grund darin haben, daß die angesprochenen Themen nicht für jedes Paar relevant sind, zum anderen sind aber auch manche Patienten wie Partner von vornherein unterschiedlich interessiert und motiviert (Funke 1992). In der Unterteilung von Partnerinnen von Alkoholikern durch Burnautzki, Linke und Schulz (1980) wird das gut deutlich. Diese Studie war ursprünglich darauf angelegt, verschiedene Theorien über Partnerinnen von Alkoholikern einer Prüfung zu unterziehen. Entgegen den in der Literatur bestehenden Angaben hatten nur wenige der untersuchten Frauen Erfahrungen mit alkoholabhängigen Bezugspersonen in der Herkunftsfamilie oder in früheren Partnerschaften. Es zeigte sich zudem, daß nur wenige Männer erwähnenswert jünger als ihre Partnerinnen waren. Und nur bei ungefähr 18 Prozent der Partner bestand die Alkoholproblematik schon zum Zeitpunkt des Kennenlernens. Es ergaben sich zwar auch in dieser Studie deutliche Hinweise auf dominante Verhaltensweisen der Frauen, jedoch standen diese nicht in Übereinstimmung mit ihrer Persönlichkeit. Dieses Ergebnis wird so interpretiert, daß sich die Dominanz lediglich auf der Handlungsebene abspielt, weil sie erst als Reaktion auf die Anforderungen in der Partnerschaft interaktionell notwendig geworden ist.

Die von Burnautzki et. al. vorgenommene Typologie in sechs Gruppen (s. Abb. 1, S. 196) scheint in Hinblick auf die Zielformulierung der parnterschaftsorientierten Therapiemaßnahmen und die sinnvollerweise an die Partner zu stellenden Entwicklungserwartungen sehr nützlich zu sein. Aus ihr kann man die Schlußfolgerung ziehen, daß Paargruppen gezielt zusammengestellt werden sollten, oder daß der Therapeut auf alle Fälle vor einer Gruppenarbeit die Paare einzeln sehen sollte, um die Indikation zu stellen. So würde es sich zum Beispiel anbieten, Partner und die zugehörigen Patienten aus den Gruppen 2 und 6 zusammenzufassen und getrennt von den Gruppen 1, 3, 4 und 5 zu behandeln. Bei den zufriedenen, gleichberechtigten jungen

Abb. 1: *Sechs Gruppen von Partnerinnen (nach Burnautzki, Linke und Schulz):*

(1) *Die „unzufriedenen, sozial isolierten" Frauen (16,5 Prozent)* – die jüngste Gruppe – haben kaum Sozialkontakte und waren sehr unzufrieden mit ihrer Partnerschaft. Diese Partnerinnen sind *stark depressiv*, zeigen jedoch kaum körperliche Symptome.

(2) *Die Frauen, die „sich mit ihrer Situation abgefunden haben" (20,5 Prozent)*, fallen außer durch ihr Alter – *älteste Gruppe* – nicht besonders auf. Lediglich in einigen Aspekten der Partnerschaft sind leicht negative Abweichungen von der Gesamtgruppe zu verzeichnen.

(3) *Die „starken" Frauen (11,0 Prozent)* mittleren Alters organisieren das Familienleben größtenteils alleine und *beurteilen ihre Partnerbeziehung sehr negativ*. Dennoch beschreiben sie sich hinsichtlich ihrer psychischen, körperlichen und sozialen Merkmale sehr positiv.

(4) Kennzeichnend für *„die psychisch instabilen" Partnerinnen (13,4 Prozent)* – mittlere Altersgruppe – sind besonders ihre *hohen Depressivitätswerte und Beschwerden*. Die Partnerschaft wird von diesen Frauen teils positiv, teils negativ bewertet.

(5) *Die „zufriedenen, gleichberechtigten" jungen Frauen (15,7 Prozent)* beschreiben ihre Partnerbeziehungen nahezu durchgängig positiv, und auch die Aufgabenverteilung ist bei diesen Paaren gemeinschaftlich geregelt.

(6) *Die „ausgeglichenen" älteren Partnerinnen (22,8 Prozent)* haben tendenziell weniger Beschwerden und häufiger Sozialkontakte als die Gesamtgruppe. Hinsichtlich der Partnerbeziehung läßt sich ein eher partnerschaftlicher Umgang feststellen.

Frauen, die mit ihrer Partnerbeziehung noch durchgängig positive Erfahrungen gemacht haben, wäre die Beteiligung an einer Gruppe wahrscheinlich kontraindiziert, es sei denn, man könnte aus diesem Personenkreis eine gesonderte Therapiegruppe zusammenstellen. Dasselbe gilt für hoch problematische Paare, die mit ihren Schwierigkeiten leicht alle Aufmerksamkeit auf sich lenken oder sogar bei den anderen Paaren Angst und Ablehnung auslösen, was vom Therapeuten oft nur schwer zu handhaben ist.

Verwertbare Ergebnisse zum Zusammenhang zwischen Ehequalität und Abstinenz sind rar. Zwar wird von langfristig abstinentlebenden ehemaligen Patienten eine gute Partnerschaft häufig als stabilisierendes Element genannt, aber die Kriterien dürften dabei recht breit gestreut sein. Therapeuten haben ohnehin tolerant für verschiedene Anschauungen bezüglich der „richtigen" Lebensweise zu sein, aber da speziell im Partnerschaftsbereich noch immer gelegentlich ideologische Glaubenskriege darüber toben, wer (mit welchem Sternzeichen) zu wem paßt, wie und wie oft man richtig streitet, wie man Aussprachen führen sollte und in welchem Ausmaß man wie seine Gefühle und Meinungen zu äußern habe, sei doch an dieser Stelle betont, daß ein Therapeut viele Arten von Ehearrangements als lebbar und individuell „richtig" akzeptieren sollte. Er muß sich darüber klar sein, daß er sich bisher weder auf die Sicherung des grundlegenden Therapiezieles „Abstinenz" noch auf viele empirisch gesicherte Ergebnisse zu den Qualitäten einer „guten" Partnerschaft berufen kann, wenn er so etwas wie eine Nachschulung in Partnerschaft als Therapiemaßnahme durchführt.

Partnerschaften sind nicht nur psychologisch, sondern auch sozial und kulturell determiniert. Das erschwert die Übertragung mancher Ergebnisse aus der Forschung in die Praxis zusätzlich. Wenn man etwa alte Ehepaare danach befragt, was die Stabilität und Qualität ihrer Ehe ausgemacht habe, dann beziehen sich die psychologisch formulierten Antworten unter Umständen auf die gesellschaftliche Situation von vor 50 Jahren. Dieselben Verhaltensweisen und Eigenschaften, die bei diesen Paaren zu Zufriedenheit und Glück geführt haben, müssen heute nicht unbedingt dasselbe bewirken. Trotzdem sollte man sich der Überzeugung älterer Ehepaare zur Zufriedenheit und Stabilität in der Ehe nicht verschließen, gerade wenn sie mancher modernen „therapeutischen" Auffassung oder Wunschvorstellung widersprechen mag. Lauer & Lauer (1985) stellen sieben Überzeugungen als Merkmale langdauernder, glücklicher Ehen heraus, die sich in ihren Befragungen herauskristallisiert haben:

(1) Im Partner den besten Freund sehen und ihn als „Person" schätzen.

(2) Füreinander dasein, sich um das Wohlbefinden des anderen sorgen, mehr geben als man bekommt.

(3) Offen und vertrauenswürdig sein und das Leben nicht pessimistisch und düster sehen.

(4) Die Ehe als lebenslange Bindung auffassen: Die Ehe ist eine Aufgabe, die einem etwas abverlangt und die man auch bei Schwierigkeiten nicht aufgibt.

(5) Untreue gilt als unakzeptabel (obwohl sie dann im konkreten Fall nicht zur Beendigung der Ehe führen muß!).

(6) Ärger und Aggressionen sollte man dem Partner nicht unbedingt sofort und offen zeigen, sondern Selbstbeherrschung und Ruhe sind nötig, um Konflikte konstruktiv beizulegen.

(7) Es wird soviel Zeit wie möglich miteinander verbracht und viel gemeinsam unternommen.

Solange es keine dem widersprechenden Befunde gibt, ist ein Therapeut gut beraten, wenn er solchen Auffassungen zumindestens nicht entgegenarbeitet.

Laut Heil (1991) sollte als eines der wenigen, relativ gut abgesicherten empirischen Ergebnisse hinzugefügt werden, daß sich ein engagiertes Angehen von Konflikten in der Partnerschaft als langfristig positiv für die Qualität der Ehe erweist, während die als typisch männlich geltenden Strategien des Rückzugs, des Sich-Verteidigens und des sturen Festhaltens an Positionen negative Auswirkungen haben. Heil stellt auch heraus, daß einer der einfachsten und besten negativen Indikatoren für Ehequalität die Häufigkeit ist, mit der sich Partner in solchen Konfliktgesprächen gegenseitig unterbrechen. Hahlweg (1991) ergänzt diesen Befund dahingehend, daß der markanteste Unterschied zwischen glücklichen und unglücklichen Partnerschaften im Ablauf negativer Eskalationen zu finden ist. Hierbei geht es um das Verhalten in Gesprächsabschnitten, in denen sich die Partner gegenseitig kritisieren, beschuldigen, Vorwürfe machen, drohen, sich rechtfertigen oder den Vorschlägen des anderen nicht zustimmen. Diese Kommunikationsmuster entstehen meist dann, wenn negative Gefühle wie Ärger, Wut, Enttäuschung, Hilflosigkeit oder Angst nicht angemessen ausgedrückt, sondern in Form indirekter Aussagen vorgetragen werden. Paare mittlerer Ehequalität brechen diese Eskalationen spätestens nach acht aufeinanderfolgenden Reaktionen ab, Paare mit hoher Ehequalität spätestens nach vier Reaktionen. Diesen Paaren scheint es also zu gelingen, solche Eskalationen nach kurzer Zeit abzukühlen und abzubrechen. Zusammenfassend stellt Hahlweg fest: „Kommunikations- und Problemlösefertigkeiten scheinen von entscheidender Bedeutung für die Ehequalität und -stabilität zu sein. Maßnahmen zur Verbesserung dieser Fähigkeiten sind daher auch zentraler Bestandteil verhaltenstherapeutischer Ehetherapie und präventiver Programme zur Ehevorbereitung." Die Effektivität der ehetherapeutischen Maßnahmen scheint erwiesen, allerdings verbessert sich langfristig nur etwa die Hälfte der Paare in signifikanter Weise. Ganz besonders wichtig erscheint es nach den bisherigen Ergebnissen aus der Therapieforschung, auf die negativen Eskalationsprozesse der Paare noch stärker als bisher Einfluß zu nehmen. Die negativen Zirkel laufen sehr schnell ab (im Mittel ist die Eskalationsschwelle nach 12 Sekunden erreicht) und schaukeln sich im Sinne einer positiven, selbstzerstörerischen Rückkoppelung hoch. Beide Partner befinden sich somit schnell in einem Zustand starker Gefühlserregung, in dem zielbewußte Handlungen weitgehend aufgegeben werden zugunsten relativ ungesteuert ablaufender Verhaltensmuster. Positive Alternativfertigkeiten, wie im Kommunikationstraining vermittelt, können in diesen Situationen dann nicht eingesetzt werden.

Solch negative Eskalationen sind wahrscheinlich nicht grundsätzlich abzubauen; vor allem stellt sich die Frage, ob eine vollständige Einbettung emotionaler Empfindungen in kognitive Steuerungsaktivitäten, wie es mit dem Kommunikationstraining versucht wird, überhaupt sinnvoll ist und ob nicht dadurch die Fähigkeit zu spontanem Erleben drastisch beeinträchtigt werden könnte." Nach Auffassung von Halweg müßte erst noch geklärt werden, ob tatsächlich Defizite im Bereich der Kommunikation und des Problemlösens verantwortlich für die Verschlechterung einer Beziehung sind oder ob sie nicht Folge ganz anderer Faktoren wie Vertrauen, Zuneigung, Intimität und Erwartung an die Beziehung und den Partner sind. Solange keine eindeutigen Befunde darüber vorliegen, erscheint es sinnvoll, von einer Wechselwirkung zwischen derartigen Faktoren und dem Kommunikationsverhalten auszugehen. Ein Paartherapeut ist gut beraten, wenn er derartigen kommunikativen Prozessen aus diagnostischen und therapeutischen Gründen große Beachtung schenkt.

Als drei Hauptursachen für das Scheitern einer Ehe gelten Abhängigkeit, Zwang (Gewalt) und Besitzdenken. Wie Bierhoff (1991) in einer zwischen mehreren Arten der Liebe differenzierenden empirischen Studie zum Thema Attraktion und Liebe zeigte, gibt es sowohl bei Männern wie bei Frauen einen einheitlichen und signifikanten Zusammenhang zwischen Eros und Glück in der Partnerschaft. Während die sinnliche Liebe also mit der Zufriedenheit positiv zusammenhängt, ist die spielerische Liebe (Ludus) negativ mit der Zufriedenheit in der Partnerschaft korreliert. Dies ist nicht weiter verwunderlich, denn es besteht eine sehr hohe negative Korrelation zwischen der erotischen, romantischen Liebe und der Neigung, Geschlechtsverkehr mit anderen Personen als dem Partner anzustreben: Je größer diese Liebe, desto exklusiver die sexuelle Beziehung. Zärtliche und sinnliche Nähe zum Partner als ein mögliches Fundament für eine stabile Partnerschaft (und damit eventuell auch für die Abstinenz) darzustellen, müßte folglich ein Kernpunkt der partnerorientierten Therapie sein. Die durch die abstinente Lebensführung wiederkehrende Stabilität des alltäglichen Familienlebens ist zwar ein wichtiger, aber nicht ausreichender Bestandteil des zukünftigen partnerschaftlichen Lebens. Wenn das Thema Sexualität in einer Gruppe nicht frei genug thematisiert werden kann, wäre ein Therapeut gut beraten, Einzelpaargespräche mit dieser Zielrichtung anzubieten.

Hoher Selbstwert ist eine weitere positive Voraussetzung für „romantische Zuneigung" und schützt unter anderem vor besitzergreifender Liebe, mithin auch vor Eifersucht. Ein geringer Selbstwert führt leicht dazu, daß die Liebe äußerst intensiv empfunden und so zentral wird, daß sie die Gedanken beherrscht und bei Angst vor dem Verlust dieser Liebe zu indirekt geäußerten Kontrollversuchen des Partners führt. Wem es hingegen leicht fällt, seine Liebe auszudrücken und wer nicht auf den anderen angewiesen ist, um seinen Selbstwert und Lebenssinn zu finden, der scheint gute Voraussetzungen für eine gelingende Partnerschaft mitzubringen, es sei denn, er habe gleichzeitig ein sehr starkes Bedürfnis nach außerpartnerschaftlichen sexuellen Kontakten. Auch dies zeigt einerseits die Bedeutung von kommunikativen Fertigkeiten und andererseits die Grenzen der Paartherapie, die in Fällen extrem niedrigen Selbstwerts durch Einzeltherapie ergänzt werden muß.

Bisher gibt es keine befriedigende Partnerwahltheorie, höchstens kasuistische Hinweise, daß bei erfolglosen Beziehungen derartige Überlegungen nicht gänzlich außer Acht gelassen werden sollten. Im Nachhinein wird die Partnerwahl oft vorschnell als ursächlich für das Scheitern der Beziehung verantwortlich gemacht. Klein (1991) rät allen Helfern, vor einer Psychologisierung der Partnerwahl und vor unangemessenen Schuldzuweisungen („Ich gerate immer an die / den Falschen") durch die Betroffenen selbst zu überdenken, welche Wahlmöglichkeiten ein Individuum tatsächlich hatte, und diese dann in der Therapie zu erweitern. Und Hahlweg (a.a.O.) gibt Beratern noch eindeutiger die Warnung mit auf den Weg: „Bisher liegen keine empirischen Befunde vor, die bei Paaren vor der Eheschließung oder bei scheidungswilligen Paaren eine fundierte Beratung oder gar eine Trennungsempfehlung rechtfertigen würden."

Da die eine Partnerschaft negativ beeinflussenden Strategien des Rückzugs und der Gleichgültigkeit im Abhängigkeitsprozeß besonders häufig vorkommen, ist die Hoffnung berechtigt, daß sie bei gelingender Abstinenz zugunsten produktiverer Strategien wieder verschwinden. Paare, die Zuneigung füreinander empfinden und kommunikative Fertigkeiten besitzen, sollten also mit minimalen Interventionen seitens des Therapeuten bedacht werden.

Insgesamt legen die empirischen Ergebnisse den Schluß nahe, daß eine Interaktionsdiagnostik für die Therapieplanung wichtig ist und frühzeitig, möglichst schon in der Zeit der Vorbereitung auf die stationäre Therapie, erfolgen sollte. So können differentielle Maßnahmen rechtzeitig eingeleitet werden. Ein Partnerseminar als eine auf solcher Grundlage indizierte Maßnahme hat einen ganz anderen Stellenwert als eine Standardmaßnahme nach dem Prinzip „einen Deckel für alle Töpfe".

Ein weiterer Hinweis dafür, daß das Eingreifen eines Therapeuten manchmal nicht unbedingt notwendig ist, leitet sich aus der empirischen Forschung zur Entwicklung der Zufriedenheit von Paaren ab. Heil (1991) berichtet, daß sich die Zufriedenheit mit der Partnerschaft wie eine U-Kurve darstellt, deren Tiefpunkt im allgemeinen zwischen dem 15. und 20. Ehejahr liegt, also in einer Zeit, wenn das älteste Kind üblicherweise die Pubertät erreicht. Weitere Verschlechterungen liegen um die Zeit von Geburten, vor allem wenn die Frau gleichzeitig unter dem Zwang zur Arbeit steht. Bei dem U-förmigen Verlauf der Partnerschaftszufriedenheit ist allerdings zu bedenken, daß es sich um ein Artefakt handeln könnte, das aus der Selbstselektion der zufriedenen Paare resultiert. Damit ist gemeint, daß die unzufriedenen Paare in der Regel spätestens nach 14 – 15 Ehejahren auseinandergegangen sind und somit die eher zufriedenen Paare übrigbleiben, so daß der Zufriedenheitsanstieg nach dieser Zeit eigentlich nichts mit der Dauer der Ehe zu tun hat.

Unabhängig von dieser Unsicherheit über die Natur des späteren Anstiegs der Zufriedenheit bleibt jedoch die Tatsache bestehen, daß die Zufriedenheit mit der Partnerschaft nicht nur in Alkoholikerehen, sondern ganz allgemein im Laufe der ersten 15 Jahre sinkt.

Da nach unseren Erfahrungen auch die durchschnittliche Dauer der Abhängigkeit zwischen 12 und 15 Jahren liegt und der Tiefpunkt der Partnerschaftszufriedenheit folglich häufig mit dem Tiefpunkt der Abhängigkeitsentwicklung korreliert, ist die Hoffnung auf eine Verbesserung der Gesamtsituation bei Aufrechterhaltung der Abstinenz nicht so unbegründet, wie manche Therapeuten meinen, die fast unwirsch auf Bemerkungen reagieren wie „Wir wollen doch nur, daß alles so wie früher wird".

Insgesamt legen die empirischen Ergebnisse ein therapeutisches Vorgehen nahe, das die Selbstheilungskräfte der Paare fördert und nur einen minimalen zielgerichteten Einfluß auf sie ausübt. Nur in Fällen, in denen ausgeprägte Partnerschaftsstörungen festgestellt werden, die auch bei nicht-abhängigen Paaren eine Intervention zur Erhaltung der seelischen oder körperlichen Gesundheit eines oder beider Partner indiziert sein lassen würden, sollte eine Paartherapie durchgeführt werden. Die Abhängigkeit eines Partners ist kein ausreichender Grund dafür, die Beziehung allein deshalb für therapiebedürftig zu erklären.

Zur Frage, ob Paartherapien mit einem einzelnen Paar oder in einer Gruppe durchgeführt werden sollte, finden sich bei Arentewicz und Schmidt (1980) Hinweise darauf, daß in den beiden Gestaltungsmodi verschiedene therapeutische Prozesse ablaufen. Die Autoren berichten, daß in Paargruppen die Beseitigung sexueller Symptome seltener erfolgt als in der Einzeltherapie. Man darf daraus schließen, daß die Therapie spezifischer Störungen besser in Form der Paar- oder der Einzeltherapie erfolgen sollte. Die Gruppe hingegen ist weniger auf die Dyade und deren Besonderheiten gerichtet. Die Autoren meinen, daß in der Gruppe mehr partnerfugale Kräfte wirksam werden, während in der Einzeltherapie mehr partnerpetale Kräfte genutzt werden. Nach ihren Erfahrungen wird in Gruppen mehr das Trennende und Problematische in der Beziehung thematisiert. Die Gruppe ermöglicht mehr Offenheit in dieser Richtung und das Eingestehen von Konflikten. Dies legt den Schluß nahe, daß Gruppen von Paaren in der Alkoholismustherapie überall dort ihren Platz haben, wo auf seiten der Patienten oder Partner Vermeidung, Zudecken von Problemen oder Schönfärberei vermutet wird. In der stationären Arbeit machen wir außerdem immer wieder die Erfahrung, daß viele Partner trotz bestehender Angebote nicht in eine ambulante Betreuung oder in spezielle Angehörigengruppen gehen. Für diesen Personenkreis bietet eine Gruppe, in der mehrere Angehörige von Patienten zusammentreffen, oft die erste Möglichkeit zu einem Gedankenaustausch und zu einer befreiend wirkenden Selbstöffnung.

Wer noch keine Erfahrung mit Psychotherapie oder psychologisch angehauchten Gesprächsgruppen hat, fühlt sich leicht durch ein gänzlich offenes Angebot zum Gespräch überfordert. Da dies auf die meisten Angehörigen zutrifft, empfiehlt sich ein halbstrukturiertes Angebot, das am Anfang durch Vorgaben seitens der Therapeuten den Angehörigen und Paaren die Sicherheit vermittelt, daß vorschnelle Verletzungen unterbunden werden, und das eine positive Erwartungshaltung an die Entwicklungsmöglichkeiten durch die therapeutische Maßnahme fördert.

2. Vorbereitung und Rahmen des Partnerseminares

Neben der empirischen Orientierung ist für die Verhaltenstherapie ihr Pragmatismus kennzeichnend. Sie richtet ihr Handeln nicht nur nach Prinzipien und Idealen, sondern ebenso nach den konkreten äußeren Bedingungen. In einer ambulanten Einzelpraxis wird man anders vorgehen als in einer größeren, spezialisierten Fachambulanz und dort wieder anders als in einer Klinik. Hier soll primär aus der Sicht von stationären Einrichtungen argumentiert werden.

Wie Prochaska und Di Clemente (1986) gezeigt haben, verläuft der zirkuläre Änderungsprozeß von Personen mit Störungen durch psychotrope Substanzen in vier voneinander unterscheidbaren Phasen, innerhalb derer therapeutische Maßnahmen verschieden wirksam werden können. Deshalb sollte man berücksichtigen, in welcher Phase sich die betreuten Personen befinden und seine Maßnahmen darauf abstimmen. Das gilt auch für die Einbeziehung der Familie. Anfangs wird man das Interesse an einem Kontakt fördern, dann die Wahrnehmung schärfende und richtende Intervention wählen, danach Hoffnung, Erfolgsaussicht und Motivation zur Änderung positiv zu beeinflussen versuchen, dann die Therapiebedingungen vereinbaren, die Art des Problems und mögliche Problemlösungen erörtern und so weiter.

Je nach Therapiekontext werden die Maßnahmen verschieden beschaffen und gewichtet sein. Dafür gibt es kein festes Programm, sondern allenfalls heuristische Prinzipien, denn das Vorgehen ist selbst ein lebendiges, adaptives Lernsystem. Der Entwicklungskontext des Änderungsprozesses in der zweiten Hälfte der stationären Therapie ist die Problemlösungserprobung und -stabilisierung. Maßnahmen dieser Phase rechnen wir zur Rückfallprophylaxe.

Wenn wir die im ersten Kapitel beschriebenen Erfahrungen und empirischen Ergebnisse in die Praxis übertragen wollen, dann liegt ein individualisiertes Vorgehen auf der Hand. Im weiteren soll aber nicht das therapeutische Angebot etwa für Paare mit einem behinderten Partner, homosexuelle Paare, Partnerschaften, in denen beide abhängig sind, in denen ein hohes Ausmaß an Gewalt ohne Trennungsabsicht vorherrscht oder für alkoholabhängige Eltern mit drogenabhängigen Kindern vorgestellt werden, sondern das „übliche", für die Mehrheit zutreffende Vorgehen wird in den Mittelpunkt gerückt.

Diese „Mehrheit" ist allerdings in manchen stationären Einrichtungen sogar in der Minderheit. In der Fachklinik Furth im Wald waren als verheiratet und mit dem Partner zusammenlebend 1991 beispielsweise nur 36 Prozent aller Patienten, von den Frauen sogar nur 28 Prozent eingestuft. Für diese Gruppe von Patienten mit dem ohnehin positiven Prognosemerkmal der festen Partnerschaft, die außerdem im Modell von Prochaska und Di Clemente mindestens in der Nachdenklichkeits-, meistens sogar schon in der Änderung- oder Stabilisierungsphase sind, wird eine zusätzliche Maßnahme angeboten: das Partnerseminar.

Diese Maßnahme hat die Aufgabe, die Chance der Partnerschaft zu nutzen, zu bewahren und gleichzeitig deren mögliche Risiken zu vermindern. In Übereinstimmung mit der Logotherapie und der

Gesundheitsforschung (Sagan, 1992), die ähnliche Faktoren für seelische Gesundheit und Lebenserwartung als entscheidend betrachten,
nehmen wir drei Oberpläne „menschlichen Verhaltens" als Grundlage für unsere Arbeit:

Ich kann etwas gut: Selbstwirksamkeit (sich nicht ausgeliefert fühlen,
z. B. Möglichkeiten der Rückfallprophylaxe und „Notfallplan" kennen)
Mir geht es gut: Vor allem gute zwischenmenschliche Beziehungen
und Nutzung freundlicher Unterstützung (nicht einsam sein: Gemeinsame Interessen entwickeln und pflegen)
Ich bin für etwas gut: Selbstwert, Selbstachtung und Sinnfindung
(sich nicht verachten: den eigenen Wert nicht von den Reaktionen anderer abhängig machen; falsches Verhalten nicht mit falschem beantworten usw.)

Schon vor Beginn des Seminars sollte der Kontakt zu den Angehörigen davon geprägt sein, daß diese Oberpläne beachtet werden. Dazu
gehört in Richtung unserer Patienten, daß sie das Seminar nicht „ver-
ordnet" bekommen und daß der Therapeut darauf achtet, daß sein
Kontakt zu den Angehörigen die Loyalität zum Patienten nicht verletzt. In Richtung auf die Angehörigen bedeutet dies, daß schon bei
der Kontaktaufnahme am Therapiebeginn, spätestens aber bei den
ersten Besuchen in der Klinik die „guten Absichten" der Angehörigen
in ihrem Verhältnis zum Patienten gewürdigt werden. Der oft als vor-
wurfsvoll empfundene Begriff des Co-Alkoholikers sollte deshalb
keine Verwendung finden. Diese Kontakte haben das Ziel, Sorgen
wegen eigener Schuld, Zweifel an den eigenen Fähigkeiten und Angst
vor „Therapie" und Rückfall zu mindern, aber auch mögliche Kontraindikationen zu klären. Das Seminar − wie Partnertherapie allgemein − wird nur dann als Maßnahme empfohlen, wenn
a) beide Partner daran Interesse zeigen,
b) dem Paar wahrscheinlich dadurch geholfen werden kann,
c) es keinem von beiden ohne den anderen besser gehen würde und
− sofern die Ehe gefährdet ist −
d) die Ehe es für beide Beteiligten wert ist, gerettet zu werden.

In diesem Zusammenhang werden auch Partnerschaftsfragebögen
ausgeteilt. Wir halten es für sinnvoll, daß sie nicht anonym verschickt
werden, sondern daß die Angehörigen die Person kennen, der sie die
Informationen zur Verfügung stellen. Ist der Selbstwert eines der
Partner extrem niedrig, sollte eine Einzeltherapie erwogen werden.
Ein von mindestens einem verleugnetes, hohes Ausmaß an Gewalt in

der Beziehung oder ein alles andere überlagerndes Sexualproblem sind in der Regel Kontraindikationen für die Paararbeit in der Gruppe. Dasselbe gilt für extreme Ausprägungen der Ausdrucks- und Kommunikationsfähigkeit. Manchmal lassen sich diese Kontraindikationen wegen fehlender Information allerdings nicht stellen. Wir vermuten, daß ein hoher Anteil solcher Personen unter denen zu finden wäre, die zu keiner Zusammenarbeit zu bewegen sind.

Noch problematischer wird es in der Praxis, wenn man die Gruppen in etwa nach dem Interesse oder dem Entwicklungsstand der Paare zusammenstellen will. Schon rein rechnerisch läßt sich zeigen, daß die Auswahlmöglichkeiten dafür meistens begrenzt sind. Selbst wenn drei Viertel aller Paare das Angebot annehmen wollen und können, wären dies bei 40 Patienten eines Teams der Fachklinik Furth im Wald beispielsweise 25 Prozent = 10, wovon die Hälfte in der Therapiephase ist, in der das Partnerseminar sinnvoll ist, also 5. Da ein Partnerseminar aus nicht weniger als drei und nicht mehr als sieben Paaren bestehen sollte, ist innerhalb eines Teams von vier Therapeuten keine Auswahl möglich, so daß eine teamübergreifende Organisation der Paararbeit angezeigt wäre. Von dieser Möglichkeit sollte man allerdings nur dann Gebrauch machen, wenn die Seminare tatsächlich nach Kriterien zusammengestellt werden, wie sie im ersten Kapitel dieses Artikels nahegelegt wurden. Ansonsten empfiehlt sich nach unserer Erfahrung die Organisation innerhalb eines Teams, weil die Informationswege kürzer sind und der Bezugstherapeut besser integriert bleibt. Das Pragmatische und das Wünschbare sind oft schwer zur Deckung zu bringen.

Wie angedeutet, bevorzugen wir die Leitung eines Partnerseminars durch zwei Therapeuten, von denen einer männlich und einer weiblich sein sollte. Im Gegensatz zu Antons (1983), der es für nahezu unmöglich hält, gleichzeitig Einzeltherapeut des suchtkranken Patienten und Therapeut des Paares oder der Familie zu sein, weil diese Rollenvielfalt den Therapeuten überfordern würde, halten wir die Abspaltung der Paararbeit aus dem sonstigen therapeutischen Prozeß für nachteilig und bevorzugen gerade die Integration des Bezugstherapeuten in die Partnerseminare.

Die Möglichkeit, daß Patienten und Angehörige einen gleichgeschlechtlichen Ansprechpartner haben, bringt einige Vorteile. Außerdem ist es sehr hilfreich, wenn ein Therapeut besonders die positiven Gruppenbedingungen beachtet und fördert, während der andere mit einem Paar arbeitet. Vorschnelle Parteinahme für einen der Partner wird mit höherer Sicherheit unterbunden und auch ein Therapeutenwechsel in verfahrenen Therapiesituationen mag hilfreich sein. Ansonsten gibt es nach Zimmer (1983) keine Hinweise, daß ein Therapeutenpaar dem einzelnen Therapeuten überlegen ist. Aufgrund von Vereinbarungen zwischen Leistungsträgern und stationären Einrichtungen ist die Finanzierung der Fahrt- und Unterbringungskosten von zwei Wochenenden für die Partner im allgemeinen gewährleistet.

3. Ziel und Inhalt des Seminars

Der in der Klinik befindliche Patient hat in der Regel den Entschluß zur Änderung zur Abstinenz gefaßt, wenn das Partnerseminar beginnt. Zumindestens befindet er sich mitten im Entscheidungsprozeß. Vom Prinzip her ist also das Partnerseminar eine Maßnahme zur Rückfallprävention.
Den ersten Teil des Seminars könnte man grob als Kommunikationstraining beschreiben, den zweiten Teil dann als Rückfallprävention im engeren Sinne.
Das erste der beiden Seminare sollte so früh wie möglich stattfinden, jedoch nicht vor einem Zeitpunkt, an dem schon deutliche Änderungen am Patienten zu beobachten sind. In der Regel ist dies nicht vor der sechsten Therapiewoche in einer mittelfristigen Behandlung der Fall. Die beobachtbaren Änderungen sind ein wesentlicher Teil der Induzierung von Hoffnung bei den Angehörigen, daß eine positive Entwicklung im Gange ist. Während des Seminars in der Fachklinik Furth im Wald übernachten beide Partner außerhalb der Klinik in einem vom Patienten für den Angehörigen angemieteten Zimmer. Der Patient soll sich um das Wohl seines Partners kümmern, wozu die Abholung am Bahnhof, ein gepflegtes Äußeres und weitere Zeichen des Willkommens gehören.
Im Partnerseminar steht die Beziehung der Lebenspartner im Mittelpunkt. Damit die Sorgen um die Kinder das Partnerseminar nicht überschattten, ist eine frühzeitige Terminplanung wichtig, damit die Kinder gut untergebracht werden können. Insgesamt ist es durchaus erwünscht, daß das Partnerseminar im Kontext einer Art zweiter Flitterwochen stattfindet, denn die Reaktivierung oder der Aufbau positiven Erlebens und gegenseitigen Verstehens in der Partnerschaft und die Bereitschaft, Kommunikations- und Konfliktlösefertigkeiten miteinander zu verbessern, sind ja wesentlicher Bestandteil der Maßnahme.
Wenn die Seminare am Wochenende stattfinden, beginnen sie in der Regel am Freitagabend mit einem gemeinsamen Treffen aller Paare.

Dazu können die Patienten alkoholfreie Mixgetränke vorbereiten und ihren Therapieraum schön herrichten. Den unter Umständen erheblichen Widerständen und Ängsten wird am ersten Abend durch zwei Maßnahmen begegnet: Erstens wird den Teilnehmern ein Modell von Abhängigkeit und Partnerschaft vermittelt, das von gegenseitigen Schuldzuweisungen entlastet, zugleich aber die gemeinsame Verantwortung für die Zufriedenheit in der Partnerschaft betont. Dazu sollen sich die Teilnehmer vorstellen, welche Entwicklungen in Gang gesetzt werden, wenn ein Familienmitglied an einer Krankheit wie zum Beispiel einer Herzschwäche erkrankt, welche Gedanken und Gefühle dies bei dem Erkrankten und bei den gesunden Angehörigen auslöst. Weiter sollen sie sich vorstellen, wie sich diese Gefühle und Gedanken ändern, wenn sich der Herzinfarkt als „eingebildet", als Herzneurose herausstellt, die Herzanfälle aber trotzdem nicht weniger, sondern häufiger werden und der Kranke schließlich das Haus nicht mehr verläßt. Die Antworten auf diese Fragen werden gesammelt und anschließend von den Teilnehmern auf die eigene Situation zu übertragen versucht. Jedes Paar bekommt dazu einen großen Bogen Papier, auf dem sie die suchtbedingten Veränderungen innerhalb der eigenen Partnerschaft und Familie sowie die eigenen Gefühle und die vermuteten Gefühle des Partners notieren sollen. In der Auswertung dieser Übung weist der Therapeut besonders daraufhin, daß diese Veränderungen wie ein Zwangsprozeß ablaufen, ohne Schuld oder Böswilligkeit der Beteiligten. An dieser Stelle des Seminars kann es hilfreich sein, Ausschnitte aus dem Film „Ab morgen ist Schluß" zu zeigen. Am nächsten Tag wird dann das Thema wieder aufgegriffen mit der Frage, was wohl in der Familie und in den Familienmitgliedern ablaufen wird, wenn der Kranke nach langer Zeit, in der man ihn vielleicht schon beinahe aufgegeben hat, doch wieder gesund wird (Vorbereitung auf das „Tief" in der Zufriedenheit einige Zeit nach der Therapie!). Als Ziel des Partnerseminars wird dann daraus abgeleitet, daß innerhalb des Seminars die unvermeidbaren Veränderungen durchdacht, vorbereitet und die dazu notwendigen Gespräche vorbereitend geführt werden können. Die Ziele des Seminars, wie sie in Abbildung 2 dargestellt sind, werden auch den Paaren erläutert.

Eine zweite Möglichkeit, Widerstand abzubauen, besteht in der frühzeitigen Aufteilung der Teilnehmer in eine Gruppe von Angehörigen und eine Gruppe von Patienten. Nach einer kurzen Aufwärmübung sollen hier die Wünsche und Erwartungen an das Partnerseminar gesammelt werden, die dann jeweils der anderen Gruppe beim anschließenden Zusammentreffen vorgestellt werden. Außerdem sollte der

Abb. 2: *Ziele des Partnerseminars*

1. **Kommunikation einüben und Konfliktlösefähigkeit erhöhen**
a) Gedanken und Gefühle austauschen (Tagesgeschehen, Erziehungsprobleme, Angst vor Rückfall)
b) gemeinsam Pläne schmieden (z. B. für ein „gutes Leben miteinander", *konkrete* Beschreibung des nüchternen Zusammenlebens aus Sicht beider)
c) Fair streiten, Konfliktgespräche führen können

2. *Verstärkungsbilanz positiv gestalten: (Wieder)-Aufbau positiven Erlebens und gegenseitigen Verstehens*
a) den anderen bestätigen und seine positiven Seiten anerkennen
b) Zärtlichkeit austauschen
c) Bedürfnisse und Wünsche wechselseitig anerkennen
d) gegenseitiges Vertrauen durch konkretes Verhalten fördern

3. *Rückfallprävention und Maßnahmen bei eingetretenem Rückfall*
a) Rückfall-„Modell" entwickeln, das die Selbstwirksamkeits-Erwartungen stärkt
b) Notfallplan und „Vertrag"
c) Rückfallprävention und Bewältigung von Risiken (und die Verantwortlichkeit dafür)
d) Wahrnehmung für mögliche Konflikte in der Familie schärfen, die durch die Symptomatik vielleicht nur zurückgestellt oder verdeckt wurden (Prävention von übergroßer Enttäuschung)

4. *Planung für die Zeit danach: Selbsthilfegruppen / etwas für sich tun*
a) persönliche Rechte und Bedürfnisse kennen, wichtig nehmen und sich gegenseitig darin unterstützen
b) Was brauche ich, um auf Krisen gelassener reagieren zu können (vor allem „soziales Netz")
c) Wie kann ich meinen „Selbstwert" steigern?

Therapeut in diesem Rahmen aktiv ansprechen, welche Themen die Teilnehmer glauben nicht ansprechen zu dürfen, weil es den Partner verletzen würde, oder ob es etwas gibt, das ihnen ihr Partner nie verzeihen würde, wenn sie es zum Thema machen würden. Solche Geheimnisse können dann zum Beispiel auf Zettel geschrieben und anonym in die Mitte gelegt werden. Auch diese Themen können anschließend in der gemeinsamen Runde besprochen werden.
Das erste Partnerseminar folgt danach im Prinzip dem Vorgehen, wie es in der Partnertherapie nach Hahlweg u. a. (1981) beschrieben ist. Es dient vor allen Dingen der Steigerung des positiven Erlebens in der Partnerschaft, weil sich im Verlauf der Abhängigkeitsentwicklung immer mehr feindliche und aversive Reaktionen und immer weniger

positive Interaktionen – einschließlich der Sexualität – zwischen den Partnern herausbilden und sowohl Versuche, sich gegenseitig zu kontrollieren, als auch Kritik und Zweifel am Partner zunehmen. Daraus resultieren immer weniger gemeinsame positive Freizeitaktivitäten. Statt dessen werden die Vergangenheit und frühere „Sünden" ständig aufgewärmt.

Das Partnerseminar soll zwar keine mittelständischen Normen vermitteln, aber einige Kommunikationsübungen sind doch hilfreich, da sie das Geschehen strukturieren und dadurch Unsicherheit reduzieren. Die Frage nach „richtig" oder „falsch" sollte allerdings nicht im Mittelpunkt stehen, sondern der spielerische Charakter und die Möglichkeit, mit dem eigenen Verhalten einmal zu experimentieren und etwas anders zu machen als üblich, sollten hervorgehoben werden.

Zu solchen Übungen gehört das Komplimentemachen, das Äußern von positiven Gefühlen gegenüber dem Partner, das „Schmankerl-Reservoir" von kleinen Alltagsnettigkeiten, die man dem Partner erweisen kann, Beobachtungsaufgaben zu positiven Eigenschaften des Partners, die Planung gemeinsamer Aktivitäten sowie Gespräche darüber, wie man sich in den Partner verliebt hat, was man an ihm besonders geschätzt hat und noch immer schätzt und wie man ein gutes Leben miteinander fördern könnte.

Es ist wichtig, diese positiven Übungen an den Anfang zu stellen, bevor Konfliktgespräche oder spannungsreiche Themen eingeführt werden. Die gängigen Kommunikationsregeln werden dabei eher beiläufig eingestreut und von den Therapeuten erwähnt. Außer bei sehr belastenden Themen, in denen eine Eskalierung dringend vermieden werden muß, werden sie auch nicht überbetont. Der Therapeut selbst sollte allerdings sehr genau darauf achten, wie die Patienten Informationen tilgen, verzerren oder übergeneralisieren und in welcher Weise sie uneindeutig, anklagend, übersachlich oder vermeidend kommunizieren. Die Therapeuten können dafür im zweiten Trainingsteil entweder selbst Rollenspiele im negativen wie im positiven Kommunikationsmodus oder aber Videobeispiele vorführen. Vier positive Regeln stellen wir im allgemeinen auf:

(1) sich gegenseitig anschauen und berühren;
(2) eigene Gefühle und Wünsche direkt äußern (anstelle von Vorwürfen, Anklagen oder der Diskussion über richtig und falsch);
(3) aufnehmendes Zuhören, wobei man dem Partner nonverbal zeigt, daß man zuhört, indem man sich zuwendet und ihn aussprechen läßt;

(4) paraphrasieren, was im wesentlichen die Wiederholung des Gesagten mit eigenen Worten meint; das soll der Klärung dienen, ob man überhaupt richtig verstanden hat.

Diese Kommunikationsregeln werden mit den Teilnehmern in gestufter Form anhand von zunehmend schwereren Situationen eingeübt. Das Einführen und Beachten solcher Regeln wäre selbst dann von Wert, wenn sie an sich nichts Positives bewirken würden, denn in jedem Fall unterbinden sie ein vorschnelles Verfallen in ausgetretene Kommunikationsrituale und -sackgassen.

Der Therapeut in der Verhaltenstherapie greift ein, wenn die Partner die Kommunikationsregeln verletzen. Die Aufgaben sollten deshalb klar und eindeutig sein, damit die Intervention nicht zu bestrafend wirkt und eher bestätigenden Charakter haben kann.

Als Themen für Konfliktgespräche kann der Therapeut die weiter oben genannte Themensammlung von Fahrner (1990) verwenden. Die strikte Beachtung der Kommunikationsregeln ist in diesen Gesprächen von besonderer Bedeutung. Der Therapeut wird aber auch darauf hinweisen, daß das Klären im Gespräch eine Sache ist, das Vorbeugen oder Mitbedenken der Vernetzung eines Problems mit anderen Lebensbereichen eine andere. Er wird also auch ein Gespräch darüber fördern oder als Aufgabe mit in den Abend nach dem Seminar geben, was denn ein Paar tun kann, damit solche Konflikte in Zukunft seltener auftreten. Außerdem gilt es realistisch anzuerkennen, mit welchen Schwierigkeiten auch in Zukunft mehr oder weniger regelmäßig zu rechnen sein wird.

Die zwei Bereiche Prävention und Lösung von Problemen sind eine Überleitung zum zweiten Partnerseminar, in dem die konkrete Rückfallprophylaxe Hauptthema ist. Um den Angehörigen und den Therapeuten aus der Rolle des Anklägers oder Geängstigten hinsichtlich eines Rückfalls herauszuhalten, ist es in der Vorbereitungszeit auf das zweite Partnerseminar sinnvoll, wenn der Patient in seiner Therapiegruppe beispielsweise mit der Übung „Rückfall-bauen" nach Petry (1985) eine aktive Rolle übernimmt. Der Patient selbst bringt zum Partnerseminar die von ihm selbst für am wahrscheinlichsten gehaltene Möglichkeit eines Rückfalls und die von der Gruppe vermutete Rückfallkonstellation mit.

Nachdem dann der Therapeut das allgemeine verhaltenstherapeutische Rückfallkonzept erläutert hat, stellt jeder Patient seinem Partner diese beiden Rückfallverlaufsmöglichkeiten vor. Dadurch gerät der Partner mehr in die Rolle desjenigen, der diese Rückfallmöglichkeiten kommentieren, für weniger kritisch halten oder aber Alternativen benennen kann.

Entsprechend dem Rückfallmodell ist es uns also wichtig, den Rückfall zu enttabuisieren, Möglichkeiten zur frühzeitigen Erkennung von Risikosituationen ausführlich zu erörtern, Maßnahmen zur Verringerung der Rückfallwahrscheinlichkeit zu diskutieren und schließlich dem Hilflosigkeit hervorrufenden Schock bei Rückfall vorzubeugen. Letzteres setzt eine realistische Möglichkeit für das Vorgehen bei eingetretenem Rückfall voraus. Jedes Paar soll einen derartigen Rückfall-Notplan aufstellen, der zuallererst für den Partner des Suchtkranken akzeptabel sein muß. Es gibt zwar in der Literatur viele Ratschläge dafür, aber letztlich bleibt gerade dieser Bereich in höchstem Maße individuell.

Im allgemeinen ist es einem Abschlußgespräch mit jedem einzelnen Paar vorbehalten, daß der Therapeut zum Beispiel die Lebensstil-Balance jedes einzelnen der Partner und sich daraus ergebende Konflikte anspricht. Nach dem verhaltenstherapeutischen Rückfallmodell wäre dies die allgemeinste Form der Rückfallprävention.

In unseren Nachbefragungen bei Patienten wurde das Partnerseminar von allen Patienten mit Partner als die wichtigste Maßnahme der gesamten Therapie herausgestellt. Aus mündlichen Mitteilungen anderer Kliniken ist uns bekannt geworden, daß diese positive Wertung nicht in allen Kliniken zu finden ist. Wir schließen daraus, daß es etwas mit der Ausgestaltung und dem hier vorgestellten Konzept zu tun hat, wenn die Patienten das Partnerseminar so positiv beurteilen.

Literatur

Antons, K.: Der therapeutische Umgang mit Partnerkonflikten in der Suchtkrankenarbeit. In: Faust, V. (Hrsg.): Suchtgefahren in unserer Zeit. Stuttgart 1983

Arentewicz, G./Schmidt, G. (Hrsg.): Sexuell gestörte Beziehungen. Konzept und Technik der Paartherapie. Berlin 1980

Bierhoff, H.-W.: Liebe. In: Amelang, M./Ahrens, H.-J./Bierhoff, H.-W. (Hrsg.): Attraktion und Liebe. Göttingn 1991

Burnautzki, S./Linke, A./Schulz, W.: Der Trinker und die Frau an seiner Seite. In: Suchtreport 1/90, S. 41–46

Fahrner, E.M.: Partnerinnen von Alkoholabhängigen: Sexuelle, partnerschaftliche und psychosoziale Probleme. In: Suchtgefahren 36, 1990, S. 189–201

Fichter, M.M./Frick, U.: Therapie und Verlauf von Alkoholabhängigkeit. Auswirkungen auf Patient und Angehörige. Berlin 1992

Funke, W.: Alkoholismus in der Partnerschaft − Partnerschaft im Alkoholismus. In: Klein, M./Quinten, C./Roeb, W. (Hrsg.): Abhängigkeit Sucht Beziehung. Bonn 1992

Hahlweg, K.: Störung und Auflösung von Beziehungen: Determinanten der Ehequalität und -stabilität. In: Amelang, M./Ahrens, H.-J./Bierhoff, H.-W. (Hrsg.): Partnerwahl und Partnerschaft. Göttingen 1991

Hahlweg, K./Schindler, L./Revenstorf, D.: Partnerschaftsprobleme: Diagnose und Therapie. Handbuch für Therapeuten. Heidelberg 1991

Heil, F.E.: Ehe und Partnerschaft als Gegenstand psychologischer Forschung. In: Amelang, M./Ahrens, H.-J./Bierhoff, H.-W. (Hrsg.): Partnerwahl und Partnerschaft. Göttingen 1991

Hunt, G.M./Azrin, N.H.: Gemeindenahe Kontingenzen zur Alkoholismusbehandlung. In: Vogler, R.E./Revenstorf, D. (Hrsg.): Alkoholmißbrauch. Sozialpsychologische und lerntheoretische Ansätze. München 1978

Klein, R.: Modelle der Partnerwahl. In: Amelang, M./Ahrens, H.-J./Bierhoff, H.-W. (Hrsg.): Partnerwahl und Partnerschaft. Göttingen 1991

Küfner, H./Feuerlein, W.: In-patient treatment for alcoholism. Berlin 1989

Lauer, J./Lauer, R.: United States International University. Santiago 1985 (zit. nach Psychologie Heute 02, S. 10)

Prochaska, J.O./Di Clemente, C.C.: Toward a Comprehensive Model of Change. In: Miller, W.E./Heather, N. (Eds.): Treating addictive behaviors. New York 1986

Sagan, L.A.: Die Gesundheit der Nationen. Reinbek 1992

Süss, H.M.: Evaluation von Alkoholismustherapie. Freiburg (CH) 1987

Zimmer, D.: Aspekte der Therapeut-Klient-Beziehung in der Partnerschaftstherapie. In: Zimmer, D. (Hrsg.): Die therapeutische Beziehung. Weinheim 1983

Familienarbeit im ambulanten Bereich

Die Familie in der Jugend- und Drogen- beratungsstelle

Jürgen Schaltenbrand

Meine Ausführungen stützen sich auf zwanzigjährige Erfahrung aus meiner Arbeit in einer Jugend- und Drogenberatungsstelle (JDB). Ich will mich dem Thema aus verschiedenen Perspektiven nähern:

(1) Welchen Stellenwert hat das Thema in der politischen Diskussion? Der bundesdeutsche „Nationale Rauschgiftbekämpfungsplan" von 1990 bietet sich hier als Quelle an.

(2) Welches statistische Gewicht hat die familienbezogene Arbeit in der JDB? Hierbei will ich mich auf das sogenannte EBIS-System beziehen.

(3) Auf welche Weise ist die Familie indirekt in der JDB präsent, auch wenn konkrete Familienmitglieder nicht kommen?

(4) Wie erscheint die Familie in der JDB, sobald die Beratungsstelle eine Konzeption für familienorientierte Arbeit verfolgt? Diese Frage will ich anhand eines Phasenmodells des Drogenkonsums bzw. der Drogenproblematik im Sinne eines Vorschlags zur Diskussion beantworten.

PRÄVENTION IM „NATIONALEN RAUSCHGIFTBEKÄMPFUNGSPLAN"

Der „Nationale Rauschgiftbekämpfungsplan" − im folgenden kurz „NB" genannt − beschäftigt sich auf knapp hundert Seiten mit „Maßnahmen der Rauschgiftbekämpfung und der Hilfe für Gefährdete und Abhängige".[1] In unserem Zusammenhang interessiert, ob und in welchen Formen der NB Hilfen für die Familien von Drogenkonsumenten beschreibt.

Zunächst überrascht, daß der NB für die Darstellung der Präventionsmaßnahmen fast ebensoviele Seiten aufwendet, wie für die der Therapiemaßnahmen. Der Bund gab 1990 mit 13 Mio. DM 11 Mio. mehr für Präventionsarbeit aus als im Vorjahr. Der NB weist der Prävention anspruchsvolle Ziele zu: Sie soll im Zusammenwirken mit den verschiedenen politischen Maßnahmen zu gesellschaftlichen Rahmenbedingungen führen, „die den Suchtmittelmißbrauch" überflüssig machen".[2]

Unter den Zielgruppen für Prävention (allgemeine Öffentlichkeit, Medienvertreter, Multiplikatoren, Personal in Schulen, Jugendliche in verschiedenen Lebenssituationen, Eltern) werden Eltern an letzter Stelle genannt. Die Familie taucht gar nicht auf. Zur Zielgruppe „Eltern" wird ausgeführt, sie sollten „Probleme ihrer Kinder frühzeitig erkennen, befähigt werden, diese selbst zu lösen oder Hilfe anzunehmen."[3] Da im Stadium der Drogengefährdung oder bei beginnendem Drogenkonsum „die betroffenen Jugendlichen oft selbst noch nicht bereit sind, sich fachlich beraten zu lassen, kann regelmäßige Arbeit mit den Eltern, wie sie in Elternkreisen geleistet wird, manche beginnende Drogenabhängigkeit stoppen oder mildern."[4]

Die im NB vorgeschlagenen präventiven Maßnahmen (Erziehungshilfen für Eltern, Aufklärungsveranstaltungen, eine Elternbroschüre, Filme / Videos, Elterngesprächskreise, Förderung des Bundesverbandes der Elternkreise) machen deutlich, daß den JDB hierbei kaum eine Bedeutung zugeschrieben wird. Das widerspricht der Erfahrung in der fachlichen Arbeit mit Eltern von drogengefährdeten und in den Drogenkonsum einsteigenden Jugendlichen. Die Eltern sind oft so verstrickt, daß sie Informationen und Vorschläge nicht annehmen. Gerade in der empfohlenen und unverzichtbaren Arbeit der Elternkreise wird deutlich, wie schwer es ist, aus dem Wissen, was richtig wäre zu tun, entsprechendes Handeln folgen zu lassen. Es gibt nicht nur bei Jugendlichen Widerstände gegen fachliche Beratung und Hilfe, sondern auch bei Eltern. Diese Widerstände sind durch Argumente allein nicht aufzulösen.

Der NB sieht die JDB erst dann als Anlaufadressen auch für Angehörige, wenn der Drogenkonsum zur Regel geworden ist. Das lasse sich an Verhaltensänderungen erkennen: Interessenverluste, Leistungsabfall, Nachlassen von Sorgfalt, Ausdauer und Konzentration.[5]

Meiner Erfahrung nach gehen solche Verhaltensänderungen auch mit Drogenkonsum einher, sie gehen aber dem Drogenkonsum meist bereits voraus. Bei genauerem Hinsehen stellen sich viele Folgeprobleme von Drogenkonsum als Vorläuferprobleme heraus. Dabei geht es keineswegs nur um Entwicklungsversäumnisse, denen mit „Nachreifung" beizukommen ist, sondern um vielfach gravierende Fehlentwicklungen, wie sie mit dem Begriff „frühe Störungen" benannt werden.

Die vom NB geforderte „gezielte Arbeit mit den Angehörigen, die ohne entsprechende Schulung oft unbewußt suchterhaltend wirken"[6], greift zu kurz. Es ist zu fragen, wie die Eltern wirkten, bevor es die Sucht gab. Dabei geht es vor allem um unbewußte Beziehungsformen.

Für den Bereich „Beratung, Behandlung, Nachsorge, Rehabilitation sowie berufliche und soziale Wiedereingliederung" nennt der NB einige familienbezogenen Ansätze: Für drogenabhängige Frauen und Abhängige mit Kindern sollten spezielle Angebote geschaffen werden. Ein einziges Mal fällt im NB das Wort Familientherapie. Angesichts der Rückfälle auch nach längeren Abstinenzphasen seien Kurz- und Intervalltherapien notwendig. „In diesem Zusammenhang sollte die Familientherapie verstärkt berücksichtigt werden."[7]

Im Zusammenhang der Nachsorge wird ein weiteres Mal die Bedeutung der Elternselbsthilfegruppen, der Elternkreise, erwähnt, wie auch die der Selbsthilfegruppen von Betroffenen. „Dabei sollten vor allem auch solche Familien (professionelle) Unterstützung erfahren, die ehemals Abhängige wieder oder neu bei sich aufnehmen."[8]

Die Familie in der JDB: Statistik

Im NB findet sich für 1990 die Schätzzahl 70 000 Drogenabhängiger[9]. Gegenwärtig ist von 100 000 bis 120 000 Drogenabhängigen die Rede. Wieviele dieser Drogenabhängigen haben Kontakt zu JDB? In wievielen Fällen haben Familienangehörige Kontakt zu JDB? Solche und ähnliche Fragen können derzeit nicht beantwortet werden, weil es keine Bundesstatistik für den Sucht- bzw. den Drogenberatungsbereich gibt.

Das sog. „Einrichtungsbezogene Informationssystem" EBIS lieferte 1990 Zahlen für etwas mehr als 300 Suchtberatungsstellen.[10] Der EBIS-Bericht geht von über 800 Beratungsstellen aus, die Broschüre „Drogenberatung Wo?" sogar von mehr als 1 000[11]. EBIS erfaßt demnach 30 bzw. 37 % der bestehenden Einrichtungen. De facto heißt das, daß etwa zwei Drittel aller in Frage kommenden Einrichtungen nicht mit EBIS arbeiten. Ein Sprecher des DPWV, den ich hierzu befragte, sagte mir, EBIS werde insbesondere von den DPWV-Einrichtungen als mangelhaft erlebt. Der DPWV betreibt aber die Mehrheit der Drogeneinrichtungen. Die EBIS-Ergebnisse lassen sich also wohl nur mit einigen Bedenken für die JDB verallgemeinern. Eine Sonderauswertung der JDB für das Jahr 1990 umfaßt gerade 36 JDB[12]. Allein in Hessen gibt es jedoch 44 JDB. Im Rahmen von EBIS werden weitergehende Auswertungen, z. B. zu Drogenkonsum, nur für etwa 40 % der insgesamt gezählten Klienten gemacht, ausschließlich für diejenigen, die wenigstens zwei Kontakte mit den Einrichtungen hatten. Weitergehende Auswertungen betreffen entweder nur die Untergruppen der Neu- und Wiederaufnahmen oder der Beender.

Wenn also EBIS keine Hinweise auf absolute Größenordnungen liefert, so doch immerhin auf Relationen. So zeigt sich im allgemeinen Suchtberatungsbereich wie im Bereich JDB, daß zwei Drittel der Zugänge Männer sind. In unserem Zusammenhang ist es interessant, daß 55,4 % der allgemeinen Suchtberatungsstellen eine Angehörigengruppe anbieten. Für die JDB wird zu meiner Überraschung mitgeteilt, daß 65,5 % der JDB eine Angehörigengruppe anbieten. Dabei handelt es sich teilweise um Elterngruppen, zum anderen Teil um Gruppen für Partner / innen. Die männlichen Klienten kommen zu mehr als 75 % wegen einer eigenen aktuellen Suchtproblematik. Bei den Frauen gilt das nur für knapp 25 %. Im Bereich Nachsorge ist das Verhältnis von Männern und Frauen zwei zu eins. Wegen eines Familienmitglieds mit Suchtproblematik kommen nur zu 25 % Männer, zu 75 % Frauen. Familienberatung haben von den Beendern in den allgemeinen Suchtberatungsstellen und den JDB ca. 17 % in Anspruch genommen. Bei Familienbehandlung zeigen sich hingegen Unterschiede. Knapp 11 % der Beender der allgemeinen Suchtberatungsstellen, aber nur knapp 6 % der JDB-Beender erhielten eine Familienbehandlung. Familienberatung und -behandlung bezogen sich stärker auf Angehörige. Bei eigener Sucht hatten 10,9 % der Beender der allgemeinen Suchtberatungsstelle, aber nur 3,9 % der JDB-Beender eine Familienbehandlung mitgemacht.

Zusammenfassend läßt sich sagen, daß die EBIS-Zahlen die Annahme stützen, daß Drogenabhängigkeit nicht nur und allein den Konsumenten betrifft, sondern in familiale Beziehungen eingebettet ist, daß dem in der praktischen Arbeit der JDB jedoch kaum Rechnung getragen wird.

DIE INDIREKTE PRÄSENZ DER FAMILIE IN DER JDB

a) Der Drogenkonsument und seine „innere Familie"

Zwischen dem Beginn des Drogenkonsums und dem ersten Kontakt des Drogenkonsumenten zu einer JDB vergehen oft viele Jahre. Warum sollte sich ein Drogenkonsument auch um fachliche Hilfe bemühen, solange er den Eindruck hat, den Drogenkonsum zu beherrschen und sein Leben zu bewältigen. Diese Selbsteinschätzungen decken sich allerdings kaum mit den Einschätzungen der familiären und außerfamiliären Bezugspersonen. Diese fangen über kurz oder lang an, Hilfsangebote zu machen, die von den Drogenkonsumenten wenig oder gar nicht angenommen werden. Angesichts des zunehmenden Drogenkonsums und der damit einhergehenden Mißachtung familiärer Regeln werden immer neue Ausnahmen gemacht. Innerhalb und außerhalb der Familie kommt es zu Rollenteilungen: Der Drogenkonsument bekommt immer mehr Schwierigkeiten, die seine Bezugspersonen immer engagierter zu lösen versuchen. Das Scheitern der „Hilfreichen" begleitet das des Drogenkonsumenten. Es verdichtet sich ein Klima von Entwertung und Zerstörung. In diesen Sog geraten auch die Drogenberater, die sich mit Erwartungen nach Versorgung und Vermittlung von Hilfen konfrontiert sehen. Die familiären und extrafamiliär gesetzten Beziehungsmuster werden an den Drogenberater herangetragen. Er soll die Rolle des scheiternden Versorgers übernehmen.

Die familiären Erfahrungen und Defizite führen zu Übertragungen, aus denen bald ein verheerendes, kaum auszuhaltendes Klima der JDB folgt. Es entspricht exakt dem der Herkunftsfamilie des Drogenkonsumenten. Es wiederholt sich das Scheitern des Drogenkonsumenten und der Vorwurf aller an den Drogenberater, daran Schuld zu tragen.

b) Der Drogenberater und seine „innere Familie"

Die Verführung des Drogenberaters durch den Drogenkonsumenten, in dessen Beziehungsmuster einzusteigen, könnte aber nicht gelingen, wenn es nicht auch Verführbarkeit gäbe. Diese Verführbarkeit ist dem Helferberuf immanent. Die Berufsentscheidung folgt meist aus einer Familiengeschichte, in der Hilfe benötigt und durch den späteren „Helfer" oft schon von Kindesbeinen an geleistet werden sollte. „Elternkinder", „parentifizierte Kinder" sind Begriffe der Familientherapie für solche gar nicht kindgerechten Rollen. In der „hilfreichen" Beziehung delegieren − vielfach unbemerkt und unbewußt − die Helfer eigene Probleme an ihre Klienten. So kommt es zu Prozessen von Übertragung und Gegenübertragung, die leicht destruktiv verlaufen, wenn nicht fundierte Fort- und Weiterbildung oder Supervision gegensteuern. Die in der Frühzeit der Drogenarbeit sprichwörtliche Solidarisierung des Drogenberaters mit seinem drogenkonsumierenden Klienten gegen dessen „schreckliche Eltern" mag das illustrieren.

Die heimliche Droge der Drogenberater ist das entmündigende Tun für andere. Eine auf Selbsttätigkeit des Drogenkonsumenten zielende Beratungsbeziehung kann nicht nur versorgen. Das aber gilt heute schnell als „hochschwellig". Der Kreis schließt sich. Die „neuen Wege der Drogenarbeit", die niedrigschwelligen Angebote, imitieren das Verhalten der Eltern der Drogenkonsumenten, das die Drogenhilfe früher scharf kritisierte.

c) Wie kommen die tatsächlichen Familienmitglieder der Drogenkonsumenten in die JDB?

Es sind meist Mütter, manchmal Partnerinnen, selten Geschwister von Drogenkonsumenten, die sich an JDB wenden. Die vorliegenden Statistiken gestatten keinen Rückschluß auf die Zahl der durch die JDB erreichten Familienangehörigen. Ich vermute, daß die Zahl erheblich unter jener der erreichten Drogenkonsumenten liegt. Selbst die Elternkreise erreichen nach meiner Schätzung günstigstenfalls 3 % der geschätzten Fälle von Drogenkonsum auf dem Weg über die Eltern (ca. 220 Elternkreise in der alten Bundesrepublik mit je 20 TeilnehmerInnen). Aussagen über die Familienverhältnisse stützen sich also weitgehend auf Erfahrungen mit einer Minderheit der tatsächlich Betroffenen. Ich vermute, daß es sich um die engagierteren und sozial insgesamt fähigeren Eltern handelt, die um Beratung nachfragen. Drogenberater fühlen sich angesichts der Angehörigen vielfach hilflos. Diese suchen ja nicht Hilfe für sich selber, sondern für den Drogenkonsumenten. Auch und gerade, wenn die eigene Not der Angehörigen spektakulär ist, betonen sie, selbst keine Hilfe zu benötigen. Dabei sind sie gepeinigt von Versagens- und Schuldgefühlen, Ängsten, Scham, oft aber auch voller Vorwürfe gegen die Umwelt, die untätigen Politiker, die unfähigen Drogenhelfer. Insbesondere jüngere MitarbeiterInnen finden es vielfach zu schwierig, mit Eltern zu sprechen, ältere MitarbeiterInnen gibt es oft nicht. So werden Eltern von den JDB meist an andere Stellen, insbesondere an Elternkreise verwiesen. Viele Angehörige, die sich mit letzter Kraft zu einem Beratungsstellenbesuch aufgerafft haben, kommen nie bei der genannten Adresse an.

Die Familie in JDB mit familienorientierter Konzeption

Derzeit gibt es meines Wissens im Bundesgebiet eine einzige familientherapeutisch arbeitende JDB, Confamilia in Berlin. Auch diese Stelle muß allerdings die übliche „Angebotspalette" vorhalten. Ich rede also über eine Utopie.
Anhand eines idealtypischen Phasenmodells der Drogenabhängigkeit will ich skizzieren, wie familienorientierte Beratungsstellenarbeit aussehen könnte, wenn sie gewünscht und gefördert würde.

Phase 1: die Vorgeschichte

Diese Phase umfaßt die Lebensspanne des Drogenkonsumenten bis zum ersten Drogenkonsum. Sie kann durch dramatische Ereignisse geprägt sein, durch Todesfälle, Krankheiten, Trennungen, durch notorisches Fehlverhalten, durch wiederholtes Scheitern, sie kann aber auch, zumindest für die Familienangehörigen, unauffällig erscheinen. Gibt es im ersten Fall ein Übermaß an oft destruktiven Konflikten und Problemen, so fehlen diese im zweiten Falle weitgehend, wenn nicht völlig. Ohne das Erleben angemessener Auseinandersetzungen zwischen Eltern und Kindern scheinen diese den Weg in die Selbständigkeit kaum zu schaffen. Wohlverhalten, das sich der Konfliktvermeidung verdankt, schlägt im Verlauf der Pubertät nicht selten in offene Auflehnung gegen die Elternnormen um.

Die Vorgeschichte des Drogenkonsums spielt sich entweder in einer vollständigen Familie ab, in einer Ein-Elternfamilie, einer Ersatzfamilie (Pflege- oder Adoptivfamilie) oder in einer öffentlichen Erziehungsinstitution. In den verschiedenen Erziehungsmilieus finden sich offenbar regelhaft Hierarchiestörungen. Aus verschiedenen Gründen fehlt oft eine klare Eltern- oder Erzieherbeziehung. Beide Elternteile sind etwa dauerhaft unterschiedlich präsent, so daß ein Elternteil im Alltag de facto das Erziehungsmonopol zu haben scheint, während der andere sich ausschließlich für die materielle Versorgung der Familie verantwortlich fühlt. Diese Arbeitsteilung bricht angesichts größerer Probleme eines Kindes zusammen, gegensätzliche Vorstellungen über „richtige" Erziehung, die nie geklärt wurden, prallen aufeinander. Pseudogegensätze wie Versorgung oder Versagung, Strenge oder Güte bringen die Schwäche der Elternbeziehung ans Licht oder führen zu deren Auflösung. Während die Eltern sich nicht auf eine „Linie" einigen können, bestehen Intergenerationsbündnisse, in deren Rahmen dem kindlichen Bündnispartner Erwachsenenmacht zuwächst. Eine illusionäre Selbstüberschätzung ist die Folge. Als Pseudoerwachsene versäumen solche Bündnis-Kinder kindliche Entwicklungsschritte und -aufgaben in Richtung Selbständigkeit. Es entwickelt sich bei den Beteiligten ein — zumindest innerlich — abhängiges Beziehungsmuster. Die Fähigkeit, nicht-abhängige Beziehungen insbesondere auch außerhalb der Familie einzugehen, wird nicht entwickelt.

Das Kind oder der Jugendliche verhalten sich so, daß andere sich ihnen helfend, unterstützend, entlastend oder versorgend zuordnen. Der Vollständigkeit halber ist zu sagen, daß die spezifische Umwelt in der Regel auch dazu verführt, sich zum Objekt von Hilfe zu machen. Belastbarkeit, Einsatzbereitschaft für eigene Ziele, Frustrationstoleranz und andere Kompetenzen für ein selbständiges Leben können sich so nicht ausbilden. Die hier beschriebene abhängige Beziehungsform geht jeder Sucht voraus.

Eine Zeitlang schien sich diese Vorgeschichte immer mehr zu verkürzen. Das Wort „Baby-Fixer" spielte eine Rolle, das „Schnüffeln" noch nicht Zehnjähriger beschäftigte die Öffentlichkeit. Derzeit sieht es so aus, als dauere die Vorgeschichte wieder bis zur Volljährigkeit und darüber hinaus. Drogenkonsum scheint durchaus mit dem Nesthocker-Syndrom einher zu gehen.

Die Drogenhilfe im allgemeinen und die Drogenberatung im besonderen sind im Kontext der Vorgeschichte noch nicht gefragt. Selten nur noch kommen Schulklassen in die JDB, wenn das Thema Drogen im Unterricht behandelt wird. Bei Beratungsbedarf werden Erziehungsberatungsstellen angelaufen.

Phase 2: Drogenkonsum wird Thema

Nun kommt zu den unauffälligen oder auffälligen Fehlentwicklungen der Vergangenheit der Verdacht auf oder auch der möglicherweise jahrelang unbemerkt praktizierte Drogenkonsum. Der Verdacht auf Drogenkonsum entsteht als mögliche Erklärung für wahrgenommene Verhaltensänderungen des jungen Menschen, die oft den Rahmen des in der Pubertät und später üblichen nicht sprengen. Das ist vor allem nach übermäßiger Anpassung naheliegend. Wenn jedoch Drogenkonsum jahrelang möglich ist, ohne daß die Eltern ihn bemerken, verdankt sich das zum einen dem Umstand, daß er geschickt verheimlicht wird, zum anderen weist die Wahrnehmungsfähigkeit der Eltern erhebliche Mängel auf. Oft gilt die Maxime, daß nicht sein kann, was nicht sein darf. Dabei wird der Drogenkonsum als zu verheimlichender Normverstoß praktiziert, zumeist im Wissen um die damit verbundenen Risiken.

In Phase 2 leben die Drogenkonsumenten vielfach noch im Elternhaus oder einer vergleichbaren Umgebung. Sie gehen recht und schlecht ihren schulischen und sonstigen Verpflichtungen nach.

In dieser Phase kommt es mitunter zu besorgten Anrufen von Elternteilen in einer JDB. Beim Waschen fand sich in den Sachen eines wohlversorgten Kindes ein Pulver; in einem herumliegenden Tagebuch oder Brief sind Äußerungen zu lesen, die nach Drogenkonsum klingen; ein Hemd wies Blutflecken auf; man fand eine Spritze. Panik und Neigung zu Überreaktion sind die Regel. Es wird von Drogenabhängigkeit gesprochen, obwohl noch nicht klar ist, ob überhaupt und wie oft Drogen genommen wurden. Die Verdächtigten wehren sich ebenso gegen die Diagnose, wie gegen die Einschätzung, sie bräuchten fachliche Hilfe durch eine JDB. Versuche der Eltern, für ihre Kinder Termine auszumachen, gehen ins Leere.

Gelingt jedoch beim ersten Kontakt zwischen Elternteil und Berater, meist telefonisch, eine Umdefinition des Themas, läßt sich durchaus eine JDB-Intervention einleiten. Ist das Thema nicht „Drogenkonsum", sondern „Neugestaltung der Familienbeziehungen", können Familiengespräche vorgeschlagen werden, die auch von dem des Drogenkonsums Verdächtigten angenommen werden können. Da die Sündenbock-Rolle nicht der Aufhänger der Intervention ist, kann sich auch der junge Mensch von Familiengesprächen Vorteile für sich erhoffen.

Lehnt der junge Mensch ab, an Familiengesprächen in der JDB teilzunehmen, will er also das Familiengeschehen nicht mitgestalten, können die Eltern trotzdem in ein Fachgespräch einsteigen. Es geht dann um Elternberatung bzw. -therapie. Mit seiner Ablehnung des Familiengesprächs hat der junge Mensch die Machtfrage auf den Tisch gebracht. Die Ablehnung macht deutlich, daß die Eltern sich nicht mehr durchsetzen können. Fokussiert der Berater auf „Drogenkonsum" blendet er die Machtfrage aus, fokussiert er auf die Ohnmacht der Eltern, können diese daran arbeiten, ob und wie sie das Steuer der Familie wieder in die Hand bekommen können.

In Phase 2 legen sich die Eltern entweder infolge gegensätzlicher Vorstellungen über Erziehung gegenseitig lahm oder es fehlt mit einem Elternteil, oft dem Vater, auch dessen Position. In der Regel handelt es sich um die Grenzen setzende, fordernde Position. Der den Alltag gestaltende Elternteil sorgt oft für einen perfekten Rundum-Service, der durch keinerlei Gegenleistung gerechtfertigt ist. Auf Nichterfüllung von Elternerwartungen wird mit Belohnung des Fehlverhaltens reagiert. Und wieder ist es eine Frage der Perspektive, was seitens der JDB als das Problem angesehen wird: der Drogenkonsum oder der Umgang der Erzieher mit dem Drogenkonsumenten.

Phase 3: Der Drogenkonsum ist offenkundig

In dieser Phase hat sich der Konsum gleich welcher Droge als offene Normverletzung etabliert, die den Erziehern täglich ihre Ohnmacht vor Augen führt. Die gegen den Drogenkonsum eingesetzten Mittel erweisen sich als wirkungslos, werden aber nicht aufgegeben, sondern nach der Maxime „mehr des Gleichen" noch verstärkt. Am Morgen wird nicht mehr nur einmal, sondern mehrmals geweckt, die Versorgung wird noch verbessert, das gute Zureden intensiviert. Das bedeutet eine massive Selbstentwertung der Erzieher, welche der im Drogenkonsum steckenden Selbstentwertung des Drogenkonsumenten ebenbürtig ist. Mit steigendem Drogenkonsum steigert sich zumeist auch die Ausbeutung der Eltern, die nun vielfach offen erpreßt, bestohlen und gequält werden – und sich das gefallen lassen.

In Phase 3 kommen die Drogenkonsumenten nach Hause, wann es ihnen paßt, halten sich nicht mehr an Vereinbarungen. Schul-Ausbildungs- oder Arbeitsplatz gehen oft verloren. Nun gibt es Auszüge aus dem Elternhaus, selten den Rauswurf. Eine möglicherweise vorhandene eigene Wohnung geht unter Umständen verloren, weil die Miete nicht mehr gezahlt wird. Die Folgerisiken des Konsums harter Drogen unter den Bedingungen der Illegalität, insbesondere des intravenösen Konsums, greifen: Infektionen und ihre Konsequenzen.

In Phase 3 suchen – oft Jahre nach Beginn des Drogenkonsums – erstmals Drogenkonsumenten den Kontakt zu JDB-Mitarbeitern. Sie wollen vielfach weniger Hilfen mit dem Ziel der Änderung der eigenen Lebenssituation als vielmehr Lebenserleichterungen. Dabei werden vorhandene Ressourcen, insbesondere solche aus der Herkunftsfamilie, verständlicherweise verschleiert. Oft sagen Drogenkonsumenten, die nicht mehr zu Hause wohnen, sie hätten keinerlei Kontakt mehr zu ihren Eltern. Das ist oft eine Zweckbehauptung, um sich zusätzliche Ressourcen zu erschließen. Die wechselseitig abhängigen Beziehungen zu den Eltern verstärken sich nach meiner Einschätzung, statt schwächer zu werden. Eltern sind und bleiben im allgemeinen während der gesamten Drogenkarriere die verläßlichsten Versorger und Bezugspersonen.

Der Wunsch nach „Therapie" regt sich oft weniger als Folge bedrückender Lebensumstände als vielmehr aufgrund sich häufender Kontakte mit Polizei und Justiz. Dabei werden ambulante den stationären Möglichkeiten vorgezogen, kürzere Programme den längeren, „weiche" den „harten". Bei Nennung des Wortes Synanon schütteln sich die meisten Drogenkonsumenten vor Entsetzen.

In Phase 3 sind Familiengespräche nur noch gelegentlich und eher im Sinne von Weichenstellungen möglich und sinnvoll. Die Beratungs- und Behandlungsprozesse für den Drogenkonsumenten und für seine Angehörigen laufen nun eher getrennt voneinander. Beide Arbeitsrichtungen stellen aber Interventionen im Kern der Drogenproblematik dar. Elternarbeit als Familienarbeit mit einem Subsystem ist ja unabhängig davon möglich, ob der Drogenkonsument selber fachliche Hilfe sucht oder bekommt. Im Rahmen der Elternarbeit kann sich die JDB meiner Erfahrung nach zumindest einen indirekten Zugang zum Drogenkonsumenten erschließen, solange der direkte Kontakt nicht möglich ist. Selbst wenn die Eltern-Kind-Beziehungen mitunter nur noch im Rahmen eher zufälliger Kontakte gelebt werden:

die prototypischen suchterhaltenden Interaktionen laufen in Sekundenschnelle ab. Ein paar Sätze am Telefon können durchaus den Legitimationsfrust für den nächsten Schuß liefern.

Gefängnisaufenthalte, Psychiatrieerfahrungen, stationäre Therapieaufenthalte sind häufig. Therapieeinrichtungen gehen in jüngster Zeit verstärkt dazu über, Angehörige in die Arbeit einzubeziehen. Elternwochenenden, Angehörigenseminare, familientherapeutische Sitzungen werden angeboten. In der JDB besteht die Möglichkeit, neben Elternberatung und -therapie im Rahmen von Einzelsitzungen auch Gruppenangebote zu initiieren. Sei es mit dem Ziel, einen Elternkreis aufzubauen, sei es eine Therapiegruppe für Eltern oder Partner/innen.

Phase 4: der Drogenkonsum verselbständigt sich

Phase 4 ist durch alle die Phänomene bestimmt, die man mit dem sogenannten Vollbild der Drogenabhängigkeit verbindet: hohe Dosierung und entsprechende Beschaffungsaktivitäten, also Eigentumsdelikte, Prostitution, Drogenhandel; hinzu kommt psychischer, geistiger und körperlicher Zerfall. Alltagsbeziehungen zu Nichtsüchtigen verlieren sich weitgehend. Berufstätigkeit und eigene Wohnung fehlen meist. Es besteht ein mehr oder minder loser Kontakt mit JDB oder Notdiensten. Obdachlosigkeit, Gefängnis, Psychiatrie, stationäre Therapie, Rückkehr zu den Eltern lösen einander ab. Die Kontakte zu den Eltern intensivieren sich eher wieder. Man muß auf sie mangels anderer Möglichkeiten zurückgreifen. Trotz vieler Enttäuschungen geben die Eltern auf der Basis meist vager Versprechungen immer neue Chancen. Äußere Verelendung und geschickte Nutzung aller nur denkbaren Ressourcen schließen sich keineswegs aus.

Die Drogenkonsumenten in Phase 4 bestimmen die öffentliche Diskussion. Ihre Versorgung hat absoluten Vorrang gegenüber allen anderen Arbeitsformen, die im Zweifel zurückstehen müssen. Das gilt insbesondere für die familienorientierte Arbeit.

Niedrigschwellige Arbeitsformen und Substitutionsarbeit führen meines Erachtens zum Absterben psychotherapeutischer und familientherapeutischer Arbeitsmöglichkeiten in den JDB, die das Ziel der Abstinenz verfolgen.

Phase 5: Die Zeit danach

Ein bestimmter Teil der Drogenabhängigen, 1991 erstmals mehr als 2000, stirbt an einer Überdosis oder an den Folgen einer Mischintoxikation. Ein weiterer, in seiner Größe kaum einzuschätzender Teil gibt den Drogenkonsum von heute auf morgen auf, oft ohne dabei fachliche Hilfe in Anspruch zu nehmen. Eine dritte Gruppe überwindet die Drogenabhängigkeit mit Hilfe ambulanter oder stationärer Drogentherapie. Dieser dritte Weg ist für alle Beteiligten außerordentlich mühevoll. Er führt − laut NB brechen 70 % der Klienten stationärer Therapieeinrichtungen die Therapie ab[13] − mitunter erst nach mehreren Anläufen zum Erfolg. Und der Erfolg hält oft nicht auf Dauer vor.

Stationäre Langzeittherapie bedeutet heute meist „leben lernen ohne Drogen"; es wird ein überwiegend pädagogischer Ansatz verfolgt. Die psychotherapeutische Bearbeitung der Verankerung der Sucht in der eigenen Psyche und in den emotional wichtigen Beziehungen zu anderen erfolgt nur auf Wunsch. So mißlingt vielfach der Transfer des Therapieerfolgs in den Alltag. Leicht werden dann die alten, nicht bearbeiteten Probleme in der alten, süchtigen Weise angegangen.

In Phase 5 wäre in der JDB wiederum Familientherapie möglich, vor allem aber auch psychotherapeutische Nachsorge. Werden aber die „neuen Wege" dafür noch Raum lassen? Welche Bedingungen braucht die familienorientierte Arbeit in der JDB? Viele Möglichkeiten, insbesondere Familientherapie im engeren Sinne, setzen ein familienorientiert arbeitendes Team voraus. Ohne die Möglichkeit zu Kooperation und Austausch ist diese Arbeit zu schwierig und belastend. Weiterhin bedarf es der Erlaubnis und Unterstützung der Träger und Geldgeber. Im Rahmen einer JDB, welche die gesamte Angebotspalette vorhalten muß, ist familienorientierte Arbeit lege artis nicht möglich.[14]

Zur Zeit fordert alle Welt, „neue Wege der Drogenarbeit" zu gehen. Wie wäre es, wenn der Bund einen bisher in der Drogenarbeit nicht beschrittenen Weg einschlagen und fünf familienorientiert arbeitende JDB als Modelleinrichtungen finanzieren würde? Das wäre dann wirklich etwas Neues.

Anmerkungen

[1] Nationaler Rauschgiftbekämpfungsplan (im weiteren: NB) Maßnahmen der Rauschgiftbekämpfung und der Hilfe für Gefährdete und Abhängige, hrsg. vom Bundesminister für Jugend, Familie, Frauen und Gesundheit und dem Bundesminister des Inneren (Bonn), Stand: 13. Juni 1990
[2] NB, S. 17
[3] NB, S. 22
[4] NB, S. 22
[5] NB, S. 22

[6] NB, S. 23

[7] NB, S. 27

[8] NB, S. 28

[9] NB, S. 3

[10] Jahresstatistik 1990 der ambulanten Beratungs- und Behandlungsstellen für Suchtkranke in der BRD (Berichtszeitraum 1. 1. 90 bis 31. 12. 90), Freiburg / Hamm / Kassel / München 1990, EBIS-Berichte Bd. 15

[11] Drogenberatung Wo? Einrichtungen zur Beratung von Drogen-, Alkohol- und Medikamenten-Gefährdeter und Abhängiger, hrsg. von der Bundeszentrale für gesundheitliche Aufklärung, Köln 1990

[12] EBIS-Gesamtauswertung „Jugend- und Drogenberatungsstellen" hrsg. von der EBIS-AG bei der Deutschen Hauptstelle gegen die Suchtgefahren, 1990

[13] NB, S. 25

[14] Viele Aspekte familienorientierter Drogenarbeit konnten hier nur angedeutet werden. Zu weiterführender Beschäftigung: Jürgen Schaltenbrand (Hrsg.): Familienorientierte Drogenarbeit. Berichte aus der Praxis. Heidelberg 1992

Familie in der Selbsthilfe

Wiebke Schneider

Die Selbsthilfe gibt es nicht, genauso wie es *den* Süchtigen nicht geben kann. Unter Selbsthilfe werden im allgemeinen Gruppenangebote verstanden, in denen Betroffene ihre Erfahrungen austauschen und dadurch Schlüsse für ihre eigene Selbst-Entwicklung oder -Veränderung ziehen. Dabei ist im Suchtbereich eine Mischung der Teilnehmer von sozusagen „Anfängern" und „Fortgeschrittenen" üblich. Viele Menschen, die ihre eigene Sucht-Symptomatik bewältigt haben, möchten anderen helfen und werden zu freiwilligen oder ehrenamtlichen Helfern oder Gruppensprechern, die Gruppen begleiten. Sie haben sich mit Suchtgeschehen meist auch theoretisch auseinandergesetzt, durch Literatur, Besuche von Fachtagungen und / oder Ausbildungen zum „freiwilligen Suchtkrankenhelfer": Das heißt, die „Selbsthilfe" ist zu einem Großteil Fremdhilfe (genauer: freiwillige oder ehrenamtliche Hilfe) und beeinflußt sowohl vom subjektiven Erleben als auch vom − jeweiligen − Stand der Suchtforschung.
In den Gruppen gibt es unterschiedliche Schwerpunkte, die von „Erster Hilfe" oder Starthilfe bei der Überwindung des Symptoms bis zu langfristigem, vielleicht lebenslangem Engagement in Gruppe oder Organisation reichen. Die tatsächliche Selbsthilfe setzt erst im langfristigen Prozeß, auch „Nachsorge" genannt, ein, weil es dann um immer wieder neu zu definierende Ziele in der Lebensgestaltung geht. Dabei können Gruppen Gleichgesinnter eine enorme Stütze sein.
Der größte Teil der Selbsthilfegruppen-Angebote ist unter dem Dach der großen Abstinenz- und Selbsthilfeorganisationen und der Anonymen Alkoholiker (AA) zu finden. Außer bei den AA, die getrennte Angehörigengruppen anbieten, sind die Gruppen meist sowohl für Abhängige als auch für ihre Angehörigen offen. Daß Sucht eine „Familienkrankheit" ist, wurde und wird gerade in den Abstinenz- und Selbsthilfeorganisationen immer betont, z. T. schon seit über 100 Jahren. Konsequenzen aus dieser Erkenntnis waren und sind jedoch bestimmt von der jeweiligen gesellschaftlich definierten Aufgabenstellung von Familie und Partnerschaft.
Selbsthilfegruppen sind häufig die ersten Anlaufstellen sowohl für Alkoholiker als auch für verzweifelte Partnerinnen oder Partner. Vielen Betroffenen gelingt es, allein mit Hilfe der Gruppe „trocken" zu werden − und zu bleiben. Dabei steht zunächst das Problem, der

Alkoholkonsum und seine vielseitigen Folgen, im Mittelpunkt der Bemühungen. Erklärtes Ziel sowohl des Abhängigen als auch der Angehörigen ist es, den Suchtmittelkonsum unter Kontrolle zu bringen. Der Anstoß zum Besuch einer Selbsthilfegruppe mit der Aufforderung „Tu' endlich 'was gegen deine Sauferei" kommt häufig von außen – vom Haus- oder Betriebsarzt, vom Vorgesetzten, vielleicht auch von einer Beratungsstelle, die nicht unmittelbar eine Therapie vermitteln konnte oder wollte. Dieses „außen" spielt auch „innen" in der Selbsthilfegruppe eine Rolle.

Die Definition der Aufgabenstellung von Sucht-Selbsthilfe ist eine seltsame Mischung: Ärzte, Sozialwissenschaftler, Psychologen haben die „Definitionsmacht" (Kickbusch, I., in: Kickbusch/Trojan, 1981, 11 ff.), was als Sucht oder Abhängigkeit gilt und was Hilfe für Betroffene bewirken soll. Die Organisation, zu der die Gruppe gehört, gibt den „ideologischen Überbau", vielleicht auch das Programm, und die Betroffenen bringen die jeweils eigene Sichtweise ihrer Problematik ein, die wiederum geprägt ist von gesellschaftlichen Bewertungen und sich fast zwangsläufig auf das fühl- und sichtbare Symptom konzentriert.

Selbsthilfe muß daher ständig um ein eigenes Profil bemüht sein. Sie muß ihre Aufgaben und Inhalte definieren und immer wieder überprüfen – und sie darf sich nicht zum „Billigarbeiter" der Suchthilfe degradieren lassen, Aufgaben professioneller Hilfen übernehmen oder immer dort bereitwillig Lücken schließen, wo andere Stellen versagen.

SELBSTHILFE – GLEICHBERECHTIGTES ANGEBOT FÜR ALLE
ODER ARRANGEMENT UM DEN SYMPTOMTRÄGER?

Der Suchtmittel-Abhängige steht in der Selbsthilfegruppe, wie auch meist in der professionellen Hilfe, im Mittelpunkt. Sein Problem ist deutlich zu beschreiben, er selbst kann es benennen, ebenso wie das familiäre Umfeld den Suchtmittelkonsum und dessen Folgen als *das* Problem beschreibt. Diese Suchterfahrung wiederum ist den Mitgliedern der Selbsthilfegruppe gemeinsam, auch wenn ihre Lebensgeschichten und -Situationen im übrigen unterschiedlich sein mögen. Und genau hier liegt auch der Erfolg und die Stärke von Selbsthilfe: In der Gemeinsamkeit der Erfahrung und des Erlebens von Leiden, in der Erleichterung, die durch das Aus- und Ansprechen erfolgt und in der Entwicklung eigener Bewältigungsstrategien mit Unterstützung der anderen Gruppenmitglieder.

Angehörige, in der Regel Partnerinnen oder Partner, seltener Eltern oder erwachsene Kinder, definieren ihre Gruppenteilnahme ebenfalls über das Alkoholproblem des Abhängigen. Sie wollen ihm helfen, vom Alkoholkonsum wegzukommen, weil sie darin auch ihr eigenes Problem sehen. Von den „fortgeschritteneren" Mitgliedern der Selbsthilfegruppe wird ihnen meist zu vermitteln versucht, den Betroffenen „in Liebe loszulassen" oder „Hilfe durch Nichthilfe" zu geben, sich abzugrenzen, aber das ist besonders in den Anfängen für viele ein schier ungeheuerliches Ansinnen, widerspricht es doch ihrer Auffassung von Hilfe und auch dem, was gemeinhin unter Hilfe verstanden wird.

Selbsthilfegruppen werden von Alkoholikern vor, während, nach oder statt einer Therapie besucht. Daraus ergibt sich eine Vielfalt von Erwartungen an die Gruppe. Für Angehörige gibt es meist nur das „statt", sieht man einmal von Angehörigenseminaren in Therapien und einer gelegentlichen Einbeziehung in ambulante Nachsorge ab. Das bedeutet von vornherein eine Ungleichgewichtung in der Aufarbeitung und Verarbeitung des Suchtgeschehens.

Nach wie vor scheint das größte Hindernis einer tatsächlich gleichberechtigten Hilfe aber darin zu liegen, daß − unausgesprochen − Angehörige hauptsächlich als Helfer/in aus der Sucht und Stütze der Abstinenz des Betroffenen gesehen werden und sich selber auch nur so zu sehen erlauben. Darum sind *neben* den gemeinsamen Gruppen auch Angehörigengruppen wichtig, die den Blick auf deren spezifische Problematik lenken, wo Gefühle wie Wut, Schuld, Enttäuschung angesprochen werden können, ohne mit sofortigen Gegenreaktionen des Betroffenen konfrontiert zu werden, wo Selbstzweifel und Ängste benannt werden dürfen ohne Furcht vor Be- oder Abwertung.

Kinder werden in der ersten Selbsthilfe-Zeit der Eltern meist schlichtweg vergessen. Sie können ihre Anliegen nicht selbst anmelden, ihnen fehlt die Lobby, und ihre Eltern sind zu sehr mit sich selbst beschäftigt − und unter Umständen mit der Verdrängung des Leidens ihrer Kinder.

Scham, Schuld, Schande: Die Verdrängung und ihre Folgen

„Unsere Kinder waren noch zu klein ..." oder „vor den Kindern haben wir uns nie über Alkohol gestritten, die haben nichts mitgekriegt" − das sind Standardantworten in Selbsthilfegruppen auf die Frage „Und was ist mit euren Kindern, sprecht ihr mit ihnen über eure Probleme?".

Das Nicht-wahrhaben-wollen der Auswirkungen von Sucht auf die ganze Familie – und dazu gehören nun mal auch die Kinder – kann im Zusammenhang mit nicht eingestandenen Schuld- und Schamgefühlen gesehen werden, aber auch mit einer Phase der Problem-Verschleierung, in der gefeilscht und gehandelt wird. Diese „Abschaffungsversuche" (Schuchardt, E., 1982, S. 104) sind durchaus verständlich. In der ersten Phase der Selbsthilfe tragen sie dazu bei, die Problemsicht einzugrenzen. Manchen würde ein Erkennen des ganzen Ausmaßes in die Resignation treiben nach dem Motto „das kann ich nie wiedergutmachen, da ist *alles* sinnlos – wozu soll ich dann überhaupt 'was tun?" Kritisch wird es allerdings, wenn die Verdrängung zur Gewohnheit und zum Dauerzustand wird. Leider geschieht dies nicht gerade selten. Zwei Faktoren sind daran maßgeblich beteiligt.

Die meisten Selbsthilfegruppen bzw. Helfergemeinschaften haben einen relativ „festen Kern" von Mitgliedern, die über längere Zeit die Gruppe besuchen. Hinzu kommen – und gehen – aber ständig Hilfesuchende mit akuter Suchtmittelproblematik, die zum Teil noch in der „nassen Phase" sind. Auf diese Neulinge konzentriert sich das Gruppenangebot – ein Phänomen übrigens, das auch in anderen Selbsthilfegruppen zu finden ist (vgl. Schafft, S., in: Kickbusch/Trojan, S. 160ff.) – und deren Bedürfnisse nach Hilfe konzentrieren sich wiederum auf das Suchtmittel. Dies trifft sowohl auf Abhängige als auch auf deren Partner/innen zu. Wenn sich nun die Gespräche überwiegend um das Symptom und dessen Bewältigung drehen, bleibt wenig Raum für andere Fragen. Hinzu kommt, daß ein Eingeständnis „unsere Kinder haben Leid erfahren" mit immensen Schuldgefühlen verbunden ist. Diese wiederum werden als Bedrohung der Abstinenz und als Rückfallgefährdung erlebt. Und Rückfall ist *das* Schreckgespenst, nicht nur in der Selbsthilfe, da er meist als Versagen interpretiert wird. Hier schließt sich ein Teufelskreis: Der Alkoholiker sagt: „Ich habe versagt", die Angehörigen glauben „wir haben versagt" und die Gruppe fragt sich „Wo haben wir versagt?". So dreht sich wieder alles um den Abhängigen und um die Schuldgefühle im Zusammenhang mit seiner Sucht-Symptomatik. Die Schlußfolgerung: Lieber das Vergangene ruhen lassen, lieber dieses Thema verdrängen oder vergessen, lieber glauben, es sei alles nicht so schlimm, und die Kinder seien nicht oder nur wenig betroffen! „Oft sind dies die gleichen Verdrängungs- und Verheimlichungsmechanismen, die verhindern sollen, die Außendarstellung der Familie in Mißkredit geraten zu lassen, die schon in der Phase der akuten Sucht angewendet wurden." (Flügel/Lindemann, 1992, S. 14)

Eine der wichtigsten Wirkungen von Selbsthilfe ist das Erleben positiver Verstärkung. Dieser „Positivismus" darf aber nicht dazu führen, wesentliche Aspekte, die mit Negativgefühlen besetzt sind, auszuklammern. Hierbei ist eine schrittweise Be- und Erarbeitung von „Tabuthemen" in Selbsthilfegruppen wichtig, u.U. auch mit sensibler Begleitung eines Außenstehenden, denn Selbsthilfe und Zusammenarbeit mit Professionellen schließen sich nicht zwangsläufig aus.

In der Praxis der Gruppenarbeit habe ich es als hilfreich erlebt, wenn in einer Gruppe über die eigenen Kindheitserfahrungen geredet wird, und dabei das Augenmerk sich nicht auf Menge oder Form von Alkoholkonsum richtet, sondern auf die Beziehungen der Familienangehörigen zueinander. Über diesen Weg fällt es betroffenen Eltern leichter, ihre eigenen Kinder im Beziehungsgeflecht der Familie wahrzunehmen. Diese Erfahrung von Betroffenheit auf einer anderen Ebene als der des Suchtmittelkonsums kann bei der Bewältigung der eigenen Familienaufgaben enorm motivierend sein. Sie kann die „Sprachlosigkeit" gegenüber den Kindern überwinden helfen und dazu beitragen, daß den Kindern die Auseinandersetzung erlaubt wird – und das gilt auch noch, wenn die Kinder längst erwachsen sind!

Wie sehr dies allerdings tabuisiert ist, erlebe ich auch in der Organisation, in der ich tätig bin. Seit hundert Jahren gibt es im Deutschen Guttempler-Orden Kindergruppenarbeit, offene Spiel- und Begegnungsangebote für Kinder. In diesen Gruppen sind allerdings verschwindend wenig Kinder von Gesprächsgruppen-Teilnehmern – so nennen sich bei uns die Selbsthilfegruppen – zu finden. Fragt man bei ihren Eltern nach, werden Ängste, Abwehr und Vorurteile deutlich. Da hört man: „Jetzt, wo ich nicht mehr trinke, will ich meine Kinder damit nicht auch noch belasten" oder: „Wozu, unsere Kinder sind ganz normal, die brauchen das nicht" oder – schon verhaltener: „Was könnte da nicht alles zur Sprache kommen ...". Und häufig wird der von den Kindern geäußerte Unmut, über die Suchtzeit zu sprechen, als willkommene Erklärung genommen, daß für sie bereits „alles erledigt" sei. Dabei können gerade diese Gruppen, die keine expliziten therapeutischen Absichten hegen, Kindern dazu verhelfen, ihre Isolation zu überwinden, kontakt- und beziehungsfähiger und -freudiger, durchaus auch konfliktbereiter und selbstbewußter zu werden – damit werden sie allerdings auch möglicherweise unbequemer und fordernder für die Eltern!

Durch die Erfahrung gemeinsamer Betroffenheit, durch das Erlebnis, doch nicht so allein mit dem Problem Alkohol zu sein, wie lange geglaubt, werden in der Selbsthilfegruppe Gefühle der Scham, des Versagens und der „Familienschande" reduziert. In der Gruppe bildet sich meist schnell ein starkes Wir-Gefühl und die Einschätzung, nicht so anders zu sein als die „normalen" Menschen. Die anderen in der Gruppe, besonders die, die schon länger dabei sind, scheinen ja auch erstaunlich „normal" zu sein und zu leben!

Aber dann kommt wieder der Alltag, und da wird vieles anders erlebt, da muß immer noch vertuscht und verheimlicht werden, denn was könnten die Leute denken von einer Alkoholikerfamilie! Früher war es jedenfalls so, daß man sagte: „der Alkoholiker hat das Problem" und die anderen Familienmitglieder müssen viel leiden.

Die Information darüber, daß Alkoholismus eine „Familienkrankheit" ist, führt zunächst einmal bei vielen Familienangehörigen zu weiteren Gefühlen der Schuld und des Versagens. Dabei hatten sie sich doch genau so verhalten, wie man es in unserer Gesellschaft von anständigen Menschen erwartet: helfend, stützend, die Familie zusammenhaltend – wir gegen den Rest der Welt! Das soll nun auf einmal nicht richtig gewesen sein? Und paradoxerweise dann doch wieder: helfend, stützend, die Familie zusammenhaltend – um die Abstinenz des Abhängigen zu sichern? Das ganz „normale" abhängigkeitsfördernde Verhalten in Frage zu stellen und neue Wege der Selbst-Bestimmung in Verantwortung zu entwickeln, ist sicher eine der vorrangigen – und schwierigsten Aufgaben von Selbsthilfe und Nachsorge. Dazu gehört aber, über die Bewältigung der Suchtmittelproblematik hinaus das Leben zu verändern, um tatsächlich „Befreiung" zu finden. Für viele stellt dies allerdings ein undenkbares – oder zumindest ein zu beängstigendes und auch unbequemes Unterfangen dar, und so geben sie sich lieber mit der „kleinen Lösung" zufrieden, mit dem Erreichen und Erhalt der Abstinenz, während sonst alles beim Alten bleibt – und vielleicht dann tatsächlich auch als „normal" bezeichnet werden kann, weil es der gängigen Lebenseinstellung entspricht.

Hier liegt auch ein großes Problem von langfristiger Nachsorge: So lange das Symptom im Mittelpunkt steht, zeigen die Betroffenen Bemühen und Aktivität. Sobald dies aber bearbeitet ist, verschwindet auch das Interesse, sich weiter anzustrengen. Suchtstrukturen und -verhalten bleiben häufig erhalten, auch wenn das „Mittel" wegfällt.

Die Sehnsucht nach „Normalität" zeigt sich auch im traditionellen Familienbild, das in der Regel in Selbsthilfegruppen favorisiert wird. Verselbständigung, insbesondere der Partnerin, wird als Bedrohung erlebt. „Alles gemeinsam machen", ist manchmal geradezu ein Glaubensbekenntnis. Zum Teil hat dies sicher seine Berechtigung: die Gruppe bietet eine Gelegenheit, sich − endlich − auszusprechen und Sorgen, Nöte und Gefühle der / des anderen anzuhören, vielleicht erstmals kennenzulernen. Aber die „Gleichberechtigung" von Abhängigen und Angehörigen ist, auch aufgrund ihres eigenen Emanzipationsprozesses, nicht automatisch gegeben, insbesondere dann nicht, wenn Frauen die Angehörigen sind.

Der Satz „Aus ganz normalen Familien kommen ganz normale Suchtkranke" ist im Bereich der Suchthilfe zum geflügelten Wort geworden. Wenn es normal ist, daß Strukturen und Beziehungen in Familien zur Suchtentstehung beitragen können, ist diese Normalität infrage zu stellen und nicht die Abweichung, die sich in Sucht oder einer anderen Störung manifestiert. Sicher leben auch viele Familien mit einem trockenen Alkoholiker ganz normal − nebeneinanderher. Aber gerade durch eine langfristige Auseinandersetzung in Gruppen besteht die Chance, aus der „Krise Sucht" zu lernen und sich gegen diese zerstörerische Normalität aufzulehnen, das Leben zu verändern − auch wenn es dann vielleicht nicht mehr dem „normalen" Bild von Familie entspricht! (vgl. dazu: Rerrich, M., 1988)

RISIKEN UND NEBENWIRKUNGEN ...
SELBSTHILFEGRUPPE ALS „GESCHLOSSENES SYSTEM"

Daß Selbsthilfe im Gesamt der Suchtkrankenhilfe wichtig, wertvoll und unverzichtbar ist, darüber besteht heute kein Zweifel mehr. Einige spezifische „Gefahrenmomente" müssen in Selbsthilfegruppen aber immer wieder bedacht werden.

Wie auch die „Suchtfamilie" neigen Selbsthilfegruppen gelegentlich dazu, sich als „geschlossenes System" zu betrachten − und zu verhalten. Das Lebenselexier der Selbsthilfe ist das Vertrauen in die Gruppe. Die Erfahrung, durch die Gruppe Selbstheilungskräfte entwickelt und mit Begleitung der Gruppe das Sucht-Problem bewältigt zu haben, birgt auch Risiken. Das starke „Wir"-Gefühl verführt leicht, sich gegen das außen, die feindliche Umwelt, abzugrenzen und die Gruppe zum Lebensmittelpunkt zu erklären. *Alle* Lebensprobleme und -fragen werden an die Gruppe delegiert, die sich wiederum bemüht, sich dieses Vertrauens würdig zu erweisen und Lösungen anzubieten. „Wir brauchen nur uns selbst, und wie's bei uns aussieht, geht niemanden etwas an ..." − diese Haltung hat vielfach dazu geführt, daß Selbsthilfegruppen von Außenstehenden als „sektiererische Verschwörungen" betrachtet werden.

Konflikte und Herausforderungen, Enttäuschungen, Streß, Streit, Nebeneinanderherleben, Einsamkeit − das sind sicher Themen, die *auch* in der Gruppe besprochen werden sollten. „Auch" wird aber gelegentlich mit „nur" verwechselt, gerade weil die Gruppe im Laufe der Zeit zum sicheren und bekannten Raum geworden ist.

Einerseits ist die Gruppe wichtig zur Reflexion von Alltagshandeln und -bewältigung, andererseits kann diese Sicherheit dazu verleiten, sich zurückzuziehen, nur in der und für die Gruppe zu leben − eben fast wie früher im „geschlossenen" System.

Wichtig ist deshalb:

(1) die Welt in die Gruppe hineinzulassen (d. h. auch und immer wieder, die Fixiertheit und Reduzierung auf das „Symptom" zu überwinden);

(2) sich in die Gesellschaft hineinzubegeben und sich „einzumischen" statt sich abzuschotten;

(3) sich in der Gruppe nicht für alle Lebensfragen zuständig erklären, sondern delegieren lernen und sich Unterstützung auch anderweitig holen können − Kooperation und Vernetzung sind hier Leitbegriffe.

Dazu gehört dann umgekehrt auch die Bereitschaft und Fähigkeit anderer, Zusammenarbeit anzunehmen und auch einzugestehen, daß Professionelle verschiedener Disziplinen viel von Selbsthilfe lernen können. Die gegenseitigen Berührungsängste sind immer noch sehr groß. Oder hat vielleicht die eine Seite Angst, die andere könne ihr die „therapeutische Butter vom Brot klauen"?

SELBSTHILFE ALS FAMILIENERSATZ

Anerkennung, Wertschätzung, Verständnis, gebraucht und gemocht werden, aufgehoben und geborgen sein − das sind Gefühle, die nach allgemeinem Verständnis in der Familie befriedigt werden − zumindest wird das von Familie erwartet. Fragt man einmal in Selbsthilfegruppen nach „was erwartet ihr von der Gruppe?", werden genau diese Gefühle genannt.

Die Gruppe oder der Verband werden auch durchaus als „Selbsthilfe-Familie" bezeichnet, Beziehungen werden hier er- und gelebt. Das ist auch schön und gut so! Aber jetzt kommt wieder das unvermeidliche „aber": für viele Menschen ist es lohnender und auch konfliktfreier, diese Gefühle in der Gruppe statt in Familie und Partnerschaft zu befriedigen, vielleicht auch über ein Ehrenamt. „In der Gruppe werde ich jedenfalls verstanden – zu Hause gibt's ja doch nur Gemecker, da komm' ich lieber hierher ...", hört man da schon mal. Das wird insbesondere dann kritisch, wenn „Altlasten" innerhalb der Familie nicht aufgearbeitet, sondern „vergraben" wurden. Und manches Mal verschwinden sie unter einem Berg neuer Aktivitäten, die legitimiert werden durch die Notwendigkeit, etwas „für sich" zu tun oder anderen helfen zu müssen. Wir wissen zwar, daß „helfen" eine selbststabilisierende Funktion haben kann: Wer als Helfender auftritt, zeigt sich selbst und anderen, daß er stark genug dazu ist. Allzuleicht mündet Helfen jedoch in Selbstverleugnung und Selbstaufgabe und ist damit auch Aufgabe der – zugegebenermaßen mühsamen – Beziehungsarbeit im eigenen familiären Umfeld.

„Früher war Papa in der Kneipe, heute geht er immer in die Gruppe" – eine Feststellung, die wir nicht selten von Kindern hören. „Aber Hauptsache, er trinkt nicht wieder ...", folgt dann als Trostpflaster und Erklärung. Trotzdem bleibt der Seufzer „und Zeit hat er immer noch nicht für mich". „Aber Hauptsache, er trinkt nicht wieder" – so entschuldigen es häufig auch die Partnerinnen oder Partner. Auf das Maß kommt es allerdings an: sich engagieren, ohne die eigenen Belange und die eigene Familie dabei zu vergessen, aktiv sein, ohne diese Aktivität zu einer neuen Flucht – oder Sucht – werden zu lassen, ohne mit dem Engagement vor anderen Aufgaben auszuweichen – wahrlich ein Balanceakt!

Sicher es ist wichtig, wertvoll und sinnvoll, die selbst erfahrene Hilfe weiterzugeben. Genauso wichtig ist aber dabei immer die Reflexion über das eigene Tun – und Lassen. „Ich hoffe, eines Tages nicht mehr helfen zu müssen – jetzt brauche ich das noch für mich" – Aussage eines jungen Mannes, die für diese Selbst-Reflexion spricht!

Selbsthilfe als Hilfe zur individuellen Selbstbestimmung

„Auch die Arbeit in den abstinenten Gruppen wird eine Umgestaltung erfahren müssen, wenn die Erlangung oder Erhaltung der Abstinenz nicht mehr im Vordergrund steht, sondern die Gesundung der Beziehungen in der Familie", heißt es in einem Aufsatz von Elvira Eyrich und Karl Lask (in: Braakhoff, 1987, S. 136). Ansätze einer Bewußtseinsänderung haben sich vielfach in den Gruppen schon vollzogen, auch wenn es immer wieder zu „Rückfällen" in die Symptom-Bezogenheit kommt. Aber wir wissen ja, daß Rückfälle durchaus zu „Lern-Fällen" werden können!

Probleme erkennen und benennen, eigene Anliegen selbst in die Hand nehmen, soziale Veränderung, Interessenvertretung nach außen, Aufhebung von Isolation, lernen, für sich selbst zu sorgen, und dabei verantwortlich und solidarisch handeln – auch das sind Ziele der Selbsthilfe- und Abstinenzgruppen. Wenn dabei nicht mehr der Abhängige oder sein Symptom im Mittelpunkt stehen, sondern die Angehörigen gleichberechtigte Hilfen finden sollen, muß auch deren Selbst-Findung Genüge getan werden. Wenn die einzelnen Familienmitglieder die Chance haben, zu sich selbst zu finden, können alle auch eher zu einem neuen Miteinander finden und Beziehungen neu gestalten. Das bedeutet z. B. ein Loslassen von der Vorstellung, *immer* alles gemeinsam tun zu müssen, andererseits aber die Erfahrungen aus der Gruppe zu nutzen, um wieder miteinander reden zu lernen.

Als hilfreich und innovationsfreudig hat sich dabei aus meiner Sicht die Frauenarbeit in den Verbänden erwiesen. Im Mittelpunkt der vielfältigen frauenspezifischen Aktivitäten steht in der Regel die Überwindung der eigenen Fixiertheit auf das Symptom oder auf den abhängigen Partner – hier geht es um Persönlichkeitsbildung. Diese zielgruppenorientierte Selbsthilfe, aus eigenem Antrieb geboren – manchmal auch aus dem Gefühl heraus, in den Gruppen zu kurz zu kommen –, ist ein hoffnungsvoller Ansatz. Hier steht nicht mehr die Erhaltung oder Erlangung der Abstinenz im Vordergrund, sondern eine Gesundung der Beziehung, vor allem zu sich selbst!

Dabei kann das schon erwähnte „Stufenmodell" hilfreich sein: nach Erreichung der Abstinenz gibt es weitere, immer wieder neu zu definierende Aufgaben und Ziele (nach dem Motto „Abstinenz ist nicht alles, aber ohne Abstinenz ist alles nichts"). Leider sind viele Menschen nicht bereit, die Anstrengungen, die damit verbunden sind, auf sich zu nehmen, oder sie werden als zu beängstigend erlebt. Dennoch lohnt es sich, sie in der Selbsthilfe immer wieder einzufordern. „Irrationale Angstvermeidung" führt zu einer „gefährlichen Sicherheit" (vgl. von Cube, 1990) – und damit meine ich nicht nur Rückfallgefährdung!

Ausbau und Verstärkung wird in Gruppenangeboten für Kinder und Jugendliche wichtig sein, wobei ihre Abgrenzung zu therapeutischer Arbeit beachtet werden muß. Therapie ist nicht Aufgabe von Selbsthilfe, wenngleich sie sehr wohl therapeutische Effekte hat. In den jetzt vorhandenen Gruppen wird deutlich, daß inzwischen mehr Kinder aus Familien mit Suchtproblemen kommen – und natürlich ihre Probleme mit sich selbst mitbringen! Unterstützung, Begleitung und Fortbildung der „Aktiven" muß dabei gewährleistet sein, ebenso wie die schon erwähnte Zusammenarbeit mit anderen helfenden Systemen – und mit den Eltern! Über neue Formen von Gruppenangeboten wird nachzudenken sein, denkbar wären z. B. zeitgleiche Gruppen für Eltern und Kinder.

Was leistet Selbsthilfe über die Unterstützung des jeweiligen Selbst hinaus für die Familie? Immer wieder unterschätzt werden die Möglichkeiten der zwischenmenschlichen Kontakte in Gruppen und Verbänden. Wo sonst finden sich Menschen unterschiedlichen Alters und mit verschiedensten Lebenserfahrungen so leicht zusammen wie hier? Wo sonst gibt es ein so breites Beziehungs- und Lernangebot und damit auch einen Erfahrungsraum – für die ganze Familie? Freundschaft, Geselligkeit, Feste, Freizeitgestaltung, auch Familien- und Partnerseminare – das sind keine „Nebenprodukte" von Selbsthilfe, sondern wichtige Elemente einer veränderten und verändernden Lebensform. „Leben lernen" ist ein Leitgedanke von Selbsthilfe – und dazu gehört mehr als die Überwindung eines – wenngleich lebenszerstörenden – Symptoms! Wir sollten auch in der Hilfe nie vergessen, daß der Mensch nicht vorrangig dadurch definiert ist, daß er Alkoholiker oder Angehöriger, sondern daß er in erster Linie Mensch mit vielfältigen Fähigkeiten und Möglichkeiten ist!

Literatur

Brakhoff, J. (Hrsg.): Kinder von Suchtkranken, Freiburg i. Br. 1987
von Cube, F.: Gefährliche Sicherheit. München 1990
Flügel, A. / Lindemann, F.: Mein Kind hat nix gemerkt. Geesthacht 1992
Kickbusch, I. / Trojan, A.: Gemeinsam sind wir stärker. Frankfurt / M. 1981
Rerrich, M. S.: Balanceakt Familie. Freiburg i. Br. 1988
Schuchardt, E.: Soziale Integration Behinderter. Braunschweig 1982

Eltern im Cannabiskonflikt: Angehörige von Cannabiskonsumenten in der Drogenberatung

A. Jeanine Bobbink und H. Peter Tossmann

EINLEITUNG

Cannabis ist seit Jahren die unter Jugendlichen und jungen Erwachsenen am weitesten verbreitete illegale Droge. Nach repräsentativen Studien der letzten Jahre zur Drogenaffinität Jugendlicher haben ca. 20 – 25 % aller Jugendlicher im Alter zwischen 16 und 21 Jahren Erfahrungen mit Cannabis gemacht. Jugendlicher Haschischkonsum hat häufig den Charakter eines (jugendtypischen) Probierverhaltens, wobei viele Jugendliche den Cannabiskonsum nach kurzer Zeit wieder einstellen. Wird der Drogenkonsum gelegentlich oder gar regelmäßig fortgesetzt, führt dies häufig zu erheblichen innerfamiliären Konflikten.

Nach einer Umfrage unter Drogenberatungsstellen in der Bundesrepublik Deutschland (alte Bundesländer) ist der Anteil von Angehörigen, die in diesem Zusammenhang Beratungsstellen aufsuchen, relativ groß (vgl. Kleiner et al. 1992). So wurden in den befragten 190 Drogenberatungsstellen im Jahr 1988 durchschnittlich 121,4 Beratungsgespräche mit Angehörigen von Cannabiskonsumenten durchgeführt.

Der THERAPIELADEN ist eine Einrichtung im Verbundsystem der Berliner Drogenhilfe, die sich seit vielen Jahren mit verschiedenen Aspekten des „Haschischproblems" befaßt (Therapie, Beratung, Prävention). Jährlich werden hier ca. 30 – 40 Drogenkonsumenten ambulant-psychotherapeutisch behandelt, wovon die Mehrzahl Haschischabhängige sind (vgl. Tossmann 1993). Im Rahmen prophylaktischer Arbeit werden im THERAPIELADEN Veranstaltungen mit Schulklassen, Jugendgruppen, aber auch mit Lehrern und Fachkollegen aus der Jugendarbeit durchgeführt.

Als Einrichtung, die sich explizit mit dem Cannabisproblem beschäftigt, wurde der THERAPIELADEN schon bald nach seiner Gründung auch zur Anlaufstelle von besorgten Eltern jugendlicher Haschischkonsumenten. Seitdem führen wir jährlich circa 60 – 70 Angehörigengespräche, meist in Form von kurzfristigen ein- bis dreimaligen Einzelberatungen durch. Väter und Mütter, die an einem längerfristigen Austausch mit anderen Eltern interessiert sind, verweisen wir an die bestehenden Elternselbsthilfegruppen. In der Mehrzahl sind es Mütter, die eine Beratung aufsuchen. Elternpaare, Väter oder auch ganze Familien finden seltener den Weg in den THERAPIELADEN.

In welcher Situation sind die Angehörigen, wenn sie nach professioneller Hilfe suchen?

Allen gemeinsam ist die Sorge und Verunsicherung bezüglich des Haschisch- bzw. Drogenkonsums ihrer Kinder. Von dieser Gemeinsamkeit abgesehen, unterscheiden sich die je individuellen Motive und Problemlagen der Väter und Mütter beträchtlich. Etwas salopp ausgedrückt könnte man sagen, das Spektrum der Problemsituationen, in denen Eltern in die Beratung kommen, reicht vom „ersten Joint der 14jährigen Tochter" bis hin zum langjährigen exzessiven Cannabiskonsum des erwachsenen Sohnes der psychopathologisch auffällig geworden ist, seit Jahren sein Elternhaus kaum noch verläßt, in Rage die Inneneinrichtung der Wohnung zerstört und seine Mutter tyrannisiert. Geht es beim „ersten Joint der Tochter" in erster Linie um die aufkommenden Unsicherheiten, Befürchtungen und Informationsdefizite der Eltern, so sind für Mütter von Cannabiskonsumenten mit gravierender psycho-sozialer Problematik ganz andere Fragen von Bedeutung.

Bei aller Verschiedenheit der jeweils angesprochenen familiären Konflikte und individuellen Probleme konnten wir in unserer langjährigen Beratungspraxis dennoch typische, immer wiederkehrende Konflikte und Konfliktlösungsversuche der Eltern auffinden.

Um diese *typischen Konflikte* und *Lösungsversuche* geht es im folgenden. Als Grundlage diente uns dabei zum einen unsere langjährige praktische Erfahrung, zum anderen Materialien (transkribierte Beratungsgespräche mit Eltern von Cannabiskonsumenten) und Ergebnisse, die im Rahmen einer Diplomarbeit zu diesem Themenkreis angefertigt wurden (Bobbink 1991).

MACHTKÄMPFE: IST HASCHISCH GEFÄHRLICH ODER NICHT?

Sobald der Familie der Haschischkonsum eines Heranwachsenden offenkundig wird, beginnt in der Regel eine heftige Kontroverse über die „Gefährlichkeit" bzw. die Schädlichkeit dieser Droge. Ähnlich wie in der öffentlichen Diskussion sind die Standpunkte der Kontrahenten recht gegensätzlich. Während Eltern dabei normalerweise die Position vertreten, daß es sich bei Cannabis durchaus um eine

238

(äußerst) gefährliche Droge handelt, sind ihre Kinder hier ganz anderer Meinung. Ein zentrales Argument von Eltern ist hierbei, bei Haschisch handle es sich um die *Einstiegsdroge* in eine Drogenkarriere, die mit zunehmend härteren Drogen und mit dramatischen Entwicklungen einhergeht.

> „Jetzt rauchst du Hasch' und bald ist dir diese Wirkung zu schwach und dann greifst du zu schlimmeren Drogen."
> „Frag' doch mal Heroinabhängige, die an der Nadel hängen! Die haben alle 'mal mit Hasch' angefangen."

Jugendliche Haschischkonsumenten argumentieren mit der vermeintlichen Harmlosigkeit von Cannabis. Das „Einstiegsdrogen-Argument" überzeugt Haschischkonsumenten in der Regel deshalb nicht, weil sie einen anderen Erfahrungshintergrund haben. Weder im Bekannten- bzw. im Freundeskreis noch bei sich selbst stellen sie – auch nicht nach einem länger anhaltenden Haschischkonsum – eine „Verschärfung des Drogenproblems" oder ein Abgleiten von Haschischkonsumenten in die Heroinabhängigkeit fest. Aus der Sicht der Heranwachsenden ist Haschisch eine Droge, die keinesfalls „gefährlicher" einzuschätzen ist als Alkohol.

> „Andere trinken abends zwei oder drei Bier und ich rauch halt 'nen Joint". „Ich bin eben Kiffer, andere Drogen interessieren mich nicht."

Ein anderes Argument, das von Eltern häufig in die Kontroverse eingebracht wird, bezieht sich auf die von ihnen beobachteten *Veränderungen* im Verhalten des Jugendlichen. Die Veränderungen werden als negativ eingestuft und ganz maßgeblich dem Konsum von Cannabis zugeschrieben.

Hat der Heranwachsende etwa noch vor wenigen Monaten ein reges Interesse an sportlichen Aktivitäten gezeigt, so will er heute nichts mehr davon wissen. War er sonst stets unauffällig und ordentlich gekleidet, so fällt er heute durch seine ungepflegten Haare und seine zerrissene Kleidung auf. Und war er sonst ein eher aufgeschlossener, mitteilungsbedürftiger Junge, so wirkt er heute verschlossen und zurückgezogen.

Der Konflikt zwischen Eltern und Kindern bezieht sich in der Regel *nicht* auf die Verhaltensänderungen selbst, sondern auf die Interpretation dieser Veränderungen. Während Eltern dazu neigen, die teilweise recht radikalen Veränderungen des Heranwachsenden mit dessen Cannabiskonsum zu erklären, sehen Jugendliche ganz andere Zusammenhänge:

> „Ich geh' deshalb nicht mehr zum Tennis, weil ich keine *Lust* mehr hab' auf den Scheiß". „Wenn ich jetzt so herumlaufe, dann hat das nichts mit

Mode und auch nichts mit Drogen zu tun. Ich bin einfach nicht so n' Spießer wie viele andere."

Die Auseinandersetzung um die Frage, ob Haschisch „gefährlich" ist oder nicht, versuchen Eltern in der Regel durch „Überzeugungsarbeit" zu lösen. Um ihre heranwachsenden Kinder von *ihrer* Argumentation zu überzeugen, konfrontieren Eltern die Jugendlichen häufig mit Literatur, die belegen soll, wie gefährlich der Konsum von Cannabis ist. Viele Jugendliche jedoch sind trotz hartnäckiger Versuche nicht von *ihrer* Einschätzung abzubringen. Nicht selten wird die von Eltern in den Diskurs eingebrachte Literatur ignoriert, deren Glaubwürdigkeit in Zweifel gezogen oder Eltern werden ihrerseits mit Artikeln konfrontiert, die die Schädlichkeit von Haschisch relativieren oder bagatellisieren. Den Streit um die „richtige" Einschätzung der Gefährlichkeit von Cannabis versuchen einige Eltern auch damit zu lösen, daß die professionelle Drogenhilfe hinzugezogen wird. Mit dem gemeinsamen Besuch der Familie in der Beratungsstelle ist für Eltern die Hoffnung verbunden, der Drogenberater würde die Argumentation der Eltern unterstützen und der Heranwachsende würde − konfrontiert mit einem erfahrenen Drogenexperten − den eigenen Haschischkonsum problematisieren.

„Wir haben schon so viele Stunden mit ihm darüber diskutiert. Vergeblich. Vielleicht gelingt es ja ihnen, ihn zu überzeugen."

Diese Erwartungshaltung der Eltern wird von der professionellen Drogenberatung oft enttäuscht. Dies soll hier nicht weiter vertieft werden, allerdings nehmen wir an, daß Drogenberater häufig eine andere Problemsicht haben als Eltern (Tossmann 1988, S. 11 ff.) und Eltern sich an der „Neutralität" des Beraters stören. (Er ergreift nicht die Partei der Eltern, leistet keine aktive „Überzeugungsarbeit".)
In der Auseinandersetzung um die „Gefährlichkeit" von Haschisch befinden sich Eltern und ihre Heranwachsenden in einem *Machtkampf*. Dies dürfte teilweise auch (unabhängig vom spezifischen Thema) ein typisches Phänomen dieses Lebensabschnitts sein: mit Macht drängen Jugendliche in die Selbständigkeit, betreiben die eigene Ablösung. Und Eltern sind − kurz bevor sich ihre Kinder entziehen − darauf bedacht, ihnen einige (noch besonders) elementare Orientierungen (z. B. Schulabschluß, Berufsausbildung, Drogenabstinenz, etc.) mit auf den Weg zu geben. Der Machtkampf in der familiären Haschischdiskussion ist aus der Sicht der Eltern auch ein Kampf, in dem es *Ohnmacht* zu überwinden gilt. Konfrontiert mit einem Sachverhalt, zu dem keine eigenen Erfahrungen vorliegen und der mit vielen Mythen, Ideologien und Ängsten überfrachtet ist, be-

mühen sich Eltern um Information („Wissen ist Macht"), um ihre Unsicherheiten zu bewältigen.

Etwas verkürzt könnte man sagen, daß es in dem Machtkampf zwischen Eltern und ihren heranwachsenden Kindern bei der Frage nach der „Gefährlichkeit" der Droge Haschisch um das Bedürfnis von Müttern und Vätern geht, ihren Sorgen und Ängsten Ausdruck zu verleihen. Jugendlichen geht es hierbei um das Bedürfnis nach Selbstbestimmung und Abgrenzung.

RÜCKZUG DER KINDER

Viele Väter und Mütter, die in die Beratung kommen, leiden an der zunehmenden Rückzugstendenz ihrer kiffenden Kinder. Besonders schmerzlich wird die selbstgewählte Isolation der Heranwachsenden von den Eltern empfunden, die die bisherige familiäre Atmosphäre als eher offen und herzlich charakterisieren. Die Abkapselung der Jugendlichen führt zu Veränderungen des alltäglichen Zusammenlebens. Häufig werden diese Veränderungen von den Eltern als emotional bedrohlich wahrgenommen: Wo früher Kontakt, Nähe und Gemeinsames war, herrscht heute Distanz und Trennendes vor.

Die folgende Aussage einer alleinerziehenden Mutter eines 16jährigen Sohnes steht stellvertretend für den von vielen Eltern als radikalen Bruch erlebten Wandel:

> „Früher, es ist noch gar nicht lange her, früher, da war es immer so, daß wir alles besprochen haben, ich wußte, wo er ist, er hat immer erzählt, beim gemeinsamen Essen, oder auch mal am Abend, da haben wir zusammengesessen, geplant. Und nun hockt er in seinem Zimmer, Tür zu, Birne zu, aus. Oder er ist unterwegs bis in die Puppen. Er läßt mich viel allein!"

Waren die Söhne und Töchter aktiv am Familienalltag beteiligt, so erleben die Eltern ihre Kinder nun familiären Ereignissen gegenüber zunehmend desinteressierter. Die Heranwachsenden sind immer seltener zuhause. Sie erzählen nicht mehr, wo sie hingehen, halten Absprachen nicht ein, stellen alte Familienrituale in Frage, werden ungenau in ihren Auskünften, kommen nachts spät oder gar nicht nach Hause, oft ohne ihre Eltern zu informieren.

Aber auch wenn die Kinder sich zuhause aufhalten, erleben ihre Eltern sie als introvertiert, kaum noch ansprechbar und stark abgegrenzt. Suchten die Kinder früher den Kontakt zu einzelnen Familienangehörigen, halten sie sich nun hauptsächlich in ihren Zimmern auf, schließen die Tür zu und kommen nur noch aus ihren „Höhlen", um sich mit dem Notwendigsten zu versorgen.

Kommt doch mal ein Kontakt, ein Gespräch zustande (meist auf Initiative der Eltern), so dreht es sich häufig ausschließlich um das Thema Haschisch. Das Ergebnis ist in der Regel unbefriedigend.

> „Wenn wir endlich mal ein paar ernsthafte Worte wechseln, also ich meine, wenn es nicht nur darum geht, daß er was haben will, Geld oder so, dann endet das meist in furchtbarer Schreierei. Wir blöken uns nur an, oder ich bohr rum und tja, er sagt dann gar nichts mehr, verdreht die Augen und ist total genervt, wie er immer sagt. Meist gehen wir uns aus dem Weg".

Die Versuche der Eltern, den Konflikt „Rückzug der Kinder" zu bewältigen und mit der veränderten familiären Realität umzugehen, kann aus verschiedenen Blickwinkeln erfolgen. Unseres Erachtens werden sie aber erst dann verständlich, wenn wir sie vor dem Hintergrund der emotionalen Situation der Eltern betrachten: Der Rückzug ihrer Kinder in die „außerfamiliäre Welt" und die „innere Emigration" macht vormals Vertrautes zu Fremdem und Fremdes macht Angst.

> „Am Anfang hatte ich Bedenken, dann machte ich mir ernsthaft Sorgen, er wurde immer seltsamer. Heute ist es Angst, er ist wie ein Fremder für mich. Egal was ich mache, Angst läuft immer mit".

Wie versuchen nun Eltern, den Konflikt „Rückzug der Kinder", der für die Väter und Mütter meist im ursächlichen Zusammenhang zum Drogenkonsum des Heranwachsenden steht, zu lösen? Zwei typisierte Formen elterlicher Lösungsversuche, wir nennen sie hier den *kontrollierend-konfrontativen* und den *defensiv-empathischen* Umgang mit dem Konflikt, wollen wir im folgenden kurz darstellen.

Bei der erstgenannten Form, den eher kontrollierend-konfrontativen Lösungsversuchen, stehen in erster Linie „Ermittlungsbemühungen" und „Gegenüberstellungen" im Mittelpunkt. Diese Eltern berichten, daß sie regelmäßig die Zimmer des Jugendlichen durchsuchen, in ihren Unterlagen kramen, sie beginnen Freunde ihrer Söhne und Töchter hinter deren Rücken auszufragen, einige Väter und Mütter spionieren ihren Kindern sogar regelrecht hinterher. Bei diesen kontrollierenden Handlungen überschreiten nicht wenige Eltern ihre bisherigen Norm- und Wertvorstellungen und persönlichen Grenzen. Ein Zitat macht die damit verbundenen zusätzlichen Konflikte für manche Eltern deutlich:

> „Ich komm mir so schäbig vor, ich habe alles durchgekramt, alles durchsucht, jede Hosentasche und jede Schublade, selbst vor dem Tagebuch habe ich nicht halt gemacht. Ohne daß ich wußte, was ich da eigentlich suche. Ich wußte doch nicht mal genau, wie das Zeug aussah, das Hasch.

Daß ich so etwas mal tun könnte, das hätte ich nie gedacht" (Vater eines 16jährigen Sohnes).

Sind die oben aufgeführten Ermittlungsversuche der Eltern erfolgreich, haben sie etwas Verdächtiges gefunden oder einen Hinweis von Dritten erhalten, folgt darauf in der Regel ein „zur Rede stellen der Kinder". Die Eltern konfrontieren die Jugendlichen mit den beschafften Informationen und fordern sie auf, die ganze Wahrheit zu sagen. Sie drohen ihren Kindern mit strengen Maßnahmen, in der Hoffnung, das Verhalten ihrer Kinder würde sich daraufhin verändern.

Kommen wir nun zur Darstellung des zweiten Typs der Lösungsbemühungen.

Die Eltern, die mit dem Konflikt „Rückzug der Kinder" eher auf dem defensiv-empathischen Wege versuchen umzugehen, bemühen sich ihre Kinder noch mehr zu verstehen als sie es bisher schon taten, sich noch mehr in die Lage des Jugendlichen hineinzuversetzen. Die Mütter und Väter tendieren dazu, ihren Kindern in Situationen wie diesen alles abzunehmen, sie zu unterstützen und zu schonen, wo es nur geht. Dieses große Maß an Verständnis der Eltern führt dazu, daß einige, wie die folgende Aussage einer alleinerziehenden Mutter deutlich macht, ihre eigenen Bedürfnisse fast völlig zurückstellen.

> „Ich versuche immer, es so einzurichten, daß wir uns wenigstens kurz sehen, ich blieb dann so lange auf, bis er kommt, daß kann manchmal drei Uhr nachts werden. Ich muß morgens um sieben zur Arbeit los. Aber sonst kriege ich gar nichts mehr von ihm zu sehen. Meist versuch ich dann noch ein paar Worte mit ihm zu reden. Er aber geht meist genervt ins Bett".

Forderungen und Erwartungen an die jugendlichen Haschischkonsumenten werden im Rahmen dieses defensiv-empathischen Lösungsversuchs von Eltern selten formuliert, geschweige denn eingeklagt. Offene Auseinandersetzungen finden kaum oder gar nicht statt. Die Heranwachsenden machen es sich zu Hause bequem, während die Eltern, vornehmlich die Mütter, immer mehr Verantwortung für ihre Söhne und Töchter übernehmen. Diese Eltern sind bemüht, ihre Kinder „weich" anzufassen, aus Angst, die Jugendlichen könnten sich noch stärker als bisher entziehen.

Auf den ersten Blick erscheinen die eben skizzierten zwei Formen von Lösungsbemühungen der Eltern bei dem Konflikt „Rückzug der Kinder" recht gegensätzlich. Gemeinsam liegt ihnen jedoch der Wunsch zugrunde, die Distanz zu ihren Kindern zu verringern, den gestörten oder gar abgebrochenen Kontakt wiederaufzunehmen, eine Brücke zu schlagen und somit einen Zugang zu ihrem Kind zu finden. Die Kontaktbemühungen sind gleichzeitig getragen von der Hoffnung der Eltern, Einfluß auf die Kinder ausüben zu können und die häusliche Situation, das familäre Klima beeinflussen und wieder kontrollieren zu können. Von daher sind die geschilderten Versuche auch als persönliche Coping-Strategien zu betrachten. Sie helfen den Eltern, eigene Unsicherheiten und Ängste insbesondere im Umgang mit der „Fremdheit" des eigenen Kindes zu überwinden. Langfristig betrachtet führen die dargestellten Versuche der Väter und Mütter jedoch nicht selten zu einer Verstärkung der eigenen Unsicherheit, zu einem Gefühl von Hilflosigkeit und der persönlichen Kränkung. Nach den vielen Jahren des Engagements für die Kinder haben Eltern zunehmend weniger Einfluß. Durch den Rückzug der Kinder fühlen sie sich entwertet. Die Söhne und Töchter geben ihnen das Gefühl, nicht mehr gebraucht zu werden, nicht mehr wichtig zu sein.

Alle Eltern von Heranwachsenden sind damit konfrontiert, daß sich ihre Kinder aus der Familie ablösen. Die für beide Seiten schwierige Entwicklungsaufgabe der „Ablösung" wird hier unglücklicherweise durch den anhaltenden Haschischkonsum des Heranwachsenden sprichwörtlich „vernebelt". In der Zuspitzung des „familiären Haschischkonflikts" fällt es Eltern besonders schwer, zwischen jugendtypischen Rückzugs- und Autonomiebestrebungen einerseits und einer durch den Haschischkonsum bedingten Isolation anderseits zu unterscheiden.

Grenzenlos liberal

Immer wenn Heranwachsende den Konsum von Haschisch fortsetzen, stellt sich für Mütter und Väter die Frage, welche Haltung sie hierzu einnehmen und wie sie den Kindern gegenüber reagieren sollen. Eltern gehen recht unterschiedlich mit dem Drogenkonsum ihrer Kinder um, und die unterschiedlichen Haltungen und „Strategien" ziehen entsprechende Probleme nach sich. Ein spezifischer Konflikt geht aus einer Haltung hervor, die wir als *grenzenlos liberal* bezeichnen wollen und ist vorzugsweise bei Eltern anzutreffen, die dem Bildungsbürgertum angehören, die vielen Dingen gegenüber tolerant und aufgeschlossen sind und die vor etwa 20 – 25 Jahren vielleicht selbst Erfahrungen mit Haschisch gemacht haben. Nach der Einschätzung dieser Eltern handelt es sich bei Cannabis eigentlich nicht um „eine wirklich gefährliche Droge". Und dennoch: in der Familie hat sich ein ernstzunehmender Konflikt entwickelt.

So ist die Mutter einerseits vielleicht der Meinung, Haschischkonsum sei ein völlig normales Jugendverhalten, andererseits aber stört es sie, daß Sohn oder Tochter *täglich* Haschisch rauchen.

Der Vater mag einerseits die Haltung vertreten, seinen Kindern nicht vorschreiben zu wollen, mit wem und wie sie ihre Freizeit verbringen sollen, andererseits findet er es aber auch nicht richtig, daß „fast jeden Abend irgendwelche Gestalten" zu ihm in die Wohnung kommen, um seinen Sohn zu besuchen, um Musik zu hören und Haschisch zu rauchen.

Und auch wenn die Eltern einerseits der Auffassung sind, die Schule läge im Verantwortungs- und Selbstbestimmungsbereich der (16jährigen) Tochter, so meinen sie doch, daß die Heranwachsende morgens unpünktlich zur Schule kommt, weil sie abends zu lange weg war, daß die schulischen Leistungen im letzten halben Jahr deutlich schlechter geworden sind und daß es ihrer Tochter eigentlich nicht egal sein dürfte, mit welchem Abschluß sie die Schule beendet.

Der Konflikt der Eltern liegt hier darin begründet, daß sie mit Verhaltensweisen und Entwicklungstendenzen konfrontiert sind, die sie eigentlich nicht billigen, die sie aber − entsprechend ihres Selbstverständnisses − dennoch tolerieren. In diesem Konflikt kommen Grundüberzeugungen von Müttern und Väter ins Wanken. Ein Vater beschrieb das einmal so: „In der Erziehung haben wir immer versucht, unseren Kindern Selbstständigkeit und Selbstverantwortung zu vermitteln. Da kann ich doch jetzt nicht mit der Faust auf den Tisch hauen und sagen: so nicht mehr."

In dem Konflikt, den wir mit „grenzenlos liberal" überschrieben haben, sind alle Beteiligten bemüht „sich nicht zu nahe zu treten." In diesen Familien werden in der Regel keine Auseinandersetzungen über die Droge Haschisch geführt, wenn überhaupt, sind es *Verhaltensweisen* des Jugendlichen, die Anlaß zu kritischen Bemerkungen geben:

> „Glaubst du nicht, daß du *zuviel* Haschisch rauchst?" „Wir würden es begrüßen, wenn du nicht jeden Abend so spät nach Hause kommen würdest." „Ich finde, du solltest die Schule wieder etwas ernster nehmen."

Bei den Versuchen, die entstandenen Konflikte zu lösen, appellieren diese Eltern immer wieder an die Selbstverantwortung der Heranwachsenden und sind sehr darauf bedacht, einen Streit zu vermeiden. Sie bieten sich ihren Kindern als „verständnisvolle Partner" an, auch dann noch, wenn ihre Kinder mit Ignoranz oder offener Ablehnung auf die empatischen Bemühungen von Mutter oder Vater reagieren. Auch wenn die „weichen" Erziehungsbemühungen eine Zuspitzung der Problematik nicht verhindern konnten, sind Eltern in diesem Konflikt bemüht, alles zu tun, um eine Eskalation zu vermeiden. (Etwas verkürzt könnte man sagen, daß der interpersonale Konflikt − auf jeden Fall − zugunsten intrapsychischer Konflikte vermieden werden soll). Damit ist dann auch der *Drogenberater* konfrontiert. Ohne daß sie dies so formulieren, lautet die Frage der Eltern nämlich meist: Wie kann ich den Konflikt lösen, ohne mich mit meiner Tochter / meinem Sohn streiten zu müssen?

Mit dem fortgesetzten Haschischkonsum und damit einhergehenden möglichen Veränderungen (Aktivitäten, Schule, Bekanntenkreis, etc.) sind Eltern stark herausgefordert. Das liberale Grundverständnis der Eltern oder die Ideologie der Selbstverantwortung des Jugendlichen entläßt weder Vater noch Mutter aus ihrer Elternrolle, aus der elterlichen Verantwortung. *Sie sehen*, daß ihre Appelle ohne Resonanz bleiben, daß Absprachen weiterhin nicht eingehalten werden, daß keine Kooperation mehr möglich scheint. *Sie spüren* ihre Ängste und Sorgen, was die unmittelbare Entwicklung des Heranwachsenden betrifft und suchen nach „neuen Umgangsformen" mit dem hartnäckigen Problem. In der Elternberatung kommt dem Thema „Verantwortung" eine zentrale Bedeutung zu. Dabei tauchen folgende Fragen auf:
Wie gehe ich verantwortungsvoll mit meinem sechzehnjährigen Sohn um, der täglich Haschisch raucht, dessen Versetzung gefährdet ist, der häufig spät nach Hause und zu spät zur Schule kommt?
Kann oder *will* der Heranwachsende die Verantwortung für sein Leben (noch) nicht übernehmen?
Was bedeutet dies für die Eltern: müssen wir unseren partnerschaftlich-demokratischen Stil zugunsten autoritärer Umgangsweisen aufgeben?
Nach unserer Einschätzung geht es in dieser Konfliktkonfiguration weniger um eine Entscheidung zwischen zwei konträr anmutenden Erziehungsstilen, als um die *Angst der Eltern vor Konflikten*, vor Auseinandersetzungen. Die Übernahme von Verantwortung scheint gerade dann schwierig, wenn das konfliktfreie, „gute" Familienklima gestört ist. So sind dann auch die „weichen Erziehungsmethoden" nicht nur Ausdruck einer spezifischen Wert- bzw. Erziehungshaltung, im Konflikt mit dem Heranwachsenden sind sie auch Ausdruck der Schwierigkeit, Auseinandersetzungen einzugehen und durchstehen zu können. Eltern, die sich in derartigen Konfliktkonstellationen befinden, leben häufig − zumindest hinsichtlich ihrer Familie − nach einem *Harmoniemodell*, das keine *Streitkultur* kennt.

Immer, wenn Kinder länger andauernde Verhaltensauffälligkeiten zeigen, beginnt für Eltern die Suche nach Ursachen und Erklärungen. Auch im Zuge eines länger anhaltenden und manifest werdenden Haschischkonsums des Jugendlichen wird die Suche nach eventuellen Schuldigen und nach Faktoren, die zur Entwicklung des Drogenkonsums ihrer Kinder beigetragen haben, für die Eltern zu einem zentralen Thema. Für welche Ursachen- oder Schuldzuschreibungen und kognitiven Erklärungsmodelle die Väter und Mütter sich auch immer entscheiden, häufig bleibt das Gefühl, irgendwie selbst etwas falsch gemacht zu haben, versagt zu haben, ihre Verantwortung als Erziehende nicht getragen zu haben.

Die Rede ist von *Schuldgefühlen*, jenen bewußt, unbewußt oder latent quälenden Emotionen, die selbst ohne reale Existenzberechtigung Väter und Mütter in ihrem Handeln, Denken und Fühlen begleiten. So erzählte eine Mutter:

> „Wissen Sie, wir sind oft umgezogen im Laufe der Jahre, der Junge mußte sich immer wieder trennen und neu eingewöhnen. Wir konnten nicht anders, mein Mann hätte sonst seine Anstellung verloren, es sah schlecht aus in seiner Branche. Heute denken wir, sowas können verantwortliche Eltern eigentlich ihrem Kind nicht zumuten".

Während zu Beginn des Haschischkonsums eher innerfamiliäre Konflikte und Veränderungen im Vordergrund stehen, gehen mit zunehmender Dauer und Intensität des Drogenkonsums eines Jugendlichen oft zusätzliche außerfamiliäre Konflikte und Belastungen einher. Nachlassende Schul- und Berufsleistungen, Anmahnungen, Rausschmiß aus Lehre und Schule oder gar Kontakte mit der Justiz konfrontieren die Eltern nun auch mit Reaktionen der „Außenwelt". Lehrer und Ausbilder, Berater, Freunde und Verwandte stellen Fragen, geben Kommentare, Interpretationen und „gute" Ratschläge. Von den betroffenen Müttern und Vätern werden die Reaktionen der „Außenwelt" oft als Vorwürfe und implizite Schuldzuweisungen verstanden (gehört). Beispielhaft sei hier die Aussage der Mutter einer 17jährigen Haschischkonsumentin genannt:

> „Der Lehrer meiner Tochter meinte, es sei die Scheidung, die sie nicht verkraftet hätte. Die wäre, so wie er das gehört hätte, ja auch ziemlich katastrophal abgelaufen. Wissen Sie, ich habe diese Scheidung vorangetrieben, ich dachte, es ist nicht nur für mich, sondern auch für uns alle das beste. Vielleicht wär das alles nicht passiert mit den Drogen, hätte ich weniger an mich gedacht".

Die Äußerungen aus dem sozialen Umfeld werden, auch wenn sie noch so gut gemeint sind, nicht selten von einem vorwurfsvollen Unterton begleitet, der den Eltern oft wenig Spielraum für Interpretationen offenläßt. Die eigenen Zweifel und Schuldgefühle werden so in der Regel noch verstärkt. Die Art und Weise, wie Eltern ihre eigenen Schuldgefühle zum Ausdruck bringen und versuchen, diese Gefühle zu bewältigen, sind vielfältig. Im Laufe unserer Beratungsarbeit konnten wir einige, nicht ganz untypische Ausdrucksformen ausfindig machen.

Einige Väter und Mütter zweifeln zwar an dem Ausmaß ihrer Schuld, machen jedoch deutlich, daß sie glauben, in ihrer Rolle als Eltern, an der Entwicklung des Haschischkonsums der Kinder irgendwie maßgeblich beteiligt gewesen zu sein:

> „Irgendwas haben wir falsch gemacht, vielleicht waren wir manchmal zu streng?" Oder: „Ich weiß nicht genau, was ihm fehlte, aber ich glaub ich hab ihn zu unselbständig erzogen, das Haschisch, das ist eine Emanzipation für ihn."

Während diese Eltern noch an dem Ausmaß und der Art ihrer Schuld zweifeln, stellen andere ratsuchenden Eltern ihre Schuld gar nicht mehr in Frage (typischerweise sind hier in erster Linie die Mütter betroffen). Sie haben für sich scheinbar bereits eine endgültige Antwort gefunden:

> Eine Mutter eines 15jährigen: „Ich sag es Ihnen gleich zu Anfang, ja also, ich hab in der Erziehung meines Sohnes total versagt. Da brauchen wir hier nicht groß drüber reden, das steht für mich fest".

Andere Eltern wiederum (hier handelt es sich vornehmlich um Väter), sprechen eigene mögliche Schuldgefühle und Selbstvorwürfe im Laufe der Beratung erst gar nicht aus. Obwohl von ihnen nicht thematisiert, ist die Frage der Schuld für diese Eltern dennoch wichtig. Häufig reagieren die Väter gereizt und mit massiver Abwehr wenn es etwa in der Beratung um die Frage geht, wie sie sich den Drogenkonsum ihres Kindes erklären. Eine Möglichkeit, mit dem Thema Schuld umzugehen, besteht darin, die Verantwortung für den Cannabiskonflikt nach außen zu geben.

> „Die Politiker und die Polizei müssen einfach mal aufräumen mit den Typen, die das Zeug verkaufen, die sind die wahren Schuldigen, ich hab mir nichts vorzuwerfen, meine Frau auch nicht".
> „Der Junge war schon immer nicht besonders charakterstark, der kommt nach der mütterlichen Seite, also meine geschiedene Frau, da kommt die ganze Misere her, der hat einen Hang zu sowas".

Schuldgefühle sind oft „alte" Gefühle. Die Möglichkeiten, wie Eltern mit diesem intrapsychischen Konflikt umgehen, ob sie ihn artikulieren oder verleugnen bzw. abwehren müssen, sind individuell verschieden. Sie sind abhängig von der eigenen Persönlichkeit (eigene Biographie) und dem verfügbaren sozialen Netz (Unterstützung von Freunden etc.). Alle aber sind bestrebt, ihre Schuldgefühle zu überwinden und suchen nach Entlastung (vgl. Dörner et al. 1982).

Anstelle von Lösungsversuchen von Vätern und Müttern könnte man in diesem Zusammenhang vielleicht treffender von „Erlösungsversuchen" sprechen. Diese „Erlösungsversuche" sind sowohl auf der persönlichen intrapsychischen Ebene, als auch auf der interaktionellen Ebene im direkten Umgang mit den Familienangehörigen (insbesondere mit dem heranwachsenden Haschischkonsumenten) zu finden. Einige Lösungskonfigurationen werden wir nun beschreiben:

Die Ambivalenz der Eltern, die am Ausmaß ihrer eigenen (selbstzugeschriebenen) Schuld zweifeln, spiegelt sich auch im Umgang mit ihren Kindern. Ein Zitat einer Mutter eines 17jährigen Lehrlings soll dies verdeutlichen:

> „Ich habe mir gesagt, der muß auch die Folgen seines Tuns spüren, hab ihn nicht mehr geweckt, ich hab auch nicht mehr angerufen bei seinem Meister und gesagt, er sei krank, obwohl er einfach nur einen zugerauchten Kopf hatte. Das halte ich eine Weile durch, und dann kann ich nicht mehr, dann frage ich mich, woher soll er das auch alleine können, ich hab ihm doch immer so viel es ging abgenommen. Und dann wecke ich ihn doch wieder."

Charakteristisch hierbei ist das hin- und herpendeln zwischen *abgegrenztem* und *stützendem* Verhalten. Die Eltern schreiben ihren Kindern einerseits eine gewisse Eigenverantwortlichkeit zu, stehen aber andererseits immer wieder auch vor der Notwendigkeit, ein Stück ihrer subjektiven „Schuld" abzutragen, ein Stück „Buße zu tun". In diesen Phasen übernehmen sie die ganze Verantwortung und entlasten damit ihr Kind.

Im Gegensatz dazu ist eine andere Lösungskonfiguration geprägt von einem klar ausgeprägten Gefühl von Schuld seitens der Eltern (insbesondere der Mütter). In der Beziehung zu dem heranwachsenden Haschischkonsumenten bedeutet dies alles erdenkliche zu tun, was die vermeintlich aufgeladene Schuld verringert. Diese Mütter neigen dazu, sich selbst überall in der Verantwortung zu sehen. Salopp formuliert könnte man sagen: „Jede Suppe, die sich der Jugendliche eingebrockt hat, wird von der Mutter ausgelöffelt."

> „Mein Sohn hat nun schon zum zweiten mal die Lehre geschmissen, oder besser gesagt, er wurde gekündigt, weil er immer unzuverlässig war. Ich

habe es jedesmal geschafft, ihm eine neue zu besorgen. Ich habe mir zwar die Hacken abgerannt und war mit meinen Kräften am Ende, aber es hat geklappt."

In Extremfällen kann dieser ausweglose Versuch, eigene Schuldgefühle zu regulieren und abzutragen, zu pathologischen Lösungsversuchen führen. Nicht selten klagen Mütter über Depressionen, psychosomatische Beschwerden und andere Erkrankungen. Viele Mütter sind aufgrund der enormen psychischen, aber auch physischen Belastung, die die Übernahme der Verantwortung mit sich bringt, völlig überfordert. Oft sind sie am Rande ihrer Kräfte und werden so selbst zu Hilfs- oder Behandlungsbedürftigen.

> „Ich hab versucht, meinen Sohn in Therapie zu schicken, zu einem Psychologen. Ich habe unheimlich gewirbelt. Mein Sohn war zweimal da, wahrscheinlich um mich zu beruhigen. Dann ging er nicht mehr hin. Nun bin ich bei diesem Therapeuten in Behandlung, weil er meinte, es würde mir gut tun über mich selbst zu sprechen."

Elternschaft bedeutet Verantwortung. Treten in der Entwicklung der eigenen Kinder Probleme auf (z.B. Ladendiebstahl, Schule schwänzen), so hinterfragen Eltern ihr Erziehungsverhalten, ihren Erziehungsstil. Bildet sich bei Jugendlichen ein manifester Drogenkonsum oder eine Abhängigkeit heraus und gehen damit auch andere Schwierigkeiten oder Auffälligkeiten einher (Lehre „schmeißen", Kontakt mit der Justiz, Schulverweise), sind Eltern zunehmend mit Schuldgefühlen konfrontiert, in der Erziehung versagt zu haben, etwas falsch gemacht zu haben. Nach wir vor halten sich in der Öffentlichkeit (Freunde, Lehrer, Bekannte), aber auch unter Fachkollegen (Berater, Therapeuten) tradierte Vorstellungen von „den Eltern als die letztendlich wahren Schuldigen". Diese Bilder basieren meist auf falsch verstandenen und interpretierten Ergebnissen der Erforschung familiärer Hintergründe von Menschen mit Drogenproblemen.
Die psycho-soziale Wissenschaft ist an diesen Entwicklungen allerdings nicht ganz unbeteiligt. In der Vergangenheit waren empirische und theoretische Arbeiten zu diesem Themenkomplex oft an der linearen Erforschung von Gründen, getreu des Verursacherprinzips, orientiert. So wurden und werden einseitige und undifferenzierte Interpretationen forciert und die bereits vorhandenen (latenten) Schuldgefühle der Eltern, auch durch die so geprägten Haltungen von Pädagogen und Beratern, noch verstärkt.
Der Umgang der Eltern mit ihren drogenkonsumierenden Kindern ist geformt von Schuldgefühlen und der Hoffnung, „alles wieder gut

machen zu können". Schwierig oder gar tragisch an der Situation der Eltern ist hierbei, daß der Cannabiskonflikt in der Familie zeitlich zusammenfällt mit den *Ablösungsbemühungen* ihrer Kinder. In dem Lebensabschnitt, in dem sich die Heranwachsenden aus dem Erziehungsmilieu des Elternhauses sukzessive entfernen und herauslösen, werden Eltern mit der Bilanz ihrer Elternschaft konfrontiert. Sie stehen erstens vor der schwierigen Aufgabe, sich damit arrangieren zu müssen, nur noch begrenzt auf die Entwicklung ihrer Kinder Einfluß nehmen zu können. Und sie sind darüberhinaus mit der Realität konfrontiert, daß die Entwicklung ihrer Kinder nicht so gelaufen ist, wie sie sich dies erhofft hatten.

SCHLUSSBEMERKUNGEN

Im Mittelpunkt unseres Referats stand das Bemühen, Einblicke in die familiären Konflikte und Konfliktlösungsbemühungen von Eltern jugendlicher Haschischkonsumenten zu geben. Welche Aufgaben und möglichen Implikationen für die Beratung mit Angehörigen von Cannabiskonsumenten lassen sich daraus ableiten?

1. Differenzierter Umgang mit der „Cannabisthematik"

Kommen Angehörige von Haschischkonsumenten in die Drogenberatungsstelle, so erwarten sie, daß der Drogenberater das Problem ernst nimmt, das sie mit dem Haschischkonsum ihrer jugendlichen Kinder haben. Leider machen nicht wenige Eltern gegenteilige Erfahrungen. Nicht selten werden Väter und Mütter von Drogenberatern mit dem Hinweis nach Hause geschickt, sie sollen erst dann wiederkommen, wenn ihr Kind „richtig drauf" sei.
Die unter Drogenberatern noch immer weit verbreitete Einschätzung, es handele sich bei Cannabis grundsätzlich um eine harmlose Droge, macht die unabdingbare Grundhaltung einer jeden Beratung fast unmöglich, die Problemdefinition des Klienten und das dazugehörige subjektive Erleben ernst zu nehmen.
Professionelle Drogenberater müssen sich daher von dem „Mythos der harmlosen Droge Haschisch" verabschieden und sich einer differenzierten Betrachtung zuwenden. In diesem Zusammenhang halten wir insbesondere die Auseinandersetzung mit der Existenz unterschiedlicher Konsummuster von Cannabis und die damit einhergehenden Gefährdungspotentiale für wichtig.

2. Erweiterung der Wahrnehmung

Geht es um familiäre Konflikte und Konfliktlösungsversuche, die im Zusammenhang mit dem Konsum von Drogen, insbesondere von jugendtypischen Drogen wie Cannabis stehen, liegt ein familienorientiertes Arbeiten nahe. Der Drogenkonsum von Jugendlichen ist immer auch ein Familien- und Beziehungsproblem (vgl. Schaltenbrand 1992). Eine familienorientierte Beratung erfordert vom Drogenberater eine veränderte bzw. erweiterte Wahrnehmung der Zusammenhänge. Für die Beratungsarbeit heißt dies, weniger die individuelle Betrachtung des Drogenkonsums, als vielmehr die interaktionelle Ebene des Konsumverhaltens zu fokusieren. Als eine wichtige Voraussetzung für eine solche Sicht- und Arbeitsweise betrachten wir – unabhängig von der jeweiligen Schulenzugehörigkeit des Beraters – die Auseinandersetzung mit sozialisations- und entwicklungspsychologischen Themen wie jugendtypischem Verhalten, jugendlichem Drogenkonsum, Ablösung vom Elternhaus oder Identitätsbildungen. Eine Perspektive, die etwa die Ablösung des Jugendlichen vom Elternhaus nicht nur als einseitige, sondern als eine für Kinder *und* Eltern gleichermaßen wichtige, aber auch schwierige interaktive Entwicklungsaufgabe betrachtet, erweist sich dabei als überaus hilfreich. Sie fördert das Verständnis zwischen Eltern und Kindern.

3. Verständnis, Annahme und Respekt

Ein wichtiger Aspekt in der Beratungsarbeit mit Eltern jugendlicher Cannabiskonsumenten ist das Verständnis, das der Berater den Eltern entgegenbringt. Berater können Angehörige nur dann hilfreich annehmen, wenn sie in den ratsuchenden Eltern nicht die vermeintlich Schuldigen am Drogenkonsum der Kinder sehen.

Die persönlichen Möglichkeiten des Beraters, sich von den Sorgen, Ängsten und Unsicherheiten der Mütter und Väter berühren zu lassen, sind in diesem Zusammenhang ebenso von Bedeutung, wie die Bereitschaft und Fähigkeit des Beraters, sich auch den andersartigen, ihm vielleicht fremden Einstellungen, Werten und Erziehungsstilen der Eltern zu nähern.

Literatur

Bobbink, A. J.: Das Problem mit dem Problem. Unveröffentlichte Diplomarbeit, TU Berlin 1991

Dörner, K./Egetmeyer, A./Koenning K. (Hrsg.): Freispruch der Familie. Bonn 1982

Kleiner, D./Stosberg, K./Täschner, K.-L./Tossmann, H.P./Wiesbeck, G.A.: Erfahrungen mit Cannabiskonsumenten − Ergebnisse einer Umfrage bei Kliniken und Drogenberatungsstellen. In: SUCHT 1/1992

Schaltenbrand, J. (Hrsg.): Familienorientierte Drogenarbeit. Heidelberg 1992

Tossmann, H.P.: Welche Erfahrungen machen Berater mit betroffenen Angehörigen? In: EK-Informationen 2/1988

Tossmann, H.P.: Haschischkonsum. Konfliktbewältigung und Drogenabhängigkeit. Weinheim 1993

Elternkreise – auch heute unverzichtbar

Isolde Jörg

Elternkreise widmen sich der Familienarbeit in Selbsthilfe, damit sind sie Familien in der Drogenhilfe. Selbsthilfe und Drogenhilfe – Elternkreise leisten beides. Sie leisten diese Hilfe seit mehr als 20 Jahren und sind heute im Hilfesystem so wichtig wie in den 70er Jahren. Im Jahr 1969 – in einigen skandinavischen Ländern schon etwas früher – bildeten sich in der Bundesrepublik die ersten Elternkreise. In Bonn, Berlin, Kassel und Bremen trafen sich, unabhängig voneinander, verzweifelte Eltern in losen Gruppen, um in einer Art Notgemeinschaft das gemeinsame Schicksal zu besprechen.

Ende der 60er Jahre breitete sich der Drogenkonsum Jugendlicher aus. Die Gesellschaft war darauf nicht vorbereitet, man verfügte noch nicht über die notwendige Beratung und Unterstützung von Fachleuten. Wenn sich die Hilfesysteme für die Abhängigen erst allmählich herausbildeten, wieviel weniger Hilfe und Verständnis gab es für die mittelbar Betroffenen, die Eltern. Die Öffentlichkeit und die damalige Fachwelt wie die im Wachsen begriffenen Drogenberatungsstellen und Therapieeinrichtungen begegneten den Eltern häufig mit Skepsis und Mißtrauen. Drogenabhängigkeit der Kinder wurde mit dem Versagen elterlicher Erziehung und Fürsorge verbunden. In all ihrem Leid sahen sich die Eltern mit Schuldzuweisungen konfrontiert, und auch heute noch ist der Abbau von Schuldgefühlen eine wesentliche Aufgabe von Elternkreisen. Kann man es betroffenen Eltern verdenken, wenn sie dem „broken home"-Syndrom ein trotziges „Aus ganz normalen Familien kommen ganz normale Süchtige" entgegensetzen?

Wir wissen heute, daß es keine monokausalen Erklärungsmuster, sondern ein verzweigtes, auch im Einzelfall kaum erfaßbares Ursachengefüge für ein Abgleiten in süchtiges Verhalten gibt. Ein Grund – speziell bei pubertierenden Jugendlichen – ist Neugier, Mitmachenwollen, Protest gegen die etablierte Erwachsenenwelt, etwas ganz Normales also. Wenn ein Kind drogenabhängig wird, läßt sich daraus nicht zwangsläufig ein Versagen der Eltern ableiten; auch die Unvollständigkeit einer Familie besagt nichts über ihre Erziehungsqualitäten. Ein intaktes, heiles Elternhaus ist sicherlich ein gewisser Schutz vor abweichendem Verhalten eines Jugendlichen – eine Garantie ist es leider nicht.

Es ist nicht zutreffend, daß Familien, in denen ein Jugendlicher süchtig wird, in jedem Fall schon vorher gestört waren, aber sicher geraten sie durch den Drogenkonsum eines Familienmitglieds in eine schwere Krise. Nichtbetroffene können sich die Belastungen kaum vorstellen, die der Umgang mit einem Süchtigen mit sich bringt. Aus solcher Ratlosigkeit, Wut, Verzweiflung und dem Gefühl der Isolation entstanden die ersten Elternkreise.

> „Spontan stehen mir unsere ersten vorbereiteten Treffen im Herbst 1970 vor Augen, bei denen ein kleiner Personenkreis Aufgaben und Möglichkeiten eines geplanten Elternkreises zu klären suchte. (...) Als wäre es gestern gewesen, sehe ich das arme Häuflein niedergedrückter Menschen vor mir, die zu unserem ersten größeren Treffen kamen. Wenige wagten es, dorthin zu kommen, denn überall hieß es ‚Die Eltern sind schuld‘. Die Eltern waren verbittert durch alles, was sie hatten durchmachen müssen. Die meisten konnten nur noch weinen. (...) Sie mußten aufgefangen und getröstet werden. Nur wenige Eltern waren imstande, den Blick über das eigene Schicksal hinaus anderen zuzuwenden. Sie trugen die Elternkreise beharrlich durch viele Jahre. Später erst bildeten sich Kontakte zwischen den Elternkreisen. Dabei stellten wir fest, daß wir alle, unabhängig voneinander, die gleichen Erfahrungen gemacht hatten und zu den gleichen Schlüssen gekommen waren. Unsere Erkenntnisse über den Umgang mit unseren süchtigen Kindern glichen einander." (Roloff 1991, 10 f.)

Aus der Erkenntnis heraus, daß die vielfältig gemachten Erfahrungen, Fehler und auch Erfolge mit anderen Elternkreisen ausgetauscht werden sollten, entstand 1973 der Bundesverband der Elternkreise. Nachdem sich aus den zunächst losen Interessengemeinschaften regional betroffener Eltern Gruppen und Kreise mit gegenseitiger sozialer Verantwortung gebildet hatten, die aus der Isolation herausgetreten waren, war eine bundesweite Gemeinschaft der nächste Schritt.

Dem Bundesverband der Elternkreise (BVEK) gehören heute mehr als 160 Elternkreise an. Anfang 1985 übernahm Frau Marianne v. Weizsäcker die Schirmherrschaft. Er arbeitet − wie auch die meisten Elternkreise − ehrenamtlich und ist weder konfessionell noch parteipolitisch gebunden. Er vermittelt Hilfen bei der Gründung neuer Elternkreise, sorgt für Zusammenhalt und Gedankenaustausch der Elternkreise untereinander, veranstaltet Tagungen und Seminare, vertritt die Interessen seiner Mitglieder in der Öffentlichkeit, äußert sich zu aktuellen drogenpolitischen Themen und arbeitet mit allen Institutionen der Suchtkrankenhilfe zusammen. Der BVEK ist ein Verein, der Vorstand besteht aus fünf Personen, die aktiv in ihre regionalen Elternkreise eingebunden sind und wissen, wovon sie reden, denn sie haben die Drogenproblematik in ihren eigenen Familien durchlebt oder sind immer noch davon betroffen. Mitglied im BVEK kann jeder Elternkreis werden, der eine echte Selbsthilfegruppe ist und jeder Landesverband der Elternkreise. Leider gibt es zur Zeit nur drei Landesverbände – Baden-Württemberg, Nordrhein-Westfalen und Niedersachsen. Es werden keine Mitgliedsbeiträge erhoben, die Finanzierung gestaltet sich mehr schlecht als recht durch Projektmittel des Bundesministeriums für Gesundheit, durch gelegentliche Bußgelder und Spenden. Die Geschäftsführung liegt zur Zeit in den ehrenamtlichen Händen der DHS. Der BVEK gibt alle zwei Monate ein Mitteilungsblatt heraus: die „EK-Informationen". Es enthält Meinungen, Berichte und Erfahrungen zum Weiterdenken und wird an alle Elternkreise und Einrichtungen der Suchtkrankenhilfe verschickt.

Elternkreise sind der Zufluchtsort für Menschen aus allen Schichten und unterschiedlichen Berufsgruppen. „Die Altersstruktur der Eltern hat sich zeitbedingt geändert. Es sitzt die 60jährige Mutter der 35jährigen süchtigen Tochter (Betroffenheit und Sucht der ‚ersten Stunde') mit der 35jährigen Mutter zusammen, die mit ihrem 14jährigen heroinschnupfenden Sohn Probleme hat. Die nachwachsenden Fixergenerationen brachten auch die nachgewachsene Elterngeneration mit sich." (Thamm 1983, 16)

Elternkreise sind unterschiedlich strukturiert: Es gibt Vereine mit Vorständen, konfessionell gebundene oder noch an Beratungsstellen angelehnte Gruppen, ganz unabhängige Selbsthilfegruppen mit vielen Verantwortlichen, große und auch ganz kleine Kreise. Elternkreise unterscheiden sich auch in ihrer Arbeitsweise: Viele treffen sich jede Woche und machen intensive Gruppenarbeit fern jeglicher Drogenpolitik, manche laden gelegentlich Referenten ein, diskutieren aktuelle drogenpolitische Probleme und versuchen Einfluß zu nehmen. Einige pflegen neben dem Austausch ihres Kummers Geselligkeit und drohen hier und da, zu Kaffeekränzchen zu verkommen. Allen gemeinsam ist das Ziel, Eltern von drogenabhängigen und -gefährdeten Jugendlichen zu helfen.

Eine Gruppe ist ein soziales System; ein System von Positionen, Funktionen und Rollen, die von verschiedenen Individuen ausgefüllt werden, deren Verhalten zueinander durch die *Rollen* in deutlichen Mustern festgelegt ist. Für Elternkreise heißt das: Es gibt Verantwortliche, weniger Verantwortliche, Ratsuchende, Ratgebende, Neue, Alte Hasen, Hilfesuchende, Helfende. Eine Gruppe wird geprägt von einem Wir-Gefühl, gegenseitiger Hilfsbereitschaft, Solidarität. Aber es gibt dort auch Neid, Konkurrenzkampf, Machtstreben, Unterdrückungsmechanismen.

Jede Gruppe hat Normen. Der Bremer Elternkreis hat einen Leitfaden entwickelt, in dem es unter anderem heißt:

(1) Das Wesentliche ist: Hilf Dir selbst.
(2) Das Schicksal annehmen.
(3) Eigenes Verhalten überdenken.
(4) Mut zur inneren Ehrlichkeit.
(5) Eigene Machtlosigkeit gegenüber dem Drogenkonsum des Angehörigen einsehen.
(6) Sich wieder auf sich selbst besinnen.
(7) Dem Abhängigen die Verantwortung für sich selbst überlassen.
(8) Die Scham (vor Nachbarn oder Verwandten) überwinden.
(9) Einheitliches Verhalten in der Familie erarbeiten.
(10) Vorwürfe unterlassen.
(11) Nicht die Hoffnung aufgeben.

Nach außen wirken Elternkreise durch Öffentlichkeitsarbeit, Präventionsveranstaltungen bei Elternabenden in Schulen, Sammeln von Spenden und Zusammenarbeit mit allen Institutionen der Drogenhilfe. Große, gut funktionierende Elternkreise haben neben der Gesamtgruppe einen sogenannten „inneren Kreis". Dieser besteht aus Menschen, die Entscheidendes in den Elternkreisen gelernt haben und ihrerseits nun anderen Eltern helfen möchten. Sie gehören in der Regel schon viele Jahre dazu und fühlen sich für die Gruppe verantwortlich. Sie vertreten den Kreis nach außen, besuchen Seminare und Fortbildungsveranstaltungen und knüpfen die zunächst häufig notwendigen Erstkontakte zu den Neuen durch telefonische Einzelgespräche. Ohne diese Verantwortlichen ist Elternselbsthilfe kaum möglich; allerdings besteht manchmal die Gefahr bei diesen Alten Hasen (man muß eher sagen „Häsinnen", denn Männer sind in diesem Bereich wie überhaupt in den Elternkreisen dünn gesät) darin, daß sie zu abgehoben und selbstherrlich Ratschläge erteilen; sie haben die Gruppennormen internalisiert und reagieren manchmal auf die in ihren Augen „falschen" Verhaltensweisen von Neuen ungeduldig und überheblich.

„Es gibt unter den Betroffenen in den Selbsthilfegruppen Menschen, die keine eigentliche Laien mehr sind, sondern ihr Verhalten, ihr Erleben zu einer besonderen ‚Professionalität' entwickelt haben. Diese Menschen sind anfangs ein bißchen redegewandter, haben etwas bessere Beziehungen zu anderen Menschen, können die Sorgen, Nöte, Fragen, Probleme einer Gruppe etwas einsichtiger darstellen und werden über kurz oder lang ‚professionelle' Eltern. Damit jedoch repräsentieren sie eigentlich nicht mehr die Menschen, die sie ursprünglich repräsentieren wollten." (Ziegler 1984, S. 2)

Bei kleinen Elternkreisen lastet die Verantwortung oft nur auf einer Mutter, die sich dann überfordert und ausgelaugt fühlt. Wichtig ist in diesem Zusammenhang, daß auch die Helfer Hilfe erhalten; sei es durch Supervision, psychosoziales Training und / oder entsprechende Seminare und Fortbildungsveranstaltungen.

Das Ziel eines jeden Elternkreises, Selbsthilfe von Eltern und damit Hilfe für den Süchtigen und letztlich auch Drogenhilfe klingt zunächst eindeutig, ist es jedoch nicht.

Alle Eltern, die das erste Mal einen Elternkreis aufsuchen, haben stets nur eins im Sinn: Sie wollen ihre Kinder retten. Sie erwarten nicht selten Patentrezepte, die den Abhängigen sofort aus seiner Sucht befreien. Daß es aber in erster Linie um sie selbst geht, um ihr Verhalten, ihre Co-Abhängigkeit, ihr Wohlbefinden und ihre Stabilität, das ist für viele zunächst nur schwer einsehbar. So stellen auch einige nach ein oder zwei Treffen ihre Gruppenbesuche enttäuscht, frustriert und auch manchmal empört wieder ein. Diejenigen aber, die dabeibleiben, durchlaufen in recht unterschiedlichem Tempo einen Prozeß, den man vielleicht am treffendsten mit „Vom Klagen zum Lernen" umschreiben kann.

Die Drogensucht eines Angehörigen bricht wie eine Lawine des Leids in die Familie ein. Das berühmte Mobile aus der systemischen Familientherapie charakterisiert das Geflecht von abhängigen Beziehungen innerhalb der Familie. „Da hängen wir alle an Fäden, schön ausbalanciert – solange sich keiner rührt, sonst beginnen alle, beginnt das System sofort zu wackeln, und es dauert eine kleine Ewigkeit, bis alles wieder zur Ruhe kommt." (Stitz 1991, S. 6)

Man kann sich vorstellen, wie stark ein so empfindliches Gebilde aus dem Gleichgewicht gerät, wenn ein Glied ausschert, durchhängt, sich fallen läßt, nicht mehr mitmacht, anders sein will, abspringt, den verbindenden Faden durchschneidet. Die Restfamilie, in oft krampfhaftem Streben nach Harmonie, ist permanent in Bewegung, um Fehler des Betroffenen auszugleichen, Entschuldigungen zu erfinden, den Makel nach außen nicht sichtbar werden zu lassen.

Die folgende Graphik zeigt die Phasen der Eltern-Befindlichkeit, wenn ein Kind Drogen nimmt:

Mein Kind nimmt Drogen

PHASEN DER ELTERN-BEFINDLICHKEIT

Mich erschreckt die Veränderung meines Kindes, ich kann aber den Gedanken nicht ertragen, daß Drogen die Ursache dafür sein können.

LEUGNEN

Ich spreche meine Gefühle und Wünsche ehrlich aus, übe mich in Gelassenheit, auch in schwierigen Situationen, und verliere nie die Hoffnung.

Der Drogenmißbrauch meines Kindes wird mir zur Gewißheit, ich möchte jedoch unter allen Umständen verhindern, daß jemand davon erfährt.

VERTUSCHEN

Ich gebe die Suche nach Erklärungen und Sündenböcken auf und bin deshalb nicht mehr erpressbar. Ich stehe offen zu den Problemen.

Ich fühle mich voll verantwortlich für die Entwicklung und das Verhalten meines Kindes. Die Vorstellung, versagt zu haben, ist mir unerträglich.

VERANTWORTUNGSÜBERNAHME

Ich erkenne, daß ich mein Kind in die Selbständigkeit entlassen muß, auch wenn ich Angst davor habe, denke und handle nicht mehr an seiner Stelle, übertrage ihm die Verantwortung für sein Leben.

Ich denke nur noch daran, wie ich mein Kind retten und schützen kann. Meine eigenen Bedürfnisse und die der anderen Familienmitglieder nehme ich nicht mehr wahr.

SELBSTVERLEUGNUNG

Ich beginne, mich gegen das süchtige Verhalten abzugrenzen, wende mich wieder den anderen Familienmitgliedern und meinen eigenen Interessen zu.

Ich versuche in endlosen Gesprächen mein drogenabhängiges Kind zu überreden, verlange Versprechungen stelle Belohnungen in Aussicht, schwanke zwischen Strenge und Nachgiebigkeit.

VERHANDLUNGEN

Ich begreife, daß die Sucht mein Kind beherrscht, meine Argumente es nicht erreichen und Kontrollen nicht weiter führen.

Ich quäle mich immer wieder mit dem Gedanken an die Vergangenheit und suche zu ergründen, was ich falsch gemacht habe.

SCHULDGEFÜHLE

Langsam befreie ich mich von Schuldgefühlen, handle selbstbewußter. Ich löse meine Gedanken von der Vergangenheit, verliere die lähmende Angst vor der Zukunft und stelle mich dem heutigen Tag.

Ich verzweifle, weil ich nichts ausrichte und hadere mit meinem Schicksal. Mein ganzes Leben ist in Unordnung geraten.

VERZWEIFLUNG, SELBSTMITLEID

Als einer unter vielen erkenne ich, daß Drogenabhängigkeit in jeder Familie vorkommen kann. Es wird mir möglich, mein Problem anzunehmen.

Ich bin am Ende meiner Kräfte.

KAPITULATION

Ich suche Hilfe im Elternkreis.

Herausgeber:
BUNDESVERBAND DER ELTERNKREISE drogengefährdeter und drogenabhängiger Jugendlicher (BVEK) e.V.
Postfach 1569, 4700 Hamm1

259

Am Anfang stehen Panik und Verdrängung; über Vertuschen, Verantwortungsübernahme, Selbstverleugnung und Schuldgefühle geraten die Eltern in ein Stadium der Verzweiflung. Am Ende steht die Kapitulation. Erst wenn sich dieses Gefühl der Hilflosigkeit einstellt, ist der Zeitpunkt da, fremde Hilfe in Anspruch zu nehmen. Die Inanspruchnahme der Elternkreishilfe beginnt. In kleinen Schritten und unterschiedlich schnell überwinden die Eltern Isolation und Verzweiflung, bauen Schuldgefühle ab und sind allmählich wieder in der Lage, an andere Familienmitglieder und auch an sich selbst zu denken. Wenn sie schließlich fähig sind, ihre Töchter und Söhne in die Selbständigkeit zu entlassen und auch in schwierigen Situationen nicht die Hoffnung verlieren, wurden wichtige Ziele von Elternselbsthilfe erreicht. Erst wenn das elterliche Verhalten an diesen Punkt gekommen ist, besteht für den Abhängigen die Chance, sein Leben zu überdenken und selbständige Entscheidungen zu treffen.

Häufig bleiben die Eltern den Elternkreisen verbunden, unabhängig davon, wie das weitere Leben des Abhängigen verläuft. Beim tragischsten Verlauf, dem Tod des Angehörigen, finden die Eltern in der Gruppe Wärme und Geborgenheit, sie fühlen sich in ihrem Schmerz angenommen und getröstet. Findet die Tochter oder der Sohn – durch Therapie oder auf andere Weise – den Weg zurück in ein sinnvolles, selbstbestimmtes Leben, so freut sich der Elternkreis mit den Eltern und ermuntert sie, dieses positive Gefühl an die anderen Eltern weiterzugeben. Und wenn sich das Leben des abhängigen Kindes nicht wesentlich verändert, werden die Eltern in ihren Hoffnungen bestärkt und immer wieder ermutigt, „das Leben des kranken Kindes und *ihr* Leben nicht als eines anzusehen, sondern als zwei." (Sternebeck 1983, S. 20) Die Eltern lernen, ihr Leben unabhängig von dem des Kindes zu gestalten; sie lernen, „zu ihrem (eigenen) Leben zurückzufinden und es nicht, wenn auch anders als ihr Kind, durch die Droge bestimmen zu lassen." (Sternebeck 1983, S. 20)

Die Selbsthilfe in Elternkreisen ist ein unverzichtbares Element im breiten Spektrum der Drogenhilfe. Diese Tatsache wird von Professionellen zunehmend anerkannt und geschätzt. Verglichen mit den Anfängen vor gut 20 Jahren gestaltet sich die Zusammenarbeit fruchtbarer und für beide Seiten positiv.

Im Laufe der Jahre sind viele Versuche unternommen worden, das Verhältnis von Elternkreisen und Drogenberatungsstellen sowie Therapieeinrichtungen zu reflektieren. Unter dem Stichwort „Ergänzung oder Konkurrenz" wurde die Problematik in Seminaren und Arbeitstagungen immer wieder aufgegriffen und von allen Seiten beleuchtet.

Zusammenfassend läßt sich feststellen, daß man zunehmend um Ergänzung und Akzeptanz bemüht ist. Eine wichtige Voraussetzung dafür ist eine klare Abgrenzung der Tätigkeitsbereiche von professioneller Drogenarbeit und Elternkreisen.

„Professionelle Helfer können vieles nicht bewerkstelligen, was die Selbsthilfe zu leisten vermag. Und die Selbsthilfe ihrerseits findet ihre Grenzen in vielen Teilbereichen, die nur von Professionellen überschritten werden können. Von dorther gesehen dürfte es wohl unbestritten sein, daß sich beide Bewegungen gegenseitig ergänzen. Sie müssen sich nicht nur ergänzen, sondern sie ergänzen sich quasi natur- bzw. entwicklungsmäßig durch ihre völlig unterschiedlichen Vorgehensweisen, d. h. durch ihre unterschiedlichen Einstellungen zum Süchtigen." (Thamm 1983, S. 18)

Immer dann, wenn die Grenzen der Tätigkeitsbereiche verwischt werden, kommt es zu Konflikten. Wenn Eltern Abhängige therapieren wollen, ist das genauso verhängnisvoll, wie wenn junge Profis aus der Helferszene – blockiert durch eine Überidentifikation mit dem Süchtigen und Mangel an eigener Ablösung vom Elternhaus – die Herkunftsfamilie vom Therapieprozeß ausschließen wollen.

Beratungsstellen und Therapieeinrichtungen wünschen sich von Elternkreisen, „daß sich Eltern bzw. Familien auch als Teil des Bedingungsgefüges sehen, in dem ihr Kind abhängig geworden ist. Strategien, die das ‚Verursacherprinzip' als eine Erfindung der Drogenberater kennzeichnen, sind bei dieser wichtigen Frage wenig hilfreich." (Rometsch 1987, S. 7) Sie wünschen sich „Unterstützung der Beratungsstelle durch a) konsequentes Verhalten in der Motivationsphase und b) Aufarbeitung familiärer Störungen bzw. Sicherung der Nachsorge, (...) eine Verbesserung des Informationsflusses zwischen den einzelnen Elternkreisen an der Basis und dem Bundesverband (...) und die Vermeidung von Professionalisierungstendenzen bei Elternkreisvertretern." (Bodnar 1983, S. 23 ff.)

Elternkreise ihrerseits wünschen sich von den Professionellen, „daß sie uns auf der Helferseite als Partner mit unserem, für sie vielleicht besonders wichtigen Kenntnissen, Erkenntnissen sowie mit unseren besonderen Fähigkeiten und Möglichkeiten ernstnehmen. Dabei haben wir die Bitte, daß sie uns als ihre Arbeit ergänzende, verstärkende, begleitende und vor – wie nachbereitende Kräfte und nicht mehr als Konkurrenz oder gar als Gegner verstehen." (Meyer 1983, S. 27)

Störungen in betroffenen Familien sollen auch als Folge der Suchterkrankung eines ihrer Mitglieder angesehen werden, und Berater sollen sich nicht mit dem Abhängigen solidarisieren und gegen die Familie verbünden.

Wünschenswert wäre eine stärkere Einbeziehung von Herkunftsfamilien und erfahrenen Elternkreis-Eltern in den Therapieablauf. Als Beispiel hierfür steht das mittlerweile als „Bremer Modell" bekannte Verfahren, bei dem Verantwortliche des Bremer Elternkreises an den regelmäßig stattfindenden Familienseminaren der Therapieeinrichtung „Hohehorst" teilnehmen. Sozusagen als Anwälte für die Eltern stehen die Elternkreis-Vertreter den Müttern und Vätern an diesen Wochenenden zur Seite; aber nicht nur mit den Eltern, auch mit den Klienten und Therapeuten ergeben sich wichtige und für beide Seiten fruchtbare Berührungspunkte.

Daß die Zusammenarbeit zwischen Selbsthilfegruppen und Drogenhilfeeinrichtungen in Bremen besonders intensiv und positiv ist, liegt zum einen sicherlich an der Tatsache, daß in Bremen als kleinem Stadtstaat die Wege besonders kurz sind. Aber es liegt auch an dem ausgeprägten Selbsthilfecharakter des Bremer Elternkreises, der stets seinem eigentlichen Anliegen treu blieb und nie versucht hat, professionelle Drogenhilfe zu betreiben.

Elternkreise sind auch heute ein unverzichtbares Element im Hilfesystem der Drogenarbeit, und sie werden es wohl auch bleiben, wenn sie sich auf das Prinzip der Selbsthilfe beschränken und nicht zu professionellen Elternselbsthilfebewegungen verkommen. Solange das Drogenproblem existiert, ist es gut, „daß es Sie gibt, gerade weil Sie mit Ihrem Leidensweg und Ihrem Mut zu Umkehr und Neuanfang vielen Menschen auch außerhalb der Suchtbetroffenheit und Suchtkrankenhilfe ein ‚Licht angezündet' haben. Sie haben gezeigt, was Elternverantwortung, Familiensinn und Durchhaltevermögen bedeuten. Sie zeigen, was heute an Menschlichkeit möglich und nötig ist; Sie zeigen daß das hart an die Lebenssubstanz gehende Umdenken in entscheidenden Lebensfragen durch die selbstverändernde Arbeit an der eigenen Persönlichkeit und der eigenen Familie neuen Lebensraum schafft. Schon aus dieser rein menschlichen Sicht dürfen wir heute feststellen: Elternkreise sind durch nichts zu ersetzen!" (Becker 1983, S. 7)

Literatur

Aßfalg, R.: Die heimliche Unterstützung der Sucht: Co-Abhängigkeit. Hamburg 1990

Becker, J.: Grußwort. In: EK-Informationen, Heft 2/83, S. 7f.

Bernsdorf, W. (Hrsg.): Wörterbuch der Soziologie. Stuttgart 1969, S. 384ff.

Bodnar, R.: Erwartungen der Beratungsstellen an die Elternkreise. In: Ergänzung oder Konkurrenz. Hamm 1983, S. 19ff.

Boethel, H.: Elternkreisarbeit und ihre Bedeutung für die Familie – aus der Sicht der Therapeuten. In: EK-Informationen, Sonderausgabe Nr. 1/89, S. 34 ff.

Bühringer, G.: Drogenabhängig. Freiburg i. Br. 1992

FDR (Hrsg.): Zwischen Rezept und Paragraph. Dokumentation. 13. Bundesdrogenkongreß 1990. Hannover 1991, S. 94 f.

Janssen, F.: Wie ergänzen sich Elternkreisarbeit und Drogenberatung? In: EK-Informationen, Heft 2/88, 9. Jahrg., S. 17 ff.

Kindermann, W.: Drogenabhängigkeit bei jungen Menschen. Freiburg i. Br. 1985

Meyer, E.: Eltern im Drogenproblem. Frankfurt 1983

Meyer, E.: Erwartungen der Elternkreise an die Beratungsstellen. In: Ergänzung oder Konkurrenz. Hamm 1983, S. 27 ff.

Rennert, M.: Co-Abhängigkeit – Was Sucht für die Familie bedeutet. Freiburg i. Br. 1990

Roloff, I.: Warum Selbsthilfe? In: 20 Jahre Selbsthilfe betroffener Eltern 1971 – 1991. Berlin 1991

Rometsch, W.: Erfahrungen mit der Zusammenarbeit aus der Sicht der Beratungsstellen. In: EK-Informationen, 1/87, 9. Jahrg., S. 1 ff.

Schaltenbrand, J. (Hrsg.): Familienorientierte Drogenarbeit. Heidelberg 1992

Sternebeck, W.: Was bedeuten 10 Jahre Elternkreisarbeit auf Bundesverbandsebene für den einzelnen Elternkreis? In: EK-Informationen, Heft 2/83, 4. Jahrg., S. 9 ff.

Stitz, M.: Warum Co-Abhängigkeit? Nennen wir es doch Liebe. In: 20 Jahre Selbsthilfe betroffener Eltern 1971 – 1991. Berlin 1991

Thamm, B. G.: Selbsthilfe der Elternkreise – Behandlung durch Beratungsstellen: Ergänzung oder Konkurrenz? In: Ergänzung oder Konkurrenz. Hamm 1983, S. 7 ff.

Ziegler, H.: Erwartungen an die Elternkreise drogengefährdeter und drogenabh. Jugendl. In: EK-Informationen, Heft 1/84

Kinder von Suchtkranken

Auswirkungen der Suchterkrankung auf die Kinder

Ingrid Arenz-Greiving

Heute ist es unbestritten, daß die Suchtkrankheit eines Menschen die Angehörigen betrifft und prägt. Während man sich dabei vor Jahren hauptsächlich auf die Partner/innen von Suchtkranken bezog, wendet sich inzwischen doch auch die Fachöffentlichkeit mehr den Kindern von Suchtkranken zu, die aber immer noch die „stillen Leidtragenden" sind. So stand die erste Fachtagung in Deutschland im Jahr 1987 zu diesem Thema (durchgeführt vom DCV und VABS) auch unter dem sehr treffenden Thema: „Kinder von Suchtkranken – zum Schweigen verurteilt!"

Entwicklung der Angehörigenarbeit

Seit etwa drei bis vier Jahren häuft sich die Literatur, die belegt, daß die Suchterkrankung der Eltern bei Kindern physische und psychische Auswirkungen hat. Diese betroffenen Kinder und Jugendlichen werden durch bestimmte Symptome und Persönlichkeitsmerkmale charakterisiert; sie haben Schwierigkeiten vor allem im emotionalen und sozialen Bereich. Die Beziehung zu ihren Eltern zeichnet sich aus durch einen Wechsel von Zuneigung und Angst, Mißtrauen und Vertrauen, Zweifel und Abhängigkeit (Bärsch 1977, S. 125). Man kann also sagen, daß die Auswirkungen der Suchterkrankung der Eltern auf die Kinder heute weitgehend erkannt und auch durch einige – vor allem amerikanische – Untersuchungen belegt sind. Doch ein auch nur ansatzweise ausreichendes Hilfeangebot für diese Kinder ist längst noch nicht vorhanden. Diese Tatsache ist erschreckend, wenn man bedenkt, daß es sich immerhin um eine Größenordnung von 3 – 4 Millionen betroffener Kinder und Jugendlicher handelt, die heute noch weitgehend alleingelassen werden mit ihren Erlebnissen und Erfahrungen.

Bedenkt man darüber hinaus, daß seit einiger Zeit gerade die Prävention in der Suchtkrankenhilfe „Hochkonjunktur" hat und mit erheblichen finanziellen Mitteln gefördert wird, ist die Tatsache der so mangelhaften Zahl an gezielten (Hilfe-)Angeboten für Kinder von Suchtkranken – die ja auch Sucht-Prävention ist – geradezu eine Katastrophe!

In sämtlichen Bereichen der Medizin und Pädagogik wird darauf hingewiesen, wie wichtig und entscheidend die primäre Sozialisation für die Entwicklung und Persönlichkeitsreifung der Kinder ist. Gerade die Kinder von Suchtkranken werden bereits in ein gestörtes Familiensystem hineingeboren (bzw. sie wachsen dort auf) und bekommen im Laufe ihrer Sozialisation die Realität der Abhängigkeitserkrankung von Vater, Mutter oder beiden mit. Die Arbeit mit Kindern von Suchtkranken steckt in Deutschland in den Anfängen. So wurde bisher auch nur eine kleine Zahl von Kindern und Jugendlichen erreicht. Diese Arbeit kann bisher nur als Projektarbeit bezeichnet werden.

Woran liegt es, daß all diese Erkenntnisse in der Suchtkrankenhilfe noch so wenig bekannt sind bzw. so wenig zum Tragen kommen?

Das Problembewußtsein suchtkranker Eltern für die Mit-Betroffenheit ihrer Kinder fehlt noch weitgehend und auch bei den professionellen Helfer/innen ist es noch unzureichend. (Manche Suchtberater/innen wissen nicht einmal, ob ihre Klient/innen Kinder haben!) Die Suchtkrankenhilfe ist vor allem auf die Arbeit mit Erwachsenen konzentriert und sicherlich auch hierfür spezialisiert und qualifiziert. Für die Arbeit mit Kindern und Jugendlichen herrschen noch zu viele Widerstände und Ängste vor, die es schwer machen, das Anliegen der Kinder auch Suchtberater/innen näher zu bringen. Auch hier gilt: Kinder haben keine Lobby!

Meine Ausführungen sollen dazu beitragen, die Sensibilität und das Einfühlungsvermögen der Helfer/innen zu schärfen und die Notwendigkeit der Hilfen für Kinder von Suchtkranken aufzeigen. Ich werde zunächst versuchen, die Situation und das Erleben der Kinder, die mit suchtkranken Eltern(-teilen) zusammenleben, – aus der Sicht von Kindern und Jugendlichen – zu schildern. Im zweiten Schritt versuche ich, die Folgen dieses Erlebens für die heute erwachsenen Kinder von Suchtkranken aufzuzeigen. Zum Schluß skizziere ich, was zukünftig auf welchen Ebenen geleistet werden sollte, damit ein möglichst breites Angebot an Hilfen für Kinder von Suchtkranken aufgebaut werden kann. Nur so ist es langfristig möglich, den sich über Generationen fortsetzenden „Teufelskreis der Suchterkrankung" zu durchbrechen.

Viele suchtkranke Eltern, die eine Behandlung erfolgreich abgeschlossen haben und nun abstinent leben, sind überzeugt: „Meine Kinder haben von meinem Suchtproblem kaum etwas mitbekommen. Für meine Kinder war ich immer da." (Pauls 1983, S. 10) Sie behaupten mit großer Überzeugung, daß zumindest Kinder unter zwölf Jahren gar nicht unter der Abhängigkeit des Elternteils leiden mußten. Doch im Grunde wissen sie selbst, wie die Kinder den Konsum und die Folgen des Suchtmittelmißbrauches spürten und erlebten.

Ehemals Abhängige von illegalen Drogen verleugnen diese Auswirkungen nicht so stark, da sie zumindest wissen, daß ihre Kinder oft unter dem Mangel an alltäglichen, lebensnotwendigen Dingen wie Essen, Kleidung und (körperlicher) Anwesenheit der Eltern gelitten haben. Die emotionalen und sozialen Auswirkungen der Suchterkrankung auf die Kinder werden aber von den meisten Eltern sehr lange verleugnet. Die Angst, an den Kindern schuldig geworden zu sein, sie „verkorkst" zu haben, ist so groß, daß die Eltern sich selbst belügen bzw. ihre Schuld verdrängen.

Bagatellisierung und Wiedergutmachung sind nicht nur Mechanismen, die der / die Abhängige einsetzt, um der Realität nicht ins Auge schauen zu müssen. Die ganze Familie „spielt" mit; sie bewegt sich oft jahrelang zwischen neuer Hoffnung und wiederkehrender Enttäuschung. Trotzdem ist allen klar, daß die immer noch stigmatisierte Krankheit Sucht ein *Familiengeheimnis* bleiben muß — koste es, was es wolle! Für die Kinder heißt das etwa, in der Schule die Familiensituation vertuschen zu müssen und niemanden spontan mit nach Hause bringen zu können. Sie leben in einer ängstlichen Dauerspannung, denn sie wissen nie, was sie zu Hause erwartet. Die Geheimhaltung ist das oberste Gebot und verstärkt ihr Schamgefühl, was zu sozialer Isolation führt. Nach Schwoon (1988) fehlt diesen Kindern somit eine Kompensationsmöglichkeit für die Belastung zu Hause, Erfahrungsaustausch mit Gleichaltrigen, Erwerb sozialer Kompetenz, Selbstachtung durch den Kontakt mit anderen, Entlastung durch „Ausheulen" und Orientierung an Modellen / Personen, die weniger defizitär sind als die Eltern. Kinder sind der familiären Situation, in der sie aufwachsen, hilflos ausgeliefert. Diese Kinder können in den verschiedensten Persönlichkeits- und Entwicklungsbereichen in einem sehr unterschiedlichen Ausmaß geschädigt sein / werden.

Die Alkoholiker- oder Suchtfamilie wird als extremstes Beispiel eines gestörten Familiensystems betrachtet. Je jünger ein Kind in der Zeit der akuten Suchtphase ist, desto gravierender werden die (Entwicklungs-)Störungen sein. Aber auch bei den – heute – erwachsenen Kindern von Suchtkranken sind die Folgen der Erlebnisse und Erfahrungen, die sie in ihrer Kindheit machen mußten, sichtbar und spürbar. Martin (1988) stellt fest:

(1) Statistiken zeigen doppelt so häufig sexuellen und körperlichen Mißbrauch, wenn ein Elternteil alkoholabhängig ist.

(2) Die Suizidrate ist extrem hoch in diesen Familien. 80 % der Teenagerselbstmordversuche finden hier statt.

(3) Viele Phobiker (Menschen mit großen Ängsten) kommen aus diesen Familien.

(4) Die meisten Menschen mit Anorexie (Magersucht) und Bulimie (Freß- und Kotzsucht) sind Kinder oder Enkel von Suchtkranken.

(5) Psychisch Kranke kommen vorrangig aus diesen Familienstrukturen.

„Was auch immer für eine Krankheit besteht, durch Alkoholismus / Suchterkrankung wird sie schlimmer gemacht oder gar verursacht." (Martin 1988, S. 26) Man weiß heute, daß es nicht allgemein „die Sucht" ist, die die Kinder schädigt, sondern die Atmosphäre, die in der Familie vorherrscht.

Die Atmosphäre in der Suchtfamilie ist durch eine ängstlich-gespannte Erwartungshaltung, Unruhe und durch Mangel an Nestwärme „gekennzeichnet". Werden die Kinder etwa vom alkoholisierten Vater wegen Nichtigkeiten bestraft, kann er andererseits, im nüchternen Zustand, der beste Vater sein. Das Kind versucht, jede Situation genau zu beobachten und unter Mißachtung seiner eigenen Gefühle sein Verhalten auf die Stimmungsschwankungen des Alkoholikers abzustimmen (Köppl / Reiners 1987). Kennzeichnend für die Suchtfamilie ist der unsichere Familienzusammenhalt und die feindselige Stimmung zwischen den Eltern (Schwulenberg, in: Köppl / Reiners 1987). Durch elterliche Streitigkeiten und eheliche Spannungen entstehen am häufigsten Konflikte im Kind. Meist fühlt es sich hin- und hergerissen und kann zu keinem Elternteil eine wirklich vertrauensvolle Beziehung herstellen. Die Eltern sind oft so sehr mit ihren eigenen Problemen beschäftigt, daß sie den Kindern nicht die nötige Aufmerksamkeit zukommen lassen. Das Kind empfindet sich als nicht erwünscht und überflüssig. Es versucht nicht nur die Probleme der Eltern zu lösen, sondern wird häufig noch dazu als Ursache für das familiäre Elend angesehen (Brakhoff 1987). „Wenn Du dich so benimmst, muß Mama ja trinken..."
Häufige Streitigkeiten verursachen im Kind immer eine Angst vor Trennung (die von Zeit zu Zeit ja auch vorkommt). Oft fühlen sich

die Kinder für die Misere verantwortlich und glauben, sie könnten eine Besserung herbeiführen. Diese „meist unbewußten Grandiositätsideen" (Schmidt, in: Brakhoff 1987) bringen die Kinder aber ebenfalls in ein aufreibendes Dilemma. Sie versuchen das Unkontrollierbare zu kontrollieren. Da ihnen dies natürlich nicht gelingt, resultiert aus der ständigen Frustration eine latent oder offen wirkende depressive Haltung. Diese Kinder lernen nicht, Gefühle, Gedanken und Probleme mit Worten auszudrücken, denn sie erfahren, daß man Worten (von Erwachsenen) nicht (ver-)trauen kann. Die inkonsequente Erziehungshaltung, das Wechselbad zwischen Härte und Verwöhnung, gibt den Kindern die Grunderfahrung, daß sie sich auf ihre Eltern (und auf Erwachsene) nicht verlassen können. So können sie selbst frohe Stunden nicht genießen, aus Angst, was danach kommen könnte.

Das zentrale Problem für Kinder von Suchtkranken ist wohl die permanente Überforderung. Sie können und dürfen ihre kindgemäßen Bedürfnisse oft nicht leben. Sie werden früh gefordert und überfordert, wenn sie Aufgaben der Eltern übernehmen müssen. So müssen sie oft die Geschwister versorgen, die Mutter beruhigen, den Notarzt holen, den Vater aus der Kneipe holen, die besoffene Mutter entschuldigen und viele weitere peinliche Situationen meistern.

Genausowenig wie es *den* Abhängigkeitskranken, *den* Co-Abhängigen oder *die* Alkoholikerfamilie gibt, sowenig kann es *das* Kind von Alkoholkranken geben. Die Entwicklungsverläufe können sehr unterschiedlich sein, die Verarbeitungsmöglichkeiten variieren und das Ausmaß der Störungen hängt immer vom Grad der Störung der Familie ab.

Auch wenn es *die* Suchtfamilie nicht gibt, sind diese Kinder häufig folgenden Belastungsfaktoren in extremer Weise ausgesetzt:

(1) Sie müssen Streit, Auseinandersetzungen und extreme Stimmungsumschwünge aushalten.

(2) Sie dienen als Objekt von Verwöhnung und Aggression.

(3) Sie sind Mittel in der Auseinandersetzung zwischen den Eltern und gezwungen, Partei zu ergreifen, was sie in massivste Loyalitätskonflikte bringt, denn sie haben beide Elternteile lieb, egal, was passiert. . . .

(4) Sie erleben keine Verläßlichkeit und daß Versprechen ihnen gegenüber in extremer Weise nicht eingehalten werden.

(5) Sie erfahren sexuelle Belästigungen und Mißhandlungen.

(6) Sie erleben extreme körperliche Zustände mit (Rausch, Entzug).

All diese Belastungsfaktoren haben schon in der frühen Kindheit einen schädigenden Einfluß auf die Entwicklung, der sich bis ins Erwachsenenalter hinein auswirkt. Die Kinder lernen schon früh ein gestörtes Lebensmuster und sind, wie Schwoon es formuliert, „um ihre Kindheit betrogen worden und zu früh zum Erwachsensein verdammt".

Regeln

Der Schlüssel für die Probleme von „Erwachsenen Kindern" von Alkoholikern liegt nicht unbedingt darin, *was* in der Herkunftsfamilie *passiert* ist, sondern von Bedeutung ist, was die Lektion war, die man lernte, nach welchen Regeln man lebte. Claudia Black hat die Regeln wie folgt zusammengefaßt: „Rede nicht, traue nicht, fühle nicht!" (1988, S. 79). Diese Regeln werden nicht ausgesprochen, sondern durch Blicke, Gesten und Reaktionen vermittelt. Kinder in Suchtfamilien lernen also, ihr Verhalten nach diesen Regeln auszurichten:

1. Kontrolliere deine Gefühle!
Kinder in Suchtfamilien wachsen in einem Gefühlschaos auf. Sie fühlen sich schuldig und verantwortlich für das elterliche Trinken; sie wissen nicht, daß Alkoholismus eine Krankheit ist, die sie weder verursacht haben noch kontrollieren oder gar heilen können. Sie haben das Gefühl, von den Eltern nicht wahrgenommen zu werden, fühlen sich nicht geliebt, denn das ganze Familienleben dreht sich nahezu ausschließlich um den Alkohol und den suchtkranken Elternteil. Sie sind zutiefst verunsichert wegen des verläßlich-unzuverlässigen Verhaltens der Eltern. Auf nichts ist Verlaß, außer auf die Unzuverlässigkeit und Unberechenbarkeit der Eltern!
Was den Kindern bleibt ist ängstliche Verwirrung und Mißtrauen, häufig bis ins Erwachsenenalter hinein. Hierzu drei Beispiele:

> „Vater war böse, er hat geschrien und uns alle geschlagen. Am nächsten Tag war er wieder lieb, so, als ob nichts passiert wäre. Er kann doch nicht vergessen haben, was er gesagt und getan hat!?" (ein achtjähriger Junge)
> „Wenn er abends nicht kommt, gehen wir ihn suchen. Ich mache mir große Sorgen, habe Angst, daß wir ihn nicht wiederfinden." (ein zehnjähriges Mädchen)
> „Beim Schulausflug hat Papa getrunken, und alle Leute haben es gesehen!" (ein zwölfjähriger Junge)

2. Regel der Rigidität
Da die Suchtfamilie nicht flexibel ist und sich Veränderungen nur schwer anpassen kann, erlaubt sie auch ihren Mitgliedern nicht, sich zu verändern. Für die Kinder bedeutet das, daß ihnen nicht erlaubt wird, gefühlsmäßig zu wachsen. Je mehr die Krankheit Sucht fort-

schreitet, je unvorhersagbarer das Verhalten des Suchtkranken wird, desto rigider werden die Regeln, um die Stabilität des Systems zu wahren.

3. Regel des Schweigens

„Wenn in der Familie schon lange die Regel gilt, daß man über Vaters Alkoholismus nicht spricht, dann ist es wirklich sehr schwer, auf einmal zu reden (selbst wenn er nüchtern ist)" (Black 1988, S. 46).

Das Familiengeheimnis Sucht muß gewahrt bleiben und so wird es verleugnet und nicht darüber gesprochen. Sollte man doch den Versuch machen, wird man schnell gestoppt. Da das Kind über das, was es sieht und hört, nicht sprechen kann, hat es auch keine Möglichkeit, die Wirklichkeit zu überprüfen und ist auf eigene Interpretationen angewiesen. So glaubt es unter Umständen, sich alles nur einzubilden. Auch über Gefühle, die mit dem elterlichen Alkoholismus einhergehen, wie Angst, Wut und Verletztheit, darf das Kind nicht sprechen. Diese Kinder lernen also schon von früh auf, daß es nicht erlaubt ist, über gewisse Dinge zu sprechen. Probleme werden nicht angesprochen, in der Hoffnung, daß sie irgendwann einmal einfach vorbei sind, wenn man nur die Augen davor verschließt.

4. Regel der Verleugnung

In der Suchtfamilie erhalten Kinder die Botschaft, daß alles normal ist. Das Kind befindet sich in einem Konflikt zwischen dem, was es in der Familie sieht und dem, was es glauben soll. Auf diese Weise lernen sie, weder sich noch den anderen zu trauen. Die Realität stimmt mit der Wahrnehmung nicht überein und so kommt es zur Verleugnung der Realität, zur Verleugnung von Gefühlen und Tatsachen.

5. Regel der Isolation

Die Familienmitglieder hängen zwar emotional aneinander, sie haben jedoch keine Vertrautheit zueinander. Sie haben sich nicht nur von der Umwelt isoliert (zur Wahrung des Familiengeheimnisses), sondern sie haben sich auch voneinander isoliert. Sie fühlen sich einsam und lernen, sich von anderen Menschen abzusondern, um sich selbst zu schützen, – was die Entwicklung von vertrauten Beziehungen verhindert. Indem Kinder mit diesen Regeln aufwachsen, wird die Entwicklung zur Co-Abhängigkeit gefördert. Die Lektionen, die sie hier lernen, haben nachhaltigen Einfluß auf ihr späteres Leben.

Grenzen

Ein wichtiges Merkmal von Suchtfamilien – neben den Ihnen bekannten dysfunktionalen Rollen und Regeln – ist die wechselseitige

Verstrickung ineinander, ein Problem von Grenzdefinitionen. Identitäten können nicht voneinander abgegrenzt werden, und so weiß der einzelne nicht, wo er aufhört und der andere anfängt, was wiederum ein typisches Problem der Co-Abhängigkeit darstellt. Probleme bestehen vor allem in drei verschiedenen Kategorien von Grenzen:

(1) Individuelle Grenzen,
(2) Generationsgrenzen,
(3) Familiengrenzen.

Jede dieser Grenzen kann wiederum rigide (zu stark), diffus (zu schwach) oder flexibel (gesund) sein. Da wo *Familiengeheimnisse* die Familie von der Umwelt isolieren, herrschen rigide Familiengrenzen. „Wir gegen den Rest der Welt." Wo diese Grenzen diffus sind, hat die Familie kein Gefühl von Zusammengehörigkeit. Es ist unmöglich zu definieren, „wo die Familie aufhört und der Rest der Welt anfängt." Diese Situation kann am besten als chaotisch beschrieben werden.

In der Suchtfamilie pendelt man zwischen diffusen und rigiden Grenzzuständen hin und her, in der Hoffnung, einen Gleichgewichtszustand herstellen zu können. Was bedeutet das für das Kind?

Durch Grenzverletzungen wird das Kind beispielsweise als Partnerersatz mißbraucht. Es lernt, seine eigenen Grenzen nicht zu respektieren, nicht nein sagen zu können. Vor allem lernt es, Opfer zu sein. Durch rigide Grenzen wird dem Kind sein Bedürfnis nach Wärme und Zuwendung versagt, es fühlt sich einsam und abgesondert. Somit lernt es, aus Angst vor Verlassenheit keine gesunden Grenzen zu setzen. Der sexuelle Mißbrauch ist wohl die extremste Form der Grenzverletzung.

Mißhandlung und Mißbrauch

Wenn es um das Aufwachsen in einer Suchtfamilie geht, darf die Bedeutung (und Größenordnung) von Mißhandlung und Mißbrauch in der Familie nicht übersehen werden. Der Wegfall von Hemmungen im Rauschzustand führt nicht nur zu Mißhandlungen, sondern auch zum sexuellen Mißbrauch des Kindes.

Nach Appel (1985) ist in mehr als 50 % der Fälle Sucht oder Alkoholismus eine der Ursachen des Mißbrauchs. Das Ausmaß sexuellen Mißbrauchs zeigt eine andere Studie, nach welcher 30 % aller Frauen und 15 % aller Männer in ihrer Kindheit sexuell mißbraucht wurden (vgl. Friel / Friel 1988). Nach einer weiteren Untersuchung aus den USA hatten etwa 80 % aller drogenabhängigen Frauen sexuelle Gewalterlebnisse in ihrer Kindheit (Mebes 1988). Aus diesen Untersuchungen soll nun weder der Schluß gezogen werden, daß sexueller Mißbrauch zu Drogenabhängigkeit führen muß noch umgekehrt, daß alle süchtigen Männer Mißbraucher sind. Wichtig ist aber, daß in der praktischen Arbeit die Berater / innen das eine wie das andere nicht ausschließen.

„Erwachsene Kinder" von Suchtkranken haben oft nicht nur mit den Auswirkungen des elterlichen Suchtverhaltens zu kämpfen, sondern auch traumatische Erfahrungen des sexuellen Mißbrauchs zu verarbeiten. Somit sind sie mit den Problemen der Co-Abhängigkeit in extremem Ausmaß konfrontiert. Sie müssen zwei Familiengeheimnisse hüten. Ihr Schamgefühl ist immens.

2. Erwachsene Kinder von Suchtkranken

Verschiedene Autoren haben „Erwachsene Kinder von Alkoholikern" im wesentlichen mit folgenden Merkmalen beschrieben: Verleugnung von Wahrnehmungen, Bedürfnissen und Erfahrungen (einschließlich der elterlichen Suchterkrankung); starre oder unterdrückte Gefühle; Schwierigkeiten, anderen zu vertrauen; zwanghaftes Verhalten; hohes Kontrollbedürfnis; übermäßiges Verantwortungsbewußtsein (Cermak / Brown 1982; Woititz 1983; Gravitz / Bowden 1985; Black 1988; Wegscheider 1988). Zusammengefaßt können all diese Merkmale (Mosaiksteine) als Co-Abhängigkeit bezeichnet werden. Sie führen oft zu unbefriedigenden Beziehungen, niedrigem Selbstwertgefühl, Suchtmittelabhängigkeit und streßbezogenen Krankheiten. Sie entwickeln sich durch das Aufwachsen in einem dysfunktionalen Familiensystem.

Während erwachsene Kinder von Suchtkranken sich in ihren kognitiven körperlichen oder verhaltensmäßigen Merkmalen unterscheiden, so ist ihnen doch die darunterliegende emotionale Verfaßtheit gemeinsam. Hinter ihrem Denken und Tun steht in der Regel vor allem Angst, Wut, Verletztheit, Ärger, Mißtrauen, Einsamkeit, Traurigkeit, Scham und Schuld (vgl. Kritsberg 1985). Diese emotionale Verfaßtheit ist es, an welcher erwachsene Kinder von Suchtkranken sich wiedererkennen, auch wenn sie sich unterschiedlich verhalten.

Verlassenheit

Verlassen zu werden − nicht unbedingt physisch, sondern vor allem auf der emotionalen Ebene − ist eine der wesentlichen Erfahrungen, die alle Kinder in einer Suchtfamilie machen. Die Eltern waren für die emotionalen Bedürfnisse ihrer Kinder nicht da. Claudia Black bezeichnet den Verlust als gemeinsames Kennzeichen von erwachsenen Kindern von Suchtkranken: „Sie erfahren fortwährenden Verlust und sie erfahren Verlust zu einer Zeit in ihrem Leben, als sie ihren Wert und ihre Identität entwickelten. Der Verlust ist unterschiedlich, aber er ist augenscheinlich." Das tiefe innere Gefühl von erwachsenen Kindern von Suchtkranken, wertlos zu sein, steht in direkter Beziehung dazu, als Kind verlassen worden zu sein. Die Botschaft, die diese Kinder mit auf den Weg bekommen, ist, daß sie im Weg stehen und nicht erwünscht sind. So sind Verlassenheitsängste für erwachsene Kinder von Suchtkranken eine „zwangsläufige" Reaktion auf den physischen und / oder emotionalen Verlust der Eltern, den sie in ihrer Kindheit immer wieder erlebt haben.

Scham- und Schuldgefühle

Wie auch für die Suchtkranken selbst spielen Scham- und Schuldgefühle für Kinder und erwachsene Kinder von Suchtkranken eine erhebliche Rolle. Diese Familien basieren geradezu auf Schamgefühlen. Scham ist die grundsätzliche Annahme, fehlerhaft und nicht angemessen zu sein und es deshalb nicht zu verdienen, glücklich oder erfolgreich zu sein. Scham wird hauptsächlich durch zwei Erfahrungen erzeugt (vgl. Whitfield, in: Wholey 1988):

(1) Erwachsene Kinder von Suchtkranken erleben in ihrer Kindheit, wie ihre eigenen Bedürfnisse vernachlässigt werden. Sie glauben, daß das so ist, weil sie nicht gut genug sind, Fehler machen, es einfach nicht wert sind und haben die Einstellung: Ich bin schlecht. Sie folgern: Wären sie gut genug, würde jemand für sie da sein. Aus dieser Einstellung resultiert, daß erwachsene Kinder von Suchtkranken ein extrem niedriges Selbstwertgefühl haben und nicht glauben, um ihrer selbst willen geliebt zu werden, sondern etwas dafür tun zu müssen.
(2) In dieser Einstellung „ich bin schlecht" setzt sich häufig auch die elterliche Scham fort. Die Eltern haben Schamgefühle verinnerlicht und fühlen sich inadäquat, schlecht und unbefriedigt. So suchen sie nach anderen, die ihnen Erfüllung bringen. Anstatt Probleme und Konflikte auszutragen, geben sie ihre negativen Regeln und Botschaften an die Kinder weiter und projizieren so ihr eigenes negatives Selbstwertgefühl auf andere. Aufgrund der unrealistischen elterlichen Erwartungen entwickeln erwachsene Kinder von Suchtkranken oft Angst vor Personen in Autoritätsrollen. Der kritisierende, urteilende Erziehungsstil, den sie erfahren haben, prägt ihre Interaktion mit anderen. Sie leben in der Angst, Erwartungen nicht erfüllen zu

können, fühlen sich inadäquat oder inkompetent, fürchten Ablehnung und Kritik, nehmen alles persönlich, werden arrogant, um Angst zu überspielen und bestehen darauf, Recht zu haben.

Schuldgefühle zu entwickeln, wenn man etwas falsch gemacht hat, ist eine völlig normale Reaktion. Nicht förderlich oder ungesund werden diese jedoch, wenn man glaubt, etwas falsch gemacht zu haben, wenn man gar nichts falsch gemacht hat.

Kinder in einer Suchtfamilie fühlen sich verantwortlich für die Probleme der Eltern. Sie glauben, sie sind der Grund für diese, und versuchen folglich, alles „recht" zu machen. Erwachsene Kinder von Suchtkranken werden zu Perfektionisten, um ihre Fehlerhaftigkeit wett zu machen und keinen Grund für Probleme und Konflikte zu liefern. Sie wollen es allen recht machen in ihrem Wunsch nach Anerkennung, Akzeptanz und Liebe.

Das wesentliche Problem im Leben von erwachsenen Kindern von Suchtkranken ist Verlassenheit, die mit Wut und Verletztheit einhergeht. Verlassenheit führt zu internalisierten Schamgefühlen, was sich in extrem niedrigem Selbstwertgefühl bemerkbar macht. Das System einer Suchtfamilie benutzt Scham und Schuld, um die Familienregeln zu bewahren. Scham und Schuldgefühle bestimmen auch weiterhin das Verhalten von erwachsenen Kindern von Suchtkranken. Diese Emotionen und die dahinter liegende Erfahrung des „Verlassenseins" müssen bearbeitet werden, um aus der Rigidität auszusteigen und das eigene Selbst kennenzulernen.

Nicht reden, nicht trauen, nicht fühlen, perfekt sein, eigene Bedürfnisse nicht wichtig nehmen, für andere sorgen, das waren Regeln, die diesen Kindern in ihrer Familie als notwendige Überlebensstrategien dienten. Nach diesen Regeln leben viele erwachsene Kinder von Suchtkranken immer noch, denn sie haben nie etwas anderes kennengelernt. Sie haben gelernt, damit zu leben, so daß es für sie ein großes Risiko wäre, sie aufzugeben. Sie wissen einfach nicht, wie es anders sein könnte.

Erwachsene Kinder von Suchtkranken wissen oft nicht, ob sie Angst haben, traurig, wütend oder verlegen sind, bis ein Vorfall sich zur Krise ausgeweitet hat. Indem sie ihre Gefühle herunterspielen oder unberücksichtigt lassen, zeigen sie oft eine hohe Toleranz für unangemessenes Verhalten. Weiterhin lernen Kinder von Suchtkranken *nicht zu vertrauen*. Das heißt für erwachsene Kinder von Suchtkranken, nicht zu wissen, wie man eine gleichwertige Beziehung haben kann. Man ist entweder unterlegen oder überlegen. Nicht vertrauen zu können, heißt deshalb, Schwierigkeiten mit Nähe und Intimität zu haben.

Die Fortsetzung der Rollen

Weil erwachsene Kinder von Suchtkranken weiterhin nach den ihnen vertrauten Regeln aus der Kindheit leben, behalten sie auch weiterhin ein rigides Rollenverhalten bei, auch wenn hierfür längst keine Notwendigkeit mehr besteht. „Familienmitlieder werden suchthaft abhängig von ihrer Rolle, weil sie nur darin überleben können." (Wegscheider 1988, S. 94). Als Kinder haben sie durch Übernahme verschiedener Rollen sichergestellt, daß ihr Bedürfnis, die Familie zu beschützen und zusammenzuhalten, befriedigt wurde. Es waren (damals nützliche) Überlebensstrategien, die jedoch mit schmerzhaften Gefühlen bezahlt wurden.

Die Rolle des *Familienhelden* war es, der Familie Selbstwert zu verschaffen. Als Erwachsener übernimmt er weiterhin viel Verantwortung, Pflichten und oft auch Führungsrollen. Nach außen vermittelt er Erfolg, fühlt sich innerlich jedoch inadäquat, verletzt, verwirrt, wütend und von anderen oft durch eine unsichtbare Mauer getrennt. Da er sein Selbstwertgefühl aus dem, was er leistet, bezieht, wird er oft zum Arbeitssüchtigen, zumeist in den helfenden Berufen. Ehemalige Familienhelden fühlen sich für alles verantwortlich, gehen meist eine Beziehung mit einem Abhängigen ein, wo sie auch Verantwortung und Fürsorge übernehmen. Sie wissen nicht, wie man sich entspannt und müssen über alles die Kontrolle bewahren. „Ich versuche immer noch viel Verantwortung für Menschen und Dinge zu übernehmen. Ich fange erst an zu lernen, wie man spielt. Es fällt mir schwer, in meiner Freizeit irgendetwas nur zu meinem Vergnügen zu tun und dauerhaft daran Spaß zu finden." (Black 1988, S. 68) Erwachsene Kinder von Suchtkranken, die in dieser Rolle verharren, brauchen es, Fehler machen zu dürfen, Risiken einzugehen, Verletzbarkeit zu zeigen und Gefühle auszudrücken. Jedoch ist es (leider) sehr unwahrscheinlich, daß gerade sie sich professionelle Hilfe holen, da sie sich für alles selbst verantwortlich fühlen und so aus ihrer Situation nicht herauskommen.

Der *Sündenbock*, dessen Rolle es war, von den eigentlichen Problemen der Familie abzulenken, wird als Erwachsener früher zum Suchtkranken werden als andere erwachsene Kinder von Suchtkranken. Er/sie erkennt, daß sein/ihr ausagierendes Verhalten zu großen Problemen geführt hat, die ihm jetzt das Leben schwer machen, etwa mangelnde Schulbildung, fehlende Berufsausbildung, Unfähigkeit, Wutanfälle zu kontrollieren (was oft zum Verlust des Arbeitsplatzes führt), uneheliche Kinder oder frühe Heirat. Innerlich fühlen sie Wut, Angst, Einsamkeit und Ablehnung. Diese Kinder brauchen

Unterstützung im Ausdruck ihrer Gefühle, Konfrontation, Akzeptanz, Herausforderung und daß man ihnen zuhört. Nach Arterburn/ Timmons (1989) ist Einzeltherapie angezeigt, um die tiefsitzende Traurigkeit zu bearbeiten.

Die Rolle des *verlorenen Kindes* schaffte Erleichterung für die Familie. Als Erwachsene behalten diese Menschen das Merkmal der Unauffälligkeit und befinden sich oft in sozialer Isolation. Ihr Motto ist: „Wenn man mit niemandem eine engere Beziehung hat, kann man nicht verletzt werden." Identifikationsschwierigkeiten im sexuellen Bereich führen zu zwei Extremen: Promiskuität oder ein Leben allein. Ihre Gefühle sind Einsamkeit, Verletztheit, Unangemessenheit und Wut. Sie heiraten selten, haben wenig Lebensmut und sterben oft jung. „Verlorene Kinder" brauchen Konsistenz, Ermutigung, Belohnung für Anstrengungen sowie Kontaktaufnahme.

In der Rolle des *Clowns* haben Kinder Spaß und Humor in die Familie gebracht. Sie bleiben oft ihr Leben lang unreif, spielen weiter den Clown, und das Leben geht an ihnen vorüber. Sie können mit Streß nicht umgehen und heiraten einen „Familienhelden", der für sie sorgt. Ihre Gefühle sind Angst, Unsicherheit, Verwirrtheit und Einsamkeit. Was sie brauchen ist körperlicher Kontakt und die Erfahrung, ernst genommen zu werden.

Für erwachsene Kinder von Suchtkranken ist es also wichtig zu erkennen, welche Rolle sie in ihrer Herkunftsfamilie eingenommen haben und auf Kosten welcher Gefühle das ging. Für sie ist es wichtig, diese Gefühle aus der Vergangenheit zuzulassen und sie im Zusammenhang mit dem jeweiligen Rollenverhalten zu sehen, welches sie als Reaktion auf das unberechenbare und widersprüchliche Verhalten der Eltern angenommen haben.

3. Folgerungen für die zukünftige Arbeit

Einige werden vielleicht denken, daß wieder einmal nur Defizite und Schwierigkeiten geschildert wurden. Dabei verfügen Kinder von Suchtkranken doch auch über ein großes Repertoire von Fähigkeiten und Ressourcen, außerdem sind sie nicht nur Opfer! Das ist sicher richtig; trotzdem möchte ich fragen:

Welchen Preis haben sie gezahlt, um ihre beachtlichen Stärken und Fähigkeiten zu erwerben und auszubauen?

Welchen Preis zahlen sie noch als Erwachsene, wenn sie noch nicht oder kaum die Möglichkeit haben, Hilfen in Anspruch zu nehmen?

Diese Kinder sind vielleicht nicht nur Opfer. Sie entwickeln häufig – notwendigerweise – erstaunliche Überlebensstrategien. Sicher ist aber auch, daß sie nicht die Täter in diesem Drama sind!

Was ist zu tun?

Martin (1988) stellt fest, daß ca. 80% aller in Helferberufen tätigen Menschen erwachsene Kinder von Suchtkranken sind. Das scheint nicht weiter verwunderlich, bedenkt man, daß sie nun doch endlich die Chance haben, in ihrem Leben etwas zu ändern, indem sie an Fremden etwas zu erreichen versuchen, was in der eigenen Familie gescheitert ist.

Whitfield (1988) schätzt, daß 80% der Angehörigen der helfenden Berufe keine ausreichende Ausbildung hinsichtlich Suchterkrankungen und ihrer Implikationen erhielten; so sind viele Helfer / innen mit dem Begriff und Erscheinungsbild von Co-Abhängigkeit nicht vertraut. Auch Wegscheider (nach Whitfield 1988) spricht vom „Professionellen Befähiger". Damit bezeichnet sie diejenigen in den helfenden Berufen, die das gleiche systemstabilisierende Verhalten wie die „Befähiger" in der Familie zeigen, beispielsweise Verleugnung, Vermeidungsverhalten, Verantwortung übernehmen oder Beschützen.

Wenn Helfer / innen also nichts gegen ihre eigenen co-abhängigen Tendenzen tun, dann sind sie nicht in der Lage, wirklich zu helfen, sondern verlängern zu allem Übel das Problem ihrer Klienten / innen unter dem Deckmantel des Helfens. In den USA existieren bereits vielfältige Angebote. Auch wenn es bisher in Deutschland nur einige Ansätze gibt, sich genauer mit der Situation der Kinder von Suchtkranken zu befassen, so gibt es doch eine Menge kleiner Schritte, die gemacht werden können, um diese Kinder und Jugendlichen nicht weiterhin alleine zu lassen.

Bei 3 – 4 Millionen betroffener Kinder und Jugendlicher handelt es sich um eine große Gruppe von Menschen, deren Zukunft und Persönlichkeit durch die Auswirkungen der Suchtproblematik eines oder beider Elternteile stark beeinflußt ist.

Es ist einerseits notwendig, den einzelnen Kindern bewußt zu machen, daß sie nicht die einzig Betroffenen und „Schuldigen" sind. Andererseits müssen die Mitarbeiter / innen und Einrichtungen der Suchtkrankenhilfe durch gezielte Öffentlichkeitsarbeit der Bevölkerung mehr noch als bisher vermitteln, daß Sucht eine Krankheit ist und keiner Schuldzuweisung bedarf. Dabei muß die besondere Aufmerksamkeit auf die Angehörigen – vor allem auf die Kinder – gerichtet werden. Öffentlichkeitsarbeit ist wichtig, um den Betroffenen aus ihrer Isolation zu helfen und es ihnen zu ermöglichen, überhaupt Hilfe zu suchen.

Die meisten Kinder wagen es (heute) noch nicht, auf andere zuzugehen. Es ist die Umwelt — es sind wir, die ihnen entgegen zu kommen und ihnen verstehen zu geben haben, daß sie weder Scham- noch Schuld- oder Angstgefühle haben müssen, sondern Verständnis von anderen für ihre Situation / ihr Dilemma erwarten dürfen.

Notwendig ist ein reichhaltiges, vielschichtiges Angebot an Hilfen, das möglichst viele dieser Kinder erreicht und Platz für jedes Alter und die individuellen Probleme bietet.

Parallel dazu muß eine intensive Elternarbeit stattfinden, die den Eltern dabei hilft, ihren Kindern mit anderen Verhaltensweisen und Gefühlen in einer tragfähigen Beziehung zu begegnen. Ein geeigneter Zeitpunkt, mit dieser Arbeit zu beginnen, ist es, wenn Abhängige oder erwachsene Angehörige eine Beratungsstelle aufsuchen, um Hilfe in Anspruch zu nehmen. Die Zeit bis zur Therapie und während der Behandlung kann für eine Zusammenführung der Familie und für einen Neuaufbau der Beziehungen zwischen Eltern und Kindern genützt werden.

Für die Helfer / innen liegt hier ein großer Aufgabenbereich, denn in Beratungsstellen und Kliniken haben wir mit den Suchtkranken und ihren Angehörigen / Partnern zu tun, die selbst auch erwachsene Kinder von Suchtkranken sein können. Aber nicht nur in der Suchtkrankenhilfe, sondern auch in anderen Beratungsstellen, Institutionen und Anlaufstellen, die Kinder und Jugendliche bereits erreichen, müssen gezielte Hilfen für Kinder von Suchtkranken — mit entsprechender Fortbildung der Mitarbeiter / innen in Bezug auf Suchterkrankung und ihre Folgen für Angehörige — vorgehalten werden. Hier ist nicht allein die Suchtkrankenhilfe gefordert und auch nicht ausreichend (methodisch) kompetent. Erfahrungen und Qualifikationen für die Arbeit mit Kindern und Jugendlichen liegt sicherlich nicht in erster Linie bei der Suchtkrankenhilfe, sondern bei all den Stellen, die schon mit diesen Zielgruppen arbeiten.

Deshalb ist gerade in diesem Bereich Kooperation und Vernetzung der Hilfesysteme angezeigt und erforderlich. Es gilt alle, die mit Kindern, Jugendlichen und deren Eltern zu tun haben, einzubeziehen.

Es gilt, Berührungsängste, ungesundes Konkurrenzgerangel und Allmachtphantasien einzelner Hilfesysteme zu überwinden, wenn Angehörigen von Suchtkranken — vor allem also den Kindern — wirklich geholfen werden soll.

Ohne entsprechende Kenntnisse und (menschliche) Qualifikationen kann Hilfe nicht geleistet werden, auch wenn der Bedarf der Betroffenen mit Sicherheit vorhanden ist und verstärkt eingefordert wird.

Vermehrte Arbeit und Forschung auf diesem Gebiet bringt nicht nur ein befriedigenderes Leben etwa für erwachsene Kinder von Suchtkranken, sondern bedeutet auch einen großen Schritt vorwärts in Richtung Prävention, indem der Generationen überdauernde Kreislauf der Auswirkungen von Suchtkrankheiten unterbrochen wird.

Es geht nicht darum, Kinder von Suchtkranken zu pathologisieren und zu „neuen" Klient/innen zu machen, sondern darum, gerade dieses zu verhindern! Unter dem Gesichtspunkt der allgemeinen Suchtgefährdung in unserer Gesellschaft, hat jegliche sozialpädagogische Arbeit mit Kindern und Jugendlichen, ob aus einer Sucht-Familie stammend oder nicht, immer auch prophylaktischen Charakter, da man ihnen die Möglichkeit bietet, ihre Probleme, Freuden und Gefühle zu äußern, sich Konflikten zu stellen und diese adäquat zu verarbeiten.

Alle, die mit Kindern, Jugendlichen und Eltern zu tun haben, können und sollten einen Teil der Verantwortung übernehmen.

Literatur

Appel, Ch.: Aber keiner soll das merken. In: Partner 6/1985, S. 8 – 10

Arenz-Greiving, I.: Die vergessenen Kinder – Kinder von Suchtkranken. Hamm 1990

Black, C.: Mir kann das nicht passieren. Wildberg 1988

Brakhoff, J. (Hrsg.): Kinder von Suchtkranken – Situation, Prävention, Beratung und Therapie. Freiburg 1987

Friel, J./Friel, L.: Adult Children. The Secrets of Dysfunctional Families. Deerfield Beach, FL 1988

Harsch, H.: Alkoholismus – Schritte zur Hilfe für Abhängige, deren Angehörige und Freunde. München 1979

Köppl, B./Reiners, W.: Hilfen für Kinder von alkoholabhängigen Vätern. Freiburg 1987

Krämer, H.: Helft mir, meine Eltern trinken. Hamburg 1980

Kritsberg, W.: The Adult Children of Alcoholics Syndrom. Pompano Beach, FL 1985

Liptow, W.: Elterlicher Alkoholismus als Gefährdung kindlicher Entwicklung. In: Jugendschutz 19, H. 6, 1974

Martin, S.H.: Healing for Adult Children of Alcoholics. How to Break from the Past and Grow Emotionally and Spiritually. Nashville, TN 1988

Mebes, M.: Gewalt gegen Kinder in alkoholabhängigen Familien. In: Jugendschutz heute 2, April 1988

Parnitzke, K.H./Prüssing, O.: Kinder alkoholsüchtiger Eltern. In: Psychiatrie, Neurologie und medizinische Psychologie 18, Leipzig 1, 1966

Richter, H.-E.: Patient Familie. Reinbek b. Hamburg 1970

Schwoon, D.: Die Kinder von Abhängigen. In: Hamburgische Landesstelle gegen die Suchtgefahren e. V., Schriftenreihe zu Suchtfragen, Heft 1, Hamburg 1987

Schultze, A.: Inkonsequente, diskontinuierliche Erziehungsstile als Belastung für die Sozialisation von Kindern. In: DHS, Familie und Suchterkrankung. Hamm 1977

Wegscheider, S.: Es gibt doch eine Chance. Hoffnung und Heilung für die Alkoholikerfamilie. Wildberg 1988

Whitfield, Ch.: Children of Alcoholics: Treatment issues. In: Maryland State Medical Journal 29, Baltimore 1980

Ders.: Co-dependency: An emerging Problem. In: Health Communications (Hrsg.) 1988

Wholey, D.: Becoming Your own Parent. The Solution for Adult Children of Alcoholics and Other Dysfunctional Families. New York 1988

Woititz, J.: Um die Kindheit betrogen. München 1990

Dies.: Sehnsucht nach Liebe und Geborgenheit. München 1992

Ambulante Arbeit mit Kindern von Suchtkranken

Helga Dilger

ALLGEMEINE SITUATION DER KINDER

Kinder werden im wesentlichen von den Erfahrungen ihrer Familienbeziehung geprägt. Kinder von Suchtkranken erleben häufig eine Atmosphäre, die durch ein hohes Maß an Unsicherheit und Instabilität gekennzeichnet ist. Hinzu können Erfahrungen von massiver Aggression, Verwahrlosung, sexuellem Mißbrauch bis hin zu physischer Lebensbedrohung kommen.

Diese Kinder müssen teilweise extreme körperliche Zustände der Eltern (Rausch, Halluzinationen, Entzug) mitansehen. Sie müssen Versprechen, die nie eingehalten werden, Bedrohungen, Streit zwischen den Eltern, unmotivierte Stimmungsumschwünge, Inkonsequenzen des Verhaltens bewältigen. Zusätzlich erleben sie unter Umständen massive Belastungen in der Familie, etwa Suizidversuche, und häufig finanzielle Probleme. Dieser schwierigen Familiensituation steht auf der anderen Seite ein hohes Anspruchsniveau der suchtkranken Eltern gegenüber. Sie erwarten Parteilichkeit von ihren Kindern, oft sollen sie die Rolle des Partners oder Ersatzpartners übernehmen.

Dennoch halten die Kinder in der Regel an ihren primären Bezugspersonen Mutter und Vater fest. Sie suchen die Schuld für die familiäre Misere eher bei sich als bei ihren Eltern, um sich weiterhin mit diesen identifizieren zu können. Dies trifft vor allem auf Kinder unter 12 Jahren zu, da diese von ihren Eltern emotional noch sehr abhängig sind. Sie sind nicht in der Lage, das grundlegende Problem − die Sucht und ihre Ursachen − zu erfassen.

Die beschriebenen Erfahrungen der Kinder in suchtkranken Familien führen häufig dazu, daß die betroffenen Kinder weder zu sich selbst noch zu anderen Menschen ein stabiles Vertrauensverhältnis aufbauen können. Ihre Lebenssituation zwingt sie dazu, sich mit ihren Schwierigkeiten allein auseinanderzusetzen, und verhindert gleichzeitig, daß sie ihre soziale Isolation verlassen können. Die Kinder haben oft keine Ansprechpartner, mit denen sie offen über die Probleme in ihren Familien reden können. Sie haben Angst, daß die Eltern bestraft werden, und auch, daß sie selbst Bestrafung erleiden. Offene Gespräche gelten leicht als Verrat.

Die wenigen Arbeiten, die es in der Literatur zum Thema Kinder von Suchtkranken gibt, betonen, daß diese Kinder in ihrer Entwicklung besonders gefährdet sind, selbst in den Kreislauf der Suchtkrankheit zu geraten.

Ohne spezifische Hilfen sind diese Kinder hochgradig gefährdet, später selbst süchtig zu werden, als Co-Partner/in für Süchtige zu dienen oder unter anderen psychischen Störungen zu leiden. Hilfen schon in der Kindheit können hier zu einer anderen Weichenstellung führen.

Unter diesen Gesichtspunkten kommt den ambulanten psychosozialen Beratungs- und Behandlungsstellen eine hohe Verantwortung zu. Sie besteht darin, durch spezielle Hilfsangebote Kindern Suchtkranker eine soziale Nachreifung zu ermöglichen und eine sich anbahnende Suchtgefährdung zu verhindern. Die Arbeit hat also eine doppelte Zielsetzung: Bearbeitung der bereits sichtbaren Probleme und Prävention.

Das Modellprojekt „Arbeit mit Kindern von Suchtkranken"

Die Arbeitsgemeinschaft für Gefährdetenhilfe und Jugendschutz in der Erzdiözese Freiburg e. V. (AGJ) bietet seit Jahren Hilfe für suchtkranke Menschen an. Die Hilfe für die direkt Betroffenen hat sich dabei stetig weiterentwickelt, im Bereich des sozialen Umfeldes von Suchtkranken existierten jedoch bisher nur geringe Hilfsangebote. Dies gilt insbesondere auch für Kinder und Jugendliche aus suchtkranken Familien.

Seit September 1990 existiert das Modellprojekt „Arbeit mit Kindern von Suchtkranken", das von der Arbeitsgemeinschaft für Gefährdetenhilfe und Jugendschutz in der Erzdiözese Freiburg e. V. (AGJ) und dem Deutschen Caritasverband geplant und organisiert wurde. Ich bin seit Beginn dieses Projekts im September 1990 dort als Leiterin tätig.

Angegliedert an eine Psychosoziale Beratungsstelle bieten wir ambulante Hilfen für Kinder von Suchtkranken an. Folgende Bereiche werden im Rahmen des Modellprojektes schwerpunktmäßig angegangen:

(1) Entlastung der Kinder von ihren Schuldgefühlen,
(2) Entlastung der Kinder von ihrer „Elternfunktion" gegenüber den Eltern,
(3) Ermöglichung von „Kind sein" im strukturierten Rahmen,

(4) Bestärkung der Kinder in ihrer situativen, emotionalen Wahrnehmung,

(5) kindgerechte Aufklärung über Suchtmittelmißbrauch und -gefahren.

Durch den Kontakt mit anderen Kindern, die in derselben Situation leben, soll versucht werden, das Gefühl, ein selbstverschuldetes Einzelschicksal zu erleiden, zu durchbrechen. Es soll den Kindern geholfen werden zu erkennen, daß es sich bei den von anderen Kindern ähnlich erlebten Verhaltensweisen der Mutter und / oder des Vaters um Symptome einer Suchtkrankheit handelt.

Über anfängliche und noch bestehende Einzelkontakte hinaus gibt es inzwischen drei Gruppen mit jeweils sechs bis zehn Kindern. Die Gruppenkontakte sind kontinuierlich, sie finden einmal pro Woche zu einem festen Zeitpunkt für eineinhalb Stunden statt. Die Zusammensetzung der Kindergruppen ist stabil, bei Nichterscheinen rufen die Kinder an oder entschuldigen sich vorher.

GRUPPENZUSAMMENSETZUNG

Eine dieser Gruppen werde ich nun genauer beschreiben. Es sind 9 Kinder, davon 2 Jungen und 7 Mädchen. Das Alter liegt zwischen 9 und 14 Jahren. Alle Kinder sind noch Schüler / innen und besuchen entweder Grundschule (2), Hauptschule (3), Realschule (1) oder Gymnasium (3).

Diese Gruppe besteht seit Anfang 1991. Die Zusammensetzung erfolgte zunächst nicht nach bestimmten festgelegten Kriterien, sondern hatte viel mit dem damaligen Bedarf bzw. dem Bekanntheitsgrad des Projektes zu tun. Allerdings sind die Überlegungen hinsichtlich des Alters inzwischen für uns klarer. Kinder in der Altersstufe 8 bis 12 (bei der Aufnahme) beginnen, über Erfahrungen und Verhaltensweisen zu reflektieren. Für kleinere Kinder erweist sich diese Form des Angebotes („spielen und reden in der Gruppe") meist als problematisch. In der Pubertät sind die Kinder bereits mehr auf sich zentriert und wollen dann einfach nichts mehr mit der Sucht ihrer Eltern zu tun haben. Anders verhält es sich bei Kindern, die bei Eintritt in die Gruppe noch nicht im Pubertätsalter stehen. Ihnen ist es auch im neuen Entwicklungsabschnitt möglich zu bleiben. Trotzdem denke ich, daß es auch in diesen Altersgruppen (Vorschule, Jugendliche) möglich, notwendig und sinnvoll ist, spezifische Hilfsangebote zu machen.

Typische Rollen, die Kinder in einer suchtkranken Familie oftmals einnehmen, sind der Held / die Heldin, der Clown, der Sündenbock, der Träumer / die Träumerin. Die in einer suchtkranken Familie übernommenen Rollen sind in der Regel so stark internalisiert, daß es den Kindern gar nicht mehr möglich ist, sie in anderem Kontext, wie Schule, Spielplatz oder Gruppe, abzulegen. Sie nehmen Verhaltensmuster in sich auf, an denen sie sich beständig orientieren, was ihre Flexibilität und die eigenständige Entwicklung sozialer Fähigkeiten stark einschränkt.

Auch in der von mir beschriebenen Gruppe sitzen also Heldinnen, Clowns, Sündenböcke und Träumerinnen. Da es sich bei unserem Projekt um ein zielgruppenspezifisches Angebot handelt, kommen die Kinder schon mit der in der Familie entstandenen Rollenfestlegung in die Gruppe, was zur Folge hat, daß einige der nachfolgend beschriebenen Rollen in der Gruppe mehrfach besetzt sind.

Held / Heldin

Drei der Kinder (w, 14 Jahre; w, 9 1/2 Jahre; m, 14 Jahre) leben die Rolle des Helden beziehungsweise der Heldin aus. Dieses Verhalten ist dadurch gekennzeichnet, daß der / die Betroffene versucht, seine Empfindungen dadurch zu verstecken, indem er / sie immer allen hilft und das tut, was andere für „gut und richtig" halten.

Bei Kindern drückt sich dies etwa darin aus, daß sie eine übermäßige Verantwortung sowohl für die Geschwister als auch für Eltern übernehmen. Sie versuchen, allen möglichen Ansprüchen zu genügen und zu helfen, wo es irgendwie geht. Diese Rolle besetzen überwiegend die Erstgeborenen der Familie, und sie übernehmen dabei elterliche Funktionen. In der Regel sind ihre schulischen Leistungen gut; sie versuchen überall, sehr gut zu sein. Dieses Verhalten wird dadurch verstärkt, daß die Kinder dafür Anerkennung seitens der Eltern erhalten, was sie zu noch größerer Aktivität anspornt. Der Held und die Heldin verdecken damit aber eigene Gefühle und Probleme und lenken sich sowohl von ihrem Selbst als auch von der familiären Situation ab.

Ich würde diese Kinder als frühreif und vorzeitig zum Erwachsensein geführt oder als besonders vernünftig beschreiben. Solche Kinder sind später gefährdet, selbst einen suchtkranken Partner zu wählen und als Co-Abhängige wieder in ähnliche Beziehungsmuster hinein zu geraten. Sie handeln so gut und versuchen so viel. Jede eigene Bedürfnisäußerung wird dagegen vermieden. Nur keine zusätzlichen Probleme, lieber entlasten helfen, ist ihre Devise – und das klappt letztlich doch nicht. Was ihnen bleibt, ist das Gefühl von Schuld, und „daß sie es doch nicht geschafft haben".

Sündenbock

Zahlenmäßig ebenso stark vertreten ist der Typ des Sündenbocks oder der Rebellin. Ebenfalls drei der Kinder (w, 9 Jahre; w, 14 Jahre; m, 12 Jahre), jeweils Zweitgeborene, sind in diese Rolle gedrängt worden und haben sie angenommen. Die Möglichkeit, positiv aufzufallen, ist vom ersten Kind besetzt, so daß das zweite die komplementäre Form der Aufmerksamkeit auf sich zieht. Es verhält sich demnach „rebellisch", um Interesse zu wecken, Zuneigung zu erhalten und erreicht dies durch die Rolle des Übeltäters. Meist verstößt ein solches Kind gegen die bewußten Wünsche der Eltern. Es ist ständig bemüht, negative Aufmerksamkeit auf sich zu lenken. Es stiehlt, verhält sich aggressiv oder schwänzt die Schule. Auf diese Weise versucht es, statt der positiven Aufmerksamkeit – die das „zu gute" Kind voll auf sich zu lenken versucht – selbst wenigstens das negative Interesse der Eltern auf sich zu ziehen. Es trägt dadurch zugleich dazu bei, die Suchterkrankung in den Hintergrund zu drängen. Das Kind hilft, vom Familiengeheimnis abzulenken, indem es versucht, andere Probleme innerhalb der Familie zu schaffen. Kinder, die diese Funktion im Familiengefüge einnehmen, sind später am stärksten gefährdet, in eine Suchtmittelabhängigkeit zu geraten.
Diese sehr exponierte Rolle wird in meiner Gruppe häufig von den anderen Kindern gestützt, zumal dann, wenn in der Gruppe eine Geschwisterkonstellation vorliegt (9, w, und 14, w).

Träumer / Träumerin

Eine andere Form von „Fluchtverhalten" zeigen die Träumer/innen. Diese Kinder (w, 11 und w, 11) verhalten sich zurückgezogen, unauffällig und „problemlos". Sie sind „pflegeleicht". Das Kind, das diese Rolle einnimmt, perfektioniert für sich das „apathische Verhalten" als Abwehr. Es spielt und beschäftigt sich meistens mit sich selbst, ist ein Einzelgänger und verträumt. Dadurch fällt es Eltern (und auch in der Gruppe) weder positiv noch negativ auf, bleibt aber auch unbehelligter von sublimierten familiären Problemen als die anderen. Es wird auf diese Weise ein stabiler Faktor der Familie und gewinnt dadurch das Vertrauen und die Zuneigung der Eltern. Gleichzeitig unterstützt es aber auch die vorhandenen dysfunktionalen Strukturen. Tagträume und Phantasien bilden das Zentrum der Erlebenswelt dieser Kinder. Statt nach außen zu treten, Gefühle und Wünsche zu äußern, versuchen sie in einer Traumwelt, in der alles schön und gut ist, eine Nische zum Überleben zu finden, worin sie ihren Schmerz nicht spüren. Ein solches Kind kann sich scheinbar gut mit sich alleine beschäftigen und erscheint vordergründig wunschlos glücklich. Dies trägt in der Familie erneut zur Stabilität bei, denn es weckt die Illusion, daß die Situation doch nicht so problematisch sei.

Gefährdet sind diese Kinder allerdings auch. Häufig haben sie später im Erwachsenenalter mit Eßstörungen zu tun. Außerdem fallen sie meist durch Asthma, Allergien und eine ungewöhnlich hohe Zahl von Unfällen und Krankheiten auf. Mit diesen Mitteln versuchen sie, Zuwendung der Eltern zu erhalten. Da diese Kinder nur sehr wenig oder gar keinen Kontakt zu anderen Menschen haben, können sie auch nur sehr geringe soziale Fähigkeiten erlernen. Sie haben daher auch extreme Schwierigkeiten, Beziehungen mit anderen, welcher Art auch immer, einzugehen.

Clown

Der letzte in meiner Gruppe vertretene Typus (w, 11) ist der Clown, das Gruppen-Maskottchen. Dieses Kind versucht ständig, Späße und Witze zu machen und die Stimmung in der Gruppe zu verbessern. Dies führt zu einer Form von Hyperaktivität des Kindes in diesem Bereich. Es bringt alle andauernd zum Lachen und will dadurch die Spannungen vermindern. Das Kind ist meist sehr unruhig, aber sehr beliebt und wird in der Geschwisterkonstellation als Jüngstes von den Älteren in seinem Verhalten unterstützt. Es wird als süß, schwach, klein, unreif und realitätsfremd eingestuft und nicht ernstgenommen. Hinter der Maske des Spaßes jedoch existieren Angst und Unsicherheit, weil das Kind vieles von dem „erspürt", was es nicht erzählt bekommt. Als Konsequenz daraus weicht es jedem Konflikt aus und stützt auf diese Weise – durch die Manipulationen der Stimmung – das innere Gleichgewicht der Familie. Dieses Kind lernt, Probleme zu umgehen, anstatt aktiv mit ihnen umzugehen. Ablenkung und Vermeidung bestimmen im Gegensatz dazu sein Verhalten. Die Clownerie wird zu einem zwanghaften Verhalten. Streß zu ertragen, wird ihm unmöglich.

Diese Kinder werden häufig wegen ihrer Hyperaktivität medikamentös (Beruhigungsmittel) behandelt. Dabei ergibt sich die große Gefahr, daß sie lernen, wie diese chemischen Mittel ihnen dabei helfen, sich wohler zu fühlen. Dies kann bei Weiterverfolgung dieser Strategie zur unkontrollierten Selbstmedikation führen, Medikamente zu mißbrauchen und abhängig zu werden. Eventuell werden dann auch Drogen dazu herangezogen.

Keine der hier beschriebenen Rollen steht für sich allein. Sie ergänzen sich wechselseitig. Hervorzuheben ist allerdings, daß die Rolle des Helden / der Heldin immer besetzt ist. Fehlt eines dieser Kinder in der Gruppe, schlüpft ein anderes Kind in diese Rolle. Welche Rollen letztendlich von welchem Kind angenommen werden, hängt vom Alter, dem Geschlecht, der Reife, der Ich-Identität und vom intellektuellen Leistungsstand ab. Das Zwangsverhalten, eine Rolle spielen zu müssen und sich beständig zwanghaft zu verhalten aufgrund unverarbeiteter Erlebnisse, trifft auf alle diese Kinder zu.

GRUPPENARBEIT

Gruppenarbeit bietet eine gute Möglichkeit, die eingeengten Rollenmuster zu erweitern. So lernt ein „Held" oder eine „Heldin", sich auch einmal zu wehren. Ein „Clown" wird auf seine ernsthafte Seite hingewiesen, eine überängstliche „Träumerin" beginnt sich im geschützten Rahmen der Gruppe mit den anderen zu raufen. Hier kann sie jederzeit die Notbremse ziehen, indem sie „Stop" sagt. Eine von den Kindern eingeführte Regel. Gruppenarbeit läßt mich in den Hintergrund treten und ermöglicht Interaktionen zwischen den Kindern. Interaktionen, die ich gerade in diesem Feld „Verantwortung" – „Schuld" für sehr wichtig halte. Das Gefühl „selbstverschuldetes Einzelschicksal" kann über den Kontakt mit ebenso betroffenen Kindern am ehesten relativiert werden. Ein Beispiel:

Claudia ist das Kind von alkoholabhängigen Eltern und hat vermutlich eine Alkoholembryopathie. Die Mutter stirbt 1987 an den Folgen ihrer Sucht auf für Claudia sehr dramatische Weise. Die damals sechs- bis siebenjährige kippt ein Glas um, die Mutter schimpft, regt sich auf, fängt an zu husten und spuckt schließlich Blut. Sie wird in die Klinik eingeliefert und stirbt dort an den Folgen der Oesophagusvarizen. Der Vater („Alkohol war bei uns immer ein Thema") trinkt daraufhin noch mehr, verliert Arbeitsplatz und Führerschein. Claudia: „Ich habe ihn früher nur 12 Stunden am Tag gesehen von 7 – 19 Uhr, dann ging er weg, um zu trinken und ich war allein und hatte Angst." Im Frühjahr 1989 entschließt sich der Vater zu einer stationären Entwöhnungsbehandlung.
Eine stationäre Therapie mit Kind ist damals für Männer nicht möglich und so entscheidet der Vater, Claudia in das mehrere hundert Kilometer entfernte Freiburg zu bringen. Hier ist sie bei Verwandten samt deren drei Kinder untergebracht. Die Frau bekommt zehn Monate später ein viertes Kind und der Platz wird – so bekommt es Claudia erklärt – zu eng. Da sich der Vater noch nicht stabil genug fühlt und Claudia nicht

erneut einem Schulwechsel aussetzen möchte, kommt sie nicht zurück, sondern in ein Heim. Das Heim nimmt im Herbst '91 Kontakt zu mir auf. Claudia ist das erste Kind an meiner neuen Arbeitsstelle. Es ist zuerst ein Einzelkontakt, wir treffen uns regelmäßig, machen Ausflüge auf den Weihnachtsmarkt oder ähnliches. Sie ist ein bläßliches Kind mit Kurzhaarfrisur und einem ungepflegten Gesamteindruck. Ihr Verhalten ist sehr anhänglich, distanzlos. Sie nimmt bei unserem ersten Treffen schnell Körperkontakt auf, versucht auf meinen Schoß zu sitzen, spielt mit meinen Ohrringen. Ich spüre ihre Sehnsucht nach zuverlässigem Kontakt und Wärme.

Nach ca. 4 Monaten kommen mehrere Kinder zu mir, und ich fasse den Entschluß, diese Kinder zu einer Gruppe zusammenzufassen.

Claudia ist anfänglich begeistert, kann es aber schon bald schlecht aushalten, daß z. B. ein anderes Kind an meiner Hand geht. Ihr ist es möglich, sowohl mit mir wie inzwischen auch mit anderen über ihre Eltern (Vater) und deren Probleme zu sprechen. Dies scheiterte anfangs am Aussprechen bestimmter Wörter, wie Tod, Alkohol, Grab usw. Sie erträgt es nicht, daß ein anderes Kind erzählt. Ihre eigene Geschichte ist in jedem Fall länger, schlimmer, dramatischer.

Obwohl Claudia unter – verständlichen – Konkurrenzproblemen leidet, konnte sie im Kontakt mit den anderen Kindern erleben, daß sie mit ihren Erfahrungen nicht allein steht oder gar Schuld an ihrer Situation hat. Dieses Gefühl hat sich bei ihr gelöst.

Wie erwähnt, ist der Rahmen der Gruppenstunde stabil. Die Kinder wissen, was sie erwartet, und sie können sich darauf verlassen. Regeln (vor allem im „Kann- und Sollbereich") werden zusammen besprochen und erarbeitet. Durch gemeinsames Spielen, Spazierengehen und andere Aktivitäten können tragfähige Beziehungen entstehen, die wiederum dazu führen, daß die Kinder untereinander und mit mir über Ängste, Konflikte und Probleme reden können. Die Kinder bestimmen dabei den Ablauf der Gruppenstunde selbst. Sie werden nicht unter den Druck gesetzt, von zu Hause und dem dort Erlebten zu erzählen. Ich versuche, mich den Kindern als Gesprächspartnerin „anzubieten", es bleibt ihnen aber letztlich selbst überlassen, was sie tun, wem und wann sie etwas erzählen.

Gruppenmerkmal

Ein typisches Merkmal, das Kinder aus suchtkranken Familien verbindet, ist das starke Schweigegebot oder Redeverbot in ihrer Familie. Das lange bewahrte Familiengeheimnis (die geforderte Lüge am Telefon), die Inkonsequenz in der Erziehung, die damit verbundene Unzuverlässigkeit und die ständigen Wechselbäder der empfangenen Gefühle, wie auch das Schamgefühl über die Familiensituation (schließlich ist Alkoholismus eine gesellschaftlich immer noch stigmatisierte Krankheit) bringt Kinder zu mir, die sich daran gewöhnt haben, eigene Bedürfnisse nicht wahrnehmen zu dürfen oder darauf zu hören. Eine mögliche Folge hiervon ist, daß sie nicht mehr unterscheiden können zwischen „Was will ich?" bzw. „Was wollen andere von mir?".

AUFNAHME IN DIE GRUPPE

Im Erstgespräch zwischen dem Kind und mir spreche ich grundsätzlich die Suchtproblematik in der Familie an. Mit dem Ansprechen dieser Problematik gebe ich dem Kind ein Signal, „du kannst hier (mit mir) darüber sprechen!", „ich weiß Bescheid", „es muß nicht dein Geheimnis bleiben". Von den Eltern verlange ich beim Erstgespräch (das zeitlich vor dem Erstgespräch mit dem Kind liegt), daß sie ihren Kindern zum Sprechen „grünes Licht" geben.
Kommt das Kind zum ersten Mal in die Gruppe (die inzwischen nicht mehr offen ist; die derzeitige Zusammensetzung besteht seit etwa einem halben Jahr), bleibt es ihm überlassen, von sich aus über die Abhängigkeit der Eltern und die daraus resultierenden Probleme zu sprechen. Zwar arbeite ich regelmäßig mit der „Blitzlicht-Methode"; Rückzugsmöglichkeit gibt es aber auch hier.

Elternarbeit

Ich nehme nur Kinder in die Gruppe (oder auch einzeln) auf, wenn — soweit vorhanden — beide Eltern damit einverstanden sind.
Wenn der suchtkranke Elternteil mit mir Kontakt aufnimmt, geschieht dies in der Regel während und nach der Therapie oder Nachsorgephase, das heißt, es besteht ein Problembewußtsein bezüglich des Suchtmittelmißbrauchs. Die Phase „Ich habe zwar gesoffen/gedrückt, aber mein Kind hat nie etwas davon mitgekriegt", ist überwunden. (Nachbar, Arbeitgeber oder Freundeskreis wußten es ja schließlich auch...) Diese Eltern erhalten die Information über das Projekt in der Regel über die Suchtberatungsstelle. Wenden sich Partner/in des Suchtkranken an mich, so kommen sie häufig über Erziehungsberatungsstelle, Kinderschutzbund oder andere Informationsquellen (Presse).
Kinder, die in Erziehungsberatungsstellen vorgestellt werden, haben einen ersten Schritt getan, um die Mauer des Schweigens zu durchbrechen. Sie sind auffällig geworden. Sie funktionieren nicht.

Frau B. schließt sich der Blaukreuz-Frauengruppe an. Dort erfährt sie von unserem Projekt. Sie nimmt Kontakt zu mir auf, erzählt. Der Vater ist seit zwei Wochen von einer abgeschlossenen stationären Behandlung zurück. Sie und die drei gemeinsamen Kinder gewöhnen sich langsam wieder an die neue Situation. Ich beschreibe ihr unser Angebot, lade Vater und Kinder ein. Die Kinder kommen, möchten hierher. Der Vater kommt nicht, ist aber informiert. Die Kinder werden (in verschiedenen Gruppen, um die Rollenfestlegungen nicht zu starr zu halten) aufgenommen. Inzwischen hat sich der Vater an einem großangelegten Kindergruppenausflug beteiligt. Ein erster Schritt.

Eine Mutter stellt ihren schulpflichtigen Sohn in der Erziehungsberatung vor. Der Junge leidet unter starken Konzentrationsschwierigkeiten und kann den schulischen Erwartungen nicht mehr folgen. Er muß immer an den Papa denken; dieser trinkt und beginnt offensichtlich aus dem sozialen Gefüge herauszufallen. Der Junge hat zusätzlich Kontaktstörungen und ist sehr allein. Die Erziehungsberaterin empfiehlt Kontakt mit uns. Nach dem Erstgespräch mit der Mutter ist klar, daß sie den Jungen gern zu uns schicken würde. Der Junge möchte auch kommen. Der Vater darf es aber nicht wissen, er wäre in jedem Fall dagegen.
Den Jungen haben wir nicht aufgenommen, er würde sonst in einen ständigen massiven Loyalitätskonflikt geraten. Der Vater hätte nicht mitkommen müssen, aber er müßte zumindest informiert sein und dürfte nichts dagegen haben. Die Elternarbeit hätte dann vorerst nur mit der Mutter stattgefunden. Ohne intensive Elternarbeit wäre die Kindergruppenarbeit nicht in der Lage, präventiv zu wirken, oder die momentanen Störungen der Kinder zu beheben.

Es ist mir ein Anliegen, den Eltern positiv zu begegnen. Meines Erachtens ist es ein beachtlicher Schritt der Eltern, den − vermutlich schmerzhaften − Blick auf die Kinder zu richten und zu erfahren, daß die letzten Jahre nicht nur eigenes Leid, sondern auch Folgen bei den Kindern verursacht haben. Dabei geht es um Bewußtmachen, nicht um Wertungen oder Vorwürfe. Vielmehr ist mein Ziel, daß die Eltern ihre Ängste und Schuldgefühle abbauen. Es bestände sonst die Gefahr, daß die Beziehung zwischen Eltern und Kind „Wiedergutmachungscharakter" bekommt und damit letztlich genauso wenig Offenheit und Ehrlichkeit möglich wird wie vorher. Durch Elternarbeit in Form von Elternabenden und Einzelgesprächen wird auch versucht, neue Kommunikationsmöglichkeiten zwischen Eltern und Kindern zu schaffen, bestehende Erziehungsstile zu reflektieren und den Eltern Hilfestellung bei Fragen wie Kindergarten, Schule usw. zu geben.

Ich achte darauf, daß die offensiver agierenden Kinder nicht mit drängenden Fragen die zurückhaltenderen unter Druck setzen. Allerdings stellen Interesse und Neugier gegenüber anderen Kindern bis zu einem gewissen Grad auch ein „gesundes Verhalten" dar und sollten nicht vorschnell gebremst werden.

Ein deutlicher Unterschied besteht hier zwischen Kindern von Drogenabhängigen (illegale Drogen) und Kindern von Alkoholabhängigen. Oft ist es aber auch so, daß sich dies von selbst reguliert, indem betroffene Kinder sich in die Spielecke zurückziehen, dem Gespräch von dort aus eventuell noch zuhören, sich selbst aber nicht mehr daran beteiligen. Seit Bestehen der Gruppe sind Freundschaften unter den Kindern entstanden, die sich auch außerhalb der Gruppenzeiten fortgesetzt haben. Gefördert werden diese sicher auch durch 2 – 3mal jährlich für eine Woche stattfindende Kinderfreizeiten auf einer Hütte am Schluchsee. Dies ist für manche Kinder eine der wenigen Möglichkeiten, überhaupt kontinuierliche Kontakte zu anderen Kindern zu haben.

Daß wir Feste feiern (was die Kinder teilweise nicht gewohnt sind: „ich darf im Mittelpunkt stehen" etwa am Geburtstag), ist selbstverständlich und trägt sicher zu einem positiven Klima bei.

KONFLIKTE

Die in der Gruppe auftauchenden Konflikte lassen sich grob in zwei Kategorien einteilen:
(1) Alters- und interessengemäße Konflikte;
(2) Zielgruppenspezifische Konflikte.

Alters- und interessengemäße Konflikte

Darunter fallen die zwangsläufig verschiedenen Interessen der Kinder (weiblich / männlich, relativ große Altersspanne). Ich bestärke die Kinder in ihrem Wunsch, ihre unterschiedlichen Interessen wahrzunehmen. Sie sollen und können lernen, eigene Bedürfnisse und Wünsche auszudrücken, stoßen dabei aber auch auf die Bedürfnisse der anderen Kinder. Dadurch entstehen natürlich Konflikte, mit denen die Kinder umgehen und sich auch durchsetzen müssen. Sie sollen sowohl Wut und Ärger mitteilen als auch mit den anderen Kindern Konfliktlösungen finden, ohne dabei schwächere Kinder zu unterdrücken.

Ich greife dann ein, wenn das Wohlergehen des einzelnen Kindes beeinträchtigt ist, sich Machtstrukturen bilden oder körperliche Stärke benutzt wird, um einen Konflikt zu lösen. Wichtig ist mir, daß es unterschiedliche Bedürfnisse geben darf („wohin machen wir einen Ausflug", „was für ein Spiel", „Musik oder nicht", „Ohrringe basteln oder Gartenbeet anlegen"). So erfahren die Kinder, daß Konflikte zu haben nicht gleichzeitig Beziehungsabbruch bedeutet. Unausgesprochene, verdeckte Konflikte spreche ich an. Sie nicht wahrzunehmen wäre bedenklich. Die zwei Schwestern (9 und 14 Jahre) in meiner Gruppe bringen häufig solche Konflikte mit ein. Die ältere fühlt sich für die jüngere verantwortlich. Dies zeigte sich in der Anfangsphase etwa darin, daß die ältere während eines Brettspiels die von der kleineren achtlos fallengelassenen Würfel auf deren Drängen hin immer wieder aufhob. Das Wohlergehen des älteren Mädchens ist für mich (und auch für sie, wie sich im Gespräch herausstellte!) durch dieses Verhalten beeinträchtigt. Die Kleine kann also nur dann mitspielen, wenn sie „groß genug" ist und ihre Spielutensilien zusammenhalten kann. Beim größeren Mädchen entstehen so allerdings wieder Schuldgefühle. Ich versuche ihr zu vermitteln, daß *ich* für diese Form des Ablaufs in der Stunde verantwortlich bin.

Ich will weitgehend ohne Strafen und Verbote mit den Kindern umgehen. Liebesentzug, ständiges Tadeln und Reglementieren sind für mich keine Mittel des Umgangs mit Kindern. Wenn ein Kind nur mit aggressivem Verhalten agieren kann, versuche ich die dahinterstehenden Bedürfnisse und Defizite zu erkennen. Kein Kind wird ausgegrenzt, weil es im Gruppenleben „Probleme macht".

Zielgruppenspezifische Konflikte

Konflikte, die aus dem Problemkreis Suchtmittel und den damit verbundenen Folgeerscheinungen entstehen, haben einen besonderen Schwerpunkt in meiner Gruppe. Diese Kinder haben beispielsweise eine sehr unterschiedliche Loyalität ihren Eltern gegenüber. Diese Loyalität kann dem suchtkranken Elternteil gelten, oder aber auch dem/der mitbelasteten Partner/in. Bei Strategien zur Lösung von zielgruppenspezifischen Konflikten muß stark die Situation des einzelnen Kindes betrachtet werden.

In der Gruppe gibt es zwei Kinder, die ein Elternteil durch die Folgen des Alkoholismus verloren haben. Das Mädchen (11 Jahre) war beim Tod ihrer Mutter sieben Jahre alt. Sie konnte die Fragen der anderen Kinder „warum lebst Du im Heim?" oder „wo ist Deine Mama?" anfangs nur stotternd beantworten. Sie wählte häufig das Wort „Grab", konnte es aber oft nicht wirklich aussprechen und hat es dann manchmal an mich delegiert. Dieses Mädchen bringt inzwischen von selbst das Thema Tod häufig in die Gruppenstunde ein. Dies tat sie verstärkt, als vor rund einem Jahr der Vater eines Jungen (12 Jahre) an den Folgen der Sucht starb. Beide Kinder sind auf ihre Weise traurig über den Verlust und hätten die Situation gerne anders. Ein anderer Junge (12 Jahre) wünscht sich dagegen nichts sehnlicher, als daß sein Vater „weg wäre". Er formuliert laut „wenn er nur verrekken würde" usw. und bringt so massive Konflikte in die Stunde ein. Ich kenne seinen Hintergrund und verstehe sein ausgeprägt aggressives Verhalten (der Vater behandelt ihn wie einen Sklaven, spricht ihn nicht mit Namen sondern mit „Hilfsschüler" an, liegt im Eingangsbereich ihres Hauses, meist betrunken, und kotet z. B. ein, was der Junge dann entfernen muß...). Der Hintergrund der beiden anderen Kinder ist mir ebenso bekannt, genauso ihre wenigen Möglichkeiten, Trauer überhaupt zu zeigen (die Mutter des Jungen war ganz verzweifelt darüber, daß er zu diesem Zeitpunkt noch nie über den Tod des Vaters geweint hat). Hier prallen zwei Gefühlswelten aufeinander. Ein festgelegtes Vorgehen für die Bearbeitung oder Bewältigung dieses Konfliktes habe ich nicht. Was ich spüre, ist Betroffenheit und Hilflosigkeit. Die wichtigste „Strategie" ist daher, die Situation nicht zu übergehen. Ob ich den Konflikt direkt anspreche oder zuerst eins der Kinder in den Arm nehme, ist von Situation zu Situation unterschiedlich. Anbieten werde ich das Gespräch aber in jedem Fall.

STATISTIK UND SITUATION DES PROJEKTES

Die Arbeit im Modellprojekt begann am 1. September 1990. Momentan bestehen Kontakte zu insgesamt 28 Kindern. Deren Alter liegt zwischen 1 1/2 und 15 Jahren.

Geschlecht:	18 Mädchen
	10 Jungen
Alter:	3 Jahre (1), 4 Jahre (1),
	8 Jahre (4), 9 Jahre (2),
	10 Jahre (6), 11 Jahre (6),
	12 Jahre (4), 13 Jahre (1),
	14 Jahre (2), 15 Jahre (1),
Familiensituation:	Heimunterbringung (3)
	Alleinerziehende Mutter (9)
	Mutter und neuer Partner (5)
	Mutter und Vater (10)
	bei Großvater und Großmutter (1)

Die Kinder haben teilweise Störungen unterschiedlichen Grades im Sozial- und im Leistungsbereich, wie beginnende soziale und sexuelle Verwahrlosung (Distanzlosigkeit); auffällige Verhaltensweisen und mangelnde Gruppenfähigkeit, aggressives Verhalten, Kontaktstörungen, gestörte Durchsetzungsfähigkeit, Hemmungen; schulisches Versagen (Leistungsversagen, „Schulangst"), Mangel an Identifikation. Darüberhinaus zeigen sie eine Anzahl von somatischen Auffälligkeiten, wie Kopfschmerzen, Asthma, Bauch- oder Magenschmerzen.

Wie in vielen Feldern der Sozialarbeit läßt sich auch in meiner Tätigkeit Erfolg kurzfristig schlecht messen. Ein Erfolg im Sinne von Beziehungsaufbau, kontinuierlichen Kontakten und daraus resultierender Verhaltensänderung ist mit Sicherheit vorhanden. Ob jedoch die Arbeit im Sinne von Prävention greift, also ein Beitrag zum Durchbrechen des Suchtkreislaufes ist (*alle* Eltern der Gruppenkinder kommen selbst aus suchtkranken Familien!), werde ich vermutlich nie erfahren. Mit Suchtvorbeugung lassen sich keine raschen, spektakulären Erfolge erreichen. Zufrieden bin ich mit der mittlerweile großen Akzeptanz meiner Arbeit, was sich in der Anzahl der Anfragen für die Aufnahme weiterer Kinder und im Interesse von Kolleginnen und Kollegen aus anderen Einrichtungen ausdrückt.

Männer und Frauen, die als Kinder gelernt haben, mit Problemen umzugehen, anstatt sie beiseite zu schieben, werden seltener süchtig. Erfahrungen und Erlebnisse prägen das Bewußtsein des Kindes und bestimmen seine Gefühle und sein Verhalten mit. Selbstbestimmung und Verantwortlichkeit, zwei Merkmale des Erwachsenwerdens, müssen gelernt und eingeübt werden. Diese Werte, diese Formen des Umgangs versuche ich den Kindern aufzuzeigen und zu vermitteln.

EINE GRUPPENSTUNDE

Inhalt und Ablauf der Stunde bestimmen die Kinder weitgehend selbst. Dies heißt nicht, daß ich keine Vorbereitungen treffe oder auf gesetzte Ziele verzichte.

In der Regel besprechen wir am Ende der Gruppenstunde die Wünsche, Vorstellungen und Erwartungen für die nächste Stunde. Dabei reichen die Ideen von „ins Schwimmbad gehen" bis zum Wunsch, über das Thema „Rückfall" zu sprechen. Die Bedürfnisse bezüglich der Aktivitäten sind in der Regel unterschiedlich, sie werden gesammelt und in zweimonatigem Rhythmus festgelegt. Gespräche (und auch Störungen) haben immer Vorrang, was voraussetzt, daß ich bei Bastelangeboten auf die „Unterbrechbarkeit" achte.

Gruppenstunde vom 14. 10. 1992

Zielvorstellung: Erstellen von Struktur und Organisation der in zehn Tagen stattfindenden Kinderfreizeit: Wer geht mit und warum; was wollen wir dort machen, was nicht; was nehmen wir mit, was müssen wir einkaufen?

Ich beteilige die Kinder stets an diesen Planungen, ist es doch ein Feld, um Selbstbestimmung einzuüben. Außerdem ist die Freizeit für die Kinder immer ein besonderes Ereignis; sie erleben die gemeinsame Vorbereitung nicht als lästige Pflicht, sondern als Aufgabe, die Spaß macht und an der sie sich gerne beteiligen. Auf die Helden muß in diesem Zusammenhang besonders geachtet werden. Sie übernehmen ansonsten die Organisation und stehen eine Woche lang in der Küche, räumen auf.

Als alle Kinder anwesend sind, machen wir ein Blitzlicht. Jedes Kind und ich sagen kurz, wie und mit was wir herkommen.

Ein Mädchen macht sich große Sorgen um die Berufsaussichten ihrer Mutter und indirekt auch um ihre eigenen. Wir beschließen, daß sie erst mal erzählen kann und stellen die Planung für die Freizeit hinten an.

Das Mädchen schildert die unzähligen Versuche ihrer Mutter (früher Alkohol und illegale Drogen, seit 2 1/2 Jahren clean), eine Arbeitsstelle zu bekommen. Auch dieses Mal sind die Aussichten nicht schlecht, allerdings hat sie gestern erfahren, daß sie dem zukünftigen Arbeitgeber ein Führungszeugnis vorlegen soll. Darin sind jedoch mindestens vier Einträge enthalten (Beschaffungskriminalität). Die Mutter hatte ihre ehemalige Abhängigkeit beim Bewerbungsgespräch verschwiegen. Jetzt geht es den Kindern zum einen darum, ob sie mehr Chancen gehabt hätte, wenn sie „ehrlich" gewesen wäre? Die andere Frage, die die Kinder beschäftigt, ist, ob nicht gleich jeder Betrieb bei einer späteren Bewerbung der Kinder merkt, was Sache ist. Bei vielen stehen nämlich gleich drei verschiedene Grundschulen im Lebenslauf (trifft für die Kinder zu, die mit ihren Eltern in stationärer Therapie waren). Eine rege Diskussion schließt sich an: „Was ist ehrlich?", „Einmal abgestempelt, immer abgestempelt?", „Lebenslänglich suchtkrank?". Die Kinder haben zwar unterschiedliche Positionen („soll anrufen und alles erklären", „Arbeit ist eh' scheiße") aber gemeinsame Ängste. Wir schreiben sie auf ein großes Blatt Papier, das wir in die Mitte gelegt haben. Dieses Blatt Papier nehmen wir mit zum Schluchsee auf die Freizeit.

Das Thema der Stunde war Angst, Angst vor der Zukunft und nicht die Organisation unserer gemeinsamen Freizeit. Die nächste Stunde wird die letzte Gruppenstunde vor unserer Kinderfreizeit sein. Daher steht die heute zu kurz gekommene Planung und Vorbereitung dieser Freizeit an. Daneben werde ich darauf achten, ob aus der heutigen Stunde noch Reste übrig sind, insbesondere, da das Mädchen, das ihre Sorge um die Mutter angesprochen hat, bei der letzten Freizeit kurzfristig nicht mitgefahren ist. Sie hatte damals erklärt, daß sie sich um ihre Mutter kümmern müßte, obwohl ich durch den Kontakt mit der Mutter weiß, daß diese in ihrer Abstinenz sehr stabil ist und die Teilnahme der Tochter an der Freizeit unterstützt.

Auch wenn die Planung für die Freizeit wichtig ist, sollen die Kinder das Gefühl haben, daß das Thema Angst nicht in der Schublade verschwunden ist. Zu gut kennen sie aus ihren Familien die Situation, daß Konflikte unter den Teppich gekehrt werden, weil irgendein praktisches Problem zu erledigen ist. Eine Möglichkeit wäre, bei der Planung darauf hinzuweisen, daß wir unser „Angst-Plakat" aus der letzten Stunde beim Einpacken nicht vergessen dürfen.

IGLU –
Hilfe für Kinder drogenabhängiger Eltern –
Bericht aus der Praxis eines Modellprojektes

Hans Lenzen

Es gibt hierzulande nur vage Schätzungen zur Anzahl von Kindern drogenabhängiger Eltern – solche Schätzungen gehen in die Tausende – indes kommt die Mobilisierung von Hilfen für diese Kinder und ihre Eltern nur zögernd voran.

Die Kriminalisierung des Drogenkonsums und das weitläufige Vorurteil, daß drogenabhängige Eltern keinesfalls in der Lage seien, ihre Kinder zu erziehen, haben dazu geführt, daß die weit überwiegende Mehrheit betroffener Familien jenseits adäquater Hilfestellungen stehen. Diese Eltern vermeiden die Offenlegung ihrer Probleme vor entsprechenden Stellen, da sie repressive Maßnahmen befürchten.

Die Trennung von Eltern und ihren Kindern ist grausam, entspricht aber mitunter noch der gängigen Praxis und scheint in Einzelfällen auch unumgänglich zu sein. Bezüglich dieser Aspekte gibt es bei den in der Praxis mit diesem Thema konfrontierten Fachkräften zum Teil erhebliche Einstellungsunterschiede, die eine kontinuierliche Zusammenarbeit der verschiedenen Berufsgruppen behindern.

Das Projekt IGLU entwickelte sich aus der Arbeit der PALETTE, die seit 1987 als erste Beratungsstelle Hamburgs fast ausschließlich für substituierte, ehemalige Heroinabhängige ambulante psychosoziale und psychotherapeutische Hilfe anbietet. Bereits nach kurzer Zeit der ambulanten Betreuung durch die PALETTE wurde deutlich, daß vermehrt drogenabhängige Eltern um Hilfe nachsuchten.

Die KollegInnen der PALETTE arbeiten entsprechend der akzeptierenden Drogenarbeit und verstehen sich als parteiisch für ihre KlientInnen. Aus diesen Zusammenhängen entwickelte sich die Idee ein Kinderprojekt ins Leben zu rufen, das sich schwerpunktmäßig für die Interessen der Kinder drogenabhängiger / substituierter Eltern einsetzt.

Unser Projekt IGLU hat sich zum Ziel gesetzt, mittels vertrauensbildender Maßnahmen und lebenspraktischer Hilfestellungen drogenabhängigen, werdenden Müttern, Eltern und ihren Kindern frühzeitige Unterstützung zu bieten, damit sie mit ihrer Lebenssituation besser zurecht kommen. Dabei gilt unser besonderes Augenmerk der Situation der Kinder. IGLU versteht sich als „Anwalt" dieser Kinder.

Der Zugang zu Kindern drogenabhängiger Eltern vollzieht sich unserer Erfahrung nach fast ausschließlich über die Eltern. Während wir zu Beginn unserer Arbeit hauptsächlich jene Kinder betreuten, deren Eltern bezogen auf ihre Drogenproblematik schon Hilfe in der PALETTE gefunden hatten, melden sich heute mehrheitlich Eltern bei uns, die jenseits irgendeiner Hilfestellung stehen. Die praktische Arbeit mit diesen Familien hat uns zu der Einsicht geführt, daß es immens wichtig ist, hier mit einem familienorientierten Hilfeansatz zu arbeiten. Wir versuchen einerseits, drogenabhängige Eltern an das bestehende Drogenhilfesystem heranzuführen und für die Kinder Hilfen im Bereich des allgemeinen Kinder- und Jugendhilfesystems zu mobilisieren. Begleitend dazu versuchen wir andererseits die Familie insgesamt zu stärken, und zwar mittels Familiengesprächen, lebenspraktischer Hilfen im Alltag, Beratung für die Eltern, Beschäftigung mit den Kindern, Begleitung bei Behördengängen, zu Ärzten und Beratungsstellen.

Bei alledem halten wir unser besonderes Augenmerk auf die konkrete Lebenssituation der Kinder. Unsere Rolle als „Anwalt des Kindes" verstehen wir insbesondere bezogen auf akute Krisensituationen, in denen Kinder ernsthaft gefährdet sind und unsere Intervention auch gegen den Willen der Eltern dringend geboten ist.

Das Projekt IGLU hat Modellcharakter und ist befristet auf zwei Jahre. In unseren Verhandlungen mit dem Amt für Jugend haben wir seinerzeit für eine multidisziplinäre personelle Besetzung unseres Teams plädiert. Bewilligt wurde eine Psychologen- und eine Sozialpädagogenstelle. Diese beiden Stellen sollen einerseits den Aufbau offener Hilfestellungen und andererseits die Multiplikatorenarbeit im Sinne der Fachberatung absichern. Aus unserer Sicht sind diese Aufgabenstellungen beide sehr wichtig. Einerseits sehen wir, daß drogenabhängige Eltern offiziellen Stellen gegenüber sehr mißtrauisch gegenüberstehen und alles tun, um die Offenlegung ihrer Problematik dort zu vermeiden.

Hier ist es dringend nötig, unbürokratische und vertrauensfördernde („offene") Hilfe bereitzustellen. Andererseits haben wir von Beginn an sehr konkrete Anfragen von Fachkollegen aus dem Bereich der Drogen- und der Kinder- und Jugendhilfe bekommen, welche Möglichkeiten der Unterstützung wir für betroffene Eltern und ihre Kinder sehen bzw. zu leisten vermögen. Es gibt bislang nur vereinzelt eine kooperative Vernetzung zwischen den hier konkret geforderten Hilfeeinrichtungen der Drogen- und Kinder-Jugendhilfe. Diese Vernetzung zu fördern, sehen wir als Zielsetzung der von uns geleisteten Multiplikatorenarbeit.

Eine personelle Ausweitung unseres Projektes wurde in den Verhandlungen mit dem Amt für Jugend angedacht im Sinne der Übernahme ambulanter Hilfen zur Erziehung entsprechend dem Kinder- und Jugendhilfegesetz (§ 27 ff. KJHG). Derzeit sind wir bemüht, für einzelne der von uns betreuten Familien entsprechende Hilfestellungen zu mobilisieren und umzusetzen.

Diese Hilfen, insbesondere die sozialpädagogische Familienhilfe (§ 31 KJHG), können unseres Erachtens in hohem Maße der jeweiligen Problemstellung entsprechend vor Ort ansetzen und sind deshalb geeignet, die im Einzelfall notwendigen Hilfen zu leisten.

Aktuell haben wir zu zwölf Familien kontinuierlichen Kontakt. In diesen Familien sehen wir insgesamt 18 Kinder im Alter zwischen einem und 13 Jahren. Wir sehen diese Familien mindestens einmal in der Woche, in der Regel bei ihnen zu Hause. Bei diesen Hausbesuchen führen wir Familiengespräche oder Beratungsgespräche mit den Eltern und können uns vor Ort auch mit den Kindern beschäftigen.

Zu etwa zehn weiteren Familien haben wir unregelmäßige Kontakte, und zwar entweder, weil ihre Situation relativ stabil (geworden) ist, oder auch, weil sich die Eltern (noch) nicht auf eine kontinuierliche Zusammenarbeit mit uns einlassen wollen, wobei dann auch unsere Angebote an die Kinder in der Regel nicht greifen. Wir bieten zur Zeit zwei Kindergruppen an, eine offene Gruppe in unserer Beratungsstelle und eine feste Gruppe für 5 – 8jährige Kinder. Unsere Erfahrungen mit diesen Kindergruppen sind positiv. Die Kinder erleben dabei freie Spielsituationen und offene Freizeitgestaltung. Wir sehen dringend den Bedarf, die Gruppenarbeit auszuweiten. Als nächstes haben wir eine Gruppe für ältere Kinder / Jugendliche geplant.

Die von uns gesammelten Erfahrungen bezüglich der Situation betroffener Familien sind zwar in den Einzelfällen sehr unterschiedlich, lassen sich dennoch dahingehend übereinstimmend zusammenfassen, daß heroinabhängige Eltern, die sich bei uns melden, in der Regel keinen Kontakt zum Drogenhilfesystem haben und sich sowohl Hilfen für ihre Kinder, aber auch Hilfe für sich selbst erhoffen. Diese Familien leben häufig sozial isoliert und ihr Lebensalltag ist oft chaotisch. Die Eltern sind dem Beschaffungsstreß in all seinen Ausprägungen und mit all seinen Konsequenzen unterworfen, sie klagen häufig über generelle Perspektiv- und Hilflosigkeit.

Die Kinder erfahren häufig zu wenig Fürsorge. Sie lernen schon sehr früh, die Problematik ihrer Eltern nach außen hin geheim zu halten und geraten so in eine emotionale und soziale Isolation. Dazu kommen die Sorgen der Kinder um ihre Eltern und das Erleben von deren Hilflosigkeit, ihrer Inkonsequenz und Unzuverlässigkeit. Wir sehen in diesen Familien oft, daß die Kinder schon in jungen Jahren die zeitweilige Versorgung ihrer Eltern übernehmen.

In der Regel melden sich die Eltern zunächst anonym bei uns. Wir bekommen natürlich auch Fremdmeldungen, weisen dann aber darauf hin, daß der Zugang zu unseren Hilfeangeboten nur freiwillig von Seiten der Eltern oder Kinder möglich ist. Bei den Erstkontakten versuchen wir den Eltern zu vermitteln, daß es um Hilfe geht, um Hilfe für die ganze Familie.

Frau F. meldet sich bei mir und sucht Rat zu den Problemen ihrer Söhne. Die Jungen, 11 und 12 Jahre alt, würden schon längere Zeit rauchen, klauen und abends manchmal erst spät nach Hause kommen. Herr F. ist intravenös opiatabhängig, vorbestraft, hat zur Zeit Bewährung und wegen eines erneuten Beschaffungsdeliktes steht ihm eventuell eine mehrjährige Haftstrafe bevor. Die Eltern haben zwei weitere Kinder, zwei Mädchen im Alter von einem und acht Jahren. Frau F. nimmt mein Angebot eines Hausbesuchs sofort an. Beim Erstbesuch sind alle bis auf den Vater anwesend. Die Kinder sind begeistert, daß jemand zu Besuch kommt. Die Jungen beteuern, daß sie aufhören wollen zu rauchen – ich gebe ihnen zwei Aufgaben zum Nachdenken: Warum sind Rauchen und Klauengehen riskant? Warum ist es gut, die Wahrheit zu sagen? Ein neuer Besuchstermin wird abgesprochen, wobei ich deutlich mache, daß ich auch Herrn F. zu unterstützen bereit bin. Beim Folgebesuch ist Herr F. ebenfalls anwesend. Im Familiengespräch wird deutlich, daß er für sich selbst Hilfe will. Ich schlage ihm vor, einen Beratungstermin in der Palette auszumachen, zu dem seine Frau und ich dazukommen könnten. Herr F. beteuert, daß ihm sein Drogenkonsum und die Erziehung seiner Kinder aus der Hand geglitten sind. Die älteren Kinder sind bei diesem Gespräch dabei und erzählen über ihre Erfahrungen mit der Heroinabhängigkeit des Vaters. Ein Beratungsgespräch in der Palette kommt zustande, dort wird Herr F. über Möglichkeiten der Hilfe informiert. Da Familie F. schon seit Jahren Kontakt zum vor Ort zuständigen Amt für Soziale Dienste hat, schlage ich vor, auch dort einen Gesprächstermin einzuholen, um über familienbegleitende Hilfen zu beratschlagen. Auch dieses Gespräch kommt zustande und führt über weitere Gespräche dort schließlich zu einem Antrag der Eltern auf freiwillige Erziehungshilfe in Form von sozialpädagogischer Familienhilfe. Herr F. hat sich mittlerweile entschlossen, an einer Substitutionsbehandlung teilnehmen.

Ich sehe die Kinder zur Zeit regelmäßig einmal in der Woche vor Ort. Wir erkunden die Möglichkeiten, im näheren Umfeld für die Jungen eine Kindergruppe zu finden. Ich nehme Kontakt zu den Lehrern auf. Die Kinder haben ein immenses Bedürfnis, mit mir über ihre Erlebnisse bezüglich der Heroinabhängigkeit des Vaters zu sprechen. Seit der Kontaktaufnahme von Frau F. sind bisher fünf Wochen vergangen.

Angesichts der Situation betroffener Familien gibt es einen dringenden Handlungsbedarf von Seiten der Drogenhilfe und der Kinder- und Jugendhilfe. Die bestehenden Indikationsregeln zur Substitutionsbehandlung sollten dahingehend erweitert werden, daß auch drogenabhängige Eltern ohne HIV oder Aids-Erkrankung an dieser Behandlung teilnehmen können. Es ist dringend geboten, vertrauensbildende Maßnahmen bereitzustellen, damit diese Familien so frühzeitig wie möglich von stabilisierenden Hilfen erreicht werden. Um solche Hilfen zu mobilisieren, gilt es, das Kinder- und Jugendhilfegesetz innovativ zu nutzen. Es ist unsere Verantwortung, die Kinder drogenabhängiger Eltern aus der Vergessenheit zu lösen.

Literatur

J. Münder u. a.: Frankfurter Lehr- und Praxis-Kommentar zum Kinder- und Jugendhilfegesetz. Münster 1991

Palette e. V. / IGLU-Projekt (Hrsg.): Drogen, Schwangerschaft und das Neugeborene. Hamburg o. J.

J. v. Soer / I. Strathenwerth: Süchtig geboren – Kinder von Heroinabhängigen. Hamburg 1991

Kinder alkoholkranker Frauen – körperliche, mentale und soziale Entwicklungen bei 211 Kindern mit Alkoholembryopathie

Hermann Löser, Gabriele Neumann und Peter Rustemeyer

Alkohol in der Schwangerschaft ist heutzutage der bedeutsamste und häufigste Schadstoff für die kindliche intrauterine Entwicklung. Zugleich ist Alkohol eine der häufigsten Ursachen einer geistigen und verhaltensbezogenen Entwicklungsverzögerung. Wenn für den Erwachsenen Alkohol als Genußmittel und Suchstoff anzusehen ist, so ist für Embryo und Feten Alkohol als zytotoxische Substanz eine Chemikalie: Alle Zellen und Organsysteme können im Sinne der Zellhypotrophie und Hypoplasie unterschiedlich stark geschädigt werden; die Kinder sind in ihrer Gesamtheit der körperlichen Entwicklung, in ihren geistigen-intellektuellen Leistungen, im Verhalten, emotional und auch sozial beeinträchtigt. Etwa 2200 Kinder mit Alkoholembryopathie werden pro Jahr in der Bundesrepublik geboren. Neben den bisher bekannten typischen morphologischen Veränderungen, geistigen und verhaltensbezogenen Störungen und sozialen Reifungsverzögerungen ist für das Kind späterhin auch von Bedeutung, daß das Risiko einer Suchtentwicklung erhöht ist, da neben vielen gegebenen Entstehungsfaktoren bereits vorgeburtlich über neun Monate das werdende Kind durch mütterlichen Konsum an Alkohol gewöhnt wurde. Daher hat Alkohol das Leben dieser Kinder in vielen Dimensionen geprägt, als vielseitig toxische Noxe wie auch als Suchstoff. (Löser 1987; Majewski 1987; Streissguth et al. 1989).

Mehrere Schweregrade der klinischen Ausprägung können heute in Abhängigkeit von mütterlicher Alkoholkrankheit und Trinkverhalten in der Schwangerschaft unterschieden werden:

(1) Die *Alkoholembryopathie* (fetales Alkoholsyndrom) als typisch ausgeprägtes Fehlbildungsmuster, gekennzeichnet durch vor- und nachgeburtlichen Minderwuchs, Kleinwuchs, Mikrozephalie, charakteristische Gesichtsveränderungen, Organfehlbildungen und Veränderungen des Zentralen Nervensystems (Tab. 1). Dieser Erkrankung liegt immer eine Alkoholkrankheit der Mutter zugrunde, im

Sinne der Definition der WHO und nach Jellinek. Hierbei können hohe, mittlere und leichte Schweregrade unterschieden werden.

(2) Die sogenannten *Alkoholeffekte* (nach Streissguth 1984 und Abel 1984), die mit den Zeichen einer alkoholbedingten, toxischen Enzephalopathie auch ohne typische körperliche Veränderungen auftreten und ein umfassendes organisches Psychosyndrom und weitgehend typische Verhaltensstörungen beinhalten (Dehaene et al. 1984, Löser 1991). Alkoholeffekte können durch mütterliche Alkoholkrankheit, aber auch durch gewöhnliches, soziales, episodenhaft exzessives oder periodisches Trinken in der Schwangerschaft bewirkt werden (Streissguth et al. 1989, Abel 1984, Löser 1990)

3. Die *möglichen oder fraglichen Alkoholeffekte*, die bisher nicht sicher und ausschließlich als alkoholbedingt spezifiziert werden konnten. Da das Gehirn ebenso wie bei Erwachsenen am empfindlichsten auf Alkohol pränatal reagiert, strukturell, morphogenetisch und funktionell, können leichte Wesensveränderungen und umschriebene Teilleistungsstörungen bewirkt werden, deren pathophysiologische Zusammenhänge noch ungeklärt sind (Clarren 1982, Streissguth et al. 1989, Sampson et al. 1989).

Im großen klinischen Spektrum der kindlichen Alkoholschäden kann die Alkoholembryopathie nur gleichsam als Spitze eines Eisberges gesehen und diagnostiziert werden (Tabelle 1). Viele Symptome werden erst im Langzeitverlauf als spezifisch erkannt und bedeutungsvoll. Langzeituntersuchungen sind daher von diagnostischer Bedeutung, zum einen wegen der nicht seltenen Spätmanifestation der Alkoholschäden, zum anderen aber auch prognostisch, da das erhöhte Risiko einer Suchtentstehung präventive Maßnahmen erfordern könnte. (Löser 1990, Löser und Ilse 1991).

UNTERSUCHUNGSGUT UND METHODIK

Von 1977 – 1992 wurden an der Universitäts-Kinderklinik in Münster 211 Kinder mit Alkoholembryopathie vom Schweregrad I – III (nach Majewski) diagnostiziert, zuzüglich 31 Kinder mit Alkoholeffekten. Von diesen konnten 51 Kinder über das 14. Lebensjahr hinaus nachuntersucht und nachverfolgt werden (maximales Alter: 24 Jahre; x̄ 18 1/2 Jahre), überwiegend durch ambulante klinische Kontrolluntersuchungen in Abständen von 2 – 5 Jahren. Es handelte sich um Adoleszenten und Erwachsene, deren Mütter in der Schwangerschaft alkoholkrank waren und bei denen die Diagnose nach den typischen morphologischen, psychopathologischen, neurologischen und verhaltensbezogenen Kriterien gesichert werden konnte. (Tab. 1). (Majewski 1987, Löser 1991).

Tab. 1: *Klinische Symptomatik und Bewertung der AE*

Punkte nach Majewski		Häufigkeit
4	*Intrauteriner Minderwuchs, Untergewicht*	98 %
–	*Postnatale Wachstumsverzögerung*	85 %
–	Vermindertes subkutanes Fettgewebe	ca. 80 %
	Kraniofakiale Dysmorphie	
4	Mikrozephalie	84 %
–	Haaraufstrich im Nacken	ca. 35 %
3	Verkürzter Nasenrücken	49 %
1	Nasolabialfalten	71 %
1	Schmales Lippenrot, dünner Lippenwulst	61 %
–	Fehlendes / abgeflachtes / verlängertes Philtrum	95 %
–	Fehlender Cupidobogen	20 %
–	Kleine Zähne / Zahnanomalien	16 %
2	Hypoplasie der Mandibel, fliehendes Kinn	63 %
2	Hoher Gaumen	25 %
4	Gaumenspalte	7 %
–	Dysplastische, tief ansetzende Ohren	32 %
	Augenfehlbildungen	
–	Myopie / Hyperopie / Astigmatismus	25 %
–	Strabismus	23 %
–	Spaltbildungen	ca. 5 %
–	Optikusaplasie / -hypoplasie	ca. 10 %
–	Microphthalmie / Mikrokornea	3 %
2	Epikanthus	54 %
2	Ptosis	36 %
2	Blepharophimose	24 %
–	Antimongoloide Lidachsen	34 %
2 / 4	*Genitalfehlbildungen*	46 %
4	*Nierenfehlbildungen*	ca. 10 %
4	*Herzfehler*	29 %
–	Alkoholkardiomyopathie	3 %
–	Haemangiome	15 %
	Extremitäten- / Skelettfehlbildungen	
3	Anomale Handfurchen	64 %
–	Flaches Handlinienrelief	ca. 15 %
2	Brachy- / Klinodactylie V	41 %
2	Kamptodactylie	14 %
1	Hypoplasie der Endphalangen / Nägel	15 %
2	Radioulnare Synostose	14 %
2	Hüftluxation	12 %
–	Skoliose	5 %

–	Trichterbrust (pectus excavatum)	30 %
–	Kielbrust (pectus gallinaceum)	8 %
	Weitere Fehlbildungen	
2	Hernien	12 %
–	Bindesgewebsschwäche, Knicksenkfüße	ca. 25 %
1	Fovea coccygea	52 %
	Neurologische, mentale, psychopathologische Störungen	
2/4/8	*Geistige Entwicklungsverzögerung*	89 %
–	Sprachstörungen	80 %
–	Hörstörungen	ca. 20 %
–	Eß- und Schluckstörungen	ca. 30 %
–	Schlafstörungen, Pavor nocturnus	ca. 40 %
2	Muskuläre Hypotonie / Skelettmuskeldysplasie	54 %
–	Verminderte Schmerzempfindlichkeit	ca. 20 %
–	Feinmotorische Dysfunktion	ca. 80 %
–	Krampfanfälle	6 %
	Verhaltensstörungen	
4	Hyperexzitabilität, Hyperaktivität	72 %
–	Distanzlosigkeit, Vertrauensseligkeit	ca. 50 %
–	Erhöhte Risikobereitschaft, Waghalsigkeit	ca. 40 %
–	Autismus	3 %
–	Aggressivität, dissoziales Verhalten	ca. 3 %
–	*Emotionale Instabilität*	ca. 30 %

Punkte 10 – 29 Punkte: Schädigungsgrad I (leicht)
  30 – 39 Punkte: Schädigungsgrad II (mäßig)
  > 40 Punkte: Schädigungsgrad III (schwer)

Das mittlere Alter der Mütter bei Geburt der Kinder betrug 31,4 Jahre. Die ambulanten Kontrollen beinhalteten neben den üblichen zwischenanamnestischen Angaben folgende Untersuchungen: Bestimmung von Länge, Gewicht, Kopfumfang, Röntgenuntersuchung der linken Hand zur Knochenkernentwicklung; körperliche Untersuchung zur Dysmorphologie und Pubertätsentwicklung. Die Bestimmung der *mentalen Entwicklung* gründete sich auf die Schulentwicklung, Schulzeugnisse, Schulleistungen in den einzelnen Fächern, Sprachentwicklung, Testung des logischen, schlußfolgernden und phantasievollen Denkens. Verschiedene Testformen kamen zur Anwendung. Die Pubertätsentwicklung wurde nach den Kriterien von Tanner bestimmt.
Die bei Alkoholembryopathie stets auftretenden Verhaltensstörungen wurden überwiegend qualitativ bei Untersuchung und durch Schilderung der Sorgeberechtigten erfaßt. Besonders geachtet wurde auf motorisches Aktivitätsverhalten, Sozialverhalten, Sozialkontakt, pädagogische Probleme, Akzeptanz durch Gleichaltrige, Konflikte mit dem Gesetz, Sucht-

verhalten und Erfahrungen mit Suchtstoffen. In allen Fällen wurde zur beruflichen Entwicklung, zu Berufswünschen, zu Erfahrungen mit Suchtmitteln sowie zur Freizeitgestaltung und Hobbies gefragt. Die Schweregradverteilung der Alkoholschäden geht aus Tabelle 2 hervor.

Tab. 2: *Schweregrad* (n = 51; Alter: > 14 J., $\bar{X}$ = 18 2/12

Alkoholeffekte: 3 ♂ = 26; ♀ = 25 Pat.
Grad I (leicht):   18
Grad II (mittel):   16
Grad III (schwer): 14

Die Adoleszenten und Erwachsenen lebten zuletzt überwiegend in einer Pflege- und Adoptivfamilie, da die leiblichen Mütter meistens das Sorgerecht über die Kinder verloren hatten (Tab. 3).

Tab. 3: *Wo lebten die Patienten zuletzt?* (n = 51)

In einer Pflege- oder Adoptivfamilie (3) : 30 (59 %)
In der Herkunftsfamilie   : 12 (24 %)
    Bei Vater und Mutter   6
    Beim Vater   5
    Bei der Mutter   1
Im Heim (Kinder-, Pflegeheim) : 9 (17 %)

Dies ist für die kindliche Entwicklung insofern von Bedeutung, als das klinische Bild der Alkoholembryopathie durch frühkindliche soziale Deprivation häufig überlagert ist und bei erheblicher Vernachlässigung bekanntlich körperliche und geistige Entwicklungsverzögerungen auftreten können. Die Kinder wuchsen mit Ausnahme von zwei Fällen unter sehr guten bis befriedigenden Förderungs- und Pflegeverhältnissen in den fremdplazierten Familien und Heimen auf, auch in den Herkunftsfamilien, wenn Angehörige sich der Kinder annahmen. Die Folgen der Deprivation konnten in der Regel in den ersten Lebensjahren weitgehend überwunden werden.

Körperliche Entwicklung und Pubertät

Erwartungsgemäß nahmen die Kinder nur in geringerer Zahl eine normale bis befriedigende körperliche Entwicklung (29 %). Überwiegend blieben die Kinder wenigstens in einem Wachstumsparameter in Länge, Gewicht, Kopfumfang oder Knochenalter zurück (71 %). Minderwuchs, Untergewicht und Mikrozephalie persistierten (unter der 3. Perzentile) in 24 % der Fälle. Einige Mädchen blieben klein, wurden aber in der Pubertät adipös (Tab. 4).

Tab. 4: *Körperliche Entwicklung / Pubertät*

Sehr gut – befriedigend	: 15 (29 %)	*Pubertät* (n. Tanner)
(Länge, Gew., Kopf-U. Kno. > 3.P.)		Verfrüht : 2
Ausreichend – ungenügend	: 36 (71 %)	Normal : 24
(L.G.KU.Kno.A. < 3.P.	: 12 (24 %)	Verspätet : 8
= Persist. Minderwuchs)		Keine 2
Adipös und klein	: 7 (14 %)	n = 36

Die meisten Kinder litten in ihren sozialen Beziehungen besonders unter dem Minderwuchs und der verzögerten Pubertätsentwicklung: als Kinder wurden sie daher oft gehänselt („Spargeltarzan", „Ameise", „I-Männchen"). Die Pubertätsentwicklung erfolgte in den meisten Fällen zeitgerecht normal oder leicht verzögert.

Geistige Entwicklung, Schulbesuch

Die geistig intellektuellen Entwicklungen zeigten sich bei diesen Kindern in 72 % erwartungsgemäß unterdurchschnittlich bis schlecht (Tab. 5). Die Intelligenzleistungen waren in 41 % der Fälle ungenügend bis mangelhaft (Bewertungsnote 5 – 6). Dies widerspiegelte sich

Tab. 5: *Geistige Entwicklung / Schulbesuch* (n = 51)

Intelligenz: Gut – befriedigend	: 14 (28 %)	
Ausreichend	: 16 (31 %)	
Ungenügend / mangelhaft	: 21 (41 %)	
Schulbesuch zuletzt (n = 51)		
Hauptschule	: 18 (35 %)	
ohne Abschluß	: 3	
Sonderschule	: 28 (55 %)	
für Lernbehinderte	: 13 (25 %)	
für geistig Behinderte	: 15 (30 %)	
für Hör-Behinderte	: 1	
für Seh-Behinderte	: 2	
für Sprach-Behinderte	: 1	
für Erziehungshilfe	: 1	
Nicht bildungsfähig	: 3 (6 %)	
Real-Schule	: 2 (4 %)	
Gymnasium / Oberschule	: 0 (0 %)	
	n = 51 (100 %)	

besonders im Schulbesuch: Nur ein Drittel der Kinder erreichte einen Hauptschulabschluß. Überwiegend wurde eine Sonderschule besucht (55 %), am häufigsten eine Schule für Geistig Behinderte (30 %) und für Lernbehinderte (25 %). Bemerkenswert ist, daß es keinem Kind gelang, das Gymnasium oder eine Oberschule zu besuchen oder eine Fachhochschulreife zu erlangen.

Die Mängel und Defizite in der Schule beziehen sich überwiegend auf Mathematik, Geographie, Physik, weniger auf sprachliche Fächer. Die Art der geistigen Defizite entspricht den bisherigen Untersuchungen zu den Folgen pränataler Alkoholexposition. (Abel 1984, Löser 1989, 1990 und 1991, Majewski 1987, Spohr 1984). Alkoholbedingte geistige Defizite, bemessen im IQ, können nach allen bisherigen Nachuntersuchungen als irreversibel angesehen werden (Spohr 1984, Streissguth, Randels und Smith 1991).

Beruf

Die meisten Patienten sind bisher ohne Beruf (Tab. 6). Acht Patienten arbeiten in einer beschützenden Werkstatt. Erst 22 % sind im Beruf erfolgreich tätig. Auffallend viele erstreben einen sozialen Beruf.

Tab. 6: *Beruf* (n = 51)	
Ohne Berufsfähigkeit	: 11 (22 %)
Bisher ohne Beruf	: 16 (31 %)
Fragliche Berufsfähigkeit	: 13 (25 %)
– Berufswünsche: (Weberei, Gärtnerin, Tierpflegerin, Kauffrau (2), Hausfrau (7), Krankenpflege)	
– Beschützende Werkstatt (8)	
Im Beruf tätig	: 11 (22 %)
Kaufmänn. Lehre (2), Köchin, Bäcker, Arzthelferin, Krankenpfleger, -Schwester, Altenpflege, Schlosser, Mechaniker, Dachdecker	
	n = 51 (100 %)

Entwicklung der Selbständigkeit

Zum Zeitpunkt der Untersuchung erschien bei 26 von 51 Patienten eine beschützende Umgebung noch erforderlich, sei es in einem Heim, einer Wohngemeinschaft, Familie oder einer andersartigen beschützenden Umgebung. Bisher gelang es erst 3 von 51 Patienten, sich selbständig zu machen und von der Familie zu lösen. Es ist anzunehmen, daß es nur wenigen Patienten gelingt, völlig selbständig zu werden. Eine häufige familiäre und soziale Abhängigkeit der Kinder ergab sich auch bei einer Untersuchung durch Streissguth et al. (1991).

Verhaltensstörungen, soziale Entwicklung

In 22 von 51 Fällen setzen sich Verhaltensauffälligkeiten fort, wie sie bereits im Kindesalter auffällig waren und sich zum Teil zurückbildeten (Löser 1985, 1987, 1991). Am häufigsten zeigten sich Hyperaktivität, motorische Unruhe, Impulsivität, mangelhafte Bewegungskontrolle, wenig zielgerichtete Motorik und schwere Lenkbarkeit. Die Hyperaktivität ist selten geprägt durch Aggressivität (2 Fälle), da meistens die Einsicht im Kindesalter gelernt wurde, daß mit Aggressionen wenig zu erreichen ist und die körperliche Entwicklung keine Überlegenheit erlaubt. Die im Kindesalter häufige vermehrte Risikobereitschaft, Waghalsigkeit und kritiklose Unbekümmertheit im Verhalten (Löser 1987) prägt sich im höheren Alter vermindert aus. Das Sozialverhalten ist gekennzeichnet durch übermäßige Vertrauensseligkeit, Distanzlosigkeit, Suche nach sozialem Kontakt und Zuwendungsbereitschaft. Diese wird vom Umfeld oft als aufdringlich und als störend empfunden: Daher haben die meisten Adoleszenten wenig oder keine gleichaltrigen Freunde, leben jedoch selten wirklich isoliert. In ihrer naiven und kritiklosen Gutgläubigkeit sind sie in vielen Fällen den Verführungen durch das Umfeld ausgesetzt und sind daher auch besser in beschützender Umgebung aufgehoben als im Umfeld der Ausnutzung, Ausbeutung und Verführbarkeit. Dissozialität/ kriminelles Verhalten ergab sich nur in Ausnahmefällen: Diebstahlsdelikte in drei Fällen (Ladendiebstahl, Handtaschenraub, Diebstahl in der Familie). Über schwere Gewalttaten wurde in keinem Fall berichtet.

Nach Untersuchungen von Streissguth et al. (1991) bei Adoleszenten und Erwachsenen ergaben sich ähnliche Verhaltensmuster im höheren Alter, jedoch häufiger als im eigenen Untersuchungsgut eine Neigung zu „Lügen, Betrügen und Stehlen", ein Mangel der Impulskontrolle, Eigensinn, Halsstarrigkeit und schwere Lenkbarkeit, eine auch höhere Neigung zu sozialem Rückzug. Durch unbeherrschte Lautheit und Distanzlosigkeit fehlt oft ein gewisses soziales Feingefühl. In der Partnersuche erleben somit viele Adoleszenten Enttäuschungen; tragfähige Bindungen und Beziehungen werden selten erreicht. Zwei Patienten zeigten einen Autismus, ein Kind wuchs in einem Heim für autistische Kinder auf. Ein Autismus ist bei Alkoholembryopathie selten, aber möglich (Nanson 1992).

Freizeitgestaltung, Hobbies

Bei 31 der 51 Patienten war die Befragung nach bevorzugten Hobbies aufschlußreich (Tab. 7). Geradezu typisch und in mehr als 50 % war zu erfahren, daß eine geringe Initiativbereitschaft, Interessenlosigkeit, schwer Motivierbarkeit oder geringe Spontaneität bestand. Als Hobbies wurden in 30 % sportliche Aktivitäten genannt. Ein 18jähriger Junge spielt erfolgreich in einem Tischtennisverein, ein 17jähriges Mädchen ist aktiv im Schwimmverein. Die meisten Freizeitgestaltungen beschränken sich auf Fernsehen, Musik hören, Computerspiele, vereinzelt auch Interessen für Tiere, Natur, Wandern. Hobbies mit geistigen, konstruktiven und phantasievollen Anforderungen (Bücher lesen, Beschäftigung mit Computern, Sammelleidenschaft, aktives Musizieren, Denkspiele u. ä.) werden in fast allen Fällen gemieden. Der älteste Patient, ein 24jähriger Mechaniker und Installateur mit leichter Form der Alkoholembryopathie, befaßt sich auch in seiner Freizeit intensiv und konstruktiv mit Bastelarbeiten, Autoreparatur und Computertätigkeit.

Tab. 7: *Hobbies, Freizeitgestaltung* (n = 31)

Ohne Interessen, „initiativlos", antriebsarm „wenig Spontaneität"	> 50 %
Sport, Schwimmen, Tischtennis (im Verein), Tanzen	ca. 30 %
Fernsehen, Musikhören, Basteln, „Computer"(-Spiele), Tiere, Natur, Wandern	> 70 %
Hobbies mit höheren geistigen Anforderungen (Bücher, Musizieren, Sammeln, Schach, Computer)	< 5 %

Alkoholkonsum, Erfahrung mit Suchtmitteln

In keinem Fall ergaben sich Anzeichen für Alkoholmißbrauch oder Suchtmittelabhängigkeit. Obgleich das Risiko der Suchtentwicklung als erhöht angesehen werden kann (Löser 1990: Tab. 9) ergaben sich bisher bei keinem Patienten Anzeichen für Alkoholmißbrauch oder eine Alkoholabhängigkeit. Dies kann zum Teil dadurch erklärt werden, daß bei allen Eltern und Kindern frühzeitig wegen des bekannten Risikos vor Alkoholgebrauch in jeder Form dringend gewarnt worden war. Den meisten Pflegeeltern gelang es, die Gefahren des Alkohols den Kindern frühzeitig zu verdeutlichen und ihnen beizubringen, daß der mütterliche Alkoholkonsum ihr Leben nachhaltig und in vieler Hinsicht negativ geprägt hatte. Auch in den Heimen ergab sich kaum die Möglichkeit des Alkoholkonsums. Zu Gewöhnung oder Mißbrauch von Nikotin, Medikamenten oder Drogen ließen sich keine ausreichenden Angaben ermitteln. Es ist noch ungeklärt, wie häufig eine stoffgebundene Sucht bei Kindern alkoholkranker Mütter sich späterhin tatsächlich entwickelt. Im eigenen Krankengut mit überwiegend gut versorgten und geförderten Kindern aus Pflegefamilien war bisher die Frage der Suchthäufigkeit nicht zu erfassen.

SCHLUSSFOLGERUNGEN

Die Langzeitentwicklungen der Kinder mit Alkoholembryopathie und Alkoholeffekten bewahrheiten die seit Jahren geäußerten Befürchtungen, daß Alkoholkrankheit in der Schwangerschaft ein Kind in seiner späteren Entwicklung in allen Dimensionen, körperlich, im Erleben, Erlernen und sozialen Bezügen nachhaltig und tiefgehend beeinträchtigt. Besonders die zerebralen Dysfunktionen, die irreversiblen Folgen der toxischen, alkoholbedingten Enzephalopathie führen zu erheblichen Benachteiligungen in der Lebensqualität allgemein, in Schule, Beruf, Partnerschaft und Familie. Oft wird im Säuglings- und Kleinkinderalter die Tragweite der pränatalen Alkoholschädigung, besonders die zerebralen Defizite und Verhaltensstörungen, nicht erkannt; sie führen erst im höheren Alter erkennbar zu weitgehenden Problemen. Zur Frage der Suchtentwicklung ist noch wenig bekannt, obgleich das Suchtrisiko als erhöht anzusehen ist.

Kritisch muß angemerkt werden, daß Kinder alkoholkranker Frauen nicht nur durch die toxische Wirkung des Alkohols per se in der Entwicklung geschädigt sind, sondern auch durch andere Faktoren (Tab. 8), besonders durch die mitunter langjährige, soziale Deprivation.

Tab. 8: *Risiko der Suchtentwicklung*

Normal: ca. 5 %
Geschätztes Risiko bei AE: über 20 %
1. Frühe intrauterine Gewöhnung an Alkohol
2. Familiäre Häufung (Epidemiolog., Zwillings-Adoptions-Studien. Bohmann (1978), Goodwin (1981), Cotton et al.)
3. Umfeldeinflüsse im Alkoholikermilieu
4. Psychopatholog. Voraussetzungen (Hyperaktivität, Kritiklosigkeit, erhöhte Verführbarkeit)

Dennoch kann der Alkohol mit seinen organischen Folgen als das wesentliche toxische Agens der späteren Entwicklung angesehen werden. Alkoholembryopathie als spezifisches, klinisches Syndrom ist jedoch nur ein Teilbereich der kindlichen Alkoholschäden. Denn unbekannt ist noch, welche langzeitigen Folgen Alkohol bei gewöhnlichem, sozialem Trinken und bei episodenhaft exzessivem Trinken am Kind bewirkt. Da annähernd 80 % aller Schwangeren mehr oder weniger Alkohol trinken (DHS) und das Gefährdungspotential noch nicht absehbar ist, muß heute noch dringender als früher die Forderung gelten, Alkohol in der Schwangerschaft vollständig zu meiden.

Literatur

Abel, E. L.: Fetal alcohol syndrome and fetal alcohol effects. Plenum Press, New York, London (1984)

Clarren, S. K., Bowden, D. M.: Fetal alcohol syndrome: a new primate model for binge drinking and its relevance to human ethanol teratogenesis. J. Pediatr. *101*, 819 – 824 (1982)

Dehaene, P., Titran, M., Charles, A. M., Lernout, P., Lasbats, M.: Le devenir à moyen terme de l' enfant de mère alcoolique. Bulletin de la Société Francaise d'Alcoologie Nr. 4, 30 – 36 (1984)

Löser, H.: Alkoholembryopathie im Langzeitverlauf: Störungen von Hirnleistung, Entwicklung und Verhalten – Die Zeche zahlen die Kinder. Münch. Med. Wschr. *131*, 22 – 28 (1989)

Löser, H.: Geistige und seelische Störungen bei Kindern mit Alkoholembryopathie. Der Kinderarzt *21*, 331 – 336 (1990)

Löser, H.: Kindliche Schäden durch Alkohol in der Schwangerschaft. In: J. Brakhoff (Hg.) Kinder von Suchtkranken. Freiburg, 98 – 117 (1987)

Löser, H., Grävinghoff, K., Rüstemeyer, P.: Schwachformen der Alkoholembryopathie nach exzessivem Alkoholgenuß. Mschr. Kinderheilk. *137*, 764 – 770 (1989)

Löser, H., Ilse, R.: Kindeswohl und Fremdplazierung bei Alkoholembryopathie – Eine Untersuchung bei 131 Kindern. Sozialpädiatrie *9*, 614 (1987).

Löser, H.: Alkoholeffekte und Schwachformen der Alkoholembryopathie. Dtsch. Ärzteblatt *88*, Heft 41, B-2278 – 2285 (1991)

Löser, H.: Alkoholembryopathie und Alkoholeffekte. Stuttgart, New York (1993)

Löser, H., Ilse, R.: Körperliche und geistige Langzeitentwicklung bei Kindern mit Alkoholembryopathie – Eine Untersuchung bei 27 Kindern nach dem 14. Lebensjahr. Sozialpädiatrie in Praxis und Klinik. *13*, 8 – 14 (1991)

Löser, H., Schmitt, G. M., Grävinghoff, K.: Sind Kinder mit Alkoholembryopathie trockene Alkoholiker? – Eine Untersuchung zum Risiko der Suchtentwicklung. Praxis der Kinderpsychologie und -psychiatrie *39*, 157 – 162 (1990)

Löser, H., Schöller, M., Kurlemann, G., Pfefferkorn, J. R.: Kinder mit Alkoholembryopathie. Entwicklung und soziales Umfeld. Sozialpädiatrie in Praxis und Klinik *7*, 340 – 345 (1985)

Majewski, F.: Die Alkoholembryopathie – eine häufige und vermeidbare Störung. In: Majewski, F. (Hg.): Die Alkoholembryopathie, Umwelt und Medizin, 109 – 123, Frankfurt (1987)

Nanson, J. L.: Autism in fetal alcohol syndrome. Alcohol. Clin. Exp. Res. *16*, 558 – 565 (1992)

Sampson, P. D., Streissguth, A. P., Barr, H. M., Bookstein, F. L.: Neurobehavioral effects of prenatal alcohol. Part II Partial Least Squares. Neurotoxicol. Teratol. *11*, 477 – 491 (1989)

Spohr, H. L., Steinhausen, H. C.: Der Verlauf der Alkoholembryopathie. Monatsschr. Kinderheilk. *132*, 844 – 849 (1984)

Streissguth, A. P., Barr, H. M., Sampson, P. D., Bookstein, F. L., Darby, B. L.: Neurobehavioral effects of prenatal alcohol: Part I. Research strategy. Neurotoxicol. Teratol. *11*, 461 – 476 (1989)

Streissguth, A. P., Bookstein, F. L., Sampson, P. D., Barr, H. M.: Neurobehavioral effects of prenatal alcohol: Part III. Partial least squares analysis of neuropsychologic tests. Neurotoxicol. Teratol. *11*, 493 – 507 (1989)

Streissguth, A. P., Aase, J. M., Clarren, S. K., Randels, S. P., LaDue, R. A., Smith, D. F.: Fetal alcohol syndrome in adolescents and adults. J. Amer. Med. Assoc. *265*, 1961 – 1967 (1991)

Streissguth, A. P., Randels, S. P., Smith, D. F.: A test-retest study of intelligence in patients with fetal alcohol syndrome: implications for care. J. Am. Acad. Child. Adolesc. Psychiatry *30*, 584 – 587 (1991)

Rückfälle

Rückfall im sozialen System: Ein Überblick

Joachim Körkel

Der Rückfall ist bei Suchtmittelabhängigen mittel- bis langfristig der wahrscheinlichere Fall als die dauerhafte Abstinenz – selbst nach intensiver Behandlung (vgl. Körkel/Lauer 1992). Dieser Sachverhalt gilt gleichermaßen für Alkohol- und Heroinabhängige, Kokainisten, bulimische Frauen und Raucher (vgl. Havassy/Hall/Wasserman 1991; Keller u.a. 1989; Küfner/Feuerlein/Huber 1988; Ladewig 1987). Die folgenden Ausführungen sollen – vorwiegend, aber nicht ausschließlich am Beispiel des Alkoholismus – deutlich machen, daß für ein angemessenes Verständnis der Entstehung, des Verlaufs und der Folgen von Rückfällen soziale Bedingungen mitbedacht werden müssen. Unter einem Rückfall soll hier der erneute Suchtmittelkonsum nach einer Phase der bewußt angestrebten und eingehaltenen Abstinenz verstanden werden.

1. Die individualistische Sicht der Rückfallentstehung

Ein Teil der gängigen Vorstellungen über Rückfälligkeit besagt, daß Rückfälle Ausdruck von fehlendem Abstinenzwillen, Uneinsichtigkeit oder unbändigem Alkoholverlangen und somit *individuelles* Versagen sind (vgl. Körkel 1991c). Diese Ansicht ist weitverbreitet:

(1) In manchen Selbsthilfegruppen ist die Rede davon, jemand sei noch nicht tief genug in der Gosse, wenn man sich einen Reim auf sein rückfälliges Trinken machen möchte. Motto: „Der *will* (noch) nicht aufhören!" Eine ähnliche, rein individualistische „Rückfallprämisse" liegt vielen Regelsystemen in Suchtkliniken zugrunde: Mit der Pauschaldiagnose „Mangel an Abstinenz- bzw. Behandlungsmotivation" wird bei einem Rückfall während der Behandlungszeit die Ursache für den Rückfall *grundsätzlich* (ohne nähere Prüfung) und ausschließlich im Rückfälligen selbst verankert und die zwangsweise Entlassung ausgesprochen (vgl. Körkel 1991a).

(2) Das Bundesarbeitsgericht hat entschieden (vgl. Fleck/Körkel 1990): Wer durch eine Behandlung aufgeklärt worden ist, zu welchen Konsequenzen übermäßiger Alkoholkonsum führt, der verzichtet wie jeder einsichtige Mensch aus Vernunftgründen zukünftig auf Alkohol. Andernfalls handelt er selbstverschuldet. Auch hier findet sich ein rein individualistisches Rückfallverständnis wieder.

(3) Einer weiteren gängigen Denkweise zufolge sind Rückfälle Folge eines unbändigen Verlangens nach Alkohol, dem ein Alkoholkranker mittels eines biochemisch-psychischen Defekts oder einer Konditionierung (vgl. Siegel 1983) unterliegt. Erneut wird die Rückfallursache zentral in der Person des Rückfälligen verankert.

(4) Interessanterweise bevorzugt eine nicht unerhebliche Zahl der Alkoholabhängigen selbst eine individualistische Rückfallerklärung: Nach der Bedeutung einzelner Ursachenfaktoren für ihren letzten Rückfall befragt, geben junge erwachsene Alkoholabhängige zu einem nicht unerheblichen Teil Unfähigkeit zur Abstinenz (also z. B. Willensschwäche) als maßgebliche Rückfallursache an (Schindler/ Körkel in Druck).

Allenthalben scheint also die Meinung zu überwiegen, daß es die rückfällige Person selbst ist, auf die der maßgebliche Teil der Entstehungsursachen für einen Rückfall entfällt. Diese Sichtweise greift jedoch zu kurz. Eine Vielzahl von Studien legt die Einschätzung nahe, daß soziale Komponenten maßgeblich an Rückfallentstehung und -verlauf beteiligt sind.

2. Soziale Bedingungen der Rückfallentstehung

In nahezu allen Befragungen von Alkohol- und Drogenabhängigen, Übergewichtigen, bulimischen Frauen und Spielern tauchen unter den drei zentralen Rückfallvorläufern neben unangenehmen emotionalen Zuständen (ohne direkten Einfluß sozialer Faktoren) zwei soziale Bedingungen auf (vgl. Körkel/Lauer 1992, 60ff.). Das sind zum einen *konflikthafte soziale Beziehungsmuster*, etwa dauerhafte Spannungen in der Familie oder am Arbeitsplatz oder eine durch starke gegenseitige Ko-Abhängigkeiten geprägte Familienstruktur, die die Ablösung oder Eigenständigkeit des suchtmittelabhängigen Familienmitglieds erschwert. Zum zweiten besitzen *situative soziale Faktoren* wie Trinkaufforderungen („Nun hab' dich nicht so und trinke einen mit!"), „feuchtfröhliche Feiern" (etwa im Betrieb), ein generell hoher Alkoholkonsum in der Familie oder am Arbeitsplatz u. a. m. ein besonderes Gefährdungspotential. Im Regelfall scheint es erst durch das *Zusammenwirken* unangenehmer Gefühlszustände und äußerer Konflikte / „Trinkverführungen" zur Rückfallauslösung zu kommen (Scholz 1983).

Geben derartige, vielfach bestätigte Ergebnisse lediglich die Tendenz von Süchtigen wieder, die „Schuld" für den Rückfall woanders – nämlich in den äußeren Umständen – zu suchen? Dies scheint nicht der Fall zu sein. Zumindest finden sich in einer der aussagefähigsten Rückfallstudien der letzten Jahre (Havassy / Hall / Wassermann 1991) einige Anhaltspunkte für den Einfluß sozialer Parameter auf das Rückfallgeschehen. In dieser prospektiven Studie wurden bei Alkohol- und Opiatabhängigen sowie Rauchern nach Abschluß einer stationären (Alkohol- und Opiatabhängige) bzw. ambulanten (Raucher) Behandlung wöchentlich unter anderem diverse Merkmale sozialer Unterstützung erfaßt und mit dem durch Urinkontrollen abgesicherten Suchtmittelkonsum in der Folgezeit in Verbindung gebracht. Die drei wichtigsten Ergebnisse lauten:

(1) Das Fehlen eines sozialen Netzwerkes trägt bedeutsam zur Rückfallentstehung bei. (Mit „sozialem Netzwerk" ist u. a. gemeint das Vorhandensein einer mit in der Wohnung lebenden nahestehenden Person, z. B. Ehepartner, erwachsenes Kind, Zimmergenosse; die Existenz außerhäuslicher Freunde; eine größere Anzahl enger Freunde und Verwandter; die Zugehörigkeit zu organisierten sozialen Gruppen usw.) Das bedeutet, daß im Verlauf von zwölf Wochen nach Ende der Behandlung gehäuft der Personenkreis rückfällig wird, der sozial nicht oder schlecht integriert ist: 90 %, 61 % bzw. 54 % der Behandelten werden bei geringer, mittlerer bzw. hoher sozialer Einbindung rückfällig (a. a. O., 242). Nicht zuletzt das Zusammenleben mit einer nahestehenden Person (insbesondere einem Ehepartner) reduziert die Rückfallwahrscheinlichkeit deutlich (mit Partner / in lebend: 56 % Rückfällige, ohne Partner / in lebend: 75 % Rückfällige; a. a. O., 242). Diese Ergebnisse treffen für alle drei untersuchten Suchtgruppen (d. h. Alkoholabhängige, Opiatabhängige und Raucher) gleichermaßen zu.

In ähnlicher Form dokumentieren alle vorhandenen Forschungsüberblicke, die sich in der Regel (nur) auf *retrospektiv-korrelativ* angelegte Studien beziehen können, daß eine bessere soziale Einbindung die Rückfallwahrscheinlichkeit reduziert (Baekeland 1977; Emrick / Hansen 1983; Gibbs / Flanagan 1977; Körkel / Lauer 1992, 72ff.). Auch die vorliegenden bundesdeutschen Studien bestätigen, daß bei Partner-, Arbeits- und Wohnsitzlosigkeit sowie fehlendem sozialem Anschluß das Rückfallrisiko drastisch steigt (vgl. Becker / Leitner / Schulz 1986; Klein / Scheller 1989; Küfner / Feuerlein / Huber 1988).

(2) Je weniger *spezielle* (d. h. auf den Umgang mit Gefährdungen bezogene) Unterstützung für eine *abstinente* Lebensweise vom Partner ausgeht, desto größer ist die Wahrscheinlichkeit eines Rückfalls (Havassy / Hall / Wasserman 1991, 243). Auch dieses Ergebnis gilt für alle drei genannten Suchtgruppen gleichermaßen. Spiegelbildlich dazu untermauern viele auf Korrelationsbasis gewonnene Befunde, daß Selbsthilfegruppenbesuche (d. h. speziell auf den Umgang mit dem Suchtproblem bezogene soziale Unterstützung) zu selteneren bzw. weniger schwerwiegenden Rückfällen führt (z. B. Küfner / Feuerlein / Huber 1988; Thurstin / Alfano / Nerviano 1987). Differenzierend ist festzustellen, daß die existierenden bundesdeutschen Selbsthilfegruppen bei Frauen weniger rückfallpräventiv wirksam sind als bei Männern (Küfner / Feuerlein / Huber 1988).

(3) Die Rückfallwahrscheinlichkeit ist am geringsten, wenn *keine einzige* Person aus dem engsten Beziehungsumfeld der / des Süchtigen das von ihr / ihm bevorzugte Suchtmittel konsumiert (Havassy / Hall / Wasserman 1991, 243).

Andere Studien steuern zwei weitere beachtenswerte Ergebnisse zur Bedeutung sozialer bzw. systemischer Bedingungen für das Rückfallgeschehen bei:

(4) Eine vorzeitige Entlassung nach erneutem Alkoholkonsum während stationärer Behandlung („stationärer Rückfall") erhöht die Wahrscheinlichkeit, daß sich der „Ausrutscher" zu einem dauerhaften Rückfall verfestigt (vgl. Körkel 1991a; Körkel 1991b). Umgekehrt begünstigt die Weiterarbeit mit stationär Rückfälligen abstinentes Verhalten nach der späteren, regulären Entlassung (a. a. O.). Diese Befunde lassen sich sowohl für die Bundesrepublik Deutschland (Küfner / Feuerlein / Huber 1988) als auch für England (Elal-Lawrence / Slade / Dewey 1987) nachweisen.

(5) Zwangsweise Behandlung (etwa durch richterlichen Beschluß oder die Kündigungsandrohung des Arbeitgebers) führt nach bisherigen Erkenntnissen weder bei Opiatabhängigen (Bühringer u. a. 1989) noch bei Alkoholabhängigen (Watson u. a. 1988) zu häufigeren Rückfällen nach Behandlungsende als eine Behandlung, die nicht auf derartigen massiven Druckmitteln beruht.

3. FOLGEN VON RÜCKFÄLLIGKEIT UND ABSTINENZ FÜR DAS SOZIALE SYSTEM

Wie im vorangegangenen Abschnitt zu zeigen war, spielen soziale Bedingungen für die Rückfallentstehung eine gewichtige Rolle. Umgekehrt ist zu erwarten, daß eingetretene Rückfälle wiederum auf das soziale System rückwirken. Drei zentrale Befunde sind hierzu festzuhalten:

(1) Feuerlein (1987) kommt bei einer Literaturübersicht aus dem europäischen Raum zu dem Ergebnis, daß „etwa 50 – 60 % der Alkoholiker ... nach längerer Zeit wieder so rückfällig [werden], daß Probleme in gesundheitlicher und / oder sozialer Hinsicht entstehen" (S. 52). Wie sich diese sozialen Probleme im einzelnen zusammensetzen, hat die Arbeitsgruppe um Moos näher erforscht.

Zum einen haben Moos, Finney und Gamble (1982) gezeigt, daß ein „nasser Rückfall" meist negative Folgewirkungen bei dem / der nicht suchtmittelabhängigen Partner / in hervorruft, nämlich v. a. Depressionen und erhöhten Alkoholkonsum. Bei einem anhaltend schweren Rückfall kommen Ängste, körperliche Beschwerden (z. B. Magenbeschwerden), Medikamentenmißbrauch (z. B. mit Beruhigungsmitteln), Rückzug aus sozialen Kontakten und erhöhter Arbeitsstellenwechsel dazu (a. a. O., 900). Negative Rückfallfolgen zeigen sich auch auf seiten der Kinder in Form von emotionalen Schwierigkeiten und Gesundheitsproblemen (Moos / Billings 1982).

Darüber hinaus sind in „Rückfallfamilien" im Vergleich zu „genesenen" Familien (d. h. solchen ohne Rückfall der abhängigen Person) und zu einer Kontrollgruppe (in der kein Partner suchtmittelabhängig ist) der familiäre Zusammenhalt (Kohäsion) und der Ausdruck von Gefühlen vermindert, und es treten mehr Konflikte auf (Moos / Moos 1984; Finney / Moos 1991). M. a. W. zeigt sich in Familien mit einer rückfälligen Person ein schlechteres familiäres Funktionsniveau. Dabei macht es *keinen* Unterschied, ob die Mutter oder der Vater die alkoholabhängige Person ist – in beiden Fällen zeigen sich die gleichen Verschlechterungen (a. a. O., 116). Das gesamtgesellschaftliche Ausmaß der Negativfolgen von anhaltender und / oder schwerer Rückfälligkeit dürfte erheblich sein, wenn man bedenkt, daß nach US-amerikanischen Schätzungen durch den Alkoholismus einer Person mindestens vier weitere Personen (vorwiegend aus der Familie) beeinträchtigt werden (Captain 1989, 55).

Allerdings sollte nicht vergessen werden, daß aus den europäischen Studien über Langzeitverläufe des Alkoholismus auch weniger folgenreiche Rückfälle bekannt sind: „Relativ häufig sind bei grundsätzlicher, über längere Zeit durchgehaltener Abstinenz und voll erhaltener sozialer Anpassung gelegentliche kleine Rückfälle, die aber wieder vom Patienten mit oder ohne fremde Hilfe aufgefangen werden. Diese Rückfälle treten relativ häufig erst nach Ablauf von 18 Monaten nach der ersten Behandlung auf. (...) Auch dies ist eine Feststellung, die im Gegensatz zu verschiedenen früheren Beobachtungen steht (...) Das ‚non-problem-drinking‘ ohne sozial nachteilige Folgen beschränkt sich [allerdings] auf einen kleinen Teil der Alkoholiker, wobei offen bleiben muß, ob hier wirklich von einem kontrollierten Trinken gesprochen werden kann oder ob es sich nicht vielmehr um einen episodischen Alkoholismus ohne stärkere soziale und gesundheitliche Konsequenzen handelt." (Feuerlein 1987, 51 f.; vgl. auch Feuerlein 1990; Körkel / Lauer 1992).

(2) Nach wissenschaftlich nicht näher analysierten und geprüften Praxiserfahrungen ist zu zeigen, daß manchmal „das gesamte familiäre Gefüge *durch die Abstinenz* der zuvor ‚nassen‘ alkoholabhängigen Person in außerordentlichem Maße erschüttert wird. Es kann zu einer Orientierungslosigkeit kommen, die schlechter auszuhalten zu sein scheint als der manifeste Alkoholismus. (...) Das ‚abstinente familiäre System‘ kann sich offenbar auf die nun (infolge der Abstinenz) aufgebrochenen Konflikte, veränderten Bedürfnisse einzelner Mitglieder, neuen Nähe-Distanz-Regulierungen, neu zu bestimmenden Aufgabenverteilungen und Verantwortlichkeiten und ggf. auch freieren Gefühlsäußerungen nicht flexibel einstellen, so daß ein Auseinanderbrechen der Familie droht oder phantasiert wird." (Körkel / Kruse 1993, 71; Hervorhebungen J. K.).

Als Folge davon kann es nun zu verschiedenen (Krankheits-)Symptomen kommen, die im systemisch-familientherapeutischen Ansatz zunächst einmal als funktional gleichwertig angesehen werden: Nach dem Muster „Kranke gehören geschont" können sie allesamt bewirken, daß bedrohliche Beziehungsveränderungen wieder rückgängig gemacht oder in den Hintergrund gedrängt werden. Da diese Symptomentwicklungen unbewußt im Dienste einer konfliktentschärfenden Beziehungsregulation stehen und jedes Familienmitglied auf die sich einstellenden Symptome reagiert und diese wiederum beeinflußt (keiner ist „Unbeteiligter"), wird auch von „systemischem Rückfall" (Schmidt 1992) gesprochen. Folgende Varianten des systemischen Rückfalls, die einzeln oder in Kombination auftreten können, werden unterschieden (vgl. Abbildung 1):

(a) Die suchtmittelabhängige Person trinkt wieder, gibt also (nicht bewußt) die Abstinenz auf, um die zuvor angesprochenen Beziehungsveränderungen zu „bewirken" (z. B. wieder mehr Nähe und weniger bedrohliche Abgrenzungskonflikte zu erleben).

(b) Es stellen sich *bei anhaltender Abstinenz* der alkoholabhängigen Person psychische oder psychosomatische „krankheitswertige" Symptome („Krankheitsbilder") bei ihr selbst, bei der Partnerin oder den

Abbildung 1: Varianten „systemischer Rückfälle"

(Ist-Zustand: Beziehungsdynamik im Zustand der Abstinenz;
Soll-Zustand: angestrebte Beziehungsdynamik;
Beziehungsregulation: Regulation von Nähe – Distanz,
Abhängigkeit – Unabhängigkeit, Macht – Ohnmacht usw.;
I.P. = Indexpatient, d. h. die suchtmittelabhängige Person)

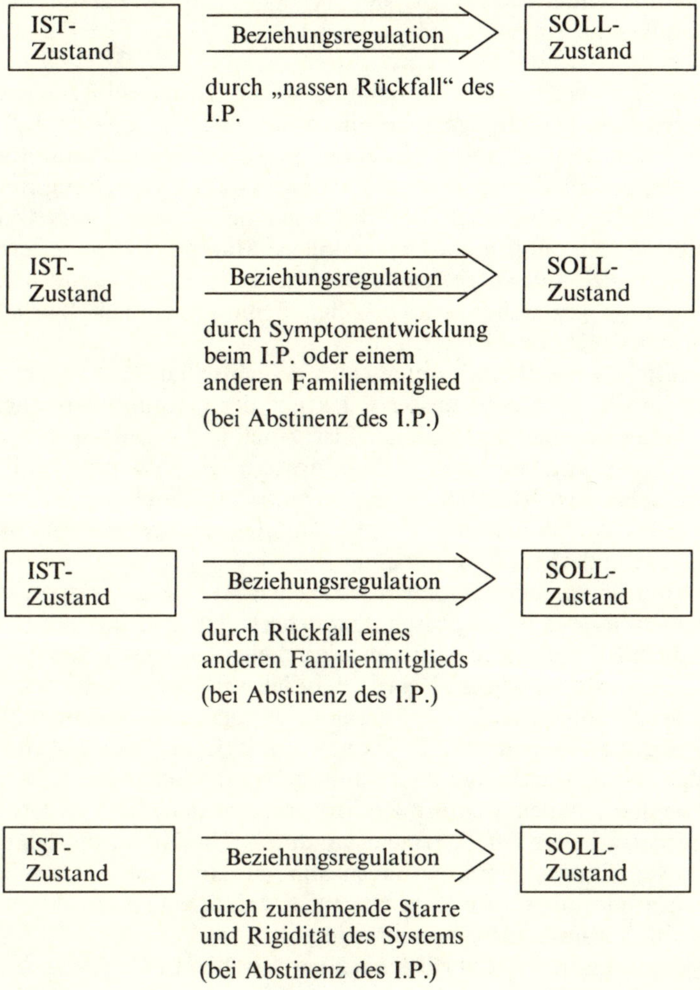

| IST-Zustand | Beziehungsregulation ⟶ | SOLL-Zustand |

durch „nassen Rückfall" des
I.P.

| IST-Zustand | Beziehungsregulation ⟶ | SOLL-Zustand |

durch Symptomentwicklung
beim I.P. oder einem
anderen Familienmitglied

(bei Abstinenz des I.P.)

| IST-Zustand | Beziehungsregulation ⟶ | SOLL-Zustand |

durch Rückfall eines
anderen Familienmitglieds

(bei Abstinenz des I.P.)

| IST-Zustand | Beziehungsregulation ⟶ | SOLL-Zustand |

durch zunehmende Starre
und Rigidität des Systems

(bei Abstinenz des I.P.)

Kindern ein. Gegebenenfalls entwickelt sich eine Suchtproblematik bei dem / der bisher „trockenen" (und fürsorglichen) Partner / in.

(c) Es kommt – erneut *bei anhaltender Abstinenz* der alkoholabhängigen Person – bei der Partnerin oder den Kindern zu einem Rückfall in ein psychisches oder psychosomatisches Symptombild, das zuvor remittiert war (z. B. eine erneute akute Eßstörung der Tochter).

(d) Das familiäre Leben wird zunehmend starrer und die Atmosphäre bedrückender, nachdem die alkoholabhängige Person keinen Alkohol mehr trinkt.

„Die keineswegs bewußt eintretenden neuen Symptombildungen bei anderen Familienmitgliedern [Fälle b und c] oder der Rückfall des Abhängigen [Fall a] stellen aus dieser Sicht intelligente Pseudolösungen dar, um wieder vertraute Nähe und bewährte Beziehungsmuster herzustellen. Versammelt um das neue oder wieder aufgetretene Symptom (Alkoholismus, Depressionen, Magersucht usw.) verbünden sich alle, und aufgetretene Divergenzen werden zugunsten der Verbindung gegen den gemeinsamen Feind ‚Krankheit' zurückgestellt." (Körkel / Kruse 1993, 71).

Festzuhalten bleibt, daß unter einer systemischen Rückfallbetrachtung der Blick auf den „nassen Rückfall" der suchtmittelabhängigen Person als verkürzt zu bezeichnen ist. Auch und gerade bei eingetretener Suchtmittelabstinenz ist zu prüfen, ob sich im familiären Zusammenleben Rückfälle in problematische Beziehungsmuster ergeben und ob bei einzelnen Familienmitgliedern Symptombildungen psychosomatischer Natur auftreten.

(3) Konträr zu dem zuvor vorgetragenen Ansatz der systemischen Familientherapie ist empirisch abgesichert, daß sich in vielen Familien nach Eintreten der Abstinenz das eheliche Zusammenleben normalisiert (Moos / Moos 1984). Beispielsweise unterscheiden sich nicht-rückfällige Paare von Paaren ohne suchtmittelabhängige Person weder im Zusammenhalt (Kohäsion) noch im Ausdruck von Gefühlen. Nicht-rückfällige Paare unternehmen jedoch weniger soziale Aktivitäten, haben weniger Kontroversen miteinander und führen Haushaltsarbeiten öfters gemeinsam durch. Unklar ist, ob sich darin kreative, flexible Veränderungen hin zu einer neuen familiären Balance oder aber vermehrte Starre, Rigidität und Konfliktvermeidung im Zusammenleben manifestieren.

Insgesamt können die vorliegenden empirischen Befunde die oftmals geäußerte Vermutung nicht bestätigen, daß wegen individueller Pathologien der alkoholabhängigen und / oder ko-abhängigen Person kein normales familiäres Funktionsniveau möglich wäre. Diese Ergebnisse erbringen auch keine Evidenzen dafür, daß in der Familie zuvor verdeckte Probleme nach dem Eintreten der Abstinenz auffallend häufig „aufbrechen" würden. Diese Befunde gebieten somit Vorsicht bezüglich einer zu leichtfertigen Verallgemeinerung plausibler Vermutungen aus der systemischen Rückfalltheorie.

4. Zusammenfassung und Folgerungen

Entstehung, Verlauf und Folgen von Rückfällen können nur unter Berücksichtigung sozialer Parameter angemessen verstanden werden. Diese Gesamteinschätzung läßt sich folgendermaßen spezifizieren:

(1) Rückfälle sind multikausal bedingt. Soziale Faktoren spielen dabei eine bedeutsame Rolle. Wenn man bedenkt, daß sozialen Bedingungen auch bei den sogenannten Spontan- oder Autoremissionen (Klingemann 1988) oder der Selbstheilung (Schneider 1988) eine herausragende Rolle zukommt, wird deutlich, daß Entstehung, Verlauf und Folgen von Suchtverhalten letztlich nur unter Berücksichtigung des sozialen Kontextes hinreichend erklär- und verstehbar sind. Aus der Multikausalität der Rückfallentstehung ergibt sich für die Behandlungspraxis die Konsequenz, von einseitigen Ursachen- oder gar Schuldzuschreibungen nach Rückfälligkeit Abstand zu nehmen.

(2) Das Vorhandensein tragender sozialer Beziehungen (Partnerschaft, Freundeskreis, Verein usw.) mindert die Wahrscheinlichkeit eines Rückfalls. Umgekehrt gilt: Soziale Isolation stellt einen „Rückfallanbahner" ersten Grades dar. Für die Rehabilitation stellt sich damit die Aufgabe, soziale Isolation abzubauen und den Aufbau oder die Wiederherstellung sozialer Bezüge gebührend zu fördern.

(3) Die Form von sozialer Unterstützung, die sich direkt auf die Erhaltung der Abstinenz bezieht („abstinenzorientierte soziale Unterstützung"), mindert das Rückfallrisiko. Konsumiert keiner der Beziehungspartner das von der abstinenten Person zuvor bevorzugte Suchtmittel, sinkt das Rückfallrisiko. Dieser Befund untermauert die Bedeutung der Selbsthilfegruppenarbeit und der Thematisierung eines abstinenzfördernden Umgangs mit dem Suchtmittel in der Arbeit mit Beziehungspartnern (Havassy/Hall/Wasserman 1991, 245). Eine stärker auf die Anliegen und Bedürfnisse von Frauen abgestimmte Selbsthilfe erscheint gleichwohl notwendig, da alkoholabhängige Frauen die etablierten Selbsthilfegruppen seltener als Männer frequentieren und (zumindest bezogen auf die Erhaltung der

Abstinenz) weniger Gewinn daraus ziehen. Zu prüfen ist, ob für den Personenkreis, der häufig rückfällig ist, entsprechend US-amerikanischem Vorbild (vgl. Gorski / Miller 1986, 193 ff.) spezielle Gruppen zur Rückfallprävention und Rückfallbewältigung nützlich sind. Aufbauend auf einem Katalog von Warnsignalen / Vorläufern von Rückfällen und ihrer Bewältigungsmöglichkeiten könnte dort eine gezielte Sensibilisierung für den Umgang mit Rückfällen entwickelt und Hilfe (statt Ablehnung) nach eingetretenen Rückfällen erfahren werden.

(4) Beziehungspartner und Angehörige sind Mitbeteiligte am Rückfallgeschehen, sowohl was die Entstehung als auch die Folgen von Rückfällen anbelangt. Es erscheint deshalb erforderlich, die Entstehung und Vorbeugung von sowie den Umgang mit Rückfällen gebührend in der Arbeit mit Angehörigen (vgl. Cawthra / Borrego / Emrick 1991; McCrady 1989; Rennert 1992) und Arbeitskollegen (vgl. Dittmann / Möser 1991) zu thematisieren. Statt naiv auf das Nichteintreten von Rückfällen zu vertrauen, erscheint es angebracht, schon vorab mit Beziehungspartnern und Abhängigem für den Ernstfall einen Verhaltens- oder Notfallplan zu entwickeln (vgl. Rennert 1992) und allen Beteiligten ihren Einfluß auf und die Gestaltbarkeit von Rückfallverhalten erlebbar zu machen (vgl. Simon / Weber 1992).

(5) Entgegen der simplen Annahme eines „naturhaften" Verlaufs von Rückfällen ist nachzuweisen, daß das Behandlungssystem durch bestimmte Sicht- und Vorgehensweisen das Auswachsen von Rückfällen begünstigt statt verhindert. Dies ist der Fall, wenn während stationärer Therapien Rückfälle generell mit einer vorzeitigen Entlassung „geahndet" werden und wenn die Vorstellung, daß nach dem „ersten Schluck" (oder „Druck") der weitere Abstieg vorprogrammiert sei, weitergetragen wird. Wünschenswert sind demgegenüber flexible Konzepte zur Aufarbeitung stationärer Rückfälle (vgl. Körkel / Wernado / Wohlfarth 1991), eine Überprüfung / Veränderung von Voreingenommenheiten im Denken über Rückfälligkeit und das Herstellen einer Atmosphäre von Offenheit und Angstfreiheit, die zu einem freimütigen Ansprechen eigener Rückfallphantasien und „Ausrutscher" einlädt (vgl. Körkel 1991d).

(6) Ein systemisches Verständnis von Rückfällen macht es erforderlich, zumindest die folgenden fünf Einflußfaktoren auf das Rückfallgeschehen zu berücksichtigen und rückfallpräventiv zu nutzen (in Anlehnung an Daley 1989):

(a) die abhängige Person selbst, die z. B. durch bestimmte intrapsychische Faktoren (z. B. eine „narzißtische Störung", Wohlfarth 1992) prädisponiert ist, rascher als andere Menschen auf eine „Notfall-" oder Rückfallreaktion zurückzugreifen;

(b) die engsten Beziehungspersonen (Partner, Familie), die z. B. durch ihre Art der Reaktion auf die eingetretene Abstinenz diese fördern oder boykottieren können;
(c) das Behandlungspersonal, das z. B. durch die Weitergabe eines problematischen Rückfalldenkens (z. B. „nach dem ersten Schluck ist alles aus") oder unreflektierte Gegenübertragungsreaktionen Rückfällen Vorschub leisten kann;
(d) die Behandlungseinrichtungen, die durch ihre Art des Umgangs mit dem Rückfallproblem (z. B. Pauschalentlassung bei stationärer Rückfälligkeit; Verzicht auf gezielte Maßnahmen der Rückfallprävention) das Eintreten und einen ungünstigen Verlauf von Rückfällen fördern können;
(e) das gesamte Behandlungs- und Gesellschaftssystem, das oftmals stark moralisierend-abwertend auf Rückfällige reagiert, ihnen auch arbeitsrechtlich mit besonderer Härte gegenübertritt (vgl. Fleck / Körkel 1990) und somit zur Verschärfung des Rückfallgeschehens beiträgt.

Es kann als gesichert gelten, daß das komplexe Phänomen „Rückfall" durch die genannten sozialen Faktoren deutlich mitbeeinflußt wird. Ableitungen aus dieser Erkenntnis sollten zukünftig in der Behandlungspraxis stärker genutzt werden und weitere Forschungsbemühungen stimulieren.

Literatur

Baekeland, F.: Evaluation of treatment methods in chronic alcoholism. In: Kissin, B. / Begleiter, H. (Hrsg.): The biology of alcoholism. Volume 5: Treatment and rehabilitation of the chronic alcoholic. New York: Plenum Press 1977, p. 385 ff.

Becker, K. / Leitner, N. / Schulz, W.: Soziales Umfeld von Alkoholikern bei Klinikentlassung und sein Einfluß auf den Behandlungserfolg. In: Psychiatrische Praxis 13/1986, S. 121 ff.

Bühringer, G. / Herbst, K. / Kaplan, C. D. / Platt, J. J.: Die Ausübung von justitiellem Zwang bei der Behandlung von Drogenabhängigen. In: Feuerlein, W. / Bühringer, G. / Wille, R. (Hrsg.): Therapieverläufe bei Drogenabhängigen. Kann es eine Lehrmeinung geben? Berlin 1989, S. 43 ff.

Captain, C.: Family recovery from alcoholism. In: Nursing Clinics of North America 24(1)/1989, p. 55 ff.

Cawthra, E. / Borrego, N. / Emrick, C. D.: Involving family members in the prevention of relapse: An innovative approach. In: Alcoholism Treatment Quarterly 8(1)/1991, p. 101 ff.

Daley, D. C.: Five perspectives on relapse in chemical dependency. In: Journal of Chemical Dependency Treatment 2(2)/1989, p. 3 ff.

Dittmann, E. / Möser, A.: Der Rückfall als Bestandteil betrieblicher Suchtberatung. In: Körkel, J. (Hrsg.): Praxis der Rückfallbehandlung. Ein Leitfaden für Berater, Therapeuten und ehrenamtliche Helfer. Wuppertal 1991, S. 91 ff.

Elal-Lawrence, G. / Slade, P. D. / Dewey, M. E.: Treatment and follow-up variables discriminating abstainers, controlled drinkers and relapsers. In: Journal of Studies on Alcohol 48(1)/1987, p. 39 ff.

Emrick, C. D. / Hansen, J.: Assertions regarding effectiveness of treatment for alcoholics. In: American Psychologist 38/1983, p. 1078 ff.

Feuerlein, W.: Langzeitverläufe des Alkoholismus (mit Literaturübersicht aus dem europäischen Raum). In: Kleiner, D. (Hrsg.): Langzeitverläufe bei Suchtkrankheiten. Berlin 1987, S. 40 ff.

Feuerlein, W.: Langzeitverläufe des Alkoholismus. In: Schwoon, D. R. / Krausz, M. (Hrsg.): Suchtkranke. Die ungeliebten Kinder der Psychiatrie. Stuttgart 1990, S. 69 ff.

Finney, J. W. / Moos, R. H.: The long-term course of treated alcoholism: I. Mortality, relapse and remission rates and comparisons with community controls. In: Journal of Studies on Alcohol 52(1)/1991, p. 44 ff.

Fleck, J. / Körkel, J.: Der Rückfall von Alkoholabhängigen im Arbeitsrecht. Moralisches Versagen, selbstverschuldete Krankheit und andere Mythen. In: Der Betrieb 43(5)/1990, S. 247 ff.

Gibbs, L. / Flanagan, J.: Prognostic indicators of alcoholism treatment outcome. In: The International Journal of the Addictions 12/1977, p. 1097 ff.

Gorski, T. T. / Miller, M.: Staying sober. Herald House: Independence Press 1986

Havassy, B. E. / Hall, S. M. / Wasserman, D. A.: Social support and relapse: Commonalities among alcoholics, opiate users, and cigarette smokers. In: Addictive Behaviors 16/1991, p. 235 ff.

Keller, M. B. / Herzog, D. B. / Lavori, P. W. / Ott, I. L. / Bradburn, I. S. / Mahoney, E. M.: High rates of chronicity and rapidity of relapse in patients with bulimia nervosa and depression. In: Archives of General Psychiatry 46/1989, p. 480 f.

Klein, M. / Scheller, R.: Differentialdiagnostische Aspekte des Rückfallgeschehens bei Alkohol- und Medikamentenabhängigkeit. In: Watzl, H. / Cohen, R. (Hrsg.): Rückfall und Rückfallprophylaxe. Berlin 1989, S. 113 ff.

Klingemann, H.: Der soziale Kontext von Autoremissionen bei problematischem Alkoholkonsum. In: Medizin, Mensch, Gesellschaft 13/1988, S. 123 ff.

Körkel, J.: Der Alkoholrückfall während stationärer Therapie: Forschungsergebnisse, Handlungsstrategien und Perspektiven für die Suchtpraxis. In: Körkel, J. / Wernado, M. / Wohlfarth, R. (Hrsg.): Umgang mit Rückfällen während der stationären Therapie. Bonn 1991(a), S. 3 ff.

Körkel, J.: Der Rückfall während stationärer Therapie. In: Körkel, J. (Hrsg.): Praxis der Rückfallbehandlung. Ein Leitfaden für Berater, Therapeuten und ehrenamtliche Helfer. Wuppertal 1991(b), S. 145 ff.

Körkel, J.: Der Rückfall von Alkoholabhängigen — Auf dem Wege zu einem neuen Verständnis des Rückfalls. In: Verhaltenstherapie & Psychosoziale Praxis 23(3)/1991(c), S. 321 ff.

Körkel, J.: Rückfall als Chance. In: Landschaftsverband Westfalen-Lippe, Koordinationsstelle für Drogenfragen und Fortbildung (Hrsg.): Rückfall — der verlorene Sieg. Rückfallprophylaxe — tertiäre Prävention — Nachsorge. Münster 1991(d), S. 18 ff.

Körkel, J. / Kruse, G.: Mit dem Rückfall leben. Abstinenz als Allheilmittel? Bonn 1993

Körkel, J. / Lauer, G.: Der Rückfall des Alkoholabhängigen: Einführung in die Thematik und Überblick über den Forschungsstand. In: Körkel, J. (Hrsg.): Der Rückfall des Suchtkranken — Flucht in die Sucht? Berlin ²1992, S. 3 ff.

Körkel, J. / Wernado, M. / Wohlfarth, R. (Hrsg.): Umgang mit Rückfällen während der stationären Therapie. Bonn 1991

Küfner, H. / Feuerlein, W. / Huber, M.: Die stationäre Behandlung von Alkoholabhängigen: Ergebnisse der 4-Jahreskatamnesen, mögliche Konsequenzen für Indikationsstellung und Behandlung. In: Suchtgefahren 34/1988, S. 157 ff.

Ladewig, D.: Katamnesen bei Opiatabhängigkeit. In: Kleiner, D. (Hrsg.): Langzeitverläufe bei Suchtkrankheiten. Berlin 1987, S. 55 ff.

McCrady, B. S.: Extending relapse prevention models to couples. In: Addictive Behaviors 14/1989, p. 69 ff.

Moos, R. H. / Billings, A. G.: Children of alcoholics during the recovery process: Alcoholic and matched control families. In: Addictive Behaviors 7/1982, p. 155 ff.

Moos, R. H. / Finney, J. W. / Gamble, W.: The process of recovery from alcoholism: II. Comparing spouses of alcoholic patients and matched community controls. In: Journal of Studies on Alcohol 43(9)/1982, p. 888 ff.

Moos, R. H. / Moos, B. S.: The process of recovery from alcoholism: III. Comparing functioning in families of alcoholics and matched control families. In: Journal of Studies on Alcohol 45(2)/1984, p. 111 ff.

Rennert, M.: Rückfall — ein Alptraum für die Angehörigen. In: Körkel, J. (Hrsg.): Rückfall muß keine Katastrophe sein. Wuppertal ²1992, S. 59 ff.

Schindler, C. / Körkel, J.: Kognitive und emotionale Faktoren im Rückfallverlauf bei jungen Alkoholabhängigen. In: Körkel, J. / Lauer, G. / Scheller, R. (Hrsg.): Brennpunkte bundesdeutscher Rückfallforschung (Arbeitstitel). Göttingen, in Druck

Schmidt, G.: Rückfälle von als suchtkrank diagnostizierten Patienten aus systemischer Sicht. In: Körkel, J. (Hrsg.): Der Rückfall des Suchtkranken — Flucht in die Sucht? Berlin ²1992, S. 173 ff.

Schneider, W.: Zur Frage von Ausstiegschancen und Selbstheilung bei Opiatabhängigkeit. Auswertung von Ergebnissen aus Langzeitforschung. In: Suchtgefahren 34/1988, S. 472 ff.

Scholz, H.: Der Rückfall in die Alkoholabhängigkeit: Auslösende Faktoren und Prävention. In: Neuropsychiatrica Clinica 2/1983, S. 209 ff.

Siegel, S.: Classical conditioning, drug tolerance and addiction. In: Israel, Y./Glaser, F.B./Kalant, H./Popham, R.E./Schmidt, W./Smart, R.G. (eds.): Research advances in alcohol and drug problems. Volume 7. New York: Plenum Press 1983, p. 207 ff.

Simon, F.B./Weber, G.: Vorfall oder Rückfall. Über den systemischen Umgang mit wiederkehrenden Verhaltensweisen. In: Familiendynamik 17(1)/1992, S. 93 ff.

Thurstin, A.H./Alfano, A.M./Nerviano, V.J.: The efficacy of AA attendance for aftercare of inpatient alcoholics: Some follow-up data. In: The International Journal of the Addictions 22(11)/1987, p. 1083 ff.

Watson, C.G./Brown, K./Tilleskjor, C./Jacobs, L./Pucel, J.: The comparative recidivism rates of voluntary- and coerced-admission male alcoholics. In: Journal of Clinical Psychology 44(4)/1988, p. 573 ff.

Wohlfarth, R.: Sucht und Rückfall als Ausdruck narzißtischer Störungen. In: Körkel, J. (Hrsg.): Der Rückfall des Suchtkranken − Flucht in die Sucht? Berlin 21992, S. 149 ff.

Rückfall: Alptraum und Falle für die Angehörigen

Monika Rennert

Die Angst vor dem Rückfall und der Versuch der Kontrolle

Bei der Genesung von Sucht ist ein Rückfall eher die Regel als die Ausnahme – aber woher sollen die betroffenen Angehörigen dies wissen? Oft haben sie jahrelang miterlebt, wie ein ihnen nahestehender Mensch sich auf dem Weg in die Abhängigkeit verändert hat: Dabei haben sie neben vielen anderen leidvollen Erfahrungen auch jene gemacht, daß sie sich auf diesen Menschen nicht verlassen können. Die vielen Enttäuschungen und Kränkungen aus dieser Zeit sind schmerzlich genug, so daß die Angehörigen fast alles tun, womit sie – vermeintlich – verhindern können, daß „so etwas" wieder passiert. „So etwas" – das ist ein Rückfall, den sie häufig als Katastrophe sehen, als etwas, was alles bisher Erreichte mit einem Schlag wieder vernichtet.

Der mögliche Rückfall liegt wie ein drohender Schatten über dem Alltagsleben und der Freude, daß das süchtige Familienmitglied Hilfe gesucht, Therapie gemacht, sich einer Gruppe angeschlossen hat. Oft trauen sich die Betroffenen nicht, über diesen Schatten zu sprechen – aus Angst, die genesende Person zu kränken, ihr gegenüber Mißtrauen zum Ausdruck zu bringen. So sagte eine Mutter im Elternkreis: „Ich habe einfach Angst davor, daß er (ihr drogenabhängiger Sohn) wieder rückfällig werden könnte. Das kann ich ihm gar nicht sagen, dann denkt er wieder, ich traue ihm nichts zu und ist gekränkt." Kränkung soll den Genesenden erspart bleiben – wer weiß, ob sie diese aushalten können und nicht doch wieder Trost im gewohnten Stoff suchen? An diesem Beispiel wird deutlich: Angehörige sind in solchen Situationen in Gefahr, sowohl mit sich als auch mit dem abhängigen Familienmitglied „schlecht umzugehen", obwohl sie es mit der oder dem anderen „gut meinen" – und auch sich selbst – vordergründig – vor einer unangenehmen, da mit Angst besetzten Szene bewahren wollen.

Was geschieht tatsächlich, wenn Eltern, Partner, Partnerin, Geschwister und Kinder versuchen, ein genesendes Familienmitglied vor ihren schmerzlichen Gefühlen zu verschonen?

Sie übergehen ihre eigenen Gefühle und Bedürfnisse. Sie werden unehrlich, da sie sich anders zeigen als ihnen zumute ist.

Sie übernehmen Verantwortung für Gefühle und Befindlichkeit der anderen Person.

Sie glauben zu wissen, was für die andere Person gut ist. Sie leugnen die eigene Begrenztheit und entwickeln eine wahnhafte Vorstellung, wenn sie sich perfekt verhielten, könnten sie die Situation – und damit Gefühle und Verhalten der anderen Person – kontrollieren.

Ihre Gefühle und Befindlichkeit werden abhängig davon, wie es der anderen Person geht.

Da eine perfekte Kontrolle nicht möglich ist, müssen sie immer mehr Gefühle wie Angst, Unzulänglichkeit, Scham, Schuld, Ohnmacht etc. verleugnen und die andere Person davor bewahren.

Sie geraten (oder bleiben) somit in Abhängigkeit von der anderen – vom Suchtmittel abhängigen – Person, sie sind co-abhängig.

WIDERSPRÜCHLICHE ERWARTUNGEN AN DIE ANGEHÖRIGEN

Eine derartige Entwicklung – oder besser: Verstrickung – wird oft noch von Erwartungen der Umwelt begünstigt. So wird von genesenden Süchtigen primär erwartet, daß sie sauber oder trocken bleiben. Von den Angehörigen wird allgemein erwartet, daß sie die Genesung der süchtigen Person unterstützen, wobei es verschiedene Varianten gibt. Von Süchtigen heißt es, sie sollen (wieder) lernen, Verantwortung zu übernehmen. Den Angehörigen – und dabei insbesondere den Müttern und Lebenspartnerinnen – wird von professioneller Seite immer wieder vermittelt, an ihnen sei es nun, Verantwortung abzugeben. Von anderen in der Umgebung kommt dagegen oft gerade die co-abhängige Erwartung, die Angehörigen mögen doch bitte die Süchtigen beschützen und vor Versuchung bewahren. So stehen die Angehörigen häufig im Kreuzfeuer der Kritik: Es gibt immer eine Seite, der sie es nicht recht machen können – und dies verstärkt wiederum das Gefühl von Unzulänglichkeit und andere schmerzliche Empfindungen.

Wege aus der Verstrickung

Die Familie ist jedoch nicht einfach ein Werkzeug für die Genesung von Süchtigen – vielmehr benötigen betroffene Familienmitglieder in vielen Fällen ihren individuellen Entwicklungsprozeß, um sich aus der beschriebenen Verstrickung (wieder) befreien – und je nach Betroffenheit auch genesen – zu können. Gleichzeitig ist ihre Lebenssituation dadurch beeinflußt, daß sie mit einem von Sucht genesenden Menschen zusammenleben, von dem sie tatsächlich nicht wissen können, ob er rückfällig wird und was sich aus einem Rückfall weiterhin entwickelt. Daher ist es für Angehörige hilfreich, Verhaltensstrategien für alle Fälle zu erarbeiten – möglichst noch während der Therapie des süchtigen Familienmitglieds. Dies kann ihnen dabei helfen, daß sie nicht – wie das sprichwörtliche hypnotisierte Kaninchen – in Erstarrung verharren, damit nur ja nichts passiert – bis tatsächlich etwas passiert –, und sie brauchen sich auch nicht Schrekkensphantasien auszumalen, wenn sie genau wissen, was sie im Notfall tun können.

Verhaltensstrategien für alle Fälle

Auf die Frage, was sie bei einem Rückfall der süchtigen Person machen würden, erwidern Lebenspartner/innen nicht selten, „dann lasse ich mich scheiden". Beim Erarbeiten von Verhaltensstrategien geht es jedoch um ganz konkrete kleine Schritte, nicht um globale Absichtserklärungen. Dies fängt mit der Sammlung von Adressen und Telefonnummern an: von Freunden, Freundinnen, Verwandten, Mitgliedern der Selbsthilfegruppe und von professionellen Hilfsangeboten – vom ärztlichen Notdienst, Frauenhaus, Rechtsanwalt, Beratungsstellen. Wenn bereits ein persönlicher Kontakt stattgefunden hat, ist es leichter, im Bedarfsfall darauf zurückzukommen. Die Angehörigen müssen wissen, wie sie sich in Sicherheit bringen können, falls dies nötig werden sollte. Nun muß nicht jeder Rückfall zu einer Katastrophe führen, aber es ist wichtig, daß die Betroffenen einen konkreten Plan haben, was sie im schlimmsten Fall tun können.
Oft kommt es zwar zum Rück-, aber nicht zum Notfall. Auch dann sind konkrete kleine Schritte gefragt. So ein Schritt kann etwa darin bestehen, daß Angehörige den Rückfall nicht mehr decken, wie sie es früher oft getan haben. Sie können die betrunkene Person auf dem Boden liegen lassen, anstatt sie ins Bett zu hieven. Sie können öfters als sonst in Gruppen gehen, um Unterstützung für sich zu holen. Sie können den süchtigen Menschen durchaus fragen, welche Unterstützung er sich von ihnen wünscht – sie müssen jedoch selbst entscheiden, was sie tun wollen – und ihm dies mitteilen.

Abgrenzen

Unabhängig davon, ob es zu einem Rückfall kommt oder nicht, besteht eine wesentliche Aufgabe von Angehörigen darin, ihre Grenzen zu überprüfen und gegebenenfalls zu lernen, wie sie sich abgrenzen können. Auch hier geht es um konkrete kleine Verhaltensschritte. In einer Familiengruppe zeigte sich dies ganz plastisch, als Herr und Frau X sich einander gegenübersetzen sollten, um etwas miteinander zu klären. Herr X rückte mit seinem Stuhl so nahe an seine Partnerin, daß er sie fast berührte. Daraufhin zog sie sich etwa einen Meter zurück und erklärte ihm: „Näher will ich Dir jetzt nicht sein." Zu Hause kann das Abgrenzen darin bestehen, (wieder) eigene Interessen zu verfolgen – konkret: „Ich werde am Dienstag in den Französischkurs gehen." Abgrenzung kann auch auf anderen Ebenen erfolgen: „Wenn Du Migräne hast, will ich mich mehr dafür verantwortlich fühlen – ich werde es jedenfalls versuchen. Wenn es mir nicht gelingt, will ich therapeutische Hilfe für mich suchen." „Du kannst mit Deiner schmutzigen Wäsche nach Hause kommen, aber waschen mußt Du sie selbst, das mache ich ab jetzt nicht mehr."

Annehmen der Begrenztheit – eine Aufgabe für Angehörige und professionelle Helfer / innen

Abgrenzen bedeutet sowohl, Verantwortung für die Befindlichkeit der anderen Person abzugeben als auch Verantwortung für die eigene Befindlichkeit zu übernehmen, nicht mehr abhängig von der anderen Person zu sein. Die innere Bereitschaft zum Abgrenzen kann erst dann entstehen, wenn die schmerzlichen Gefühle, unzulänglich und nicht perfekt, begrenzt – eben menschlich und fehlerhaft – zu sein, zugelassen werden können. Dies erfordert auch auf seiten der Professionellen in der Suchtkrankenhilfe, den Angehörigen eben dies zuzugestehen und sie mit ihren Ängsten, Kontrollbedürfnissen und Unzulänglichkeiten anzunehmen. Aber auch wir meinen noch allzuoft, wir müßten perfekt sein, und können es schlecht aushalten, wenn diese zum Beispiel noch immer Angst vor dem Rückfall haben. Da wir ihnen die Angst auch nicht nehmen können, sind wir in Gefahr, uns als Versager / innen zu empfinden, und die Kontrolle übernehmen zu wollen.

Loslassen

So gilt auch für beide Gruppen das vielzitierte „Loslassen". Dies ist ein Begriff, der insbesondere in den Selbsthilfegruppen von Angehörigen der „Anonymen Alkoholiker", den Al-Anon-Gruppen, geprägt wurde. Ausgangspunkt ist die Überzeugung, daß Alkoholismus auch für die Angehörigen verheerende Auswirkungen hat und daß die so Betroffenen das Loslassen als ein Werkzeug gebrauchen, welches sie auf den Weg der „Hilfe zur Selbsthilfe" bringt.

So bedeutet Loslassen zum Beispiel:

„Nicht zuzulassen, daß wir von jemandem zur Wiederherstellung seiner Gesundheit benutzt oder mißbraucht werden; nicht etwas für andere zu tun, was sie selbst tun sollten; nicht zu manipulieren, z. B. was andere zu essen, wann andere zu Bett zu gehen haben, aufstehen müssen, Rechnungen zu zahlen haben usw.; nicht die Fehler oder falschen Handlungen eines andern zu decken."

„Loslassen ist weder gütig noch rücksichtslos; es ist keine Bewertung der Person oder Situation, von der wir uns lösen." (Anonyme Alkoholiker, Informationen für die Öffentlichkeit, 1985).

Wenn Angehörige loslassen, müssen sie es aushalten können, dabei zuzusehen, wie die süchtige Person Fehler macht und sich eventuell auch Schmerzen zufügt.

Wenn Professionelle loslassen, müssen sie es aushalten können, dabei zuzusehen, wie süchtige und co-abhängige Personen Fehler und schmerzhafte Erfahrungen machen. Rückfall als Versuch, die Kontrolle zu übernehmen, geht uns alle an.

Literatur

Anonyme Alkoholiker: Informationen für die Öffentlichkeit. München 1985

Rennert, M.: Co-Abhängigkeit — Was Sucht für die Familie bedeutet. Freiburg 1990

Rennert, M.: Rückfall — Alptraum für die Angehörigen. In: Körkel, J. (Hrsg.): Rückfall muß keine Katastrophe sein. Wuppertal 1991

Die Rolle der Haus- und Familienmedizin bei der Vorbeugung von und beim Umgang mit Rückfällen von Suchtpatienten

Gernot Lauer

> First the man takes a drink
> then the drink takes a drink
> then the drink takes the man

1. EINLEITUNG

Dieser Beitrag unternimmt einen kritischen Blick auf die Rolle niedergelassener Ärzte bei der tertiären Prävention von Abhängigkeiten. Dabei steht der Alkoholrückfall als paradigmatisches Beispiel im Vordergrund, da einerseits die Alkoholabhängigkeit „nicht nur für Europa und die USA als eines der größten sozialmedizinischen Probleme angesehen werden" (Schmidt 1991, 199) muß, also die gesellschaftlich bedeutsamste Suchtform darstellt, und weil andererseits die Rückfallforschung bei Alkoholabhängigkeit am weitesten fortgeschritten ist (Körkel/Lauer 1992; Körkel/Lauer/Scheller 1993; Lauer 1991). Die Relevanz dieses Beitrages wird ferner durch die Tatsache unterstrichen, daß nicht Abstinenz, sondern Rückfälligkeit nach einer Suchtkrankenbehandlung das häufigste langfristige Therapieergebnis darstellt (Lauer/Körkel 1993; Lauer/Sohns 1992).

Von zentraler Bedeutung für die tertiäre Prävention von Abhängigkeiten ist die Nachsorge; von ihr wird „eine dauerhafte Stabilisierung der Abstinenz" (Arenz-Greiving 1990, 127) erwartet. „Richtig verstandene Nachsorge hat also all diejenigen Interventionen zu umfassen, die eine dauerhafte Integration des Abhängigkeitskranken in sein familiäres, berufliches, soziales und gesellschaftliches Umfeld gewährleisten und Rückfällen vorbeugen" (Arenz-Greiving 1990, 127). Der Beitrag von Selbsthilfe- und Abstinenzgruppen sowie von Beratungsstellen für die Nachsorge wird hoch eingeschätzt, jedoch kommt – häufig übersehen – auch dem niedergelassenen praktischen Arzt oder Allgemeinmediziner eine besondere Bedeutung zu. Bei der Diagnosestellung und der Einleitung einer Entwöhnungsbehandlung hat er aufgrund seiner Stellung im Versorgungssystem eine wichtige Funktion (Feuerlein 1989, 176, 211; Schmidt 1988, 172 – 175, 181 – 182). Auch bei der Nachsorge hat der niedergelassene Arzt im Vergleich mit Selbsthilfe- und Abstinenzgruppen und Beratungsstellen zumindest zwei Vorzüge. Erstens liegt seine Praxis in der Regel in der Nähe des Wohn- und Arbeitsbereiches des Abhängigen und zweitens ist ihm oft nicht nur der Abhängige, sondern auch dessen psychosoziales Milieu seit Jahren oder gar Jahrzehnten vertraut.

„Nach gestellter Diagnose Alkoholismus und entsprechender multidisziplinärer Behandlung im Rahmen der Therapiekette schließt sich in der Tertiärprävention der Kreislauf der Therapiekette, um die Verschlimmerung somatischer sowie psychosozialer Folgeschäden zu vermeiden. Der Alkoholiker wird in der Tertiärprävention vor allem durch seinen Hausarzt betreut" (Schlüter-Dupont 1990, 420). Diese Betreuung, ein Teil der psychosomatischen Grundversorgung (Bergmann 1988, Klußmann 1992), ist allerdings − ähnlich wie bei anderen chronisch Kranken − keine besonders gut honorierte und hochgeachtete Aufgabe. „Die zeitaufwendige Zuwendung zum Patienten führt gegenüber technisch-apparativen Maßnahmen jedoch oft zur Benachteiligung des Arztes bei der Abrechnung" (Schlüter-Dupont 1990, 419).

Bevor auf konkrete Möglichkeiten des niedergelassenen Arztes bei der Suchtrückfallprophylaxe eingegangen wird, sollen einige wichtige Ergebnisse und zwei Fallgeschichten vorgestellt werden.

2. Einige Fakten

So ist es wichtig zu fragen, ob, inwieweit und wie Alkoholabhängige die Nachsorgeinstitution „Hausarzt" nutzen. Ferner scheint es interessant zu wissen, inwieweit sich Rückfällige von Abstinenten unterscheiden, wodurch der Hausarzt indirekte oder direkte Hinweise auf Rückfälligkeit erhalten kann.

Neben zwei älteren deutschsprachigen Studien (Feuerlein 1972; Lohse 1975) legten Akkerman und Matakas (1980) empirische Resultate zur hausärztlichen Betreuung von Alkoholabhängigen vor. Von N = 258 stationär behandelten Alkoholkranken machten N = 147 (59 %) detaillierte Angaben zu ihrem Hausarzt, der zu 80 % ein praktischer Arzt war (8 % Internisten, 4 % Neurologen und Psychiater). 80 % hatten ihren Hausarzt in den letzten drei Jahren nicht gewechselt. Wiederaufgenommene, d. h. Rückfällige, wurden eher internistisch betreut (12 %). Nur 34 % der Rückfälligen wurden von ihrem

Hausarzt, von dem man annehmen mußte, daß er über einen entsprechenden Krankenhausbericht verfügte, auf die Alkoholproblematik angesprochen; 67 % der Rückfälligen sprachen die Problematik von sich aus an. Die Rückfälligen fühlten sich zu 14 % vom Hausarzt abgelehnt (Erstdiagnostizierte: 3 %), andererseits wirkte sich die Reaktion des Hausarztes nicht auf die Kontinuität des therapeutischen Verhältnisses aus. Insbesondere Ärzte, die weiter therapeutisch engagiert bleiben, führten ein Gespräch mit der Familie. 12 % der gesamten Stichprobe berichteten über die Verordnung von Disulfiram (Antabus®), 25 % über die ambulante (!) Verschreibung von Clomethiazol (Distraneurin®)! Rückfällige gaben wesentlich öfter als Erstaufnahmen an, von ihrem Hausarzt Clomethiazol bekommen zu haben (39 % versus 7 %).

In der multizentrischen Studie von Küfner und Feuerlein (1989) gaben N = 345 (28,3 %) der Patienten an, innerhalb von 18 Monaten nach stationärer Therapie ihren Hausarzt mindestens einmal besucht zu haben, 32,8 % von ihnen bleiben abstinent. Häufiger besucht wurden einzig Selbsthilfegruppen (75 %, 52 % Abstinenz), Beratungsstellen folgten auf dem dritten Platz (25,7 %, 40,1 % Abstinenz), Psychiater auf dem vierten Platz (14,1 %, 22,5 % Abstinenz). Hinsichtlich regelmäßiger Kontakte über 18 Monate rangieren Selbsthilfegruppen auf Platz eins (25,2 %, 72,5 % Abstinenz), gefolgt von Beratungsstellen (1,9 %, 50 % Abstinenz), Hausärzten (1,1 %, 50 % Abstinenz) und Psychiatern (0,7 %, 33,3 % Abstinenz). Diese Zahlen deuten darauf hin, „daß neben den Selbsthilfegruppen auch dem Hausarzt und der Beratungsstelle eine bedeutende Funktion zukommt" (Küfner 1990, 193).

Insgesamt kann aus diesen Studien gefolgert werden, daß die Nachsorge beim Hausarzt mindestens für die Hälfte der Alkoholabhängigen einen wichtigen abstinenzprotektiven Faktor darstellen könnte, der aber langfristig wenig genutzt wird und daß Hausärzte insbesondere bei der Verschreibungspraxis zu dysfunktionalen Handlungen neigen.

Studien zu Unterschieden zwischen Abstinenten und Rückfälligen können dem niedergelassenen Haus- und Familienmediziner nicht nur wichtige rückfalldiagnostische Hinweise, sondern bei trotz Rückfälligkeit weiterbestehendem Kontakt auch wichtige Handlungsanweisungen liefern.

Elal-Lawrence, Slade und Dewey (1987) verglichen N = 45 Abstinente mit N = 44 Rückfälligen ein Jahr nach Behandlungsende und konnten dabei teilweise Befunde von Küfner (1990) bestätigen. Rückfällige nehmen weniger an Nachsorgeangeboten teil, werden eher vorzeitig aus der Entwöhnungsbehandlung entlassen (18 % versus 5 %) und werden eher erneut stationär behandelt (77 % versus 40 %). Während nur 17 % der Abstinenten angaben, Allgemeinärzte zu besuchen, waren es 68 % der Rückfälligen. 73 % der Rückfälligen wurden psychotrope Medikamente verschrieben, jedoch nur 49 % der Abstinenten; 33 % der Abstinenten nahmen Tranquilizer ein, im Gegensatz zu 71 % der Rückfälligen.

Finney und Moos (1991) verglichen 10 Jahre zuvor behandelte Alkoholabhängige (N = 93) mit einer vergleichbaren Stichprobe der Allgemeinbevölkerung (N = 96). Während sich die abstinenten Alkoholiker (N = 47) von der Allgemeinbevölkerung kaum unterschieden, fanden sich erhebliche Differenzen zwischen Abstinenten und der Allgemeinbevölkerung einerseits und Rückfälligen (N = 36) andererseits in den nachfolgenden Bereichen. Rückfällige waren ängstlicher und depressiver; sie klagten häufiger über körperliche Beschwerden, rauchten mehr und nahmen mehr Medikamente ein. Rückfällige wurden eher erneut stationär behandelt und verfügten über ein geringeres Einkommen. Der Familienzusammenhalt und die Familienorganisation Rückfälliger war geringer; sie erlebten mehr negative Lebensereignisse und hatten eine deutlich höhere Mortalität (Todesursachen: Kardiomyopathie, Leberzirrhose, Krebs, Suizid, Blutungen, koronare Herzerkrankungen). Interessanterweise fanden sich keine Unterschiede in der sozialen Funktionsfähigkeit und in der Anzahl der Arztbesuche, obgleich die Rückfälligen im Vergleich mit Abstinenten fast doppelt so oft einen Arzt aufsuchten.

Diese beiden Studien zeigen, daß sich Rückfällige von Abstinenten in der Befindlichkeit, einigen sozialen Variablen, der Anzahl von Arztbesuchen, der Morbidität und Mortalität und insbesondere im Medikamentenkonsum unterscheiden. Insgesamt kann man schlußfolgern, daß der Haus- und Familienmedizin bei einem großen Teil der Alkoholabhängigen eine erhebliche und oft ungenutzte Bedeutung für die Vorbeugung und insbesondere für den Umgang mit Rückfällen zukommen dürfte. Rückfällige frequentieren das primäre medizinische Versorgungssystem − wohl häufig mit Arztwechseln − stärker als Abstinente.

3. Zwei Fallvignetten

Frau A., eine 48jährige Beamtin im Staatsdienst, war, nachdem ein jahrelanges intimes Verhältnis zum Stiefvater bestand, im 24. Lebensjahr von ihm schwanger geworden. Nach seiner Scheidung von ihrer Mutter heiratete sie den 30 Jahre älteren Stiefvater nd führte ca. 10 Jahre lang eine „glückliche Ehe", aus der zwei Söhne (25 und 16 Jahre) entstammen. Ab ca. 1978 trank sie regelmäßig Alkohol, 1980 trennte sie sich kurzfristig vom Ehemann, kehrte aber voller Schuldgefühle zu ihm zurück, nachdem die Ärzte bei ihm eine tödliche Krebserkrankung diagnostiziert hatten. Ihre Situation konnte sie nur noch durch täglichen exzessiven Alkoholkonsum ertragen. Eine weitere Verschärfung ihrer Notlage trat ein, als der Ehemann 1982 verstarb. Wegen großer Schulden, zu denen auch der ältere Sohn, der ebenfalls exzessiv Alkohol trank und Haschisch konsumierte, beitrug, mußte sie 1984 in eine kleinere Wohnung umziehen. Ab 1986 litt sie insbesondere am Arbeitsplatz unter ständigem Schwindel und multiplen Ängsten. Der deswegen aufgesuchte Hausarzt, Dr. R., empfahl − von ihrem Alkoholproblem noch nichts ahnend − eine Vorstellung in einer psychosomatischen Klinik. Frau A. lehnte ab, da sie wegen hoher Fehlzeiten Probleme mit dem Arbeitgeber erwartete. 1987 kam es zu einer Zwangsräumung der Wohnung, Frau A. zog mit beiden Söhnen in die kleine Wohnung ihrer Mutter. Dort trank sie kontinuierlich, blieb der Arbeit drei Wochen lang unentschuldigt fern, und es kam zu einer handgreiflichen Auseinandersetzung mit dem älteren Sohn. Frau A. wurde dabei blutig geschlagen, und der jüngere Sohn rief den Hausarzt, Dr. R. Als Dr. R. die Wohnung betrat, roch er regelrecht, welche Problematik sich hinter der demolierten Wohnung und der Platzwunde an Frau S.'s Stirn verbarg. Nach der Wundversorgung wies Dr. R. Frau A. stationär ein. Der Blutalkoholspiegel betrug 2 Promille; es entwickelte sich ein Alkoholentzugssyndrom mit Prädelir. Nachdem es Frau A. gelungen war, vom Stationsarzt eine Bescheinigung für den Arbeitgeber zu erhalten, brach sie die Behandlung ab. Einige Wochen lang lebte Frau A. abstinent, an ihren Arbeitsplatz durfte sie nicht zurückkehren, da mittlerweile ihre Entlassung aus dem Staatsdienst betrieben wurde. Nach einem erneuten Streit mit dem älteren Sohn und der Mutter wurde Frau A. rückfällig. Schnell erreichte ihr Alkoholkonsum angesichts der ständigen familiären Konflikte erneut ein exzessives Ausmaß. Im Mai 1988 drohte Frau A. vom Balkon der im siebten Stock gelegenen kleinen Wohnung der Mutter zu springen. Der jüngere Sohn alarmierte die Polizei und rief Dr. R., der seine Patientin seither nicht mehr gesprochen hatte, zu einer erneuten Notfallintervention. Frau A. wurde mit 3 Promille Blutalkoholgehalt zwangseingewiesen. Bei der stationären Entgiftung mit Clomethiazol trat erneut ein Prädelir auf. Der Stationsarzt pochte auf eine Entwöhnungsbehandlung und ermöglichte Frau A. erst nach Vorlage einer entsprechenden schriftlichen Erklärung den Besuch einer Beratungsstelle. In Gesprächen mit einer Sozialarbeiterin gelang es Frau A., ihre Schulden zu regulieren; der Kontakt zur Beratungsstelle und die gezeigte Bereitschaft, eine längere Entwöhnungsbehandlung anzutreten, veranlaßten die Behörde, den mittlerweile betriebenen Sorgerechtsentzug für den jüngeren Sohn ruhen zu lassen. Diese positiven Aussichten führten zu einem zweiten Behandlungsabbruch. Nur zwei Wochen später wiederholte sich die Balkon-

Szene: Völlig betrunken – Frau A. war innerhalb von drei Tagen rückfällig geworden – stand sie am Geländer, drohte ihrer Mutter an, in die Tiefe zu springen. Nach einer dritten Entgiftungsbehandlung, die erneut von Dr. R. in die Wege geleitet wurde, trat Frau A. eine längere Entwöhnungsbehandlung an, die sie erfolgreich abschloß. Seit vier Jahren lebt Frau A. alkoholabstinent, auch der ältere Sohn unterzog sich mittlerweile erfolgreich einer Entwöhnungsbehandlung. Frau A. unterhält unregelmäßigen Kontakt zur Selbsthilfegruppe und zur Beratungsstelle, der Kontakt zu Dr. R. besteht weiterhin. Es gelang ihr, ihren Anspruch auf ihren Arbeitsplatz erfolgreich einzuklagen. Sie lebt heute mit ihrem jüngsten Sohn in einer Drei-Zimmer-Wohnung und ist schuldenfrei.

Herr B., ein 35jähriger Student der Wirtschaftswissenschaften, war als Ältester von drei Brüdern in der Kindheit oft kränklich, scheu und zurückgezogen und galt als „schwarzes Schaf" der Familie. Bereits während seiner Bundeswehrzeit, im 18. Lebensjahr, trank er exzessiv Alkohol, konnte keiner Trinkaufforderung widerstehen („bei der Bundeswehr herrscht ein erheblicher Trinkdruck"). Im 19. Lebensjahr lernte er bei einer Weinlese seine spätere Ehefrau kennen, ihr zuliebe blieb er, nachdem er seinen Führerschein wegen Alkohols am Steuer verloren hatte, gelegentlich längere Zeit abstinent. 1983 war er am Polterabend vor der Hochzeit völlig betrunken, bald nach der Eheschließung trank er regelmäßig bereits morgens Alkohol. 1984 konnte er nach drei Gesprächen Herrn Dr. K., einen praktischen Arzt, von seinem Abstinenzwillen überzeugen. Dr. K. verschrieb ihm ambulant Clomethiazol (Distraneurin®), Herr B. wurde abstinent und besuchte einige Sitzungen einer Selbsthilfegruppe des Blauen Kreuzes. Ohne Alkohol fühlte sich Herr B. jedoch depressiv, initiativlos und niedergeschlagen, seine Ehefrau machte ihm wegen seiner Apathie Vorwürfe. Er versuchte, kontrolliert zu trinken, dies gelang ihm nicht; statt dessen trank er einige Wochen exzessiv, um dann einige Wochen trocken zu bleiben. Die abstinenten Phasen dieses Trinkmusters verkürzten sich ständig, die Spannungen mit der Ehefrau nahmen zu. 1988 trennte sich die Ehefrau von ihm, Herr B. war wochenlang nur noch betrunken und wurde suizidal. Die schließlich von ihm herbeitelefonierte Mutter brachte ihn zu einem Nervenarzt, Herrn Dr. L., der Herrn B., unwissend über die eigentliche Problematik mit der Diagnose: „Akute Suizidalität bei schwerem depressivem Syndrom" in stationäre psychiatrische Behandlung einwies. Innerhalb weniger Stunden entwickelte Herr B. ein schweres Alkoholentzugssyndrom mit Prädelir, da er seinen üblichen Konsum von drei Flaschen Schnaps und einer Flasche Wein pro Tag nicht fortsetzen konnte. Während der stationären Behandlung zeigte sich Herr B. abstinenzmotiviert, nahm Kontakt mit einer Beratungsstelle auf, eine Entwöhnungsbehandlung wurde beantragt. Diese trat er zunächst nicht an, da die Ehefrau zu ihm zurückgekehrt war, und es ihm leidlich gelang, abstinent zu bleiben. Anfang 1990 wurde er auf der Feier anläßlich des 65. Geburtstages seiner Mutter rückfällig, nach der dritten Aufforderung zum Trinken konnte er nicht widerstehen und konsumierte den ersten Schluck Alkohol. Eine Reihe schwerster Trinkexzesse folgten, und im April 1990 trennte sich seine Ehefrau endgültig von ihm. Im Sommer 1990 unterzog sich Herr B. der längst genehmigten Entwöhnungsbehandlung. Von dort zurückgekehrt, mied Herr B. jeglichen Kontakt zu Selbsthilfegruppen, der Beratungsstelle und früher behandelnden Ärzten. In besonders guter Stimmung konnte er auf einem Semesteranfangsfest der Trinkaufforderung durch einige Kommilitonen nicht widerstehen und wurde somit bereits vier Wochen nach Abschluß der Entwöhnungsbehandlung rückfällig. Wegen der sich bald wieder einstellenden depressiven Verstimmung ließ sich Herr B. von einem Nervenarzt, Dr. M., Tranquilizer verschreiben. Als er wenige Wochen später bemerkte, daß er täglich eine Flasche Wodka und zwei Flaschen Wein benötigte, um sein Leben zu meistern, suchte er einen praktischen Arzt, Dr. N., auf, und bat um Einweisung für eine stationäre Entgiftungsbehandlung. Während dieser stationären Behandlung lernte er eine Mitpatientin kennen, die anschließend mit ihm zusammenlebte. Ähnlich wie die Ehefrau kritisierte diese bald seine Apathie, Interessenlosigkeit und seinen Mißmut. Um in bessere Stimmung zu kommen und der Kritik der Freundin zu entgehen, trank er täglich eine Flasche Wein, sie verbesserte seine Stimmung. Bald jedoch kam es mit der Freundin zu derartigen Konflikten, daß diese seine Wohnung verließ. Wochenlang war Herr B. betrunken. Als er seine Küche in Brand setzte, weil er beim Kochen einschlief, alarmierten die Nachbarn die Feuerwehr und die Polizei. Herr B. wurde von Dr. O. im März 1991 erneut zu einer Entgiftungsbehandlung stationär eingewiesen. Bei Aufnahme hatte er am ganzen Körper multiple Schürfwunden und Hämatome. Rund vier Wochen später wurde er entlassen, nachdem er Kontakt zu einer Selbsthilfegruppe aufgenommen hatte und sich bereit erklärte, sich regelmäßig einem niedergelassenen Nervenarzt, Herrn Dr. P., vorzustellen. Drei Monate später brach Herr B. auf offener Straße zusammen; er erlitt einen epileptischen Anfall. Nach Erstversorgung in einer Notambulanz erfolgte die vierte Entgiftungsbehandlung. Während eines Besuches in seiner Wohnung mit Herrn B. fiel dem betreuenden Sozialarbeiter auf, daß überall Schachteln mit verschiedensten Psychopharmaka herumlagen, von denen Herr B. hastig einige Tabletten einnahm. Ende 1991 absolvierte Herr B. seine zweite Entwöhnungsbehandlung, über sein weiteres Schicksal ist z. Z. nichts bekannt.

Obgleich beide Fallvignetten eine Vielzahl interessanter und diskussionswürdiger Aspekte zeigen, soll hier nur auf zwei Punkte hingewiesen werden. Während bei Frau A. die Interventionen ein und desselben Hausarztes ein wichtiger Faktor für den letztendlich positiven Verlauf waren, führten Herrn B.'s häufige Arztwechsel zu einer Chronifizierung der Alkoholabhängigkeit und zur Entwicklung einer Polytoxikomanie. Frau A. wurde insbesondere in Situationen mit zwischenmenschlichen Konflikten rückfällig, während sich die Rückfälle von Herrn B. in sozialen Trinksituationen mit Aufforderungen zum Mittrinken, beim Versuch, kontrolliert zu trinken, und bei angenehmen und unangenehmen emotionalen Zuständen ereigneten.

4. TERTIÄRE SUCHTPRÄVENTION DURCH DIE HAUS- UND FAMILIENMEDIZIN

Im Nachfolgenden sollen konkrete Möglichkeiten des niedergelassenen Haus- und Familienmediziners bei der Versorgung von und beim Umgang mit Rückfällen von Alkoholabhängigen besprochen werden (vgl. Lauer 1991).

4.1 Die Vorbeugung von Rückfällen

4.1.1 Offenes Ansprechen der Problematik
Die zitierte Studie von Akkerman und Matakas (1980) zeigt, daß nur 34 % der Rückfälligen vom Hausarzt auf ihre Suchtproblematik angesprochen wurden. Dies eröffnet ein großes weiteres Verleugungspotential. Hausärzte sollten jeden Abhängigen, der nach einer Entgiftungs- oder Entwöhnungsbehandlung ihre Sprechstunde aufsucht – dies ist ein Vertrauensbeweis – in klarer, offener, nicht diskriminierender Weise auf die Suchtproblematik ansprechen. Dies kann z. B. durch die Frage: „Wie ist es Ihnen während Ihrer Entwöhnungsbehandlung ergangen?" geschehen, damit ist das Unausgesprochene zum Thema geworden. Sowohl eine moralisierende als auch eine bagatellisierende Haltung weckt Schuldgefühle auf beiden Seiten, dies führt zur Vermeidung des Themas „Abhängigkeitsproblematik". Alleine aufgrund seiner machtvollen Position sollte es die Aufgabe des Haus- und Familienmediziners sein, von sich aus als erster und in jedem einzelnen Fall die Suchtproblematik anzusprechen.

4.1.2. Familiengespräch
Hamm (1986, 96) betont: „Die Familie ist sicher die beste Selbsthilfegruppe, die wir kennen und damit in der ärztlichen Behandlung nutzen können." Diese Aussage gilt auch für Familien mit Suchtpatienten, da der Arzt bedenken muß, „daß der Alkoholiker oft als Symptomträger eines kranken familiären Systems dient, das an ihn unbewußt die Sucht delegiert hat" (Speidel 1986, 552/553). Deshalb scheint es sinnvoll, Suchtpatienten, die nach einer Entwöhnungsbehandlung den Hausarzt aufsuchen, ein Angebot für ein Familiengespräch in der ärztlichen Praxis zu unterbreiten. Sollte es zustande kommen, so ist es die Aufgabe des Arztes, grundlegende Fakten, wie

das hohe Rückfallrisiko von Abhängigen, mögliche Rückfallsituationen und die Notwendigkeit weiterer ambulanter Nachsorge durch Beratungsstellen und Selbsthilfegruppen zu thematisieren. Die Relevanz des Einbezuges des sozialen Netzwerkes und von Familienmitgliedern über die traditionellen Angehörigengruppen der Selbsthilfebewegung hinaus zur Suchtrückfallprävention wird gerade in jüngster Zeit von einer Reihe von Klinikern betont (Cawthra / Borrego / Emrick 1991; Daley 1989a; 1989b; Daley / Marlatt 1992; Galanter 1992).

4.1.3. Realistische Sichtweise von Versuchungs- und Rückfallsituationen

Einige Versuchungs- und Rückfallsituationen haben wir bereits in den beiden Fallschilderungen kennengelernt. Der Hausarzt sollte Abhängige jeweils auf ihre persönliche Sichtweise möglicher Versuchungs- und Rückfallsituationen befragen. Wie wir im Fall von Herrn B. sahen, stellen Situationen mit Trinkaufforderungen gerade bei noch nicht gefestigter Abstinenz eine erhebliche Rückfallgefahrenquelle dar. Die Vermeidung solcher Versuchungssituationen ist kurzfristig eine gute Rückfallpräventionsstrategie, langfristig jedoch nicht ausreichend. In einer Reihe von Studien (Überblick: Körkel / Lauer 1992, 79) konnte gezeigt werden, daß unangenehme emotionale Zustände, der Wunsch, eigene Kontrollmöglichkeiten auszutesten, zwischenmenschliche Konflikte mit Aufforderung zum Mittrinken für die meisten Abhängigen hochrisikohafte Rückfallsituationen darstellen. Ein Haus- und Familienmediziner, der seinen abhängigen Patienten schon länger kennt, wird in der Lage sein, die für diesen jeweils spezifischen Gefahrensituationen zu benennen und auf diese hinzuweisen. Hat der Abhängige selbst eine realistische Sichtweise seiner Rückfallgefahren, so besteht eine gute Chance, daß es ihm gelingt, seine Abstinenz zu bewahren.

4.1.4. Rückfallvorbeugung durch ambulante Beratung und Selbsthilfegruppenanschluß

In der oben erwähnten Studie von Küfner und Feuerlein (1989) und in einer Reihe anderer Arbeiten (vgl. Körkel / Lauer 1992) konnte gezeigt werden, daß die regelmäßige Teilnahme an Selbsthilfegruppentreffen mit einer recht hohen Abstinenzwahrscheinlichkeit einhergeht. Da Selbsthilfegruppen aber nicht für alle Abhängigen geeignet sind, bietet sich als Alternative und / oder Ergänzung der regelmäßige, längerfristige Kontakt zu einer Beratungsstelle an. Die Teilnahmebereitschaft an solchen Nachsorgeangeboten kann durch einfache Mittel (z. B. Verhaltensvertrag, telefonische Erinnerungen, Einbezug von Lebenspartnern) gesteigert werden. Der einen Suchtkranken betreuende Hausarzt sollte seinen Patienten auffordern, von solchen Nachsorgeangeboten Gebrauch zu machen und sich durch gelegentliches Nachfragen über die diesbezüglichen Aktivitäten rückversichern. Sofern der Abhängige zustimmt, ist der telefonische Informationsaustausch zwischen Hausarzt und betreuendem Mitarbeiter in einer Beratungsstelle ein angemessenes Mittel zur Vorbeugung von Rückfällen. Selbsthilfegruppen und Beratungsstellen sind keine Konkurrenz für den niedergelassenen Arzt. Im Gegenteil, ihre Arbeit erleichtert dem Arzt den Umgang mit und die Betreuung von Abhängigen, weil dadurch Rückfälle vermieden werden und damit die Notwendigkeit des Hausarztes verringert wird, erneut als „Retter in größter Not" intervenieren zu müssen.

4.1.5. Rückfallpräventive Lebensverhältnisse
Der Hausarzt sollte Abhängige auf die stabilisierende Funktion eines ausgeglichenen Lebensstils hinweisen (vgl. George 1989; Daley / Marlett 1992). Darunter ist zu verstehen, daß sich die Anforderungen und Freuden des täglichen Lebens die Waage halten. Der Rhythmus von Anspannung und Entspannung, Arbeit und Freizeit, Schlafen und Wachen sollte bilanziert sein. Zu einem ausgeglichenen Lebensstil zählen ferner befriedigende Kontakte mit dem Partner, Erfüllung und Freude beim Umgang mit den Kindern, Sozialkontakte über die Familie hinaus und eine gesunde und ausgeglichene Ernährung.

4.1.6. Der Umgang mit Verschreibungswünschen
Die eingangs (in 2.) erwähnten Arbeiten zeigen, daß Abhängigen häufig Medikamente, oft mit psychotroper Wirkung, verschrieben werden. Während die ambulante Verschreibung von Clomethiazol (Distraneurin®) an nicht abstinente Alkoholabhängige als Kunstfehler gegeißelt werden muß (vgl. die Fallgeschichte von Herrn B.; Speidel 1986, 553), gilt es auch bei Verschreibungswünschen von abstinenten Abhängigen besonders sorgfältig zu sein. Auch die Rezeptierung eines Schlafmittels mit Abhängigkeitspotential ist eigentlich als Kunstfehler zu betrachten. Bei Verschreibungswünschen von abstinenten Abhängigen besteht generell die Gefahr, einen sich anbahnenden Rückfall zu übersehen und durch zu schnelles Rezeptieren eines Medikamentes mit Suchtpotential einen sogenannten „iatrogenen Rückfall" heraufzubeschwören.

4.1.7. Überweisungsprobleme
Ein nicht unerheblicher Teil von Abhängigen leidet auch unter verschiedenen psychosomatischen, neurotischen oder gar psychotischen Symptomen (vgl. Beeder / Millman 1992) sowie somatischen Folge-

krankheiten. Dazu kann die Konsultation von, Überweisung an und Mitbehandlung durch einen entsprechenden Spezialisten notwendig werden. Dieser sollte grundsätzlich über die Suchtproblematik des Patienten vorab informiert werden. Er steht dann oft vor der schwierigen Aufgabe, eine Indikation etwa für eine anxiolytische, antidepressive oder neuroleptische Therapie zu stellen. Im Falle von Herrn B. trug das Aufsuchen verschiedenster Spezialisten zur Entwicklung einer Polytoxikomanie bei. So ist von einigen Antidepressiva, die grundsätzlich kein pharmakologisches Suchtpotential aufweisen, bekannt, daß sie noch vor Beginn der eigentlichen antidepressiven Wirkung Nebenwirkungen verursachen können, die vom Abhängigen als akutes Suchtmittelverlangen empfunden werden und somit zu schnellen und unerwarteten Rückfällen führen können. Allgemeine Empfehlungen sind in diesem Bereich kaum möglich. Ständiger Informationsaustausch mit dem Betroffenen und zwischen den beteiligten Ärzten scheint sinnvoll.

4.2. Der Umgang mit Rückfällen

Während die Vorbeugung von Rückfällen eine erfreuliche und zufriedenstellende Aufgabe für den Haus- und Familienmediziner sein kann, ist der Umgang mit eingetretenen Rückfällen für die meisten niedergelassenen Ärzte ein eher unerfreuliches Tätigkeitsfeld.

4.2.1. Rückfälle erkennen
Rückfälle sind schwer zu erkennen. Sie können sich im Wunsch nach einer Arbeitsunfähigkeitsbescheinigung zeigen, in plötzlich vermehrten Beschwerden und Arztbesuchen, im plötzlichen Abbruch von Kontakten zur Selbsthilfegruppe und/oder der Beratungsstelle, in Rezeptierungswünschen, neuen Spannungen innerhalb der Familie des Abhängigen oder Verhaltens- und Befindlichkeitsänderungen. Häufig kommt es vor dem eigentlichen „nassen Rückfall" zu Symptomen eines „trockenen Rückfalls" (vgl. Hunter/Salomone 1987). Darunter wird verstanden, daß ein abstinent lebender Abhängiger auf frühere Denk-, Erlebens- und Verhaltensweisen zurückgreift, die vor der Abstinenz mit seinem Suchtmittelkonsum in engem Zusammenhang standen. Einem niedergelassenen Arzt, der derartige Veränderungen feststellt, ist zu empfehlen, seinen Patienten darauf anzusprechen und ggf. mit der mitbetreuenden Beratungsstelle Kontakt aufzunehmen.

4.2.2. Eingetretene Rückfälle sollten frühzeitig unterbrochen werden
Eingetretene Rückfälle sollten zur allgemeinen Schadensbegrenzung möglichst frühzeitig unterbrochen werden. Aus einer Reihe von Un-

tersuchungen ist bekannt, daß das erneute Aufsuchen von Selbsthilfegruppen nach einem Rückfall zur Abstinenz zurückführt. Selbsthilfegruppen werden jedoch nach Rückfällen eher gemieden, obgleich sie für das Wiedererlangen der Abstinenz äußerst hilfreich sind. Der niedergelassene Haus- und Familienmediziner sollte den Rückfälligen ermuntern, gerade nach eingetretener Rückfälligkeit abgebrochene Kontakte zur Selbsthilfegruppe oder zu einer Suchtberatungsstelle wieder aufzunehmen. Auch ein „Krisenfamiliengespräch", das sogar im Rahmen eines Hausbesuches durchgeführt werden kann, sorgt für Klarheit und Offenheit bezüglich der eingetretenen unerfreulichen Situation. Rückfälle fallen in der Regel nicht vom Himmel, sondern haben Auslöser, an deren Bearbeitung der Suchtkranke ein neues und tieferes Verständnis für seine Problematik gewinnen kann. Der Hausarzt sollte sich stets mit den abstinenzmotivierten Anteilen des Rückfälligen verbünden und ihm im Sinne einer konstruktiven Konfrontation Zugeständnisse abringen. Im Falle von Frau A. war dies ihre schriftliche Erklärung, daß sie eine Entwöhnungsbehandlung wünsche. Bei schwerer und anhaltender Rückfälligkeit kann, wie in den Fallbeispielen gezeigt, erneut eine Einweisung in ein Krankenhaus zur Entgiftung und gegebenenfalls eine anschließende Entwöhnungsbehandlung zur Unterbrechung von Rückfällen notwendig werden.

4.2.3. Medizinisch notwendige Versorgung und Abstinenzunterstützung

Gerade bei eingetretenen Rückfällen ist es notwendig, die erforderliche medizinische Versorgung, wie die Versorgung von Frau A.'s Platzwunde, von der Abstinenzunterstützung zu trennen. Während der Hausarzt im ersten Fall Helfer und Diener des Patienten ist, kann er im zweiten Fall bestimmte Bedingungen an sein Handeln koppeln, etwa ein längeres Gespräch erst nach Kontaktaufnahme mit einer Beratungsstelle oder einer stationären Einrichtung zur Entgiftung gewähren. Da Rückfälle höchst individuelle Ursachen und Verläufe haben, ist jeweils ein flexibles, der gerade bestehenden Situation und der Qualität der Arzt-Patienten-Beziehung angemessenes und konsequentes Handeln zu empfehlen.

4.2.4. Spezielle Probleme

Es können gerade bei bereits eingetretener Rückfälligkeit Schwierigkeiten bei der Zusammenarbeit von Haus- und Familienmedizinern mit Mitarbeitern von Beratungsstellen auftreten. Beide Seiten sollten dann reflektieren, inwieweit sie sich in einem unbewußten Konkurrenzkampf um das Wohlergehen des rückfälligen Patienten befinden.

Möglicherweise ist es die individuelle Dynamik des betreffenden Rückfälligen, die eine Spaltung der Betreuer hervorruft. Wie in den beiden Fallbeispielen gesehen, sind Interventionen bei weit fortgeschrittenen Rückfällen besonders schwierig und problematisch. Hier kann im Einzelfall sogar die (Zwangs-)Einweisung in ein Krankenhaus der einzig mögliche Schritt zur Unterbrechung der sich aufschaukelnden Rückfalldynamik sein. Auf jeden Fall sollte der Einsatz von Medikamenten zur Rückfallunterbrechung hinter dem persönlichen Einsatz des niedergelassenen Arztes um eine tragfähige Arzt-Patienten-Beziehung zurückstehen. Eine Rückfallunterbrechung im ambulanten Bereich rechtfertigt in keinem Falle das Verschreiben von Medikamenten mit Suchtpotential.

5. ABSCHLIESSENDE BEMERKUNGEN

(1) Die Möglichkeiten zur Rückfallvorbeugung und zur Rückfallintervention, die der Haus- und Familienmedizin aufgrund ihrer Position in unserem medizinischen Versorgungssystem zukommen könnten, werden nur unzureichend genutzt. Dies wird insbesondere deutlich, wenn man die potentiell möglichen Handlungsstrategien (vgl. 4.) mit den durch empirische Studien belegten Realitäten (vgl. 2.) vergleicht. Nötig wären mehr Gespräche, Klarheit, Information und Konfrontation und weniger medikamentöse Behandlung. Hinter diesem Mißstand verbergen sich auch Unzulänglichkeiten der kassenärztlichen Abrechnungspraxis. Auch die Suchtrückfallprävention ist ein Bereich, in dem sich unser Gesundheitssystem als dysfunktional erweist.

(2) Die Ausbildung von angehenden Ärzten im Rahmen des Medizinstudiums ist bezüglich der Suchtprobleme allgemein und hinsichtlich der Rückfallproblematik speziell völlig unzureichend. Diese Kritik gilt ausdrücklich auch für die (fach)ärztliche Weiterbildung in sämtlichen Teildisziplinen.

(3) Aus historischen Gründen (vgl. Schwoon/Krausz 1990; Schlösser 1990) existiert ein „Zweiklassensystem der Abhängigenversorgung". Medizin und Psychiatrie einerseits, Selbsthilfegruppen und Beratungsstellen andererseits bilden das System der Suchtkrankenhilfe. Diese zersplitterte Situation der Suchtkrankenhilfe kommt der Abwehrstruktur und den suchtspezifischen Verleugnungsprozessen Rückfälliger entgegen: Solange Abstinenz besteht, sind Selbsthilfegruppen ein tragfähiges Unterstützungssystem, bei Rückfälligkeit muß in letzter Konsequenz das professionelle medizinische System

eingreifen, das den Abhängigen nach hergestellter Abstinenz gerne wieder in die Arme der „trockenen Seinesgleichen" entläßt. Es gilt sich zu fragen, wieviele Rückfälle auch durch diese versorgungsstrukturellen Aspekte mitbedingt werden.

Literatur

Akkerman, G./Matakas, F.: Zur Behandlung von Alkoholkranken in der hausärztlichen Praxis. In: Berger, H./Legnaro, A./Reuband, K.-H. (Hrsg.): Alkoholkonsum und Alkoholabhängigkeit. Stuttgart 1980, S. 110ff.

Arenz-Greiving, I.: Nachsorge. In: Deutsche Hauptstelle gegen die Suchtgefahren (Hrsg.): Jahrbuch Sucht 1991. Hamburg 1990, S. 127ff.

Beeder, A. B./Millman, R. B.: Treatment of patients with psychopathology and substance abuse. In: Lowinson, J. H./Ruiz, P./Millman, R. B./Langrod, J. G. (eds.): Substance abuse. A comprehensive textbook. Baltimore [2]1992, p. 675ff.

Bergmann, G. (Hrsg.): Psychosomatische Grundversorgung. Berlin 1988

Cawthra, E./Borrego, N./Emrick, Ch. D.: Involving family members in the prevention of relapse: An innovative approach. In: Alcoholism Treatment Quarterly 1/1991, p. 101ff.

Daley, D. C.: Five perspectives on relapse in chemical dependency. In: Journal of Chemical Dependency Treatment 2/1989a, p. 3ff.

Daley, D. C.: A psychoeducational approach to relapse prevention. In: Journal of Chemical Dependency Treatment 2/1989b, p. 105ff.

Daley, D. C./Marlatt, G. A.: Relapse prevention: Cognitive and behavioral interventions. In: Lowinson, J. H./Ruiz, P./Millman, R. B./Langrod, J. G. (eds.): Substance abuse. A comprehensive textbook. Baltimore [2]1992, p. 533ff.

Elal-Lawrence, G./Slade, P. D./Dewey, M. E.: Treatment and follow-up variables discriminating abstainers, controlled drinkers and relapsers. In: Journal of Studies on Alcohol 1/1987, p. 39ff.

Feuerlein, W.: Behandlung der Alkoholiker in der ärztlichen Praxis. In: Sozialpsychiatrie 7/1972, S. 36ff.

Feuerlein, W.: Alkoholismus − Mißbrauch und Abhängigkeit. Stuttgart [4]1989

Finney, J. W./Moos, R. H.: The long-term course of treated alcoholism: I. Mortality, relapse and remission rates and comparisons with community controls. In: Journal of Studies on Alcohol 1/1991, p. 44ff.

Galanter, M.: Office management of the substance abuser: The use of learning theory and social networks. In: Lowinson, J. H./Ruiz, P./Millman, R. B./Langrod, J. G. (eds.): Substance abuse. A comprehensive textbook. Baltimore [2] 1992, p. 543ff.

George, W. H.: Marlatt and Gordon's relapse prevention model: A cognitive-behavioral approach to understanding und preventing relapse. In: Journal of Chemical Dependency Treatment 2/1989, p. 125ff.

Hamm, H.: Grundlagen der Familienmedizin. In: Hamm, H. (Hrsg.): Allgemeinmedizin, Familienmedizin. Stuttgart ²1986, S. 90ff.

Hunter, Th. A. / Salomone P. R.: Dry drink symptoms & alcoholic relapse. In: Journal of Applied Rehabilitation Counseling 1/1987, p. 22ff.

Klußmann, R.: Psychosomatische Medizin. Berlin ²1992

Körkel, J. / Lauer, G.: Der Rückfall des Alkoholabhängigen: Einführung in die Thematik und Überblick über den Forschungsstand. In: Körkel, J. (Hrsg.): Der Rückfall des Suchtkranken – Flucht in die Sucht? Berlin 1992, S. 3ff.

Körkel, J. / Lauer, G. / Scheller, R. (Hrsg.): Brennpunkte bundesdeutscher Rückfallforschung. Göttingen 1993

Küfner, H.: Die Zeit danach – Alkoholkranke in der Nachsorgephase. In: Schwoon, D. R. / Krausz, M. (Hrsg.): Suchtkranke – Die ungeliebten Kinder der Psychiatrie. Stuttgart 1990, S. 189ff.

Küfner, H. / Feuerlein, W.: In-patient treatment for alcoholism. A multicenter evaluation study. New York 1989

Lauer, G.: Rückfall als Thema für den niedergelassenen Arzt. In: Körkel, J. (Hrsg.): Praxis der Rückfallbehandlung – Ein Leitfaden für Berater, Therapeuten und ehrenamtliche Helfer. Wuppertal 1991, S. 127ff.

Lauer, G. / Körkel, J.: Von der Abstinenz zum Rückfall: Über den unausweichlichen Paradigmenwechsel in der Suchtforschung. Vortrag, gehalten auf dem 2. Kongreß der Neuen Gesellschaft für Psychologie e. V. Berlin 14. – 17. 2. 1993

Lauer, G. / Sohns, R.: Relapse prevention in alcoholism. In: International Journal of Psychology 2/1992, p. 469

Lohse, U.: Aspekte der Behandlung Alkoholkranker durch niedergelassene Ärzte. Hamburg 1975

Schlösser, A.: Das Zweiklassensystem der Abhängigenversorgung. In: Schwoon, D. R. / Krausz, M. (Hrsg.): Suchtkranke – Die ungeliebten Kinder der Psychiatrie. Stuttgart 1990, S. 25ff.

Schlüter-Dupont, L.: Alkoholismus-Therapie. Stuttgart 1990

Schmidt, L.: Alkoholkrankheit – Alkoholmißbrauch. Stuttgart ²1988

Schmidt, R.: Abhängigkeitserkrankungen: Wesen und Ursachen. In: Kisker, K. P. / Freyberger, H. / Rose, H. K. / Wulff, E. (Hrsg.): Psychiatrie, Psychosomatik, Psychotherapie. Stuttgart ⁵1991, S. 194ff.

Schwoon, D. R. / Krausz, M.: Psychiatrie und Sucht: Anmerkungen zu einem zwiespältigen Verhältnis. In: Schwoon, D. R. / Krausz, M. (Hrsg.): Suchtkranke – Die ungeliebten Kinder der Psychiatrie. Stuttgart 1990, S. 3ff.

Speidel, H.: Psychiatrische Patienten in der Allgemeinpraxis. In: Hamm, H. (Hrsg.): Allgemeinmedizin – Familienmedizin. Stuttgart ²1986, S. 526ff.

Rückfälle –
Chancen und Grenzen in der Selbsthilfe

Hermann Hägerbäumer

DIE SELBSTHILFEGRUPPEN FÜR SUCHTKRANKE

1. Gruppenziele

In den Selbsthilfegruppen treffen sich Suchtmittelabhängige mit
dem Ziel, ihren Suchtmittelmißbrauch und die daraus resultierenden negativen Folgen für das persönliche, familiäre oder berufliche
Leben in den Griff zu bekommen. Neben den Abhängigen sind in
vielen Selbsthilfegruppen auch Angehörige integrierte Gruppenmitglieder.

Die Gruppe bietet ihren Mitgliedern ein kommunikatives Übungsfeld
mit familiärem Charakter. Der angestrebte offene und ehrliche Umgang miteinander und die Verschwiegenheit nach außen haben große
Bedeutung für den umfassenden Genesungsprozeß des einzelnen. Sie
befreien den beziehungsgestörten Suchtkranken aus seiner Isolation
und ermöglichen ihm, mit anderen über seine eigene Lebensgeschich-
te zu sprechen. Angehörige werden in den Gruppen aus der hilflosen
Resignation befreit und entdecken für ihre Situation neue Perspektiven.

Eine Gruppe erlebt sich meist als gute Gruppe, wenn viele Suchtkranke und Angehörige den Anschluß an die Gruppe suchen und sich bei
vielen Gruppenmitgliedern die Trockenheit in Verbindung mit einer
zufriedenen Abstinenz einstellt.

2. Erscheinungsbild

Äußerlich gleicht manche Selbsthilfegruppe einem „Kaffeekränzchen", während andere annähernd den Anspruch einer Therapiegruppe erheben könnten. Neben den Gruppenstunden sind Gesellig-
keitsveranstaltungen geeignete Angebote, um suchtmittelfreies
Leben einzuüben. Jede Gruppe entwickelt mit der Zeit einen eigenen
Charakter, eigene Gesetzmäßigkeiten im Umgang mit individuellen
oder gruppenspezifischen Fragen, ein spezifisches Gruppenklima sowie einen eigenen „Stallgeruch".

3. Gruppenklima

Das Gruppenklima wird stark vom Umgang der Gruppenmitglieder untereinander geprägt. Wie in einer Familie kann der Umgang wohltuend und wärmend oder aber auch aggressiv und rivalisierend sein. Es gibt viele Spielarten, wie die jeweiligen Gruppenmitglieder die Gruppe für sich nutzen. Einzelne benutzen nicht selten die Gruppe als ständiges Forum zur theatralischen Darstellung ihrer persönlichen oder familiären Probleme. Andere üben Macht auf schwächere Teilnehmer aus und nutzen dieses Verhalten zur eigenen Lebensbewältigung. Wieder andere machen sich in der Gruppe klein, um ständig Hilfe und Versorgung durch andere Gruppenmitglieder zu erhalten.

4. Selbsthilfeprozesse in der Gruppe

Wie die Selbsthilfe im einzelnen den Suchtkranken zur Trockenheit verhilft oder die Motivation zu einer weitergehenden stationären Behandlung verschafft, das sind oftmals Geheimnisse, die der Betroffene schwer beschreiben kann. Im folgenden zähle ich einige Elemente auf, die eine Selbsthilfegruppe für Suchtkranke kennzeichnen.

a) Selbsthilfeelemente einer Gruppe
Sicher scheint zu sein, daß die Lebensberichte frei gewordener Gruppenmitglieder, das ehrliche, wenn auch oft schmerzliche Gespräch, der offene und unkomplizierte Umgang miteinander, das „Dazugehörigkeits-Gefühl" (Wirgefühl), die allgemeine Information über Suchtverlauf und Krankheitsbild, die Gespräche über die unterschiedlichen Hilfsmöglichkeiten, die Angst vor dem Rückfall und der Blamage vor der Gruppe von unübersehbarer Bedeutung sind.

b) Emotionales Erleben
Unübersehbar sind die daraus resultierenden emotionalen und individuellen Gewinne des Gruppenmitglieds: Selbstwertgefühl, Geborgenheit, Zuwendung, gemeinsames Trauererleben, Hoffnung, Erfolgserlebnisse und die Freude über die Trockenheit mit ihren neuen Lebensmöglichkeiten.

DIE BEDEUTUNG DER SELBSTHILFE IM BEHANDLUNGSVERBUND

Der Selbsthilfe wird im Behandlungsverbund große Bedeutung zugesprochen. Auch wenn sie nicht als klassisches Therapieangebot gesehen wird und sich auch so nicht verstehen will, fallen ihr dennoch wichtige Aufgaben zu. Die Gruppenmitglieder werden erste Ansprechpartner für Hilfesuchende am Arbeitsplatz, unter Freunden und Verwandten. In der Gruppe werden erste Kontakte zu abstinent lebenden Suchtkranken aufgenommen, die Hoffnung machen. Grundkenntnisse über die Suchterkrankung und über Hilfsmöglichkeiten werden aus Erlebnisberichten gewonnen und helfen bei der Motivation zur Abstinenz. Die Vermittlung zur Fachberatung und -behandlung durch Gruppenmitglieder nimmt Ängste und schafft Vertrauen. Die Gruppe mit ihrem festen Erlebnisrahmen hat große Bedeutung bei der Nachsorge und der Stabilisierung des Behandlungserfolgs. Sie bietet Hilfe auf dem Weg zur sozialen und gesellschaftlichen Normalität ohne Suchtmittel.

DIE GRUPPE UND DER RÜCKFALL

1. Die Rückfallwirkung auf die Gruppe

Wie erwähnt, hat jede Gruppe ihren eigenen Gruppencharakter, eigene Gruppengesetze und ein bestimmtes Gruppenklima. Auch sind Gruppenkenntnisse über Suchtentwicklung, das Krankheitsbild und Hilfsmöglichkeiten erforderlich. Hieraus erwächst die Handlungskompetenz der Gruppe, ob sie den Rückfall für sich als Gruppe und für das rückfällige Gruppenmitglied nutzen kann. Diese Handlungskompetenz bestimmt mit, ob eine Gruppe die Fähigkeit hat, eine Rückfallgefahr zu erkennen und eventuell dem Rückfall vorzubeugen.

Die Chance der Gruppe liegt darin, daß ihre Mitglieder ganz unterschiedlich auf das Gruppen- und Individualverhalten reagieren können. Bei einem Rückfall kommt es zu Wechselwirkungen zwischen dem rückfälligen Gruppenmitglied und der Gruppe. Dabei kann es zu erheblichen Erschütterungen in der Gruppe kommen. Dies wird besonders in den Gruppen erlebt, in denen es seit längerer Zeit keinen Rückfall mehr gab. Insofern wird die Gruppe als „neue Familie" ebenso wie die Familie des Suchtkranken von den Trink- und Abstinenzzeiten berührt. Bei einem Rückfall verändert sich auch das Gruppengefühl schlagartig und nimmt Einfluß auf das Gefühl und Verhalten der einzelnen Gruppenmitglieder.

2. Die Botschaften des Rückfalls an die Gruppe

Jeder Rückfall richtet verborgene Botschaften an die „neue Familie", Gruppe. Diese Botschaften können nur erkannt werden, wenn sich die Gruppe der Mühe unterzieht, die Botschaft zu deuten. Gerade wenn eine Gruppe eine Zeitlang keine „Nassen" in ihren Reihen hatte und Rückfälle weit zurückliegen, steht sie in der Gefahr, bei den Entwicklungsprozessen der einzelnen Gruppenmitglieder nicht mehr richtig hinzuschauen und sich in Sicherheit zu wiegen. Es wagt dann kaum jemand, aktuelle und rückfallauslösende Situationen und Probleme einzubringen. Werden diese angedeutet, dann neigt oftmals die Gruppe dazu, die Gefährdung nicht ernst genug zu nehmen. Man will die „heile Welt" erhalten oder selbst nicht als gefährdet erkannt werden. Eine Verkrustung oder eine Oberflächlichkeit ist eingetreten.

Kommt es nun aber zu einem Rückfall, dann bleibt der Rückfällige oft von der Gruppe fern und versucht, sich heimlich wieder zu stabilisieren. Wird dies Verhalten bekannt, dann erlebt die Gruppe entweder ein heilsames Gruppenbeben oder der Rückfällige wird mit seinen Botschaften an die Gruppe abgespalten. Die Gruppe verpaßt im letzteren Fall die Chance der Weiterentwicklung.

Wird der Rückfällige erneut in die Gruppe integriert, dann hat die Gruppe nun die Möglichkeit, ihre Gruppengesetze, ihren Gruppencharakter, ihr Gruppenklima und das allgemeine Gefühl in der Gruppe zu besprechen. Sie kann sich fragen, ob alle Informationen, die für neue Gruppenmitglieder zum Grundwissen gehören, thematisiert wurden. Sie kann eine Selbstanalyse einleiten und über die Beziehungen in der Gruppe nachdenken.

Wie bei der Familientherapie könnte nach dem Gesamtsystem Gruppe gefragt werden. Waren die Gruppenprozesse nun seit längerer Zeit oberflächlich, ohne den einzelnen noch zu sehen, oder steckte die Gruppe in einer allgemeinen Verkrustung, dann hat die Botschaft des Rückfälligen die Chance eröffnet, neue Entwicklungsprozesse einzuleiten. Manchmal ist es für die Gruppe sogar ratsam, sich einer Gruppensupervision zu stellen.

3. Die Botschaft des Rückfälligen an sich selbst

Ein Rückfälliger wird durch seinen Rückfall emotional wie existentiell stark berührt. Nach dem Rausch folgt die Ernüchterung, die ihm Zeit einräumt, über sich erneut nachzudenken. Es werden Erlebnisse innerhalb und außerhalb der Gruppe lebendig, an denen er beginnt, sein Verhalten zu überprüfen. So kann ihm z. B. seine Überheblichkeit über ein Gruppenmitglied, das eine Zeit vor ihm rückfällig wurde, durch den Kopf gehen. Er ärgert sich plötzlich über sein ängstliches Schweigen und ständiges „Lieb-sein-Müssen", das ihm nur Bevormundung und Übervorteilung einbrachte. Vielleicht hat er auch nicht geglaubt, daß er als Suchtkranker ganz auf das Suchtmittel verzichten oder lernen muß, sich der Angst und den Problemen zu stellen. Es kann auch sein, daß Schuld und Schulden nach ihm greifen und er versäumt hat, seine Vergangenheit schrittweise in Ordnung zu bringen und neue Ziele zu suchen. Der Rückfall bietet viele Chancen, wenn der Rückfällige den Rückfall nach seiner Bedeutung befragt, die Botschaft für sich selbst annimmt und neues Verhalten einübt.

4. Der Umgang der Gruppe mit dem Rückfälligen

Ist der Rückfällige schon vor oder nach seinem Rückfall der Gruppe ferngeblieben, dann wird die Gruppe sich entscheiden müssen, wie sie an diesen Rückfall herangehen will. Die Gruppe hat durch den Rückfall, wenn er bekannt wird, die Möglichkeit, ihr Gruppenmitglied aufzusuchen, um so die mögliche Angstschwelle abzubauen und die Beziehung zur Gruppe wiederherzustellen. Hat der Rückfällige schon vor seinem Rückfall eine angstfreie Atmosphäre in der Gruppe erlebt, wird es ihm leichter fallen, in die Gruppe zurückzukehren.
Oft entscheidet sich eine Gruppe aber auch dazu, den Rückfälligen nicht aufzusuchen. Meist neigt sie zu diesem Verhalten, wenn sie den Rückfälligen aus ihrer Sicht als ein unbelehrbares Gruppenmitglied erlebt hat. Sie fragt dann selten nach ihrem eigenen Fehlverhalten, sondern sucht im Rückfälligen den Sündenbock, der seine Strafe zu ertragen hat. „Er muß selber kommen!" oder „Er war noch nicht tief genug in der Gosse!" oder ähnliche Zitate sind dann in der Gruppe zu hören.
Gelingt es dem Rückfälligen nicht, wieder trocken zu werden, dann ist es wichtig, daß die Gruppe ihm mit seiner Zustimmung zur erneuten Entzugsbehandlung verhilft.
Kehrt er nüchtern in die Gruppe zurück, so tut eine Gruppe gut daran, den Rückfall zu thematisieren und mit dem Rückfälligen nach rückfallauslösenden Erlebnissen oder Gefühlen zu suchen. Vorwürfe, Belehrungen und andere Ratschläge sind auch in diesem Fall keine guten Interventionen. Es kann nur darum gehen, dem Rückfälligen zu helfen, sich und sein Handeln verstehen zu lernen. Nur so kann er neue Entscheidungen fällen und Weichenstellungen vornehmen, die ihm in seiner Nachreifung weiterhelfen. Er kann über seine Ängste in der Gruppe sprechen und das Vertrauen der Gruppe als stärkendes Element erleben. Er wird wieder in den stabilisierenden Raum der Gruppe aufgenommen und entdeckt, daß mit dem Rückfall nicht alles Erreichte verloren ist. Hoffnung und Vertrauen bekommen neue Nahrung.

Aus meiner 20jährigen Erfahrung in der Suchtkrankenhilfe des Blauen Kreuzes bin ich zu dem Schluß gekommen, daß man nur dann von einem Rückfall sprechen sollte, wenn der Suchtkranke zuvor für sich allein eine klare und ehrliche Entscheidung zur Abstinenz getroffen hat. Eine Entscheidung zur Abstinenz, um der Gruppe, dem Partner oder anderen Menschen einen Gefallen zu tun, ist keine eigene und ehrliche Entscheidung sich selbst gegenüber. Ein Rückfall hat aus meiner Sicht auch nichts mit einer kurzen oder langen Abstinenzzeit zu tun. So kann jemand fünf Jahre keinen Stoff mehr genommen haben und dennoch innerlich noch am Suchtmittel geklebt haben. Ein anderer wird vielleicht in kurzen Abständen rückfällig und ist trotzdem mit seiner Entscheidung weit vom Stoff entfernt. Ich möchte deshalb nur dann von einem Rückfall sprechen, wenn der Suchtkranke diese ehrliche Entscheidung für die Abstinenz getroffen hat. Die anderen Zeiten der Trockenheit, gehen sie auch über Jahre, möchte ich einfach als Trinkpausen definieren.

RÜCKFÄLLE UND RÜCKFALLSITUATIONEN

1. Rückfall eines „Nassen"

Der Rückfall eines Nassen, der noch im Entzug steht, kann vordergründig nur ein Widerspruch in sich selbst sein. Unter der Definition des Rückfalls, wie sie zuvor von mir vorgenommen wurde, ist es durchaus möglich, als Nasser einen Rückfall zu erleben. Dieser Mensch hat in sich ganz klar und ehrlich entschieden, mit dem Konsum aufzuhören. Er hat für sich eine innere Distanz zum Suchtmittel gewonnen, doch ist bei bestem Willen ein Entzug ohne ärztliche Hilfe nicht möglich. Hier hat die Gruppe sich zu fragen, ob sie den Betroffenen eingehend über den Entzug und die Entzugsbehandlungen informiert hat. Sie hat sich zu fragen, inwieweit sie den Entziehenden begleitet hat, damit der Entzug durchgestanden werden kann. Allzuoft wird einem Rückfälligen in dieser Phase vorgeworfen, er wolle nicht aufhören. Dabei hat die Gruppe versäumt, ihn über Grundwissen, das bei den alten Gruppenmitgliedern zum Allgemeingut gehört, in Kenntnis zu setzen.

2. Rückfall nach kurzen Abstinenzzeiten

Gruppenmitglieder, die nach wenigen Wochen immer wieder rückfällig werden, lösen bei Gruppenmitgliedern unterschiedliche Gefühle aus. Die Palette reicht von Ärger, Schuldgefühlen über Mitleid bis zu depressiven Ohnmachtsgefühlen. Jedes Gruppenmitglied wird analog zu seinen Gefühlen auf den Rückfall reagieren.

a) Auch in diesem Fall kann es sein, daß wichtige Aussagen über das Krankheitsbild der Sucht nicht deutlich angesprochen wurden. So wurde dem Suchtkranken in der Gruppe zwar mehrfach gesagt, er dürfe nicht mehr trinken und müsse auf sein Suchtmittel verzichten. Doch diese Aussagen machten ebenso schon der Ehepartner, die Eltern, der Arbeitgeber und andere aus seinem sozialen Umfeld. Jedesmal klang die Aufforderung für den Suchtkranken nach Verbot oder Zusammenreißappell, die er zwar einhalten wollte, aber nicht konnte. Hier hat sich die Gruppe zu fragen, ob der Kontrollverlust deutlich besprochen und durch Erlebnisberichte anderer Gruppenmitglieder begreifbar wurde.

b) Oft hat jemand mit viel Mühe den Entzug geschafft und steht nun allein mit leeren Händen, wenig Fantasie und unterentwickelten „seelischen Muskeln" vor den Alltagsproblemen. Dazu kommt die Angst, über die eigenen Schwierigkeiten zu sprechen. Da hilft auch die klare innere Entscheidung zur Abstinenz wenig. Der Suchtkranke fühlt sich allein gelassen und eingeschnürt. Die Gefühlswelt verengt sich so sehr, daß nur der plötzliche Konsum des „Befreiungsmittels" als Ausweg erscheint. Nutzt die Gruppe ihre Möglichkeiten, dann bilden sich Patenschaften zwischen einzelnen Gruppenmitgliedern, die das vertrauensvolle Gespräch über die aufbrechenden Probleme erlauben. Die Gespräche entkrampfen den ängstlichen und hilflosen Menschen und können ihn oft vor einem Rückfall bewahren. Der häufig propagierte Standpunkt, der Suchtkranke müsse selbständig werden, ist grundsätzlich richtig, aber in den ersten Wochen der Abstinenz eine lieblose Radikalkur, an der viele zerbrechen, wenn sie allein gelassen werden. Wer keine Fantasien und Erfahrungen über Problemlösungen entwickeln konnte, wird diese auch nicht plötzlich verfügbar haben. Eine Gruppe sollte deshalb den Suchtkranken bei den ersten Schritten der Trockenheit begleiten.

3. Rückfall nach stationärer Entwöhnungsbehandlung

In vielen Gruppen ist man froh, wenn wieder ein Gruppenmitglied zur „Kur" vermittelt werden konnte. Man freut sich auf seine Heimkehr und hofft heimlich, einen neuen Mitarbeiter zu gewinnen. Bei dieser Einstellung wird selten bedacht, daß der Patient in der Klinik wohl Einblick in die Hintergründe seiner Suchtbiographie erhalten wird, daß Defizite aufgedeckt und neue Verhaltensmuster antrainiert werden. Doch meist wird vergessen, daß in der Klinik im Grunde nur „Trockenübungen" vorgenommen wurden. Das Leben mit vielen Konflikten, Entscheidungen, Enttäuschungen fordert den „Heimkehrer" in einer dichten Streßfolge, ohne seinen Therapeuten verfügbar zu haben. Sieht die Gruppe den „Heimkehrer" nicht als einen Menschen, dem man zwar den zukünftigen Weg zeigte, der aber beim Gehen erhebliche Schwierigkeiten bekommt, dann wird die Rückfallgefahr übersehen.

So sollte sich eine Gruppe fragen, ob bei ihr nicht unterschwellig der verhängnisvolle Gedanke mitschwingt, daß man sich keine Sorgen um ein Gruppenmitglied machen müsse, das frisch aus einer stationären Entwöhnungsbehandlung heimgekehrt ist. Das wiederholte Gespräch mit dem Heimkehrer über sein Befinden ist unerläßlich. Allerdings sollte dieser gelernt haben, sich selbst in die Gruppe einzubringen.

Ein Rückfall kann auch entstehen, wenn sich jemand in der Gruppe „versteckt" und meint, bei ihm müsse nun alles in Ordnung sein. Mancher denkt auch, niemand würde ihm seine Schwierigkeiten glauben, weil er sie nicht haben darf. Wer das glaubt, der hat von der Nachreifung eines Suchtkranken wenig begriffen.

4. Rückfall nach mehrjähriger Abstinenzzeit

Immer wieder erschrickt eine Gruppe, wenn ein Gruppenmitglied nach mehrjähriger Abstinenz rückfällig wird. Die Gruppe verfällt in Ratlosigkeit und treibt hektische Selbstanalyse, um die Schuld für diesen Rückfall irgendwo ansiedeln zu können. Sicher ist eine Selbstanalyse in einer Gruppe immer wieder notwendig, weil sich in Gruppen Verkrustungen und unausgesprochene Gruppengesetze einschleichen, die sie lahmlegen und ihrer großen Möglichkeiten beraubt. Dies gilt es zu erkennen, um an dem Gesamtsystem Gruppe zu arbeiten.

a) Andererseits kann der Rückfall auch nach vielen Jahren ein Zeichen der fehlenden inneren Distanz des Rückfälligen zum Suchtmittel sein. So gibt es genügend „Trockene", die heimlich mit dem Gedanken kokettieren, nach einiger Zeit, wenn ganz bestimmte Ziele erreicht werden, wieder vorsichtig und kontrolliert zu trinken. Ein Rückfall kann von diesen Gruppenmitgliedern wie ein Satz aus einem Lehrbuch erlebt werden. Endlich wird der Rückfällige begreifen, daß die Sucht eine Krankheit ist und sein unkontrolliertes Trinken nicht von seinen vielen Problemen her kam.

b) Eine andere Gruppe von Suchtkranken wird auch nach längeren Abstinenzzeiten rückfällig, wenn sich durch den Verzicht keine positiven Ergebnisse einstellen. Ihnen wird der Lohn, die Freude am Leben, die zufriedene Nüchternheit, ein sinnerfülltes Leben ohne Suchtmittel versagt. Sie haben deshalb in Versuchungs- und Belastungssituationen nichts zu verlieren und lassen sich schnell wieder mitreißen. Warum soll ich kämpfen, wenn keiner auf mich wartet, niemand mich liebt, alles schiefgeht, was ich anfasse und ich mir zusätzlich auf dieser Welt überflüssig vorkomme?

Da gilt es, den Rückfallgefährdeten seinen Wert in der Gruppe erleben zu lassen, ihm etwas zuzutrauen, Verantwortung zu übertragen und ihm persönlich zu zeigen, daß er gern gesehen ist. Ein Mensch ist da zu Hause, wo er sich wertvoll und verstanden fühlt.

Autorinnen / Autoren

Appel, Dr. phil Christa, Erziehungswissenschaftlerin, Lehrbeauftragte an den Universitäten Frankfurt und Hannover, Fachhochschule Wiesbaden, freiberuflich tätig in Forschung und Weiterbildung, Morgensternstraße 38, 60596 Frankfurt

Arenz-Greiving, Ingrid, Dipl.-Soz.-Päd., Deutsche Hauptstelle gegen die Suchtgefahren, Westring 2, 59065 Hamm

Beiglböck, Dr. Wolfgang, Anton-Procksch-Institut, Mackgasse 7–9, A-1237 Wien

Bertram, Prof. Dr. Hans, Deutsches Jugendinstitut e. V., Freibadstraße 30, 81543 München

Bobbink, A. Jeanine, Dipl.-Psych., Therapieladen: Verein zur sozialen und psychotherapeutischen Betreuung Suchtmittelgefährdeter e. V., Gierkeplatz 9, 10585 Berlin

Böhmer, Michael, Dipl.-Psych., IFT Institut für Therapieforschung, Parzivalstraße 25, 80804 München

Büchner, Dr. med. Uwe, Chefarzt der Abteilung für Alkoholkranke der Nervenklinik Spandau, Griesingerstraße 27-33, 13589 Berlin

Damerius, Ruth, Stadt Oberhausen, Rathaus, Schwartzstraße 72, 46045 Oberhausen

Degkwitz, Peter, Universitäts-Krankenhaus Eppendorf, Martinistraße 52, 20251 Hamburg

Dilger, Helga, Dipl.-Soz.-Päd., Psychosoziale Beratungsstelle, Kartäuserstraße 77, 79104 Freiburg

Fengler, Prof. Dr. Jörg, Universität zu Köln, Seminar für Heilpädagogische Psychologie und Psychiatrie, Frangenheimstraße 4, 50931 Köln

Feselmayer, Dr. Senta, Anton-Procksch-Institut, Mackgasse 7–9, A-1237 Wien

Frieling, Barbara, Dipl.-Psych., IFT Institut für Therapieforschung, Parzivalstraße 25, 80804 München

Hägerbäumer, Hermann, Sozialtherapeut, Bundessekretär des Blauen Kreuzes in Deutschland e. V., Freiligrathstraße 27, 42289 Wuppertal

Huck, Dr. med. Wilfried, Ärztlicher Leiter der Abt. für Drogenabhängige, Westfälisches Institut für Jugendpsychiatrie und Heilpädagogik, Heithofer Allee 64, 59071 Hamm

Hug, Jeanette, Universitäts-Krankenhaus Eppendorf, Martinistraße 52, 20251 Hamburg

Jansen, Hans-Hermann, Dipl.-Päd., Therapeutischer Leiter, Paracelsus-Wiehengebirgsklinik, Kokenrottstraße 71, 49152 Bad Essen (Hüsede)

Jörg, Isolde, Bundesverband der Elternkreise drogengefährdeter und drogenabhängiger Jugendlicher e. V., Leuchtenburger Straße 59, 28790 Schwanewede

Körkel, Prof. Dr. Joachim, Prof. für Psychologie, Evangelische Stiftungsfachhochschule für Sozialwesen, Burgschmietstraße 10, 90419 Nürnberg

Krausz, Dr. Michael, Universitäts-Krankenhaus Eppendorf, Martinistraße 52, 20251 Hamburg

Lauer, Gernot, Dipl.-Psych., Assistenzarzt, Psychiatrische Univ.-Klinik, Voßstraße 4, 69115 Heidelberg

Lenzen, Hans, Dipl.-Psych., IGLU, Hilfe für Kinder drogenabhängiger Eltern, c/o Palette e. V., Paulinenallee 32, 20259 Hamburg

Löser, Prof. Dr. med. Hermann, Universität Münster, Klinik und Poliklinik für Kinderheilkunde – Kardiologie –, Albert-Schweitzer-Straße 33, 48149 Münster

Loos, Dr. med. Hans Jürgen, Ärztlicher Leiter der Paracelsus-Wiehengebirgsklinik, Kokenrottstraße 71, 49152 Bad Essen (Hüsede)

Maß, Dr. Reinhard, Universitäts-Krankenhaus Eppendorf, Martinistraße 52, 20251 Hamburg

Neumann, Gabriele, Universität Münster, Klinik und Poliklinik für Kinderheilkunde – Kardiologie –, Albert-Schweitzer-Straße 33, 48149 Münster

Rennert, Dr. Monika, Dipl.-Psych., Yorckstraße 5, 65195 Wiesbaden

Rink, Dr. Jürgen, Leiter der Fachklinik Eiterbach, Ortsstraße 42, 69253 Heiligkreuzsteinach

Rösch, Walter, Dipl.-Psych., Ltd. Psychologe der Fachklinik Thommener Höhe, 54552 Darscheid

Rustemeyer, Peter, Universität Münster, Klinik und Poliklinik für Kinderheilkunde – Kardiologie –, Albert-Schweitzer-Straße 33, 48149 Münster

Schaltenbrand, Dr. Jürgen, Jugend- und Drogenberatung Westend / Bockenheim, Corneliusstraße 15, 60325 Frankfurt

Schmid, Dr. Carlo, Ärztl. Leiter der Klinik Schloß Falkenhof, Nibelungenstraße 109, 64625 Bensheim

Schneider, Ralf, Dipl.-Psych., Leitender Psychologe, Fachklinik Landgraf Friedrich, 61381 Friedrichsdorf

Schneider, Wiebke, Dipl.-Pädagogin / Dipl.-Soz.-Päd., Deutscher Guttempler-Orden, Adenauerallee 45, 20097 Hamburg

Standke, Prof. Dr. Gerhard, Evangelische Fachhochschule, FB Sozialarbeit, Immanuel-Kant-Straße 18 – 20, 44803 Bochum

Tossmann, H. Peter, Dipl.-Psych., Therapieladen: Verein zur sozialen und psychotherapeutischen Betreuung Suchtmittelgefährdeter e. V., Gierkeplatz 9, 10585 Berlin

Vollmer, Heinz, Dipl.-Psych., IFT Institut für Therapieforschung, Parzivalstraße 25, 80804 München

Wacker, Anke, Dipl.-Psych., IFT Institut für Therapieforschung, Parzivalstraße 25, 80804 München